Studien und Texte zur Geschichte der Architekturtheorie,
herausgegeben von Werner Oechslin

Die Hunde bellen,
die Karawane zieht weiter

Adolf Max Vogt
Schriften

Die Hunde bellen, die Karawane zieht weiter

Adolf Max Vogt
Schriften

Mit einem Vorwort von Werner Oechslin
und einem Nachwort von Martin Steinmann

gta Verlag

Werner Oechslin

«Das Verbindliche und Schlackenlose»: zu Adolf Max Vogts modernen kunstgeschichtlichen Linien und Überzeugungen.

Woran es heute so häufig fehlt, er hat es stets als Person und Autor gelebt und lebt es als Nestor bis heute: 'Er ist ein Charakter', sein Auftreten und seine Rede ist klar und deutlich und oftmals auch kantig. Im unübersichtlichen Meer heutiger Unverbindlichkeiten vermisst man allzu oft Konturen. Adolf Max Vogt hat mit jeder seiner Aussagen Konturen gezeichnet. Es ist ihm immer wieder gelungen, solche deutlich zu setzen. Der Schreibende erinnert sich, dass ihn gerade dieser Umstand schon als Student ebenso angeregt wie provoziert hat. Nach Massgabe dieser Setzung ist eine klare Vorstellung, eine klare These umso deutlicher in der Erinnerung haften geblieben.

Jenen Grundzug, jenes unverwechselbare Zeichen, das sich in einem Menschen und seinen Taten zu erkennen gibt, nennt man Charakter. Und das gilt für die Dinge, auch für Kunstwerke, genauso. Seit Goethes «Propyläen» wissen wir nicht nur, dass Schönheit auf Charakter aufgebaut ist, wir sind insbesondere mit dem Bild vertraut, wonach der Charakter wie ein Skelett das Gerüst all dessen bildet, worin wir die «höchsten Ideen» wie Würde und Schönheit erkennen. So würde – bei den durchaus zierlichen und anmutigen Gliedern der Niobe – der Charakter *«nur noch in den allgemeinsten Linien, welche durch die Werke, gleichsam wie ein geistiger Knochenbau, durchgezogen sind»*, erscheinen. Charakter, Linie, Knochenbau! Das beschreibt Adolf Max Vogts Ausrichtung und Interesse, wie es sich in seinen Schriften niederschlägt, vorzüglich.

Man muss dies, den engagierten Zugang zu seinen Themen, kurz in Erinnerung bringen, gerade weil dies so selten geworden ist. Es lässt sich alles schon in seinem Erstling zu Grünewald als dem 'Meister gegenklassischer Malerei' erkennen, den A. M. Vogt 1957 publizierte. Dort forschte er nach der «Epochenlage» und der «Lebensspur», stellte aber schon im Vorwort fest, er möchte in Anbetracht der längst erfolgten «Kenntnisbefestigung» den «Lesarten» Grünewalds nachgehen, um so dem Werk näher zu kommen. In Goethe fand er seinen Mentor, aus dessen Maximen und Reflexionen er zitierte: «Denken ist interessanter als Wissen, aber nicht als Anschauen.» In der grossen Tradition der *'Anschauung'* wollte er sich dem Wesentlichen zuwenden. Es bestand – und besteht weiterhin – Bedarf stetiger Auseinandersetzung mit dem Gegenstand selbst, wovon keinerlei anderweitige Kenntnisse ablenken können. Diese haben jener zu dienen. Vogt hatte damals in konsequenter Anwendung des Goetheschen Gedankens zudem erkannt, dass ein «Mangel an biographischer Deutlichkeit» gleichsam als «förderlicher Zwang» zu empfinden sei, im Kunstwerk selbst der Sache auf den Grund gehen zu wollen. Dort findet sich das Skelett eingehüllt. Vogts Umsetzung jener Metapher des Charakteristischen lautet 1957 so: *«Das Verbindliche und Schlackenlose ist das Werk, wogegen das weniger Verbindliche, mehr Zufällige, vergleichsweise Trübe das dargelebte Leben und dessen Zeugnisse sind.»* Das hat Methode! Auf diese Weise hat sich A. M. Vogt stets seinem Gegenstand zugewandt, um in der Anschauung insbesondere das zu erfahren, was der Verdeutlichung der Sache selbst dienen und deshalb möglichst klar und schlackenlos zur Aussage gebildet werden soll.

Zu Charakter, Linie und Knochenbau kommt also noch etwas hinzu, was Adolf Max Vogts Arbeit genauer beschreibt, das *Urteil*. Und man darf unterstellen, dass ihm dieses nach Massgabe der beschriebenen 'Verbindlichkeit' in der Sache selbst, nämlich in möglichst geradliniger Ausrichtung auf das Objekt, begründet erscheint. *«Erkenntnisse und Urtheile müssen sich, sammt der Ueberzeugung, die sie begleitet, allgemein mittheilen lassen; denn sonst käme ihnen keine Uebereinstimmung mit dem Object zu: sie wären insgesammt ein blosses subjectives Spiel der Vorstellungskräfte, gerade so wie es der Skepticism verlangt.»* So schreibt es Kant – bezogen auf die Frage nach dem Gemeinsinn – in der *Critik der Urtheilskraft*. Sei die Einbildungskraft der Mannigfaltigkeit zugewandt, so würde andererseits der Verstand diese zur *Einheit in Begriffen* führen.

A. M. Vogt war stets am Urteil und – im zitierten Sinne – daran sehr gelegen, einen komplexen Sachverhalt 'auf den Begriff zu bringen'. Eine Aussage sollte eine klare Linie beschreiben und in diesem Sinne eben ein Urteil bilden. Solches behagt nicht jedem Historiker. Es gemahnt ja auch eher an den *Intellektuellen* mit seiner Auffassung von Interesse und Verpflichtung als an den Wahrer und Hüter von Information und Wissen. Natürlich führt – und verführt – das auch oft zu Missverständnis und Übertreibung. Fritz Laufer betitelte 1969 eine Besprechung von Vogts 'Boullées Newton-Denkmal' mit: «Totale Geometrie, totalitäres Regime». Allzu sehr lechzt – oder lechzte – die Welt nach griffigen Erklärungen. Die moderne Architektur hatte sich früh zu den Maximen von «Objektivität» und «Weltgeltung» bekannt und sehnte sich nach Determinismen dieser Art, *Weltformeln für komplexe kulturgeschichtliche Sachverhalte* an Stelle weitschweifiger historischer Ausführungen! Wenn dann noch Newton mit im Spiel war, so schien eine solche Erwartung noch viel gerechtfertigter. Schliesslich hatte ja Vogt selbst – provokativ – das Keplersche Zitat an den Anfang seiner Untersuchung gestellt und damit – ganz modern – der Geometrie ihre überragende Bedeutung für die Architektur attestiert: *«Die Spuren der Geometrie sind in der Welt ausgedrückt, wie wenn die Geometrie gleichsam der Archetypus des Kosmos wäre.»* Das ist Honig für die *'formgivers'* unter den Architekten, für alle diejenigen, die mit Le Corbusier in Delphi das Lob der Geometrie – in diesem universalen Sinne – nachbeteten: *«La géométrie qui est le seul langage que nous sachions parler, nous l'avons puisée dans la nature car tout n'est chaos qu'au dehors; tout est ordre dedans, un ordre implacable.»* 'Formgivers', das sind sie mittlerweile alle – und oft genug ausschliesslich!

Vogt war sich damals längst bewusst, dass er den Architekten – und eben nicht in erster Linie den kunsthistorischen Kollegen – als seinen Leser suchte. Allein, mit der Autonomiethese Emil Kaufmanns, die dieser mit dem zeitgeistigen Titel 'Von Ledoux bis Le Corbusier' – der Titel fehlt bezeichnenderweise in der Liste der 'historischen Darstellungen' in Vogts Buch! – in die Welt setzte, mochte er sich nicht begnügen. Im Rückblick wird umso deutlicher, dass Vogt in seinem bekanntesten und bedeutendsten Werk zu Boullées Newton-Denkmal wie auch danach stets jenes verbindende Glied suchte, das dem geschichtsverlorenen Architekten den Zugang zur Geschichte wieder ermöglichen sollte. Dazu setzte er sein Urteil und seine ganze Überzeugungskraft ein, so wie dies ja eigentlich – kantisch – vorgesehen ist. «Leidenschaftlich», so Vogt im Vorwort von 1969, hätte auch die europäische Neuzeit nach den Spuren der Geometrie in der Welt und im Kosmos gesucht. Von hier aus wollte er den Blick (des Architekten) in und auf die Geschichte neu lenken. «Warum 'köpft' der ägyptisierende Boullée seine Pyramiden und Obelisken so häufig», fragt Vogt und antwortet (mit dem Architekten), für ihn wäre die «theoretische Forderung nach 'Régularité'» zum eigentlichen *«Formzwang»* geworden. Die Leidenschaft führt zum – kritischen – Urteil.

Nach Massgabe solcher Überlegungen und Analysen hat Vogt stets den grossen Themen der Geschichte nachgespürt, um deren Linien nachzuzeichnen, so wie es ja ohnehin *Linien* – und manchmal auch Diagonalen – waren, die seinem Denken Charakter und den Duktus verliehen. Zielstrebig und klar, auf eine ebensolche Aussage ausgerichtet, war das stets. Und so sehen wir heute – teils aus zeitlicher Distanz – das Werk einer präzis konturierten intellektuellen Persönlichkeit und freuen uns nun über die Auswahl neu versammelter Schriften, die wir wieder und einige jüngere erstmals mit Genuss und Gewinn und in Bewunderung unverminderter Aktualität und Frische lesen werden. Ihm selbst, Adolf Max Vogt, dem gta-Gründer, sei zusammen mit unserem Dank ein Strauss voller Glückwünsche gebunden und überreicht.

Essays

Antrittsrede ETH Zürich: Der Kugelbau um 1800 und die heutige Architektur

Das sogenannte *moderne* Bauen, ist in der Zwischenkriegszeit noch das Experiment weniger Wagemutiger der Avantgarde gewesen. Doch mit dem Ende des Krieges 1945 wurde es allgemeiner Richtsatz. Wodurch ist dieser gekennzeichnet? Drei Dinge sind augenfällig: 1. Der Baukörper soll nicht mehr am Boden aufliegen, sondern durch möglichst schlanke Stützen, sogenannte 'Pilotis', *vom Boden abgehoben* sein. 2. Durchgehend wird das *Flachdach* verwendet. 3. Schwere Mauern werden ersetzt durch schlanke Platten, Scheiben und Pilotis und ergeben insgesamt eine 'boîte en l'air', eine 'Schachtel in der Luft'.

Wer durch das Schweizer Mittelland fährt, der trifft eine Bauweise, die mit dem Herkömmlichen des Bauern- und des Bürgerhauses nichts mehr gemein hat. Was in der Zwischenkriegszeit noch Experiment, auf jeden Fall Avantgarde war, ist seit 1945, dem Ende des Krieges, allgemeiner Richtsatz geworden. Was gewagte Einzelleistung des «absoluten», künstlerisch kompromissfrei arbeitenden Architekten war, scheint – nicht in der Qualität selbstverständlich, jedoch im Gehaben – zum Ziel des Massenprodukts zu werden. Ob und wie sehr uns dieses Massenprodukt froh macht, braucht hier nicht unsere Frage zu sein. Wir fragen vielmehr: Wodurch ist die Architektur seit 1945 gekennzeichnet? Und zwar in ihrem Durchschnitt gekennzeichnet? Gibt es durchgehend allgemeine Eigenheiten der neuen Bauweise?

Ein Beispiel, irgendwo in der Schweiz zwischen Rorschach und Genf: kleine Fabrik, gelegen an einer Überlandstrasse, die hier mit mindestens achtzig Kilometern befahren wird; Baujahr vermutlich zwischen 1950–1960.

Der lange, flachgedeckte, zweigeschossige Werkstättenteil hat auf der Strassenseite einen vorgelagerten Kopf – den Verwaltungsteil, wohl auch mit Empfangs- und Verkaufsräumen –, und der Kopf zeigt (wie einst im Barockschloss Entrée und Treppenläufe es zeigten) genauer und artikulierter als der Werkstättenteil, was diese Architektur «eigentlich» will.

Drei Dinge sind augenfällig. 1. Der «Kopf» der Anlage darf nicht am Boden oder auf einem Sockel liegen, sondern er soll durch möglichst dünne Stützen (die wir längst nicht mehr als Säulen bezeichnen dürfen) und durch möglichst viel Glas den Eindruck erwecken, vom Boden abgehoben zu sein. 2. Konsequent ist das Flachdach angewendet. 3. Die Bauelemente selber scheinen – vorab die Mauer – sich verwandelt zu haben. Das Gedrängte, Schwere, Solide, vom Boden her Aufwachsende der Mauer ist verschwunden. An Stelle der alten behäbigen Mauer ist eine dünne Trennwand getreten, die oft genug auch im strengen, ingenieurmässigen Sinne des Wortes als Platte oder Scheibe bezeichnet werden muss. Zusammengefügt ergeben waagrechte Platte und senkrechte Scheibe ein Schachtelgehäuse, das der Architekt nicht etwa verleugnet, sondern im Gegenteil akzentuiert, denn er setzt die Fensterwand etwas zurück, färbt sie dunkler, so dass die Dünne, die Schlankheit, die Straffheit der Schachtelplatten an den Stirnen deutlich mitgeteilt wird.[1]

Derartige Beispiele legen klar, dass die drei genannten Merkmale (das Abheben vom Boden, das Flachdach, das Schachtelgehäuse aus Platten und Scheiben) selbst dann sich durchsetzen und behaupten, wenn relativ «entspannte» ländliche Bedingungen herrschen. Das Flachdach wird gewählt, obschon bei einer in den Wiesen gelegenen Fabrik kein Dachgarten-Argument besteht. Die vermutlich kostspielige Boden-Abhebung wird durchgeführt, obwohl draussen vor dem Dorfe an einer Schnellstrasse ohne Gehsteig weder ein Schaufenster-Argument noch das Argument repräsentativen Empfangsbetriebs bestehen kann.

Die drei Merkmale scheinen ihre Wurzeln somit tiefer zu haben als in der Schicht des Praktischen und der Zweckmässigkeit, sie scheinen unter das herabzureichen, was man mit Funktionalismus begründen kann.

– Und: sie scheinen international verbreitete Ziele zu sein. Jeder Sammelband und jeder Zeitschriftenjahrgang über Bauten der letzten Jahre beweist, dass – in der westlichen Welt – die drei genannten Merkmale für den Durchschnitt verbindlich geworden sind.

Das Boden-Abheben wird selbst dann noch behauptet, wenn es nur um zwei Handbreit geht; die Giebeldächer sind ersetzt durch Platten, oft genug aber auch durch Schalen, wobei die beiden Geschwister Platte und Schale, sobald wenigstens ein Minimum von Begabtheit mit im Spiele steht, auf leichte, schwebende Wirkung hin entworfen sind und im Extremfall den Boden nur wie mit Ballettspitzen berühren dürfen. Hinter dieser Durchschnittsambition heutiger Bauart stehen Vaterbilder, und jedermann weiss, wie die Väter heissen: es sind Frank Lloyd Wright, Le Corbusier, Ludwig Mies van der Rohe in erster Linie, dann aber auch Rietveld, Gropius, Maillart, Aalto, Nervi, Neutra und etliche mehr. Gerade der älteste der 'Väter' – F. L. Wright – hat mit zwei Bauten, die er mit 67 und 90 Jahren realisiert hat, das, was ich meine, auf oberer künstlerischer Ebene zusammengefasst und auf einen bereinigten Nenner gebracht.

Erstmals erschienen in: A. M. Vogt, *Der Kugelbau um 1800 und die heutige Architektur. Antrittsvorlesung, gehalten am 4. November 1961 an der Eidgenössischen Technischen Hochschule*, Zürich: Polygaphischer Verlag 1962.

1   Aus der jetzt rasch wachsenden Literatur über Platte, Scheibe, Schale, Flächentragwerk sei hier nur eine Arbeit erwähnt, die auch kunstgeschichtliche Kategorien einzubeziehen sucht: Fred Angerer, *Bauen mit tragenden Flächen*, München 1960. Als Überblick über die heutige Produktion, J. Joedicke, «Schalenbau», in: *Dokumente der Modernen Architektur*, Bd. 2, Zürich 1962.

Das Haus über dem Wasserfall, 1936 gebaut, (Abb. 1) ist nur so lange eine romantisch-luxuriöse Spielerei, als man nicht sieht, dass hier gegen die Schwerkraft in ihrer deutlichsten visuellen Vergegenwärtigung gebaut wird. Nämlich gegen den Wassersturz, der stets fort zeigt, dass hier auf der Erde das Fallgesetz regiert. Die weissen Balkone, die stufenweise konsequent nach oben weiter und breiter auskragen, scheinen über dem Fall zu segeln, sich der Schwerkraft zu entziehen und so dem Schwerezustand etwas anderes, nämlich einen Schwebezustand gegenüberzustellen.

Ein Vierteljahrhundert später, 1959, im Guggenheim-Museum New York, baut der 90jährige Wright noch einmal gegen die Schwere und für das Schweben; Abheben vom Boden durch Auskragen nach oben hin, Leichtmachen durch Schalenbau. Beide Bauten sind unten schmal, oben breit, beide sind Umkehrungen der ägyptischen Pyramide, beide sind Widerlegungen des griechischen Prinzips von Tragen und Lasten – beide wollen zuerst und zuletzt Widerlegungen (wenigstens in visuellem Sinne) der Schwerkraft sein.

Suchen wir das Ganze zu überblicken, das Ganze dessen, was die «Väter» in der Zwischenkriegszeit entworfen und die «Söhne» in der Nachkriegszeit zur allgemeinen Tendenz gemacht haben, so zeigt sich: im Material die Bevorzugung von armiertem Beton, von Glas und Metall; in der Form die Vorliebe für die Schale, die Platte und die Scheibe und für den dünnen Stützestab, den Pilotis. Le Corbusier unterscheidet zwischen 'Colonne' (Säule mit Kapitell) und 'Pilotis' (Pfahlstütze ohne Ausformung eines Kapitells). Die Wahl und Vorliebe für diese Materialien und Formen ist – wie bei jedem echten historischen Phänomen – mehrfach begründbar. Zum Teil ist sie ingenieurtechnisch, zum Teil finanziell-ökonomisch vorteilhaft, immer aber ist sie auch künstlerisch (aus tieferen, oft nur mehr halbbewussten Gründen) gewollt.

Dieser Wille sucht offenbar folgende Eigenschaften am Bau zu erzeugen: er soll dünn und schlank wirken, er soll durchsichtig sein, und er soll hell oder, analog bei Metallen, spiegelblank sein. Diese Eigenschaften des Dünnwandigen, Leichten, Hellen, Durchlichteten, Abgehobenen haben den einen Nenner, dass sie den Bau visuell in Schwebelage versetzen. Neben anderen, bewussteren Zielen scheint sich die Architektur der letzten Jahrzehnte das Ziel der Annäherung an den Schwebebau gesetzt zu haben. Wer diesen Nenner gelten lassen kann, kann nun auch die weiteren Fragen stellen:

1. Was ist überhaupt Schweben physikalisch und biologisch, d.h. noch vor aller Architektur?

---

1   Frank Lloyd Wright, Falling Water, Bear Run, Pennsylvania, 1937–1939
(Franklin Toker, Fallingwater Rising, New York 2003, S. 211)

2. Gab es, wenn der Schwebebau heute wichtig sein soll, jemals früher Architekturen mit ähnlicher Intention – oder stehen wir vor einem Novum?

3. Kann allenfalls auch eine historische Erklärung der Sinnbestimmung gefunden werden für diese Vorliebe zum Schwebebau?

Diese drei Fragen, allerdings nur in skizzenhaftem Entwurf, zu erörtern, ist das Ziel der Vorlesung.

I

Im Gegensatz zu Liegen oder Stehen ist Schweben ein eher heikler, in der Alltagsumgebung recht selten vorkommender Gleichgewichtszustand. Eine Körperlage ohne festen Grund, in einem leichteren Medium, z.B. Wasser oder Luft. Wobei dieses leichtere Medium den schwebenden Körper rings umschliesst.[2] Im Gegensatz zu Schwimmen oder Fliegen, die dem Schweben näher kommen als Liegen oder Stehen, erheischt Schweben nicht aktive Bewegung, sondern ist gekennzeichnet durch ein passives Getragenwerden. Der Biologe und Zoologe kennt Schwebetiere im Wasser, (Abb. 2) jedoch kein Lebewesen, das sich dauernd in der Luft schwebend halten kann, Schweben als Zustand ist somit ein subtiles, diffiziles Gleichgewicht, erreicht durch Nuancen von Leichtermachen und Schwerermachen – man denke an die Sandkorrekturen beim Ballonflug, die Auftrieb oder Absinken ausgleichen. Dass dieser Körperzustand mindestens dem neueren Menschen als ein Desideratum, als spezielles Sehnsuchtsziel «vorschwebt», beweisen die Bemühungen um den Ballon- und Segelflug, die das 19. Jahrhundert so sehr und so emotionell betont fasziniert haben.

Nun die zweite, die historische Frage: Ist das Schweben, als ein Abstreifen oder besser Egalisieren der Erdschwere, früher schon in der Architekturgeschichte relevant geworden? Das heisst: hat man je schon versucht, die beim Bauen an sich immer wirksamen Schwerkräfte zu vertuschen, ja zu verheimlichen, zu verleugnen – besser noch: sie visuell zu widerlegen? Das ist tatsächlich der Fall, und zwar in der byzantinischen Baukunst.

Die Hagia Sophia, (Abb. 3) errichtet zwischen 532 und 537, darf den Anspruch erheben, das erste zentrale Baudenkmal der frühen Christenheit zu sein – und dieser Bau erschien den damaligen und allen späteren Betrachtern bis auf unseren Tag wie ein Wunder, sicher namentlich deshalb, weil er die Gesetze der Schwere zu leugnen scheint. Ganz im Gegensatz zur schweren Kassettenkuppel des Pantheons in Rom wirkt die Hauptkuppel als dünne Schale, deren Schub in einem für damalige Zeit ungemein kühnen Kalkül auf Nebenkuppeln und Tonnengewölbe unter Ausnützung der Längssteife der zylindrischen Gewölbe abgeleitet wird.

2

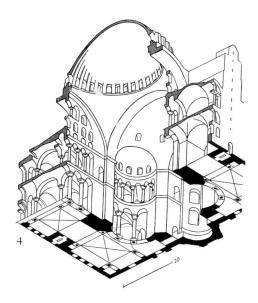

4

2   Larve der Mücke
Corethra, frei im
Wasser schwebend
(Werner Jacobs,
Fliegen – Schwimmen –
Schweben, Berlin/Göt-
tingen/Heidelberg
1954, S. 122)

3   Hagia Sophia,
Kuppelquadrat,
Istanbul, (Alfons Maria
Schneider, Die Hagia
Sophia zu Konstantino-
pel, Berlin 1939,
Abb. 25)

4   Hagia Sophia,
isometrische Ansicht
nach Choisy, Istanbul
(Auguste Choisy,
Histoire de l'architec-
ture, Bd. 2, Paris 1954,
S. 43)

3

2   Vgl. zum biologischen Aspekt des Schwebens,
Werner Jacobs, *Fliegen – Schwimmen – Schweben*,
2. Aufl., Berlin 1954, speziell S. 101ff.

5   Kirche der Heiligen Sergios und Bachos (Küçük Aya Sofia), Kapitelle, Architrav und Gesimse an der Nordwestseite, Istanbul, 527–536 (David Talbot Rice, Kunst aus Byzanz, München 1959, Abb. 51)

6   Codex Purpureus Rossanensis, Anklage der Hohepriester und Judasszenen, Rossano, 6. Jh, Ausschnitt (Petra Sevrugian, Der Rossano-Codex und die Sinope-Fragmente, Worms, 1990, Abb. 15)

5

(Abb. 4) Auch die Baugeneration selbst war in erster Linie beeindruckt von dem Schalenartigen und der Intention des Schwebens. Dies bezeugt mit aller Deutlichkeit Prokop von Caesarea, der kaiserliche Hofgeschichtsschreiber, der von der Kuppel sagt, sie scheine nicht auf dem festen Bau zu ruhen, sondern «an goldenem Seile vom Himmel herabzuhängen».[3]

Damit ist präzis formuliert, worauf es uns ankommt. Diese Kuppel ist als leichte, dünne Schale intendiert, und sie wird von den Zeitgenossen als Glocke empfunden, die über dem Boden hängt. Es ist nur folgerichtig, dass die Kapitelle (Abb. 5) nun nicht mehr steinern massiv und damit «lastbekennend» sein dürfen. Im Gegensatz zum griechischen Kapitell mit kantiger Platte und kräftigen Wülsten wird nun das byzantinisch-ravennatische Kapitell wie Spitzenklöppelei oder wie ausgestanztes, gefaltetes Papier gearbeitet. Die Wirkungsabsicht geht also auf Leichtigkeit, Dünne und Helligkeit, wobei die wahren Vorgänge des Kräfteflusses mit den Riesenlasten von den Kuppeln her nicht nur nicht abgebildet, sondern überhaupt nicht eingestanden werden. Selbst wenn der Säulenschaft und die Basis oft nahezu unverändert von der Antike übernommen scheinen, wirkt die Verwandlung des lastbekennenden Kapitells in ein ausgestanztes, papierartiges, lastleugnendes Kapitell so sehr, dass aus der tragenden Säule so etwas wie ein hängender Glocken-Klöppel wird.

«Klöppel» und «Glocke» statt Säule und Gebälk – das ist die Antwort von Byzanz auf Griechenland.

6

Dass auch die byzantinische Buchmalerei, speziell am Thema Baldachin über dem Thron, mit auffälliger Vorliebe Schalenkonstruktionen entwirft (hier ein Beispiel aus dem Codex purpureus, Rossano, Abb. 6) sei nur angemerkt.
Indessen: Gewiss ist die Kunst von Byzanz-Ravenna eine Parallele und Vorausnahme zum heutigen Schalenbau, aber sie ist doch nicht eine Erklärung für irgend etwas Modernes. Denn der grossartige religiös-theologische Impuls, der Byzanz zu einer Architekturvision des glockenhaften Schwebens begeistert hat, darf doch wohl nicht vorausgesetzt werden für die heutige säkularisierte Baugesinnung.

3   Die Prokop-Stelle vom «Goldenen Seile» wird u. a. zitiert und interpretiert bei W. Neuss, *Die Kunst der alten Christen*, Augsburg 1926, S. 80; Alfons Maria Schneider, *Die Hagia Sophia zu Konstantinopel*, Berlin 1939, S. 12; Wilhelm Schubart, *Justinian und Theodora*, München, S. 159; Ulya Vogt-Göknil, *Architektonische Grundbegriffe und Umraumerlebnis*, Dissertation, Zürich 1951, S. 74.
Die Forschung selber betont immer wieder die Schwebewirkung der Kuppel der Hagia Sophia. Besonders wichtige Kennzeichnungen bei Peter Meyer, *Europäische Kunstgeschichte*, Bd. I, Zürich 1947: «Das Äußere ist lediglich Schale des heiligen Raumes. Schwerelos schwebende Kuppeln, ohne plastische Gliederungen» (zu Abb. 121–126); treffende Bemerkungen über Hohlraum, Masse, Gliederung: «Byzantinische Wölbebauten sind Höhlen ohne den Berg», S. 129; die Wände sind «Spiegel, auf denen sich die Mosaiken niederschla-

gen wie Eisblumen», S. 130; «die ballonartig schwellenden Kuppeln scheinen die Wände eher auf Zug als auf Druck zu beanspruchen, so daß die schmalen Rahmenleisten der Verkleidungsplatten den Charakter textiler Nähte annehmen», S. 130. Wilhelm Schubart, *op. cit.*, S. 157: «die Leichtigkeit scheinbaren Schwebens»; Philipp Schweinfurth, *Die byzantinische Form*, Berlin 1943, S. 46: «Wer das Innere betritt, sieht nur Getragenes und fragt vergeblich nach dem, was trägt.» Neuerdings befassen sich gerade die im modernen Schalenbau führenden Ingenieure gerne mit der Konstruktion der Hagia Sophia. So etwa Edoardo Torroja, *Logik der Form*, München 1961, S. 159, (original: *Razón y ser de los tipos estructurales*), der das Kuppelsystem der Hagia Sophia als «komplizierte und vollständige Lösung» lobt, wobei als «spannungsmäßige Neuigkeit» die Ausnützung der Längssteife des zylindrischen Gewölbes hervorgehoben wird.

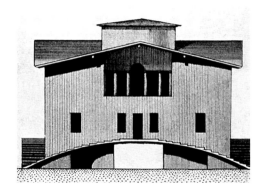

7 Claude-Nicolas Ledoux, Maison de Campagne, Élévation (Marcel Hubert Raval/Jean-Charles Moreux, Claude-Nicolas Ledoux: 1756–1806, Paris 1945, S. 197, Abb. 237)

Sehen wir uns deshalb in der Nähe um! Die Goethezeit, mit ausklingender Aufklärung, mit Sturm und Drang, Klassizismus und Romantik, ist für den Kunsthistoriker, ganz im Gegensatz zum Germanisten, immer noch ein vernachlässigtes Gebiet. Langsam nur wurde das Vorurteil beschwichtigt, bildende Kunst sei in der Goethezeit immer nur Anhängsel der Literatur. Vor allem aber ist die Wiederentdeckung des Austroamerikaners Emil Kaufmann wichtig, die überhaupt erst aufmerksam gemacht hat auf die sog. Französische Revolutionsarchitektur zwischen 1750 und 1800.[4] Und gerade zwischen 1750–1800 gilt es einzusetzen, denn dort liegt die Keimzone für das 19. und 20. Jahrhundert.

II

Die führenden Architekten dieser Keimzone heissen Étienne-Louis Boullée (geb. 1728) und Claude-Nicolas Ledoux (geb. 1736); beide werden als Revolutionsarchitekten bezeichnet, was nicht ganz genau ist, da sie viele ihrer wichtigsten Entwürfe schon vor der Französischen Revolution geschaffen haben.

Tatsächlich ist es nicht schwer, zu zeigen, dass speziell Ledoux die eingangs erwähnten Merkmale des modernen Bauens (Abheben vom Boden, Flachdach, Schachtelgehäuse aus Platte und Scheibe) in mitunter fast unglaubhaft entschiedener Art vorausnimmt. Für viele Beispiele stehe die Maison de Campagne, (Abb. 7) die zunächst deutlich zeigt, dass Ledoux die Wand schon nicht mehr als Mauer, sondern als Scheibe empfindet, in der die Fenster und Türen nicht ausgespart und entsprechend gerahmt sind, sondern wie mit dem Messer ausgeschnitten. Diese Eigenart schachtelartiger Dünne wird erst recht bestätigt von dem seltsamen Zugang, der von links und rechts her als gewölbte Stiege ausgebildet ist. Diese Wölbung ist Ausschnitt aus einem Kreis, aus einem Zylinder, der gewissermassen aus der Erdtiefe rotierend auftaucht. Es ist ein Lieblingsmotiv von Ledoux, das daraufhin zu untersuchen wäre, ob es nicht doch schon als ein verstecktes Kugel-motiv zu verstehen ist. – Kugelmotiv, das wir entweder lesen können als geraffte Anzeige der Erdkrümmung (Haus «auf» der Erdkugel, in bewusst übersetzter Proportion) oder als Andeutung der Sonnenbahn mit ihrem Aufsteigen und Absinken. Beide Gehalte schwingen in einem solchen oft wiederholten und variierten Detail mit[5], und auffällig daran ist, dass die Assoziation des Betrachters in beiden Fällen (Erdkrümmung, Sonnenbahn) eine astronomisch-physikalische Vorstellung betrifft. Die gewölbte Stiege der Maison de Campagne ist überdies derartig dünn gestaltet, dass sie einerseits mit den damaligen technischen Mitteln überhaupt nicht hätte ausgeführt werden können, andererseits bereits dem nahekommt, was der heutige Ingenieur als Schale bezeichnet. Noch betonter schalenhaft dünn ist der ebenfalls gewölbte Zugang zum «Atelier des ouvriers déstinés à la fabrication des Cercles, placé au centre de quatre routes».[6] Diese «Werkstatt der Zirkelmacher» verlangt also wieder Platten und Schalen, die erst heute technisch durchführbar wären.

Die übrigen Eigenheiten des Entwurfs gehören zur seltsamen, noch keineswegs zureichend gewürdigten Blüte jener Tage, nämlich zur «Architecture parlante», die ihren Zweck jeweils an sich selbst abbilden will. So soll hier der Zweck des Zirkelmachens am oder im Gebäude «ausgesagt», mitgeteilt, gespiegelt, symbolisiert werden, indem möglichst viele zirkelähnliche, kreisrunde Elemente verwendet werden.[7]

Keimzonen der Geschichte, Epochen mit einem weittragenden Entwurf, begnügen sich gerade nicht mit einer halben oder stufenweise begrenzten Vision, sie greifen ins Volle und Ganze aus – meistens auf Kosten der Realisierungsmöglichkeit.

So geschah es damals. Man begnügte sich nicht mit Elementen zu einer kommenden Baukunst, man dachte die neue Version ganz zu Ende und gelangte dabei zur Kugel. Für diese Idee – die architekturtheoretisch übrigens gar nicht neu ist – hatte man bis heute meist nur Kopfschütteln übrig. Nun gilt es aber, sich zunächst Klarheit darüber zu verschaffen, dass die Kugel nichts anderes ist als die reinste Form dessen, was Baukunst als Schweben formulieren kann. Denn nur die Kugel ist vom Erdboden so abgelöst, dass sie ihn (theoretisch wenigstens) lediglich noch

4   Emil Kaufmann hat, neben vielen Aufsätzen zum Thema, publiziert: «C. N. Ledoux», in: *Thieme-Becker*, 1928; *Von Ledoux bis Le Corbusier. Ursprung und Entwicklung der autonomen Architektur*, Wien/Leipzig: Passer 1933; *Three revolutionary architects: Boullée, Ledoux and Lequeu*, Transactions of the American Philosophical Society, Philadelphia, vol. 42/pt. 3, 1952; *Architecture in the Age of Reason, Baroque and Post-Baroque in England, Italy and France*, Cambridge Mass. 1955.
5   Variationen der schalenartig gewölbten Stiege siehe bei Marcel Hubert Raval/Jean-Charles Moreux, *Claude-Nicolas Ledoux: 1756–1806*, commentaires, cartes, croquis: J.-Ch. Moreux, Paris: Arts et métiers graphiques 1945, Abb. 52 und 118 (Vorformen), Abb. 102, 134, 135, 216, 268, monumentalisiert: Abb. 328.
6   Iid., *op. cit.*, Abb. 216 und 217.
7   Zum speziellen Problem der «Architecture parlante» siehe E. Kaufmann, *Architecture in the Age of Reason*, S. 102 und weitere Stellen; Helen Rosenau, *Boullées Treatise on Architecture*, London 1953, S. 18ff.; Louis Hautecœur, *Histoire de l'Architecture classique en France*, Révolution et Empire, Bd. 5, Paris 1953.

in einem Punkt berührt. Mit Ausnahme dieses einen Punkts wird sie vom einen und selben Element, der Luft, umfangen. Und hier gerade liegt der entscheidende Unterschied zu den Kugelgedanken der Antike und der aussereuropäischen Kulturen. Diese alle konnten allenfalls für den Innenraum eine Kugel postulieren (das Pantheon in Rom z.B. ist in den Massen als Kugel angelegt, jedoch nur in der oberen Hälfte als Kugel durchgeführt). Aber erst nach 1750 wird es möglich und auch technisch vorstellbar, dass das Äussere dem Innern antwortet und sich ebenfalls als Kugelgebilde (oder Annäherung daraufhin) zeigt. Mit andern Worten: der Kugelgedanke war vorher nur Höhle, nur Innenbau. Jetzt wird er Gebilde, volle Form, nämlich Innen- und Aussenbau.[8]

Entwürfe zu derartig «totalen» Gebilden waren nun, wenn man näher zusieht, nicht etwa die Sonderangelegenheit eines oder zweier Revolutionsarchitekten. Vielmehr zeigt sich schon jetzt – und ich glaube, die Zahl der Entwürfe könnte sich bei weiterer Nachforschung noch vergrössern – eine ganze Gruppe von Kugelentwürfen. Sie gehören alle, so weit ich sehe, in die Zeit zwischen 1775 und 1800. Hier können nur die markantesten Beispiele erwähnt werden, und auch die vielfältigen Auswirkungen und abgeblassten Spiegelungen in den Jahrzehnten nach 1800 – etwa bei Schinkel – müssen unerwähnt bleiben. Der Überblick soll so skizziert werden, dass die Entwurfsgruppe auf ihr allfälliges Grundbild, auf den ersten Kugelgedanken hin geordnet wird. Deshalb steigen wir in der Reihenfolge nicht, wie üblich, vom Früheren zum Späteren auf, sondern umgekehrt vom Späteren zum Früheren ab.

Im Temple décadaire von Durand, 1795, (Abb. 8) spricht der Mann der zweiten Generation, Professor an der Ecole polytechnique, der durch seine Lehrtätigkeit die neuen Ideen von Ledoux und Boullée verbreitet, wobei er sie abdämpft, massvoll und für das breitere Publikum mundgerecht macht. Im Temple de la Justi-

8   Jean-Nicolas Louis Durand, Temple décadaire (Emil Kaufmann, Architecture in the age of reason, Cambridge 1955, Abb. 220)

9 Jean-Jacques Lequeu, Temple consacré à l'égalité, Aufriss und Schnitt (Adolf Max Vogt, Boullées Newton-Denkmal, Basel/Stuttgart 1969, S. 118)

ce oder auch Temple de l'Egalité (Abb. 9) von Lequeu wird die Kühnheit der Revolutionsarchitektur bereits deutlicher spürbar. Durch die Kugel soll offenbar die Einheitlichkeit der Rechtssprechung 'abgebildet' werden. Das Gericht sitzt in einer Kugel und hat vor sich, in der Mitte, eine kugelförmige Plastik (Globus), auf der die Gestalt der Gerechtigkeit steht.

Sobre entwirft um 1790, also vier Jahre früher, einen Temple de l'Immortalité, der dem Kugelproblem wieder anders zu Leibe rückt: Er soll als Halbkugel in einem Wasserbassin liegen, das dann die volle Kugel durch Spiegelung ergänzen soll. Man hat also damals schon das Wasserbassin zu Hilfe gerufen, wenn die Architektur allein nicht zu Rande kam ...

Gay (Abb. 10) hat mit Sobre gemeinsam, dass die Kugel im Innern zur Hälfte unterirdisch liegt. Ersterer assoziiert mit dem Grab- und Gruftmässigen den Ägyptischen Stil und höhlt in der Pyramide eine Kugel aus, die aber nur auf Äquatorhöhe durch einen loggienartigen Ringgang betrachtet werden kann. Der Besucher sieht über sich, aber auch unter sich in schwindliger Bodenwölbung je eine Kugelhälfte, und ganz unten, unerreichbar, sieht er einen Sarkophag. Es ist der Sarkophag für Sir Isaac Newton, denn das Gebäude ist als Newton-Monument bezeichnet. Und damit bekommt nun – zum erstenmal in den bisher gezeigten Beispielen – die Kugelgestalt einen inhaltlich unmittelbar einleuchtenden, präzisen Sinn. Newton, der ein halbes Jahrhundert früher, 1727, verstorbene englische Mathematiker, Physiker und Astronom, war der Epoche wichtig, ja im höchsten

8   Über den Kugelgedanken in den europäischen und aussereuropäischen Kulturen wichtige Hinweise im Katalog zur Ausstellung «Symbolisme cosmique et Monuments religieux», Musée Guimet, Paris, Juli 1953. (Ich danke Herrn Prof. Dr. med. C. A. Meier, Zürich, für den wertvollen Hinweis auf diesen Katalog.) Vgl. auch E. Baldwin Smith, *The Dome, a study in the history of ideas*, Princeton: Princeton University Press 1950; und Louis Hautecœur, *Mystique et Architecture, Symbolisme du Cercle et de la Coupole*, Paris 1954. Interessante Parallelen betreffend die Bedeutung des Kugelgedankens in der deutschen Literatur finden sich bei Max Wehrli, «Dichter und Weltraum», in: *Schweizer Monatshefte* (November, 1961), S. 881–892; ausserdem Georges Poulet, *Les métamorphoses du cercle*, Paris 1961.

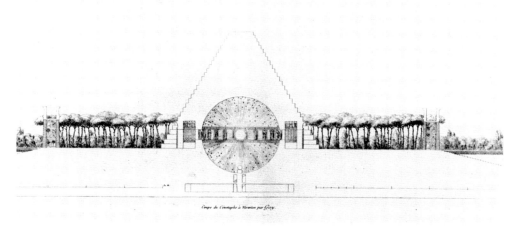

10 Victor Gay, Cénotaphe à Newton, Schnitt (Vogt, Boullées Newton-Denkmal, op. cit., S. 115)

Masse eindrucksvoll geworden durch seine Erklärung des Universums. Somit leuchtet es ein, dass ihm eine kugelförmige Gedenkstätte, mit Sternen geschmückt, gewidmet werden sollte.

Wiederum wenige Jahre früher, zwischen 1885 und 1890, sind die Kugelentwürfe von Vaudoyer (Abb. 11) und Délépine anzusetzen. Délépine plant ebenfalls ein Monument für Newton, Vaudoyer dagegen betitelt sein Haus «Maison d' un Cosmopolite» und bringt damit in Erinnerung, was Kosmopolit eigentlich heisst. Ein Gelehrter will durch sein Haus ein Abbild geben von dem, was auf Grund seiner (damals neuen) physikalisch-astronomischen Kenntnis das «Weltgebäude» ausmacht. Über die phantastische Unbewohnbarkeit des Innern brauchen wir keine Worte zu verlieren. Dennoch empfand man das Konzept noch zwanzig Jahre später nicht etwa als lächerlich oder monströs, denn 1803 gibt Dubut in seiner «Maison pour un Savant» eine gedämpfte Spiegelung von Vaudoyer, die nun nicht mehr kühn, dafür aber bewohnbar ist. So wie nach 1800 «Kosmopolit» zu «Savant» abgedämpft ist, ist die einstige Kugel zum Zylinder abgedämpft. – Der Begriff Kosmopolit und der Name Isaac Newtons rücken zusammen als verschiedene Bezeichnungen für etwas Verwandtes.

An den bisher erwähnten Kugelentwürfen dürfte spürbar geworden sein, dass sie Ableitungen, Filiationen sind und auf eine zentrale Quelle hinweisen. Dieses Grundbild ist tatsächlich vorhanden – sogar begleitet von einem ausgiebigen Kommentar des Architekten selbst. Es stammt von Étienne-Louis Boullée und ist datiert auf 1784. (Abb. 12) Ein Newton-Monument; für unser Ermessen der eigent-

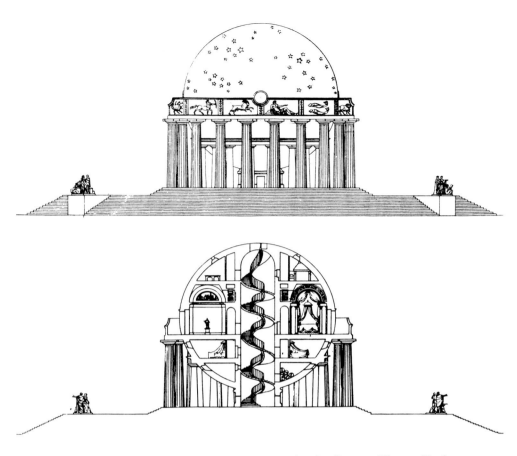

11   Antoine-Laurent-Thomas Vaudoyer,
Maison d'un Cosmopolite, Aufriss und Schnitt
(Vogt, Boullées Newton-Denkmal, op. cit.,
S. 116)

lich grandiose Baugedanke in Boullées Gesamtwerk. Unterirdische, ägyptisierende
Zugänge, der Aufstieg zum Sarkophag als Aufstieg in eine Kugel, die völlig dunkel
und schmucklos ist, jedoch durch röhrenartige Durchstiche in der Kugelschale ein
Tageslicht empfängt, das sich im Innern als Sternenlicht ausnimmt. Diese Durchstiche sind so geordnet, dass sie dem Firmament entsprechen. Wir vermuten in
diesem Konzept – für das Boullée auch noch eine «Tag»-Variante entwickelte –
den Erstentwurf, die Grundidee zu allen den neuartigen Innen-Aussen-Kugelbau-
ten der Epoche vor uns zu haben. (Wobei lediglich abzuklären bliebe, ob nicht der
andere Grosse unter den Revolutionsarchitekten, Ledoux, unter seinen Kugelentwürfen einen noch früher datierbaren hat.) Im übrigen werden die Jahre um 1784
in Bezug auf unser Thema ohnehin merkwürdig bleiben, denn es sind nicht nur die
Entwicklungsjahre des Kugelgedankens, sondern gleichzeitig auch jene des Bal-
lonflugs – 1783 die Montgolfière und die Charlière, 1784 Meusniers Projekt zum
lenkbaren Luftschiff.

12 Étienne-Louis Boullée, Cénotaphe à Newton, Schnitt, Version mit Sternenhimmel (Jean-Marie Pérouse de Montclos, Étienne-Louis Boullée, Paris 1994, Abb. 167)

Wenn wir hier den Erstgedanken oder doch auf jeden Fall den grossen Wurf innerhalb der Gruppe vor uns haben, dann muss uns auch der Zweck des Monuments näher angehen. Ist dieser Kugelbau, fragen wir, mit seiner damals so kühnen Schalenkonstruktion vielleicht verknüpfbar mit dem, was Newtons Ruhm ausmacht? Boullée selbst hat, wie gesagt, einen Kommentar zu seinem Werk hinterlassen. Es ist ein Abschnitt in dem künstlerischen Testament, betitelt «Essai sur l'Art», das er handgeschrieben und unpubliziert hinterlassen hat, aufbewahrt in der Bibliothèque nationale Paris, vor wenigen Jahren erstmals von Helen Rosenau veröffentlicht.[9]

«Esprit sublime! Génie vaste, et profond! Etre divin! Newton! [...]» Der überaus hochgemute Ton und die keineswegs sparsamen Ausrufezeichen sollen uns nicht verblüffen, das gehört in das Gehaben der Zeit, zumindest in Frankreich und England, und beweist nur, dass um 1784 die «Déification» von Newton in vollem Gange ist. Wichtiger ist für unseren Aspekt die Bestimmung: «tu as déterminé la figure de la terre: moi, j'ai conçu le projet de t'envelopper de ta découverte...» – Du (Newton) hast die Gestalt der Erde bestimmt, ich (Boullée) habe das Projekt gefasst, dich in dieser Entdeckung einzuhüllen. «C'est après ces vues que j'ai voulu, par la figure de la terre, caracteriser la sépulture [...]».[10] Die Kugel ist also – eindeutig erwiesen durch diesen Selbstkommentar – von Boullée als Abbild verstanden worden, nämlich als ein «Modell» der Erde. Und zwar jener Erde, wie sie nun als kugelförmiger Planet bekannt ist, schwebend im All. Newton hat nach Boullées Auffassung – die «Figure», die Form und den Lauf dieses Erdplaneten bestimmt. (Dass keineswegs Newton allein, sondern manche frühere und zeitgenössische For-

13 James Macardel, Sir Isaac Newton, Stich nach Enoch Seemans Gemälde, 1760 (I. Bernard Cohen, Isaac Newton's Papers & Letters on Natural Philosophy, Cambridge/ Massachusetts/London, 1978, Abb. 1)

scher mit am Werk waren, kümmert den begeisterten Architekten sowenig wie die meisten der übrigen damaligen Laien.) Folglich gebührt ihm, Newton, ein planetenkugelähnliches Denkmal.

Newton wird zum stellvertretenden Symbol für alles das, was das Jahrhundert der Mathematik der Welt gebracht hat: «Erleuchtung», «Aufklärung» im buchstäblichen Sinne über die wahre Weltordnung durch mathematisch unterbaute Naturforschung.

Der Mann selbst, Newton (Abb. 13), der Hagestolz und Sonderling, dessen Vorlesungen in Cambridge so schlecht besucht waren, weil er zu schwierig las – er hätte es sich in seinem Todesjahr 1727 vermutlich entschieden verbeten, siebzig Jahre später von William Blake als nackter Denker-Dämon am Felsenriff dargestellt zu werden (Abb. 14). Doch aus der historischen Person mit ihrem relativen Verdienst war seither ein abgelöster, aufgesteigerter, absoluter Ruhmesbegriff geworden.

9 Helen Rosenau, *Boullées Treatise on Architecture, A complete presentation of the «Architecture, Essai sur l'Art»*, which forms part of the Boullée papers (Ms. 9153) in the Bibliothèque Nationale Paris, London 1953.

10 Ead., *op. cit.*, S. 83, aus dem Abschnitt «A Newton».

14 William Blake, Newton, 1795 (Ausstellungskatalog London 9.11.2000–11.2.2001/New York 27.3.2001–24.6.2001, William Blake, London 2000, S. 213)

Auch ist es unwahrscheinlich, dass der Architekt Boullée die «Prinzipien», das berühmteste Werk Newtons, selber lesen und kompetent beurteilen konnte. Weshalb kam dieses schwierige Buch der Epoche als wahre Erleuchtung vor, so dass es nicht nur rasch von England nach Frankreich, sondern auch über die Fachkreise hinaus bis in die Künstlerkreise wirkte?

Newtons Wirkung mag wesentlich darin liegen, dass er ältere, noch unbewiesene Hypothesen nachweisbar und schlüssig machen konnte. Denn «[...] den Beweis für die von ihm erschaute Wahrheit vermochte Kopernikus nicht zu erbringen, und darin bestand das Vakuum, in welchem sich hundert Jahre lang Vernunft und Ideologie bekämpften. Wir würden heute sagen, die Kopernikanische Lehre war damals eine Hypothese, noch keine Theorie».[11] Der Forschungsweg führte über Tycho Brahe, Johannes Kepler, Galileo Galilei «im Jahre 1687 zu der grossartigen Synthese der Gravitationstheorie durch Isaac Newton. Nun war mit einem Schlage alles klar: Die Planeten fallen nicht vom Himmel und bewegen sich nicht willkürlich oder zufällig auf scheinbar so komplizierten Schleifen über das Firmament, sie müssen sich so bewegen und können nicht anders. Das durch die Kopernikanische Lehre geschaffene Vakuum war ausgefüllt durch eine der schönsten und vollkommensten Theorien».[12] Mit Max Waldmeiers Formulierung ist die Bedeutung, die Newton innerhalb der Astronomiegeschichte objektiv beanspruchen darf, gekennzeichnet. Dazu kommt, dass die Epoche nun auch reif und bereit war, die über hundert Jahre hin, von Kopernikus bis Newton, verdichtete und verdeutlichte Wahrheit aufzunehmen. Die Rezeptionsgeschichte, also die Geschichte des – wenn ich so sagen darf – Newton-Impulses auf den Laien, den Theologen, den Philosophen, vor allem aber auch auf den Dichter und bildenden Künstler, ist eines der interessantesten Leitmotive durch die Geistesgeschichte des 18. Jahrhunderts. Leider ist sie noch wenig erforscht.[13] Das Echo war schon vor dem Tode 1727 erstaunlich gross, schwillt erst recht an nach dem Tode und fährt fast zwanghaft zu jener tief zweifelhaften «Déification», zu jenem Vergöttlichungsversuch, dem dann auch Jean-Jacques Rousseau, Friedrich der Grosse und Napoleon nicht entgangen sind.

Für uns lauten die Fragestellungen nun: 1. Wie gelangte der Newton-lmpuls von England nach Frankreich? 2. Was machte die Architektur aus dem Newton-Impuls?

III

Frankreich hat sehr früh und aufmerksam reagiert, wohl auch rascher als Deutschland, das aber anderseits durch Leibniz und dessen rivalisierende Anteilnahme an Newtons Forschung der britischen Entwicklung eng verbunden blieb. Es war ein Franzose, Fontenelle, der nach dem Tode des Physikers zum ersten Biographen wurde (1727). Sein «Elogium» wurde denn auch gleich ins Englische übersetzt (1728).[14] Der nächste Vermittler ist Voltaire, der von 1726 bis 1729 (also gerade in der Zeit des Ablebens von Newton) als Emigrant in London lebte und dort – beinahe nach heutiger Journalistenart – die Stiefnichte des greisen Gelehrten, die hübsche und leichtlebige Catherine Conduitt-Barton, um Auskünfte über Newton anging. Voltaires *Elémens de la Philosophie de Neuton* sind eine klar gefasste Popularisierung, «mis à la portée de tout le monde», wie es bezeichnenderweise im Untertitel heisst, erschienen in Amsterdam 1738. Das Titelkupfer bezeugt, dass auch die bildende Kunst sich auseinanderzusetzen beginnt mit dem neuen Pathos, das die Erforschung der schwebenden Planetenkugeln erzeugt hat. Voltaire wollte mit diesem Buch «Aux regards des Français / montrer la vérité», und im Eingangsgedicht heisst es, ein anderer tue das nämliche für Italien – in der Tat und in allem Ernste

11 Max Waldmeier, «Mensch und Weltall», in: *Verhandlungen der Schweizerischen Naturforschenden Gesellschaft*, 1960, S. 19.
12 Id., *op. cit.*, S. 19.
13 So weit ich sehe, hat nur die amerikanische Anglistin Marjorie Hope Nicolson unter dem Titel *Newton demands the muse. Newton's Opticks and the eighteenth century poets*, Princeton: Princeton University Press 1946,

systematisch bearbeitet, was Newtons Theorie (und zwar innerhalb dieser nur die «Opticks») an litertarischer Spiegelung im englischen Sprachgebiet gefunden hat.
14 Bernard Le Bovier de Fontenelle, *The Elogium of Sir Isaac Newton*, London: J. Tonson 1728; hierzu Charles Coulston Gillispie, «Fontenelle and Newton», in: *Isaac Newton's Papers and Letters on Natural Philosophy*, J.B. Cohen (Hg.), Cambridge Mass. 1958, S. 427–443.

15   Claude-Nicolas
Ledoux, Cimetière de
la Ville de Chaux,
Schnitt (Vogt, Boullées
Newton-Denkmal, op.
cit., S. 78)

hat Algarotti schon 1733 einen Band mit dem Titel «Newtonismo per le donne»
veröffentlicht! Im Widmungsgedicht von Voltaires «Elémens» wird eine Stimmung beschworen, die offenbar bewusst auf den Genesis–Text des Alten Testa-
ments anspielen soll:

>   «Dieu parle, & le Chaos se dissipe à sa voix;
>   Vers un Centre commun tout gravite à la fois,
>   Ce ressort si puissant l'ame de la Nature,
>   Etoit enséveli dans une nuit obscure,
>   Le compas de Neuton mesurant l'Univers,
>   Leve enfin ce grand voile & les Cieux sont ouverts.»
>   (Voltaire, *Elémens de la Philosophie de Neuton*, Edition 1738, S. 5)

Es ist somit ganz zwanglos verständlich, dass zwei junge französische Architekten
wie Boullée und Ledoux den Newton-Impuls eindringlich und offenbar als eines
der aktuellen Bildungserlebnisse der Generation erfahren konnten. Boullée reagierte mit der kühnen, aber keineswegs beliebigen, sondern folgerichtigen Idee
eines kugelförmigen Newton-Monuments, das, wie ich eben zu zeigen suchte, eine
ganze Familie von Kugelentwürfen erzeugte, die sich über 1800 hinaus weiter ver-
zweigen.

Wie reagierte der um acht Jahre jüngere Ledoux? Von seinen Kugelentwürfen sind zwar das Haus der Flurwächter und der schauerlich kahle Andachtsraum
im Zentrum des Friedhofs der Idealstadt Chaux (Abb. 15) gut bekannt – aber es
scheint zunächst nicht, dass eine Vorstellung des «Kosmopolitischen» oder eine
direkte Einwirkung des Newton-Impulses nachweisbar sind. Betrachtet man aber
eine Radierung näher, die er im Zusammenhang mit dem Friedhof von Chaux
geschaffen hat (Abb. 16), so lässt sich auch für Ledoux ein unmittelbarer Einfluss
von Newton her nachweisen.

16 Claude-Nicolas Ledoux, Elévation du Cimetière de la Ville de Chaux, das sog. Planetenblatt, wahrscheinlich Entwurf für ein Wandbild, Radierung (Vogt, Boullées Newton-Denkmal, op. cit., S. 77)

Dieses Planetenblatt von Ledoux ist vielleicht überhaupt der erste geglückte Versuch, nicht nur die Planeten, sondern das Schweben der Planeten im freien, weiten Raum künstlerisch mitteilbar zu machen. Das Geheimnis liegt darin, dass Ledoux die Sonne nicht (wie sonst stets) oben im Bilde, sondern unten vorstellt, was den Eindruck der lichtdurchfluteten Bodenlosigkeit, der lichtdurchfluteten Allweite erzeugt.

«Sechs Planeten, davon drei Begleiter haben, Merkur, Venus, die Erde mit ihrem Monde, Mars, Jupiter mit vier und Saturn mit fünf Trabanten, die um die Sonne als den Mittelpunkt Kreise beschreiben, nebst den Kometen, die es von allen Seiten her und in sehr langen Kreisen tun, machen ein System aus, welches man das System der Sonne oder auch den planetischen Weltbau nennt.» Dieser majestätisch gesetzte Satz liest sich wie die genaue Beschreibung von Ledoux' Blatt – er ist von Immanuel Kant geschrieben, rund 30 Jahre früher, 1755, und steht am Anfang des Kapitels «Grundbegriffe der Newtonischen Weltwissenschaft» in dem Essay, der heute stets zusammen mit Laplaces «Ideen zur Kosmogonie» als die 'Kant-Laplacesche Theorie' veröffentlicht wird.

Es hat somit nicht nur Boullée, sondern auch Ledoux auf die Herausforderung der neuen Lehre geantwortet. Dass Kant sich zugesellt, belegt lediglich, dass die schöpferischen Geister der Epoche vom selben Problem bewegt sind. Ledoux hat das Newtonsche Weltgebäude wohl als einer der ersten künstlerisch darzustellen gesucht, Boullée hat es folgerichtig auf ein Monument übertragen – womit der Nachweis erbracht ist, dass die Kugelentwürfe sehr wenig mit Willkür und Phantastik, hingegen sehr viel mit dem Einfluss des Mathematischen Jahrhunderts auf die Kunst zu tun haben.

IV

Nietzsche schreibt im Stück 125 der *Fröhlichen Wissenschaft* den Satz: «Blitz und Donner brauchen Zeit, das Licht der Gestirne braucht Zeit, Taten brauchen Zeit, auch nachdem sie getan sind, um gesehen und gehört zu werden.» Das gilt zunächst wohl für die Taten der Astronomen von Kopernikus bis Newton, aber es gilt erst recht für die Entwurfstaten der Revolutionsarchitektur, die ja nichts anderes, nichts geringeres mit sich gebracht haben als den Erstentwurf zum Schwebebau – der eben heute noch, wenn auch in veränderter Form, das vitale Problem der Architektur ausmacht.

Wenn sich die Hypothese, die ich hier vorbringe, einigermassen zur These verfestigen will, dann muss sie sich darin bewähren, dass sie auch die nachfolgenden Phasen der Architekturgeschichte sinnreich zu verknüpfen vermag. Diese Phasen betreffen aber zunächst das 15. Jahrhundert, also eine Baukrise sondergleichen, die zeitweise geradezu zum Scheitern und Zusammenbruch des Architektenberufs zu führen scheint. Wenn man nun aber gelten lässt, dass das neue astronomische Weltgebäude auch in der Architektur ein neues Existenzgefühl hervorgerufen hat – ein Existenzgefühl, das nicht mehr Liegen und Stehen, sondern Schweben als Erstbefund anerkennt[15] – dann wird es durchaus verständlich, dass ein Beruf, der Jahrhunderte lang in den Kategorien von Liegen und Stehen, d.h. von Tragen und Lasten, dachte, seinem Zusammenbruch nahekam.

Ebenso einleuchtend ist es, dass ein anderer Beruf, der des Ingenieurs, in die Lücke, in das Vakuum trat und über rund hundert Jahre hinweg mit erstaunlicher Folgerichtigkeit das bereitzustellen begann, was für eine künftige Realisierung des Schwebebaus technisch unerlässlich war. Die Ausgestaltung der Eisenkonstruktion – mit ihrer Kulmination im Eiffelturm 1885–1889 – war der erste Schritt, die Entwicklung des armierten Betons der zweite, die Entwicklung der Flächentragwerke der dritte Schritt. Dass diese Bereitstellung der Mittel durch den Ingenieur – sozusagen unter Ausstand des Architekten – so manches Jahrzehnt beanspruchte, beweist nur wieder, wie grundsätzlich, wie tiefreichend das ist, was wir mit Newton-Impuls zu bezeichnen suchen.

Von diesem Blickpunkt her kann nun selbst eine scheinbar so spielerische und kapriziöse Phase wie der Jugendstil um 1900 sinnvoll in Beziehung gesetzt werden: denn Jugendstil ist ja, in seinen besten Stücken, nichts anderes als ein Erproben von Wasser-Schweben. Man denke nur an all die von der Flut getragenen Wasserpflanzen, an die Algen, die Seerosen, an die wasserartig flutenden Haare in der Jugendstil-Graphik – und an die Schwebetänze der Loïe Fuller, die damals zwei Kontinente faszinierten! Was die Architektur betrifft, geht Frank Lloyd Wright als grösste Gestalt aus dem Jugendstil hervor.

Man kann sein Lebenswerk, wenn sich das verkürzt so sagen lässt, verstehen als die geniale Bewerkstelligung des Übergangs vom Wasser-Schweben zum Luft-Schweben.[16]

Architektur ist immer, ob sie es im Einzelfall will oder nicht, aufs Ganze gesehen das Abbild, der Nachvollzug des Weltgebäudes. Wenn das Weltgebäude einer Epoche theologisch bestimmt ist, wird sie ein theologisches Abbild bauen; wenn das Weltgebäude einer anderen Epoche eher astronomisch bestimmt ist, wird sie ein astronomisches Abbild bauen. Auch wenn der moderne Architekt seit Jahrzehnten weiter nichts als Funktionalismus zu vollziehen meint, vollzieht er doch immer mehr, als ihm selber bewusst ist.

So grundsätzliche Dinge allerdings, wie die Umstellung von Tragen-Lasten auf Schweben, werden nicht in Jahren, auch nicht in Jahrzehnten bereinigt. Ketten von Missverständnissen begleiten die Entwicklung – beispielsweise dies, Kugelarchitektur sei nichts als dekadenteste «Bodenlosigkeit», oder dies, Le Corbusiers «Villa Savoie» sei weiter nichts als eine «Schachtel in der Luft», ein «gelandetes Raumschiff, das überall und nirgends zuhause» sei.[17] In der Tat sind die Kugelentwürfe «bodenlos», aber darum, weil die Erde keine flache Erdfeste mehr ist, sondern eine Kugel, die schwebt. Und ebenso hat Le Corbusier tatsächlich ein «gelandetes Raumschiff» gebaut, aber nicht aus purer Beliebigkeit oder aus irgend-

15 Nämlich: für die 'kleine Umgebung' bleiben weiterhin Liegen und Stehen primär – aber für die 'grosse Umgebung' des Planetensystems wird Schweben primär. Die spezifische Überlagerung und Komplikation liegt wohl darin, dass die kleine Umgebung handgreiflich ihr Recht behauptet, während die grosse Umgebung immer nur erst durch Wissen und Theorie zugänglich wird. Wenigstens gilt das bis in unsere Jahre, wo nun durch die Weltraumfahrt auch die grosse Umgebung anschaulicher wird – etwa darin, dass Weltraumpiloten am eigenen Körper den Zustand des Schwebens, d.h. der Schwerelosigkeit, innezuhalten lernen.

16 Frank Lloyd Wright: Schon die frühen Innenräume (z. B. der Playroom des Hauses 428 Forest Ave., Oak Park, Ill., 1895; das Esszimmer im S.L. Dana House 1903; der Livingroom im Avery Coonley House 1908) haben ein eigentümliches Sickerlicht von oben her, das eine deutliche Vorliebe für jene Lichtstimmung bezeugt, wie sie unter Wasser oder im Aquarium herrscht. Die jetzt schon ganz konsequent betonte Horizontale (aller Backsteinfugen, aller Gesimse, speziell etwa in den Cheminées) unterstützt dieses «Unterwasser-Schweben» optisch. Noch ein Turm (Mrs Lloyd Jones Windmill, Hillside, Spring Green, Wisc. 1896) wird so als aufgestellte Messerkante ausgebildet und in viele waagrechte Bänder unterteilt, dass er wirkt wie ein Pegel im Wasser.
Erste Kulminationen der Waagrechten (als Gartenmauer, als Hausmauer – stets mit betontem Gesims und par-

allel unterstreichenden Bändern –, als Kette von Fenstern, als weit vorspringende Dachhorizontale) im River Forest Golf Club 1901, im Darwin D. Martin House 1904, im Avery Coonley House 1908 und vor allem im Robie House 1909. Die Waagrechte regiert so sehr, dass visuell immer der Eindruck entsteht, die einzelnen Bauteile wären entlang von Horizontalen verschiebbar. Diese Kraft und Präponderanz erzeugt in den Dächern der genannten Häuser den für den frühen Wright so typischen Eindruck eines ruhigen Schwebens.
Eigentliche Schwebe-Equilibristik: in der Bau-Plastik oder Turm-Plastik der Midway Gardens 1914. Versuch, alles Tragen und Lasten zugunsten schwebender Ornamentsteine in den Zwanziger Jahren aufzulösen: Mrs George Madison Millard House 1923, Charles Ennis House 1924.
In den dreissiger Jahren tritt das schwebend-vorkragende Dach zurück zugunsten des schwebend-vorkragenden Balkons, der nun mit einer Grosszügigkeit sondergleichen ausgebildet wird als auskragender Trog (erstmals beim Projekt Willey House 1932, kulminierend im Pauson House, Arizona, 1940), oder als Folge von übereinander gestaffelten, nach oben sich weitenden Waagrechten (Haus über dem Wasserfall, 1956, das ja in diesem Sinne eingangs erwähnt wurde). Mit dem Haus über dem Wasserfall ist der Übergang zum visuellen Luft-Schweben vollzogen.

17 Hans Sedlmayr, *Verlust der Mitte. Die bildende Kunst des 19. und 20. Jahrhunderts als Symbol der Zeit*, Salzburg 1948, S. 105, und Legende zu Abb. 31.

einem Untergangs-Trotz, sondern deshalb, weil seit Newton das menschliche Leben auf der Erde als Wohnen auf einem «Raumschiff» nachgewiesen ist, das seinerseits auch «überall und nirgends zuhause» ist. – Aber dennoch gehalten wird, nämlich von Kräften, die Newton die Gravitationskräfte nannte oder nicht ungern auch – zum Ärger späterer Physiker – als die «ausgesandten Geister» zu bezeichnen pflegte.

Diese «ausgesandten Geister» im Bauwerk zu verherrlichen, wäre somit, glaube ich, der Sinn und Begriff einer Schwebearchitektur, die seit etwa 1780, seit bald schon 200 Jahren, um ihre Verwirklichung wirbt.

Das Herrliche an der Architektur ist, dass sie eine langsame Kunst ist. Durch die Bedächtigkeit, die ihr innewohnt, verzeichnet sie ausdauernd und mit grossem Atem das Grundsätzliche am Wandel der Dinge – im Unterschied zu den Schwesterkünsten, die zwar rascher, aber auch nervöser reagieren.

Wenn wir nun, als Grundmuster, die sich durch die ganze europäische Baugeschichte wechselweise hinziehen, nicht nur, wie früher meist, die beiden Prinzipien des Gliederbaus einerseits (Griechenland), des massiven Höhlungs- und Wölbebaus anderseits (Rom) gelten lassen,[18] sondern als drittes Grundmuster den Schalenbau (Byzanz) einbeziehen – dann dürfte deutlich werden, dass der Schalen- und Schwebebau den zweiten grossen Harmonisierungsversuch der westlichen Architektur darstellt. Denn der Gliederbau, in seiner ersten Kulmination des griechischen Tempels und in weiteren Kulminationen, etwa der Renaissance, war der erste Harmonisierungsversuch. Wogegen alles Wölben und Höhlen keinen Harmoniebegriff kennt, weil es ja nicht zwei Kräfte im Spiel hat, die sich auswägen und ins Gleichgewicht setzen liessen.

Schweben aber ist wiederum ein Gleichgewicht, nämlich zwischen Auftrieb und Absinken, zwischen Anziehung und Abstossung, oder wie immer die Begriffe lauten.

Doch dieser, zweite Harmonisierungsversuch sucht und umwirbt ein visuelles Gleichgewicht auf Messers Schneide, subtil, heikel, weil auf feinste Massdifferenzen bezogen, ganz im Gegensatz zum sehr viel breiter gelagerten, weniger empfindlichen Gleichgewicht zwischen Tragen und Lasten. Dieser Unterschied mag eine Erklärung – wenn auch keine Entschuldigung – abgeben für die ungleich grössere Quote des Misslingens im heutigen Schwebebau. Der frühere Architekt verhält sich eben zum heutigen beinahe wie der Wagenlenker oder Lokomotivführer zum Piloten. Wo der erste bei falscher Manipulation auf dem Weg oder Geleise stillstand, stürzt der andere ab.

Jedoch ist es historisch bereits deutlich, mit welcher Beharrlichkeit über manche Generation hin dieser zweite Harmonisierungsversuch verfolgt wird. Die «ausgesandten Geister» visuell fassbar zu machen und in die Ausgewogenheit der Kräfte zu versetzen, scheint zur Werkleidenschaft der Epoche zu gehören.

Zwei Nachbemerkungen

1. Wie soll, da doch der Newton-Impuls als Auslösung bezeichnet wurde, ein einzelner Sterblicher (und erst noch ein biographisch recht eindeutig «amusischer» Naturforscher) auf die Baukunst eine derart weitreichende Wirkung ausüben können?

Die Konfrontierung des zeitgenössischen Porträts (Abb. 13) mit der Neuwton-Heroisierung von William Blake (Abb. 14) zeigte, dass aus dem Menschen mit Namen und fassbarem Lebenswerk innert weniger Jahrzehnte ein Wesen, ein Begriff, ein Merkwort, ja eine Art Dachbezeichnung für eine generationenlange Kette naturwissenschaftlicher Bemühung geworden ist. So ungerecht die Akkumulation auf den einen Namen Newton, so aufschlussreich ist der Prozess der Heroisierung wie er sich so wohl nur in der zweiten Hälfte des 18. Jahrhunderts abspeichern kann.

Der Grad der Heroisierung lässt sich, neben der literarischen Auswirkung, auch messen an der 'Denkmalfähigkeit' eines Namens. Selbst in diesen andenkenseligen Dezennien sind die Unterscheidungen verblüffend eindeutig. Würde man statistisch festzuhalten suchen, welchen Personen die Auszeichnung eines Denkmals nicht nur häufig, sondern auch in internationaler gemeineuropäischer Breite zugesprochen wurde, dann dürfte sich ergeben, dass Sir Isaac Newton, Jean-Jacques Rousseau, Friedrich der Grosse und (später) Napoleon sich diesen Vorrang teilen. (Also nicht um heutige Erwartungen zu nennen, Kant, Goethe, Schiller usf.) Für die beiden politischen Leitgestalten mögen die Gründe offen genug zutage liegen, Newton und Rousseau aber wird die Magie ihres Ruhms (der übrigens denjenigen der politisch Mächtigen durchaus übertrifft) zunächst ein Rätsel sein. Rührt die Heroisierung, die in diesen beiden Fällen tatsächlich einer postumen Déification nahekam, daher, dass der eine das neue Weltgebäude erklärt, der andere den Stellenwert und die Entfaltungsmöglichkeit des Menschen in dieser neuen Welt beschrieb? Was die Wirkung beider auf die bildenden Künste betrifft, so hat es eine innere Logik, dass der exakte Forscher und Denker einwirkt auf die Architektur, während der visionäre, aber auch vague Gefühls-Heros nicht Architektur, sondern Natur, oder besser die Mischung beider beeinflusst hat. Analog nämlich zum Newton-Impuls auf die Architekturgeschichte scheint es einen Rousseau-Impuls auf die Geschichte der Park- und Landschaftsgärtnerei zu geben (Rousseau-Inseln!).

In Byzanz ist die Sehnsucht nach Erlösung von Schwere, von Erdgewicht, durchaus religiös und rational nicht fassbar. In der Aufklärung wird die scheinbar nur rationale Einsicht in die Planetenbezüge, unter Schaudern, Angst und einem Gefühl des Verlustes wahrgenommen, bei zurückgedrängter oder ratlos gewordener Religiosität, die sich dann in der Surrogatform der Déification ihrer Geistes-Heroen auslebt.

2. Was soll die Kugelgestalt der Entwürfe um 1800 zu schaffen haben mit der offensichtlichen Kubenbetonung der Architektur seit 1920 – es sei denn, man setze neueste Schalenkonstruktionen (die ja nur zum Teil künstlerisch relevant sind) mit jenen Kugeln in Beziehung?

Kugel um 1800 und Kubus seit 1920 sind beide Wiederaufnahmen und Weiterführungen uralter Grundformen. Doch ab 1800 treten – zuerst die Kugel, dann der Kubus – beide neuartig auf, nämlich als Vollgestalt. Unter Vollgestalt verstehe ich:

---

18 Das zweigliedrige Paradigma Griechenland-Rom hat als mehr oder minder bewusste Leitvorstellung weit mehr als ein halbes Jahrhundert Kunstgeschichtsschreibung bestimmt. Die polare Zuspitzung dieses Paradigmas hat Guido Kaschnitz von Weinberg formuliert: «Die mittelmeerischen Grundlagen der antiken Kunst», in: *Die Grundlagen der Antiken Kunst*, Frankfurt am Main: Klostarmann 1944.

eine Kugel, die nicht mehr nur Innenkugel, sondern Aussen-Innen-Kugel ist. Entsprechend beim Kubus: einen Bauwürfel, der nicht nur Innenkubus, sondern auch Aussenkubus ist, der also seine sechste Fläche zeigt – erstmals zeigt, nachdem sie über Jahrhunderte und Jahrtausende unsichtbar identisch war mit Boden und Grund.

Die Kugelrundung ist nun von unten-aussen sichtbar (undenkbar im römischen Pantheon, das doch auch schon als Kugelbau konzipiert war); der Baukubus, auf Pilotis gehoben, zeigt nun seine Bodenfläche. Damit wird der Baukörper ganz, vollständig – von jener Art ganz und vollständig, die etwa dem Kristall eignet, den ich in meiner Hand drehen und von allen Seiten betrachten kann. Erstmals will man den geometrischen Idealkörper nicht mehr nur innen, sondern, mit eingeschlossen die Bodenfläche, als Ganzes zeigen. Dies beabsichtigte keine frühere Kultur, so weit ich sehe auch keine aussereuropäische. (Ist Japan die Ausnahme, gibt es dort eine Protorenaissance des Schwebebaus, und wäre sie der Grund für die wiederholten Japanbegeisterungen im Westen?)

Die Vollgestalt ist die entscheidende architektonische Neuerung seit 1784, dem Jahre, da Étienne-Louis Boullée das Newton-Monument ersann. Sie ist das eigentlich Provozierende und Irritierende der Architekturdiskussion seit nun bald schon 200 Jahren. Man meint zwar, das 19. Jahrhundert sei ausschliesslich beschäftigt mit jener (1828 als Buchtitel formulierten) Frage des Architekten Heinrich Hübsch: *In welchem Style sollen wir bauen?* Doch das war die Frage der Ratlosen, die darum ratlos waren, weil unterhalb der Stilfrage ein sehr viel schwerer zu fassender Wandel sich vollzog – langsam, mit einem ersten Schub 1780–1800, mit vielen kleinen zweiten Schüben im Ingenieurwesen des 19. Jahrhunderts, mit einem dritten Schub seit 1900–1920. Dass dabei im ersten Schub die Kugel im Vordergrund stand, im dritten Schub der Kubus auf Pilotis eher die Vorstellung bestimmt, ist weniger wichtig als die Tatsache, dass Kugel und Kubus im beschriebenen Sinn nur zwei Unterarten der neuartigen Vollgestalt sind. Überdies bleiben beide Grundformen verknüpft genug: Ledoux, der grosse Revolutionsarchitekt neben Boullée, kann, soweit ich bisher sehe, auch das Verdienst in Anspruch nehmen, der 'Erfinder' des Hauses auf Pilotis zu sein (Teilweise auf Pilotis: Nr. 6 der Maisons de M. Hosten [pl. 259–260 der «Architecture», réproduction intégrale, Paris, 1961]; ganz auf Pilotis: Portiques, pl. 31, und Ecole rurale de Meilliand, pl. 348–351).

Und umgekehrt spielt der Kugelgedanke auch im 20. Jahrhundert eine recht beträchtliche Rolle, keineswegs nur in spektakulären Unternehmungen wie Ausstellungsbauten, sondern eigentümlich konsequent vorab im Alterswerk von Frank Lloyd Wright. (Erst in Teilelementen: Verwaltungsgebäude Johnson Wax Comp., Racine, 1936–1939. Als Hauptelement: V. C. Morris Shop, San Francisco, 1948; Guggenheim Museum, New York, 1943–1960. Extremes Beispiel der Aufsteigerung und Monumentalisierung von Schalen und Kugeln: Sportclubanlage Huntington Hartford, Entwurf 1947.)

Zusammenfassend: Der Newton-Impuls löst in der Architektur den Wunsch und die Vorstellungsfähigkeit zur baulichen Vollgestalt aus. Wie weit diese Vollgestalt eine prinzipielle Annäherung sei an das Geräthafte oder auch Apparathafte, oder an das Zeugartige, oder an den geometrischen Idealkörper (im Sinne von Platos Alterswerk «Timaios»,[19] das bleibt eine noch keineswegs abgeklärte Frage, und zwar darum, weil polemische, sachferne Darstellungen das Problem bisher nur verschoben, nicht aber angegangen haben.

Sobald die Innen-Aussen-Kugel oder der Kubus auf Pilotis gebaut werden sollen, ist auch schon der Schwebegedanke mit entworfen, mitgedacht. Nicht nur durch die notwendig sich ergebende Tendenz zu möglichst leichter, schalenähnlicher, dünnwandiger Konstruktion, sondern schon durch die Form selbst: Eine Kugel *auf* der Erde ist auch schon eine Kugel *über* der Erde, sie ist die Aufhebung der tektonischen Verwachsenheit, ist die Negation von breiter Lagerung und hoher Spitze, also von «Aufbauen» und «Errichten» im herkömmlichen Wortverstand.

Dieser Drang zur visuellen Formulierung des Schwebens hat sich durch zwei Jahrhunderte eigentümlich beharrlich gehalten, er ist ein historisches Phänomen geworden, mit Wiederholungen und mit starker Tendenz zur Breitenentwicklung. Soll es als Phänomen ernst genommen werden, dann stellen sich die drei Fragen der Entstehungsgeschichte, der allfälligen historischen Parallelen und der Terminologie. Der Versuch zur Abklärung der Entstehungsgeschichte des Kugelbaus hat uns von Boullée und Ledoux hinüber zum Newtonismus geführt; die Suche nach historischen Parallelen brachte uns zur byzantinischen Baukunst; die Frage der Terminologie, hier skizziert mit der Unterscheidung zwischen Vollgestalt und unabgehoben-gewächsartigem Bau, bleibt offen – was nur beweist, wie anspruchsvoll das Problem ist.

19   Der *Timaios*, der einzige naturphilosophische Dialog Platons, hatte auf die Renaissance, und zwar speziell auf die Renaissance-Architektur, einen bedeutenden Einfluss. Nicht umsonst hat Raffael in seiner *Schule von Athen* dem Philosophen gerade den *Timaios* in die Hand gegeben. Rudolf Wittkower, «Architectural Principles in the Age of Humanism», in: *Studies of the Warburg Institute*, vol. 19, London 1949, verknüpft den Zentralbaugedanken der Renaissance unmittelbar mit dem Gedankengut des *Timaios*: «Behind the Renaissance conception of the perfect church [= Zentralbau] towers Plato's cosmology» (S. 22). Palladio entscheidet sich zwischen Quadrat und Kreis für den Kreis als die würdigste Form für den Kirchenbau, und die Begründungen, die Palladio hiezu gibt, hält Wittkower geradezu für Übernahmen aus Plato. Palladios Formulierungen «lead us back to Plato's Timaeus, where Plato describes in words, which Palladio directly or indirectly borrowed from him (Timaeus 33B ff. The knowledge of this passage may have reached Palladio with the broad current of Renaissance Platonism), the world as a sphere 'equi distant every way from centre to extremity, a figure the most perfect and uniform of all'» (S. 22).
Der Weltenschöpfer sucht für den Weltenbau eine Gestalt, «welche alle anderen Gestalten in sich faßt. Deshalb rundete er sie denn auch zur Form einer Kugel, so daß ihre Mitte überall gleich weit von ihrem Endpunkte entfernt war, nach Maßgabe der Kreisform, welche von allen Gestalten die vollkommenste und am meisten sich selbst gleich ist». Wenn es, nach Wittkower, gewiss ist, dass diese Plato-Stelle über die Kugel als Leitformulierung hinter dem Zentralbau-Ideal der Renaissance steht, dann darf man sich erst recht fragen, ob nicht das Vollgestalt-Kugelideal der Revolutionsarchitekten wiederum auf den *Timaios* zurückzuführen wäre. Da die Architekten um 1800 Palladio genau kennen, wäre ein Vermittler schon gegeben. Sollte ein Nachweis gelingen, bliebe dennoch die erstaunliche Tatsache, dass das Kugelideal Platos von den Architekten um 1800 ungleich wörtlicher genommen wird als von Architekten um 1500.

Das Institut, seine Aufgabe, seine Verpflichtung

Aus der Forschungsarbeit und den Archiven an der ETH ergeben sich folgende *vier Schwerpunkte*: Palladio für das 16. Jahrhundert, Boullée und Ledoux für das 18., Semper und Paxton für das 19. und schliesslich Le Corbusier für das 20. Jahrhundert.

Herr Präsident,
Meine Damen und Herren,

'Institut für Geschichte und Theorie der Architektur' – auf diese Kennzeichnung haben wir uns schliesslich geeinigt. Eine etwas schwerfällige, etwas umständliche Formel. Man merkt ihr an, dass sie von mehreren Köpfen erarbeitet worden ist. Und diese Köpfe haben mitunter Funken gesprüht über der Frage, welches unser Ziel sein muss, als Institut einer Technischen Hochschule, als Zweig der Architekturabteilung dieser Schule.

Unbestritten blieb, dass dieses Institut nicht von einem einzelnen Lehrstuhl, sondern von der ganzen Gruppe der Dozenten für Architektur- und Kunstgeschichte getragen sein soll. Wir unternehmen den Versuch der Zusammenarbeit in der Gruppe. Das, was für Physiker, Chemiker, Mathematiker selbstverständlich geworden ist, wollen hier Geisteswissenschaftler erproben. Die Zusammenarbeit bei geistiger Freiheit, die Förderung der Forschungsprobleme durch Kontakt, durch Kritik, durch gegenseitige Information.

Eine derartige Gruppe kann nicht Symmetrien und Hierarchien erstreben wollen, aber sie kann ein asymmetrisches Gleichgewicht suchen. So gesehen ist dieses Institut das Geschwister zu jenem Informationskolloquium, das an unserer Architekturabteilung besteht und in dem regelmässig neue Entwicklungen auf Spezialgebieten von Dozenten und Assistenten referiert und besprochen werden.

Im landläufigen Sprachgebrauch ist das Gegenteil von Geschichte die Gegenwart und das Gegenteil von Theorie die Praxis. Denken Sie sich diese vier Begriffe als Ecken eines Quadrats – dann haben wir mit unserem Institutstitel die Diagonale bezeichnet. Wir möchten an beidem teilhaben, die Institutsarbeit soll auf beides bezogen bleiben: auf den Kontrast zwischen Geschichte und Gegenwart und auf den Kontrast zwischen Theorie und Praxis. Das Geviert zwischen Geschichte, Gegenwart, Theorie und Praxis ist aber keineswegs nur das Feld des Geisteswissenschaftlers. Es ist auch das Andreaskreuz des Architekten, es geht auch ihn an, er kommt nicht darum herum, ob er nun selber baut oder dem ersten Semester die erste Aufgabe stellt. Weil also, vermute ich, die Kollegen unserer Abteilung das gleiche Kreuz zu tragen haben – sie mit mächtigen, wir mit eher schmächtigen Schul-

17 Gafurio als Dozent, aus F. Gafurio, De Harmonia musicorum instrumentorum, 1518 (Jakob Burckhardt/Adolf Max Vogt/Paul Hofer, Reden und Vortrag zur Eröffnung, Reihe: ETH Zürich, Institut für Theorie und Geschichte der Architektur, Basel/Stuttgart 1968, S. 14)

18 Tubalcain, Pythagoras, Philolaos, aus F. Gafurio, Theorica Musicae, 1492 (Jakob Burckhardt/ Adolf Max Vogt/Paul Hofer, op. cit., S. 14)

tern, versteht sich –, darum haben sie uns in unserem Plan so früh und nachhaltig unterstützt. Wofür ich ihnen hier nicht nur höflich, sondern herzlich danken möchte.

Nun ist aber doch, das lernt man in der Mittelschule, alles das, was Theorie heisst, grau. Werde ich gegen diese ganz besondere und eingesessene Farbenbestimmung in den wenigen Minuten, die mir gegeben sind, ankommen können? Ich will es versuchen.

'Architekturtheorie' – man denkt an Vitruv, an die gotische Bauhütte, an Alberti, man denkt vor allem an die Zahlen, an die Proportionen und mit ihnen an eine der grossartigsten und zugleich rührendsten Hoffnungen der Menschheit: jene Hoffnung nämlich, dass die reinen Zahlenverhältnisse der Musik, so wie sie die Pythagoreer erkannt haben, sich übertragen lassen auf die Architektur. So dass dann die Sphärenmusik, die Sphärenharmonie des Weltalls gespiegelt und befestigt wäre in unseren provisorischen Unterkünften hier auf Erden.

Die Geschichte dieser grossen Hoffnung – in der Fachsprache die sogenannte 'Musikanalogie', mit der sich neuerdings Wittkower und Scholfield wieder befasst haben – ist zugleich die Geschichte einer grossen Enttäuschung. Die

Erstmals erschienen in: Jakob Burckhardt/
Adolf Max Vogt/Paul Hofer, *Institut für
Geschichte und Theorie der Architektur. Reden und
Vortrag zur Eröffnung*, Basel: Birkhäuser 1968.

Renaissance (Abb. 17, 18) hat sich zwar erneut vehement zu ihr bekannt (denken Sie an Barbaros Kommentar, an Palladio). Die Naturwissenschaft seit Kepler aber hat sie erschüttert, und Claude Perrault wagte sie als erster offen abzulehnen. Und was geht uns das heute an? Es geht uns so viel an, wie es Le Corbusier angegangen ist. Er hat insgesamt Jahre auf die Zahlentheorie, die Proportionslehre gewendet, um seinen 'Modulor' zu entwickeln. Und was ihn jahrelang umgetrieben hat, darf uns zum mindesten Tage oder Monate beschäftigen – und keine Stunde hievon wird uns als 'grau' erscheinen.

Ein zweites Beispiel: der französische Abbé Laugier hat im Jahre 1753 erklärt, der erste Mensch in seiner Einfalt, von der Hitze in den Wald getrieben, von der Feuchtigkeit der Höhlen belästigt und damit zum Hausbau genötigt, habe seine erste Hütte (Abb. 19) aus vier Baumstämmen, vier Querbalken, zwei Giebeldreiecken und einem Firstbalken errichtet. Er habe also wie von selbst das errichtet aus Stamm, Ast und Zweig, was dann später die Griechen im Tempel, noch später die Römer in der Maison carrée von Nîmes (Abb. 20) errichtet hätten. Woher der Abbé diese erste 'Cabane' so genau kannte, bleibt uns schleierhaft, genau so schleierhaft, wie Jean-Jacques Rousseaus Gründe zum Wissen darüber, dass der erste Mensch an sich gut sei. Rousseaus reiner erster Mensch, Laugiers griechisch reine erste Hütte – das gehört zusammen, und es ist als Theorie auch in denselben Jahren entstanden. Laugier ist nichts anderes als der 'Jean-Jacques' der Architekturtheorie.

Die Frage ist nicht, ob uns diese Theorie heute eher verschroben vorkomme oder nicht. Die Frage ist, was sie damals bewirkt hat. Wolfgang Herrmann hat gezeigt, dass ihre Wirkung geradezu turbulent war. Laugiers Büchlein hat so sehr eingeschlagen, dass sich der Abbé für einige Zeit von Paris nach Lyon absetzen musste. England, Deutschland haben Laugier studiert, und zwar nicht irgendwer, sondern beispielsweise noch der junge Goethe. Denn der Strassburger Aufsatz «Von deutscher Baukunst» (den hier jeder Maturand lesen muss) spricht vom «neufranzösischen philosophierenden Kenner» und seiner Hüttentheorie, wobei damals jeder wusste, dass Goethe Laugier meinte.

Anders gesagt: der Klassizismus um 1800 ist nicht nur Griechenliebe, er wuchs aus der Überzeugung, dass der erste Adam instinktiv nicht eine Höhle oder eine Burg gebaut habe, sondern einen Skelettbau mit Giebeln. Auch verschrobene Theorien können gewaltige 'Facts' – nämlich ganze Bauepochen – hervorbringen.

Sie sehen, ich möchte 'Architekturtheorie' möglichst weit fassen als Begriff. Beinahe bin ich versucht zu sagen: Theorie ist überall dort, wo Wasser auf die Dauer Felsen sprengt. Überall dort also, wo ein gezeichneter oder geschriebener Baugedanke grundsätzlicher Art, der zuerst ganz harmlos scheint, sich hartnäckig durchsetzt. Oft so hartnäckig, dass erst Jahrhunderte später stattfindet, was theoretisch gefordert wurde. Hiefür ein Beispiel:

 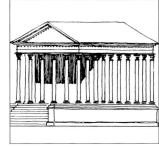

19   Abbé Laugier, Vorstellung der ersten Hütte des ersten Menschen, Frontispiz zu Laugiers «Essai», 2. Ed., 1755 (Jakob Burckhardt/Adolf Max Vogt/Paul Hofer, op. cit., S. 15; Zeichnung Martin Fröhlich)

20   Maison carrée, Nîmes (Jakob Burckhardt/Adolf Max Vogt/Paul Hofer, op. cit., S. 15; Zeichnung: Martin Fröhlich)

Bramante hatte den damals eher unzeitgemässen Gedanken, eine St.-Peters-Kuppel zu entwerfen, deren Säulenreihe am Tambour völlig regelmässig gedacht war, Säule für Säule gleich, ohne rhythmische Gliederung (Abb. 21). Die Kuppel selber abgetreppt wie am altrömischen Pantheon. Dieser Gedanke blieb Gedanke, bis ihn Serlio 1540 in sein «Libro terzo» aufnahm, nicht viel grösser als eine Handfläche, als Holzschnitt. Inzwischen baute Michelangelo seine St.-Peters-Kuppel, ganz anders, als Bramante sie entworfen hatte.

Doch dem Holzschnittblättchen von Bramante-Serlio gelingt es auf die Dauer, gegen die gewaltige steinerne Realität und Wirkung von Michelangelos Peterskuppel aufzukommen und sie sogar zu überwinden! 1703 – also rund 160 Jahre nach Serlios Publikation von Bramantes Entwurf – entscheidet sich Wren für St. Paul's in London nach langem Schwanken für Bramante-Serlio. Das heisst: Wren lässt Entwurfsstufen, die in barocken Vorstellungen befangen sind (Abb. 22), hinter sich und wählt eine regularisierte Lösung im Geiste des Bramanteentwurfs. (Abb. 23)

Wieder 70 Jahre später, 1777, entscheidet sich Soufflot – wieder nach langem Zaudern – ebenfalls für die streng regularisierte Lösung. Er hatte in den Anfängen seiner Entwurfsarbeit für Ste-Geneviève eine schmale und hohe, mehrstufig modellierte Kuppellösung vor Augen. (Abb. 24) Erst wenige Jahre vor seinem Tod entschied auch er sich für die völlig regelmässige Ringkolonnade. (Abb. 25)

Sowohl Soufflot wie Wren haben also zuletzt die geometrische Bereinigung des Bramanteentwurfs vorgezogen und die Modellierungen, die Plastizitäten der barocken Tradition verlassen.

Etienne-Louis Boullée, in der Französischen Akademie der Nachfolger Soufflots, nimmt das zum Ausgangspunkt, was für Soufflot Endergebnis war. Im Projekt für die 'Madeleine' (Abb. 26) kommt er ganz nahe heran an den Holz-

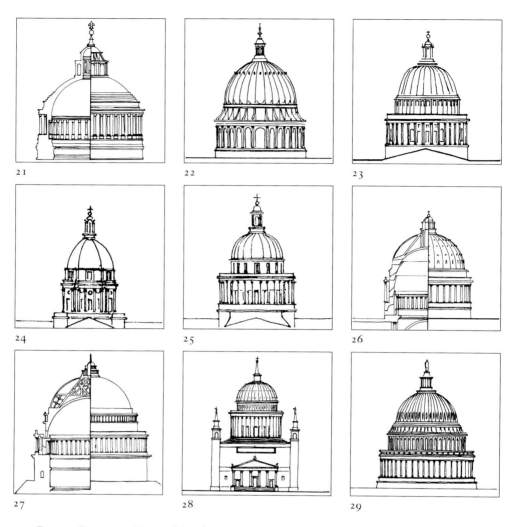

21 Donato Bramante, Entwurf für die St. Peter-Kirche in Rom (Jakob Burckhardt/Adolf Max Vogt/Paul Hofer, op. cit., S. 17; Zeichnung Martin Fröhlich)

22, 23 Christopher Wren, 2 Entwürfe für St. Paul's Cathedral in London (Jakob Burckhardt/Adolf Max Vogt/Paul Hofer, op. cit., S. 17; Zeichnung Martin Fröhlich)

24, 25 Jacques-Germain Soufflot, 2 Entwürfe für Ste-Geneviève in Paris (Jakob Burckhardt/Adolf Max Vogt/Paul Hofer, op. cit., S. 17; Zeichnung Martin Fröhlich)

26 Étienne-Louis Boullée, Église Madeleine (Jakob Burckhardt/Adolf Max Vogt/Paul Hofer, op. cit., S. 17; Zeichnung Martin Fröhlich)

27 Étienne-Louis Boullée, Église Métropolitaine (Jakob Burckhardt/Adolf Max Vogt/Paul Hofer, op. cit., S. 17; Zeichnung Martin Fröhlich)

28 Karl Friedrich Schinkel, Nicolaikirche in Potsdam (Jakob Burckhardt/Adolf Max Vogt/Paul Hofer, op. cit., S. 17; Zeichnung Martin Fröhlich)

29 Karl Friedrich Schinkel, Kapitol in Washington (Jakob Burckhardt/Adolf Max Vogt/Paul Hofer, op. cit., S. 17; Zeichnung Martin Fröhlich)

schnitt von Bramante-Serlio, den er übrigens kennt und in seinem Traktat erwähnt. Der Gegensatz, die prinzipielle Differenz zwischen der Bramantekuppel und der Michelangelokuppel sind ihm voll bewusst, und er bekennt sich in aller Form – runde 240 Jahre nach Serlios Publikation – für Bramante, gegen Michelangelo. Diese Entscheidung lässt ihm keine Ruhe, er will sie noch radikalisieren. In der 'Eglise Métropolitaine' (Abb. 27) gelingt ihm dies – ein Entwurf, der 'bramantescher' ist als Bramante selbst, der das zu Ende kristallisiert, was Bramante vor fast drei Jahrhunderten ins Spiel geworfen hatte.

So lange kann ein handgrosses Blatt Architekturtheorie überdauern und mitunter eine Spätwirkung erreichen, die sich der Urheber schwerlich hätte träumen lassen.

Doch damit nicht genug. Schinkels Nicolaikirche in Berlin (Abb. 28) ist die nächste grosse Reverenz vor Bramante, und das Kapitol von Washington (Abb. 29) versucht nicht nur Bramante zu befolgen, sondern jene völlige Bereinigung, wie sie Boullée vorgeschlagen hatte, nachzuahmen, wenn auch gewiss mit fragwürdigen Mitteln. Kurzskizze der Auswirkung eines architekturtheoretischen Gedankens: hier in Washington ist er über 300 Jahre alt!

Nun, sagen Sie mir, das habe noch in der Renaissance, im Barock und im Klassizismus eine Rolle gespielt, aber was soll Theorie heute? Von Charles Ferdinand Ramuz stammt der Satz: «Ils bâtissent la ville, mais il faut quelqu'un pour le dire, sans quoi la ville n'est pas bâtie». Eine recht kräftige Behauptung: die Stadt sei erst dann gebaut, wenn jemand es gesagt habe! Vorrang des Wortes vor den Tatsachen des Bauens? Eine bewusste Übertreibung. Aber etwas an Wahrheit steckt doch in ihr. Das, was Ramuz gefordert hat, eben: zu sagen, was eigentlich vor sich geht, ist in diesen Dezennien keinem mit so viel Wirkung geglückt wie Sigfried Giedion, den ich hier unter uns begrüsse. Er konnte durch sein *Space, Time and Architecture* eine Darstellung schaffen, in der sich grosse Architektengruppen der westlichen Welt wiedererkannt haben. Und das intensive Geschichtsbild des 20. Jahrhunderts, so wie es Giedion entwirft, ruht auf bestimmten Grundüberzeugungen, bezieht vielleicht sogar seine Intensität von ihnen. Es wird sich lohnen, die theoretischen Prinzipien aus Giedions Werk herauszukristallisieren und zu untersuchen, wie die Architekten auf sein Buch gewirkt, wie umgekehrt sein Buch zurück auf die Architektur gewirkt hat. Gewiss hat es manche andere bedeutende Architekturtheorie gegeben im ersten und zweiten Drittel des Jahrhunderts, doch Giedion erreichte im zweiten Drittel die kräftigste Wirkung. Kein Zweifel also, dass auch die moderne und modernste Architektur mit Theorie 'geladen' ist – auch hier wird es Wasser geben, das auf die Dauer Felsen zu sprengen vermag.

Mit diesen wenigen Hinweisen habe ich anzudeuten versucht, welchen Stellenwert das Wort 'Theorie' im Institutstitel bekommen könnte für die künftige praktische Forschungsarbeit. Mein Kollege Paul Hofer wird den zweiten Begriff, 'Geschichte', an einem Werkstattbeispiel erläutern.

Nun, zum Schluss, einen Blick auf den gegenwärtigen Stand der Arbeiten. Wir hoffen, im Laufe des Winters erste Manuskripte zum Druck geben zu können. Die Themen betreffen den mittelalterlichen Stadtplan, das geometrische Ideal der französischen Revolutionsarchitektur, Transparenzprobleme in der modernen Architektur – ich bleibe, aus Aberglauben, in diesen Nennungen gerne etwas zurückhaltend. Neben den Arbeiten der Dozenten sollen auch qualifizierte Dissertationen in die Institutspublikationen aufgenommen werden. Beiträge oder Forschungsprojekte von aussenstehenden Forschern werden vom Institut zur Prüfung entgegengenommen. Das Feld, das sich für Dissertationen öffnet, ist gross und bei weitem nicht so abgeerntet wie etwa das der Malerei der europäischen Neuzeit. Warum, zum Beispiel, gibt es noch keine Monographie über Karl Moser, den Erbauer der Nachbarschule und der Antoniuskirche in Basel? Und das ist nur ein Beispiel. Sie sehen, es gibt zu tun. Wir möchten der Entwicklung des 20. Jahrhunderts aufmerksam folgen und das bearbeiten, was sachlich, wissenschaftlich sauber fassbar wird. Wir möchten überdies das eigene Land nicht unter den Scheffel stellen, denn sein Beitrag zur Architektur des 20. Jahrhunderts ist beträchtlich. Ich habe nur die Namen von Le Corbusier und von Giedion genannt, ich könnte noch manche nennen, Architekten und Theoretiker, und etliche von ihnen sind heute abend unter uns.

Nur einen, Georg Schmidt, möchte ich noch erwähnen. Sein Nachlass, glaube ich, ist für uns ein Thema.

Und nun noch die beiden grossen Brocken. Das Semperarchiv der ETH birgt den dritten unveröffentlichten Band zu Sempers Hauptwerk *Der Stil*. Wir sind daran, das Manuskript aus der alten deutschen Schrift zu transkribieren. Zweitens haben wir die Hoffnung, zu Treuhändern des CIAM-Archivs werden zu dürfen.

Die 'Congrès internationaux d'architecture moderne', gegründet in La Sarraz, sind insgesamt nichts Geringeres als so etwas wie ein roter Faden durch die Architekturgeschichte der letzten Dezennien. Der Einfluss von Schweizern an diesen Kongressen ist gross. Wir hoffen, dass man uns die Aufgabe überträgt, die Geschichte des CIAM zu bearbeiten. Wer weiss, vielleicht darf ich der Bibliothek der ETH als Neujahrsgruss das CIAM-Archiv überbringen.

Die Bibliothek mit ihren Archiven ist das entscheidende Werkzeug für uns. Wir danken es Herrn Direktor Sydler und dem Acquisitionschef, Herrn Dr. Willy, dass unsere Architekturbibliothek bereits die grösste des Landes ist und munter vorangeht, ganz dem guten, kräftigen Temperament der Schule entsprechend. Dass die Quellenbibliothek an kostbaren, raren Architekturbänden so reich ist, danken wir ganz wesentlich der persönlichen Kennerschaft von alt Direktor Dr. Paul Scherrer, der heute die Zentralbibliothek Zürich leitet.

Wenn ich nun so ins Danken geraten bin, erlauben Sie mir, abschliessend die Hauptreverenzen zu erweisen. Sie gelten den Kollegen der Architekturabteilung, Herrn Dr. Bosshardt, alt Schulratssekretär, und dem Chef der grossen Schule des kleinen Landes, Herrn Minister Burckhardt.

Wenn es dem Institut allenfalls gelingen sollte, dass seine Theorie nicht grau und seine Geschichtsforschung nicht blass, ungenau oder inkompetent wird, dann wird es das dem täglichen Umgang mit den befreundeten Architekten, dem befreundeten Statiker im Haus zu danken haben. Unsere Kollegen vom Bau sind es, die uns auf die Realitäten von Druck und Schub zurückführen, wenn uns das Bloss-Ästhetische je zu weit verlocken sollte. Und gibt es etwas Schöneres, als wenn über derartigen Sachfragen die Kollegialität zur Freundschaft wird?

Herr alt Schulratssekretär Dr. Bosshardt hat uns vom ersten Augenblick seine klare, heiter gestimmte Hilfe geliehen und uns durch alle Fährnisse der Juristerei hindurchbegleitet. Herr Minister Burckhardt hat unserem Plan ein Wohlwollen entgegengebracht, das uns beglückt. – Herr Präsident, wir danken Ihnen, und wir hoffen, dass wir Ihre Erwartungen nicht enttäuschen werden.

Architektur und Geometrie

«In der Figur der Steine suchten sie [die Ägypter] ferner das Viereck, und das Rund mit der Spitze, dem Eins zu verbinden – das ist Inbegriff all ihrer Wissenschaften zu geben in Einer Figur, in der aus Punkt, Runde und Viereck alles ward – und siehe da das höchste und simpelste Symbol, das es auf der Welt gab, – Pyramiden und Obelisken! auf die simpelste Weise erkläret.»
Joh. Gottfried Herder, 1774

Es gibt ein Wunschbild von geometrischer Strenge und Reinheit, das quer durch die Architekturen der Völker und Epochen geht und immer wieder auftaucht. Dieses Wunschbild ist in der ägyptischen Pyramide primäre und monumentale Wirklichkeit geworden.

Die ägyptische Pyramide ist das berühmte Beispiel dafür, wie in der Architektur ein geometrisches Ideal sich durchsetzen kann. Die Schritte von der Mastaba (Abb. 30a) zur Stufenpyramide (Abb. 30b), zur Knickpyramide (Abb. 30c) und schliesslich zur 'wirklichen' oder 'reinen' vierseitigen Pyramide sind Annäherungsschritte auf ein bestimmtes geometrisches Ideal hin. Abbau der Stufen, Abbau der Flächenzahl; das Ganze zuletzt eine visuelle Einheit, ein einziger Teil. Nicht zusammengefügt aus mehreren Teilen oder Untereinheiten; Vereinfachung, Bereinigung.

Die Architektur hat, wenn man ihre Wandlung durch die Epochen überblickt, ganz selten die Möglichkeit, ein geometrisches Ideal in diesem Grade der Reinheit durchzusetzen. Wieso ist es in Ägypten möglich und Wirklichkeit geworden? Welche Gründe (kultischer, repräsentationsmässiger, konstruktiver Art) haben Imhotep dazu geführt, von der Mastaba zur Stufenpyramide überzugehen? Welche Motive bewogen den Gründer der 4. Dynastie, Snofru, neben einer Stufenpyramide und einer Knickpyramide als dritten Bau jene 'rote Pyramide'errichten zu lassen, die nun glatte, ungeteilte Flächen hat und von den Ägyptologen als die erste 'wirkliche' Pyramide betrachtet wird?

Derartige Fragen gehören in die Archäologie, sie können hier nicht Gegenstand werden. Was uns beschäftigen soll, ist das Wiederauftauchen, Weiterleben und Weiterwirken des geometrischen Ideals innerhalb der Architekturen Europas, und zwar in der europäischen Neuzeit.

Denn es gibt ein Wunschbild von geometrischer Strenge und Reinheit, das quer durch die Architekturen der Völker und Epochen geht und immer wieder auftaucht. Dieses Wunschbild ist in der ägyptischen Pyramide monumentale Wirklichkeit geworden, aber es hat innerhalb der frühen Hochkulturen sicherlich nicht erst und nicht nur in Ägypten eine Rolle gespielt.

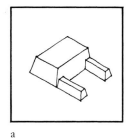 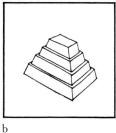 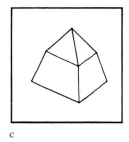 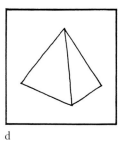

a   b   c   d

30   Mastaba (a), Stufenpyramide (b), Knickpyramide (c), Pyramide (d), (Adolf Max Vogt, Boullées Newton-Denkmal, Basel/Stuttgart 1969, S. 13; Zeichnung Martin Fröhlich)

Die Vorstellung eines reinen Zylinders oder Würfels, eines reinen Kegels, einer reinen Kugel gehört zu jenen Urbildern oder Ideen, die im Menschen bereitzuliegen scheinen, also lediglich geweckt werden müssen, damit er sie besitzt. Jeder Schüler ist einmal fasziniert von diesen Grundfiguren der Stereometrie – und zwar in dem Augenblick, in dem er die Glätte der Ebenen, die Präzision der Winkel, die Reinheit der Schnittlinien, vor allem aber die mögliche Transparenz derartiger Gebilde erfasst hat. Der Begriff der Reinheit übersteigt hier alle Stufen; kein vom Menschen verfertigtes Gebilde ist so rein, wie der Denkende sich diese Grundformen vorzustellen vermag – kein Nachbild kann das geometrische Hochbild jemals einholen.

Fasziniert von der reinen stereometrischen Figur waren nie nur die Mathematiker, sondern immer auch schon jene, die «mit den Händen denken»[1], also die Töpfer, die Bildhauer, die Architekten. Unzähligen von ihnen ist die Idee zum Ideal geworden. Sie haben versucht, geometrische Reinheit zum Leitbild oder Hochbild zu machen – selbst dann, wenn dieses Ideal mit der Funktion in Widerspruch trat. Der Töpfer: er hatte das Eingiessen, Aufbewahren und Ausgiessen von Korn oder Getränk als Funktion möglich zu machen, und das verbot ihm in den allermeisten Fällen, seine Ware als reinen Zylinder oder als reine Kugel zu bilden. Dennoch blieb das geometrische Ideal – gerade weil es unerreichbar schien – hartnäckig umworben. Der Architekt: er hatte und hat die Funktionen des Bewohnens oder Benützens möglich zu machen, was ihm die Annäherung an die reine geometrische Gestalt ebenfalls enorm erschwert. Dennoch oder gerade deswegen wird auch in der Baukunst das geometrische Ideal immer wieder umworben, und zwar bis auf den heutigen Tag. Denn auch das 20. Jahrhundert hat sein Hochbild, sein Ideal stereometrischer Reinheit in der Architektur.

Die frühen Dezennien unseres Jahrhunderts, speziell die zwanziger Jahre, sind erfüllt von Begeisterungen in dieser Richtung. Niemand wusste diese Begei-

Erstmals erschienen in: A. M. Vogt, *Boullées Newton-Denkmal, Sakralbau und Kugelidee*, Basel 1969.

1 *Penser avec les mains* heisst der Titel eines Buches von Denis de Rougemont (Paris 1936), der bedenkenswert bleibt.

sterungen besser zusammenzufassen und ins fordernde Wort umzusetzen als der 36jährige Le Corbusier, der 1923 *Vers une Architecture* herausgegeben hat. Aus zwei Gründen bringe ich hier die für unseren Zusammenhang wichtigsten Stellen aus Le Corbusiers Programmschrift dem Leser in Erinnerung. Erstens soll der Begriff dessen, was in meinem Buch unter «geometrischem Ideal» gemeint ist, gleich auch durch moderne Kennzeichnungen verdeutlicht werden. Zweitens soll von Anfang an belegt sein, dass das geometrische Ideal nicht eine vergangene, historisch abgeschlossene, sondern eine weiterwirkende Leitvorstellung ist.

Das erste Hauptkapitel von *Vers une architecture* ist überschrieben «Trois rappels à MM. les architectes» – «drei Ordnungsrufe an die Herren Architekten»; der erste dieser Ordnungsrufe («le volume») ist nichts anderes als eine Beschwörung des geometrischen Ideals.[2]

Der Einsatz wird gegeben durch jene seither berühmt gewordene Definition von Architektur, die durch das Buch hin mehrmals auftaucht als eine Art von Motto oder Kennformel: «L'architecture est le jeu savant, correct et magnifique des volumes assemblés sous la lumière.»[3] Was versteht Le Corbusier unter «volumes»? Im nächsten Satz folgt die Präzisierung: «[…] les cubes, les cônes, les sphères, les cylindres ou les pyramides sont les grandes formes primaires que la lumière révèle bien.» Diese «grandes formes primaires», also die Würfel, die Kegel, die Kugeln, die Zylinder und die Pyramiden, sind lauter und klar («net»), greifbar («tangible») und ohne Doppelsinn («sans ambiguit»). «C'est pour cela que ce sont de belles formes, les plus belles formes.»[4] Dieser entscheidende Vorrang der stereometrischen Grundform erscheint dem jungen Le Corbusier als so selbstverständlich, daß er ihn nicht näher begründen muss: «Tout le monde est d'accord en cela, l'enfant, le sauvage et le metaphysicien.»[5]

Wie verhalten sich die verschiedenen Epochen zum geometrischen Ideal? Es gibt im Geschichtsbild des jungen Le Corbusier Epochen, die es verfehlt haben, beispielsweise die Gotik. Die gotische Architektur missachte die «grandes formes primaires», sie arbeite nicht auf der Basis von Kugel, Kegel und Zylinder. «C'est pour cela qu'une cathédrale n'est pas très belle et que nous y cherchons des compensations d'ordre subjectif, hors de la plastique.»[6] Wogegen die ägyptische, die griechische und die römische Architektur sich an die Elementarfiguren halte, vom Prisma bis zur Kugel; als Beispiele werden aufgezählt die Pyramiden, der Tempel von Luxor, das Parthenon, das Kolosseum und die Villa Hadriana.[7] Im Kapitel über «La leçon de Rome» kommt Le Corbusier nochmals zurück auf die Elementarfiguren. Er erkennt sogleich, dass die Römer, «en bons barbares», immer dann versagen, wenn sie die griechische Säulenordnung, den griechischen Schmuck nachahmen wollen. «Mais dessous, il y avait quelque chose de romain.» Was dieses Darunterliegende ist – nun eben, es ist der römische Sinn für elementare Geometrie. Daraus ergab sich ein Konflikt zwischen Grundform und Schmuckform. Le Cor-

31 Le Corbusier, «[…] les grandes formes primaires […]»,
«[…] les volumes simples […]» (Le Corbusier, Vers une
architecture, nouvelle édition revue et augmentée, réimpression, Paris: Éditions Vincent, Fréal & Cie 1958, S. 128,
© 2005, ProLitteris, Zürich)

32 Paul Klee, Santa A. in B., Zeichnung (Vogt, Boullées
Newton-Denkmal, op. cit., S. 16)

31

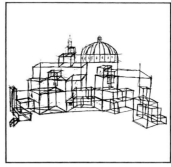

32

busier erläutert ihn mit einem handfesten Vergleich aus der Ingenieurzone (die in
seinem Buch ohnehin eine wichtige Rolle spielt): «En somme, ils construisaient des
châssis superbes, mais ils dessinaient des carrosseries déplorables […].»[8] Die Zeichnung, mit der er das Kapitel beschliesst, (Abb. 31) will den Anteil der Elementar-
formen in der römischen Architektur hervorheben. Das, was Le Corbusier von der
Baukunst der eigenen Zeit fordert, sieht er bei den Römern – wenigstens als «châssis» – durchaus beachtet und befolgt. Das ist ihm zur «Leçon de Rome» geworden.
    Die Anwendung dieser «Leçon» auf die Gegenwart, auf das 20. Jahrhundert
bedeutet für den jungen Le Corbusier zweierlei: Kritik am Architekten, Lob des
Ingenieurs. Die Architekten, verloren in den Sackgassen ihrer Grundrisse, haben
sich die Leitvorstellung der elementaren Volumen gar nicht erworben («[…] n'ont
pas acquis la conception des volumes primaires»), offenbar deshalb, weil das die
École des Beaux-Arts nicht lehrt. Wogegen die Ingenieure mit ihnen umzugehen
wissen, sich nicht vor ihnen scheuen, und darum haben sie mit den Zylindern und
Kuben ihrer Silos und Fabriken die Vorstufen zu einer künftigen Architektur
geschaffen. Diese Silos und Fabriken sind für Le Corbusier – inmitten einer

2   Le Corbusier, Vers une architecture, hier zitiert nach:
nouvelle édition revue et augmentée, réimpression,
Paris: Éditions Vincent, Fréal & Cie 1958, S.16.
3   Id., op. cit., S. 16, leitmotivartige Wiederholung dieser Definition S. 25 und später.

4   Id., op. cit., S. 16.
5   Ibid.
6   Id., op. cit., S. 19.
7   Ibid.
8   Id., op. cit., S. 126.

«Architecture agonisante» – die einzigen Vorläufer und Ansätze zu einer künftigen Baukunst. Sie sind Vorläufer, weil sie bereits wieder als «grandes formes primaires» gestaltet sind.[9]

Der Hinweis auf die ägyptische Pyramide und der Hinweis auf die stereometrischen Forderungen des jungen Le Corbusier waren hier nötig, weil sie einen wichtigen frühen Punkt und einen wichtigen Gegenwartspunkt in der Geschichte des geometrischen Ideals in den Architekturen markieren. Was geschah in den langen, grossen, reichen Entwicklungen europäischer Baukunst zwischen diesen beiden Punkten? Eine Aufzählung verbietet sich, weil sie sich sogleich in Erwägungen des höheren oder minderen Grades an geometrischer Reinheit erschöpfen müsste. Der Leser hat sein eigenes Bild der europäischen Baugeschichte; in ihm sieht er da und dort ein Wiederaufleuchten des geometrischen Ideals, beispielsweise in den kristallähnlichen Westwerkgruppen der Romanik oder in den Zentralbaugedanken der Renaissance – den Entwürfen Leonardos, dem Tempietto von Bramante, einzelnen Villen und Kirchen von Palladio.[10]

Doch die eigentliche Zuspitzung und Kulmination des geometrischen Ideals geschah anderswo, nicht in den ersten Dezennien des 20. Jahrhunderts. Sie vollzog sich in jenem halben Jahrhundert zwischen 1750 und 1800, das merkwürdigerweise bis vor kurzem architekturgeschichtlich ein weisser Fleck geblieben ist. Emil Kaufmann († 1953) hat als erster diesen weissen Fleck als Fundgebiet erkannt und ein Leben darauf gewendet, seine «Geographie» auszuarbeiten;[11] mit der Bezeichnung *Revolutionsarchitektur* hat er ihm auch den zutreffenden Namen verliehen.[12]

Dass die Revolutionsarchitektur mit dem geometrischen Ideal verknüpft ist, und zwar besonders eng, bleibt vorderhand eine These. Um diese These zu erpro-

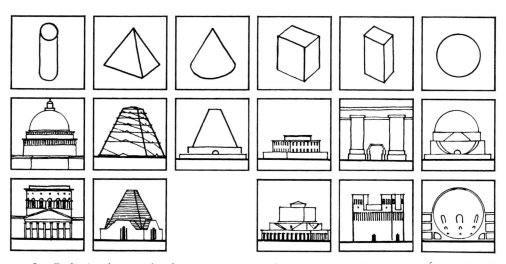

33 Le Corbusier, les grandes formes primaires und entsprechende Formen von Étienne-Louis Boullée und Claude-Nicolas Ledoux (Vogt, Boullées Newton-Denkmal, op. cit., S. 17)

ben und mit Entwicklungsreihen zu belegen, ist dieses Buch geschrieben worden. Doch ist jetzt eine Art von Vorprobe am Platz.

Wenn die Frage lautet: Gibt es Lebensleistungen von Architekten, die sich so dicht an das geometrische Ideal halten, dass sie auf *alle* «grandes formes primaires» eingehen und sie alle architektonisch verarbeiten? – dann käme doch wohl nur das Werk eines Revolutionsarchitekten in Frage. Selbst wenn man die Spanne so weit nimmt, wie wir sie hier genommen haben, ist die Vermutung vertretbar, dass zwischen der ägyptischen Pyramidenkunst und dem modernen Bauen des 20. Jahrhunderts einzig das Werk eines Revolutionsarchitekten konsequent auf unsere Frage antworten könnte. Unter anderem deshalb, weil ja (soweit wir das bis heute wissen) nur die Revolutionsarchitekten den Versuch unternommen haben, auch noch die letzte und einfachste der stereometrischen Figuren, die Kugel, in die Architektur einzuführen.

Bilden wir die fünf 'grandes formes primaires' aus Le Corbusiers *Vers une architecture* hier noch einmal ab (Abb. 33) und fügen wir nach der Pyramide auch noch den Kegel ein: Gibt es Architekturwerke, die allen diesen Grundformen zu entsprechen suchen? Étienne-Louis Boullée und Claude-Nicolas Ledoux, die beiden repräsentativen Revolutionsarchitekten, haben es versucht. Aus ihrem Œuvre lassen sich mühelos Entsprechungen heraussuchen – oft sind es mehrere, die in Frage kommen –, und wir setzen in der Zeichnung (Abb. 33) diese Beispiele in zwei Reihen unter Le Corbusiers Reihe der Elementarkörper. Nicht immer ist die Entsprechung bei Boullée oder Ledoux die einzige regierende Form des Bauwerks, oft wird sie lediglich zur akzentuierten Form durch Wiederholung (z. B. in den Quadern der Stadtmauer von Boullée) – aber stets ist die Entsprechung eindeutig Leitmotiv einer architektonischen Gruppierung. Der Kegel, den wir den fünf Elementarkörpern Le Corbusiers beigefügt haben, findet zwar bei Ledoux keine Entsprechung im Range einer regierenden Form – ein Formverzicht, der wohl seine Gründe hat. Um so häufiger sind die Kegelvariationen bei Boullée. Und was schliesslich die

9 Dass die «grandes formes primaires» auch in der Malerei des jungen Le Corbusier eine überragende, ja beherrschende Rolle spielen, sei hier lediglich erwähnt. Der 'purisme', dessen Gründer und Vertreter Le Corbusier und Ozenfant sind, ist nichts anderes als einer der zwei oder drei grossen Wiedereintritte der Geometrie in die Malerei, wie sie sich in der 1. Hälfte des 20. Jahrhunderts vollzogen haben.

10 Für den stereometrischen Gehalt, die stereometrische Dichte der italienischen Architekturen hatte übrigens der Maler Paul Klee ein besonderes Sensorium. Als Beispiel hier die Zeichnung «Santa A. in B.» (Abb. 32).

11 Die wichtigsten Arbeiten von Emil Kaufmann zum 18. Jahrhundert: «Claudes-Nicolas Ledoux», in: *Lexikon Thieme-Becker*, 1928; *Von Ledoux bis Le Corbusier*, Wien 1933; «Three Revolutionary Architects: Boullée, Ledoux and Lequeu», in: *Transactions of the American Philosophical Society* 42/3 (1952); *Architecture in the Age of Reason; Baroque and Post-Baroque in England, Italy and France*, Cambridge Mass. 1955; eine vollständige Bibliographie zu Emil Kaufmann findet sich im Katalog zur Ausstellung *Visionary Architects: Boullée, Ledoux, Lequeu*, Houston 1968, S. 238f.

12 Es ist schon kritisiert worden, dass der Begriff 'Revolutionsarchitektur' eine Epoche bezeichne, die nicht mit den Daten der Französischen Revolution zusammenfällt, sondern in ihren wichtigsten Leistungen vor ihr liegt. Darin steckt in der Tat eine Gefahr zu Missverständnissen; Kaufmanns Bezeichnung hat sich aber in den letzten Jahren durchgesetzt, wohl deshalb, weil sie weit besser als 'Spätbarock', 'Rokoko' und 'Klassizismus' (oder Varianten und Kombinationen aus diesen Wörtern) bezeichnen kann, was vorliegt.

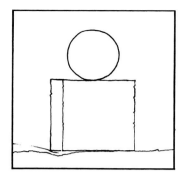

34 Altar der Agatha Tyche in Goethes Garten, Weimar (Vogt, Boullées Newton-Denkmal, op. cit., S. 18; Zeichnung Martin Fröhlich)

Kugel betrifft, so sind es (beim heutigen Stande der Kenntnis) wiederum nur Boullée und Ledoux, die sich im Ernste und konsequent darum bemüht haben, diese End- und Anfangsform aller geometrischen Regularisierung in die Architektur einzuführen. Warum sie es taten, woran sie scheiterten, soll uns hier beschäftigen. Das bisher bekannt gewordene Entwurfswerk von Boullée enthält nur *ein* Kugelkonzept. Ledoux hat sich mehrmals mit der Kugel befasst und, wie sich zeigen wird, mit sehr unterschiedlichem Grad der Legitimität.

Dass die extremen Geometrisierungen nicht nur eine Sache französischer Revolutionsarchitektur waren, sondern eine *allgemein europäische* Neigung und Vorliebe dieser Jahrzehnte, sei schliesslich auch gleich an einem Beispiel angedeutet. Goethe hat im Jahre 1777 im Garten am Stern in Weimar einen Altar der Agathe Tyche errichten lassen – ein Denkmal, das einzig aus einem Quader und einer Kugel bestand. (Abb. 34, 76) Nur ein Denkmal, gewiss, und nicht sonderlich gross, deshalb nach alten Übereinkünften eher der Skulptur zuzurechnen. Aber ist das 'noch' Skulptur? Wird da nicht der Bildhauer durch den Geometer ersetzt und sprechen da nicht architektonische Gesinnungen weit vernehmlicher mit als traditionell skulpturale? Was man 1777 in Weimar für erstrebenswert und offenbar auch für schicklich hielt, war nicht ein vergleichslos neuer Einfall. Es war die Spiegelung einer gesamteuropäischen Tendenz: des Aufbruchs zum Hochbild reiner Geometrie in der Architektur.[13]

Sollte sich bestätigen, was die Vorprobe vermuten lässt, nämlich ein ungewöhnlich starkes Eindringen und Vordringen des geometrischen Ideals in die europäische Architektur zwischen 1750 und 1800, dann muss uns daran liegen, die Bestandesaufnahme dort zu vollziehen, wo die Dinge aus erster Hand geschehen. Nun trifft sicher zu, dass beinahe alle fruchtbaren Ansätze für eine neue Baukunst der Epoche von England ausgehen und nicht vom Kontinent. (Allein schon der englische Landschaftsgarten, in allen seinen Konsequenzen für eine neue Situierung im Raum, ist von kaum zu überschätzendem Belang.) Doch die spezielle Möglichkeit der Weiterentwicklung und Zuspitzung der Geometrie in der Architektur ist in Frankreich weit intensiver wahrgenommen worden als in England.[14]

Und in Frankreich wiederum erweist sich in der Gruppe der Revolutionsarchitekten Boullée als der Mann, für den die Geometrisierung der Architektur zum Schicksal geworden ist. Deshalb ist dieses Buch in erster Linie den Entwürfen und theoretischen Gedanken Etienne Louis Boullées gewidmet.[15]

Sollte sich bestätigen, was die Vorprobe vermuten lässt, dann wird uns ferner auch beschäftigen müssen, was für Folgen das hat. Entstehen dabei Klassizismen? Oder entstehen Utopien, als zwar gross angelegte, aber unverbindliche Randerscheinung, als Marginalien zur effektiven Baugeschichte? Macht die Geometrisierung das Bauwerk erst eigentlich zur Architektur – oder treibt sie, umgekehrt, das Architektonische aus seinen Gattungsgrenzen heraus? Schafft sie 'Stil' oder verhindert sie ihn gerade?

Die so skizzierten Probleme werden nicht vereinfacht dadurch, dass ihr Untersuchungsgebiet *extra muros* liegt. Für eine stilgeschichtlich orientierte Kunstwissenschaft lag und liegt zum Teil heute noch die obere Grenze der Forschungsgebiete bei Barock und Rokoko. Was später folgt, erscheint entweder als suspekt, weil es die Entwicklungsreihe der Stilstufen nicht fortsetzt – oder es erscheint als kaum sinnvoll erfassbar, weil der Umschlag in den Historismus in der Tat für uns eine noch keineswegs leicht durchschaubare Wandlung darstellt. Die Revolutionsarchitektur liegt somit gerade jenseits jener Grenzen, über die sich solide Übereinkünfte längst gebildet haben. Ist sie ein erster Streifen Niemandsland oder ein erster Streifen Neuland? Diese Frage besteht, sie wird auch heute noch unausgesprochen mitempfunden, man kann sie nicht unter den Tisch wischen. Dass deshalb auch die Wertungen weit auseinandergehen, ist ebenfalls kein Geheimnis. Doch das alles sind Vieldeutigkeiten, die hier als Aufforderungen zur Arbeit aufgefasst werden. Was zu vielerlei Fragen Anlass gibt, kann offenbar, bei angemessenem Blickwinkel, auch fragwürdig werden und ruft deshalb nach Bestandesaufnahme und Vergleich.

13   Zu Goethes Kugeldenkmal in Weimar siehe Adolf Max Vogt, *Boullées Newton-Denkmal. Sakralbau und Kugelidee* (A.M.V., Boullées Newton-Denkmal), Basel 1969, Kapitel 11.1., S. 316ff., speziell 11.1.3.

14   Carl Linfert, *Die Grundlagen der Architekturzeichnung: mit einem Versuch über französische Architekturzeichnungen des 18. Jahrhunderts*, Berlin: Frankfurter Verlagsanstalt 1931, hat die wichtigsten Phasen dieser Entwicklung vom Louis Quatorze bis zu Louis Seize an der Architekturzeichnung (Oppenort bis Delafosse) aufgezeigt. Carl Linferts Arbeit, geschrieben 1926–27,

veröffentlicht 1931, ist als Pionierleistung mit Emil Kaufmanns Publikationen vergleichbar, doch für unsere Fragestellung doppelt wichtig, weil sie neben dem Stilwandel der Architektur bereits schon die spezielle Position der Bauzeichnung – als 'Phantasie-Architekturzeichnung' – erkennt und voll ins Auge fasst. (Zu den etwas später einsetzenden Entwicklungen in Deutschland vgl. Sigfried Giedion, *Spätbarocker und romantischer Klassizismus*, München 1922.)

15   A. M. Vogt, *Boullées Newton-Denkmal, Sakralbau und Kugelidee*, Basel 1969.

Revolutions-Architektur und Nazi-Klassizismus

1 Zur Architekturtheorie des Albert Speer 1941

Speer dürfte sich wohl rühmen, der 'effektivste' Architekt des 20. Jahrhunderts gewesen zu sein, denn er hatte die höchst persönliche Teilnahme von und Förderung durch Adolf Hitler, der ihm gebot, keinerlei Kostenvoranschläge aufstellen zu lassen und ihm ganze Heerscharen von Bauarbeitern zur Verfügung hielt. Die *Defilier- und Imponier-Architektur* des Albert Speer (der so in hohem Masse Diener seines Herrn war, dass er dessen Bausüchtigkeit bis in jede Allüre hinein vorzuahnen und zu sättigen vermochte) ist allerdings ebenso rasch, wie sie gebaut wurde, wieder in Trümmer gestürzt – und dies, obgleich sie in ihrer Vorliebe für Granit und alle anderen Sorten von Härte stets bewusst einen einkalkulierten 'Ruinenwert' mitenthielt. (Der Memoirenschreiber Speer tut sich nicht wenig zugute auf seine Invention des 'Ruinenwertes', die den 'Führer' entzückte, weil sie ihm als Vorschussgarantie für ein echt römisches Imperialschicksal seiner künftigen Hinterlassenschaft vorkam.)[1]

Auch wenn man sich gegenüber Albert Speers Baukünsten bestenfalls ironisch verhalten kann, kommt man zunächst nicht um die Feststellung herum, dass von ihm und seinen braunen Genossen eine Art von Bauweise praktiziert worden ist, die wohl oder übel als 'Klassizismus' bezeichnet werden muss. Denn der äussere Befund ist eindeutig genug: Säule und Gebälk, Treppensockel und Giebeldreieck sind zur Stelle, auch wenn sie mitunter in Plumpheiten der Vergröberung durchgeführt sind, die noch alle Vergröberungen des Bankier-Klassizismus des 19. Jahrhunderts als schlicht erscheinen lassen.

Ist der Leser von Speers Memoiren demnach vorbereitet auf allfällige Ansprüche in Richtung auf Klassizismus, so ist er doch überrascht davon, dass Speers Ambition deutlich auf die Revolutions-Architektur der Franzosen bezogen war. Er nennt die Namen von Étienne-Louis Boullée und von Claude-Nicolas Ledoux ein erstes Mal in Zusammenhang mit dem gigantischen Kuppelbau, den er neben dem Brandenburger Tor in der 'Welthauptstadt' Berlin aufzurichten plante.[2] (Abb. 35) Auch in seiner 'Theorie', die er 1941 im eroberten Paris einem Kreis von 'Freunden' (darunter Cocteau!) vorgetragen haben will, spielt Boullée wieder eine Rolle, und zwar nicht irgendeine, sondern geradezu diejenige des reinen Vorbildes. Diese Stelle – vom strafgefangenen Memoirenschreiber Speer in indirekter Rede formuliert, offenbar um die eigene innere Distanziertheit zu 1941 anzudeuten – lautet: «Die Französische Revolution habe nach dem Spätrokoko ein neues Stilgefühl formiert. Selbst einfache Möbel hätten schönste Proportionen gehabt. Seinen reinsten

Große Halle
290 Meter

Reichstag
75 Meter

Brandenburger Tor
29 Meter

35   Albert Speer,
Geplanter Kuppelbau
neben dem Branden-
burger Tor, Berlin,
Modell, 1938 (Adolf
Max Vogt, Revolutions-
Architektur und Nazi-
Klassizismus, Sonder-
druck aus ARGO – Fest-
schrift für Kurt Badt,
Köln 1971, Abb. 128)

Ausdruck habe es in den Bauentwürfen Boullées gefunden. Diesem Revolutionsstil sei dann das 'Directoire' gefolgt, das die reicheren Mittel noch mit Leichtigkeit und Geschmack verarbeitet habe. Erst mit dem 'Empire-Stil' sei die Wende gekommen: […] mit prunkenden Verzierungen überwuchert […] 'Spätempire'[…] Signal für den Zerfall […]. Hier sei, auf rund zwanzig Jahre zusammengerafft, zu beobachten, was sich sonst nur in Jahrhunderten abzuspielen pflege: die Entwicklung von den dorischen Bauten der frühen Antike bis hin zu den zerklüfteten barocken Fassaden des Späthellenismus […].»[3] Man sieht, der Baumeister des 'Führers' hält es mit jener sattsam bekannten 'biologisch-politischen' Auffassung von Kunst, nach der die Grunderscheinungen von Aufblühen und Zerfall in der Natur zunächst einmal von Lebewesen auf Völkerschicksale übertragen werden und von diesen dann prompt auch noch auf sogenannte 'Abläufe' von sogenannten 'Stilentwicklungen'.

Diese zweifache Fehl-Übertragung ist indessen seit dem 19. Jahrhundert so sehr verbreitet und auch heute noch so sehr im Schwang, dass man Albert Speers 'Theorie' nicht viel mehr vorwerfen kann als Unselbständigkeit und Banalität.

Erstmals erschienen in: A. M. Vogt, *Revolutions-Architektur und Nazi-Klassizismus*, Sonderdruck aus ARGO – Festschrift für Kurt Badt, Köln 1971.

1   Albert Speer, *Erinnerungen*, Berlin: Propyläen Verlag 1969.
2   Id., *op. cit.*, S. 169.
3   Id., *op. cit.*, S. 174–175.

Erstaunlich bleibt einzig und allein, dass er sich nicht mit den damals üblichen Kulminations-Bewertungen aus deutscher Sicht (Athen im 5. Jahrhundert, Rom unter Augustus, deutsche Hochromanik) begnügt, sondern in seinem Pariser Vortrag 1941 darauf ausgeht, einen weiteren derartigen 'Stilverlauf' oder 'Stilablauf' zu entdecken. Dieser Ablauf geht, wie das Zitat es gezeigt hat, für Speer vom französischen Spätrokoko über die Revolution zum Empire, und er betrachtet ihn als eine «geraffte», auf «rund zwanzig Jahre» zusammengedrängte Parallele erstens zur «Entwicklung von den dorischen Bauten der frühen Antike bis hin zu den zerklüfteten Fassaden des Späthellenismus» (Baalbek), zweitens zur Entwicklung von der Romanik bis zur «verspielten Spätgotik».

Diese Bogen- oder Wellen-Theorie ist selbstverständlich keineswegs ein Sondergedanke von Albert Speer. Vielmehr gehört sie zu den Landläufigkeiten in den nationalsozialistischen Gauen, und es wäre überdies sachlich abzuklären, ob sie nicht doch auch in eindeutig nicht-nazistischen geschichtlichen Darstellungen aus den dreissiger und vierziger Jahren häufig zu finden wäre. Diese Wellen-Theorie hat zwei Voraussetzungen, die man beide als unreflektierte, unkontrollierte Gleichsetzungen bezeichnen darf. Die erste: die antike 'Welle' und die mittelalterliche 'Welle' erscheinen als vergleichbar. Offenbar nur deshalb, weil man überhaupt nicht nach dem Grade zureichender Ähnlichkeit fragt, die den Vergleich erlaubt oder eben nicht erlaubt. Die zweite: Dorisch und Romanisch werden suggeriert als einfach = jung = gesund, Baalbek und Spätgotik dagegen als kompliziert ('zerklüftet', 'barock') = spät = dekadent. So sehr einfach ist das! Wer wird uns einmal diese seltsamen Dreisprünge, als beinahe unausrottbare Eselsbrücken einstiger Kunstpädagogenweisheit, in ihrer Entstehung darlegen? Wieweit ist Oswald Spengler ihr Gevatter? Wieweit war Wilhelm Pinder denn doch auch an ihnen beteiligt?

Neu erscheint in Speers Vortrag von 1941 einzig, wir sagten es schon, die Entdeckung einer dritten, «gerafften» Welle, die vom Spätrokoko zum Empire steigt und fällt. Diese Epoche hat «hoffnungsvoll mit dem Consulat begonnen», führt zum Kaiserreich und zu dessen Zerfall. Dabei wird uns gesagt, dass die Stilentwicklung ein «Signal für den Zerfall» und die «Ankündigung vom Ende der napoleonischen Ära» darstellen oder übermitteln könne.[4] Also: Kunst ist feiner als Politik, sie merkt's früher. Sie gibt 'Signale' in einer Zeit, wo sich der Herrscher – Napoleon – noch munter und unbehelligt im Sattel wähnt.

Dem geneigten Leser beginnt etwas aufzudämmern. Und was er vermutet, wird gleich bestätigt. Speer teilt uns, als Ergänzung zu seinem Resümee des Vortrags von 1941, in aller Bescheidenheit mit: «Ich hätte, bei konsequenter Betrachtung, [damals] weiter argumentieren müssen, daß nach dem Beispiel des Spätempire auch in diesen von mir für Hitler entworfenen Bauplänen das Ende des Regimes sich ankündigte; daß also Hitlers Sturz gewissermaßen in diesen Entwürfen vorausempfunden werde.»[5] Womit es uns, wenn auch verblümt genug, doch deutlich gesagt ist: Napoleon steht für Hitler, Napoleons Architekten stehen für – Speer. In aller Schlichtheit wird uns mitgeteilt, dass auch er, Speer, durch seine Architekturwandlungen 'Signale' gegeben und den Zerfall 'vorausempfunden' habe. So ist und bleibt er zwar der gehorsame Diener Hitlers, aber als Künstler ist er der Feinere, der das bittere Ende wie ein Medium zu spüren vermochte. (Und wenn er sich schon als Medium darzustellen sucht: sind denn nicht Medien ihrem Wesen nach unschuldig?) Nicht nur das. Mit diesem Vortrag im besetzten Frankreich von 1941 gab er ja den hoffentlich verdutzten «französischen Freunden« auch noch zu verstehen, dass er sich nicht nur in Parallele gesetzt zu sehen wünsche mit Percier und Fontaine, den Hofarchitekten Napoleons (er nennt sie immerhin nicht mit Namen), sondern auch mit Boullée, der den «reinsten Ausdruck» dieser «Stilentwicklung» darstelle. Man sieht, Albert Speer traut sich einiges zu. Das gilt nicht nur für die triumphalen Jahre, es gilt auch heute noch, denn er spinnt ja das Resümee weiter und gelangt «bei konsequenter Betrachtung» zur Einsicht, dass er als Speer–Boullée–Percier–Fontaine das bittere Ende von Napoleon-Hitler in seinem Baustil «vorausempfunden» habe …

Auch wenn die Geschichtsklitterung des Memoirenschreibers, genau besehen, solchermassen mühelos das Hanebüchene streift, kann man eines nicht leugnen: Speers Anspruch darauf, mit Boullée vergleichbar zu sein. Und da liegt ja nun der heikle Punkt – besonders für den hier schreibenden Autor, der sich etliche Jahre lang mit den Architekturentwürfen von Étienne-Louis Boullée befasst hat.[6]

Zunächst eine Vorfrage: Kann Speer überhaupt von Boullée gewusst haben in seiner Baumeisterzeit oder hat er 'seine' Geschichtsparallele doch erst in den Jahren der Gefangenschaft, also nachträglich, konstruieren können? Boullées Werk war – hierin vergleichbar demjenigen des Malers Mattias Gothart Nithart genannt Grünewald – lange Zeit 'verschollen'. Es war überdies, wie die ganze übrige Revolutionsarchitektur, weitgehend Entwurf geblieben, nur in kleinen Teilen zum Bau gelangt, und deshalb leicht zu übersehen. Zudem ist dieses Werk, das so deutlich bis an die Grenzen des Möglichen und auch über diese Grenzen hinaus drängt, schon bald Bedenken und Ablehnungen ausgesetzt gewesen.

Um es vereinfacht zu sagen: genau so, wie die Forderungen und Ideale der politischen Revolution bald genug nach 1800 vehementen Widerstand fanden, genau so begann um 1800 schon die Kritik an der Revolutionsarchitektur: Das Manifest mit dem Titel *Décadence de l'architecture à la fin du XVIIIe siècle* von Charles-François Viel ist der klare Beleg dafür.[7] Viels 'Décadence' ist auf ihre Weise ein 'Verlust der Mitte', sie nimmt Hans Sedlmayrs Dekadenzpolemik von 1948 in

4   Id., *op. cit.*, S. 175.
5   Ibid.
6   A. M. Vogt, *Boullées Newton-Denkmal, Sakralbau und Kugelidee*, Basel 1969.

7   Vgl. Jean-Marie Pérouse de Montclos, *Étienne-Louis Boullée, 1728–1799, de l'architecture classique à l'architecture révolutionnaire*, Paris: Arts et métiers graphiques 1969, S. 222.

manchem Punkt schon vorweg. Für die Franzosen blieb indessen die Revolutions-architektur Erinnerung an einen gespenstisch reinen und zugleich gespenstisch gigantischen Traum. 1910 hat Henry Lemonnier diesen Traum mit dem Stichwort 'Mégalomanie' belegt.

Und dieses Stichwort ist es ja im Grunde auch, das Albert Speer überhaupt ein Recht gibt, seine Baupläne, speziell den Plan für die Grosse Halle in Berlin («die größte Versammlungshalle der Welt mit einem Kuppeldurchmesser von 250 Metern»),[8] mit denen des französischen Revolutionsarchitekten zu vergleichen. Ab 1928 hat Emil Kaufmann aus Wien, der dann später nach Amerika emigrierte, Arbeiten über Revolutionsarchitektur zu publizieren begonnen. Seiner beharrlichen Forschung ist es zu danken, dass die Werke und die Bedeutung von Boullée und Ledoux erneut in das Blickfeld der Architekturhistoriker gelangt sind.

Offenbar haben frühe Arbeiten Kaufmanns, etwa «Architektonische Entwürfe aus der Zeit der Französischen Revolution» (*Zeitschrift für Bildende Kunst*, 1929/30), oder *Von Ledoux bis Le Corbusier* (Wien, 1933) doch auch in nationalsozialistisch orientierten Kreisen Beachtung gefunden.[9] Dennoch bleibt ein kleiner Verdacht bestehen, Albert Speer habe erst nachträglich, bei der Niederschrift seiner Erinnerungen, seine eigene Boullée-Nähe entdeckt und sie nicht ungern als so etwas wie historische Entlastung in die Memoiren eingeführt. Wie dem auch sei, wichtig ist allein die immerhin irritierende Tatsache, dass sich sowohl Klassizismus wie Revolutionsarchitektur gefallen lassen müssen, mit der Nazi-Architektur vergleichbar, vielleicht sogar verwandt zu sein. Vaterschafts-Klagen ganz eigener Art.

2 Megalomanie

In der Tat vertritt Boullée in seinem Entwurf und in seinem Architekturtraktat eine Theorie der quantitativen Grösse. Was zunächst die Pläne betrifft: Er hat aus dem Ereignis des Neubauvorhabens der Madeleine-Kirche in Paris Anlass genommen, eine Kuppelkirche über griechischem Kreuz zu entwerfen, (Abb. 36) die in ihren Dimensionierungen bewusst das Nicht-mehr-Vergleichbare, das Nicht-mehr-Messbare anstrebt. Ich habe in meinem Buch zu zeigen versucht, dass er dabei eine Methode der 'progressiven Grösse' anwendet, die dem Auge den festen Halt vergleichbarer Grössen entzieht.[10]

Ähnliches gilt, neben dem Sakralbau, auch für den Schlossbau. Die Diskussionen unter der Baudirektion von d'Angiviller, ob die Schlossanlage von Versailles erweitert und modernisiert werden könne, wurden für Boullée zum Anlass, ein Über-Versailles zu entwerfen, das den bestehenden, immerhin beträchtlichen Baukörper ins Unabsehbare geweitet hätte.[11] Boullées Entwürfe für öffentliche Gebäu-

36 Étienne-Louis Boullée, Métropole, Entwurf einer Kuppelkirche, 1782 (Adolf Max Vogt, Boullées Newton-Denkmal, Basel/Stuttgart 1969, S. 34)

de – zum Beispiel das Palais de Justice, ein Palais Municipal, die Bibliothèque nationale, das 'Musaeum' – sind allesamt auf neue Grössenordnung angelegt.[12] Wer die Projekte überprüft, wird allerdings bald das Bedürfnis empfinden, Boullées Art von Grössenanspruch von derjenigen Speers zu differenzieren: Boullée mag zwar durch grosse Disposition irritieren, doch ist er nie protzig, nie drohend, nie 'massiv' im doppelten Wortsinn. Eine eigentümliche Kahlheit, Kargheit, eine Vorliebe für Schmucklosigkeit lassen spüren, dass bei Boullées 'Grösse' andere Motive mit im Spiel sein müssen als bei dem, was wir hier als Nazi-Klassizismus bezeichnen.

Sucht man vergleichbare Formen – im Ganzen oder im Detail – zwischen Speer und Boullée, so finden sie sich bei Boullée am ehesten unter den Militär- und Befestigungsentwürfen. Im 'Intérieur de Ville' (Abb. 37) beschreibt Boullée einen Mauerring um die Stadt, und die Turmeinheiten mögen dabei vergleichbar sein mit dem Flankentrakt aus Speers Zeppelinfeld in Nürnberg. (Abb. 38) Nur: Boullée bezieht die Rechtfertigung zur massiven Form aus dem Zweck des Schutzes und der Verteidigung, während Speer lediglich einen Tribünenbau zu gestalten hat, der aber gleich schon Fortifikation 'spielt'. Überdies: Boullée sucht stets die reine geo-

8   Albert Speer, *op. cit.*, S. 163.
9   Ein Beispiel dafür, wie sehr in den dreissiger Jahren doch schon die Hinweise Kaufmanns auf die Revolutionsarchitektur beachtet worden sind: Hans Vogel, *Deutsche Baukunst des Klassizismus*, Berlin: Gebr. Mann 1937.

10   A. M. Vogt, *op. cit.*, Kap. 5, speziell Kap. 5.3 und Abb. 31–40. Dass auch schon in Zeichnungen von Palladio progressive Grössenordnungen vorkommen, sei hier nur am Rande vermerkt.
11   Id, *op. cit.*, Abb. 61.
12   Id., *op. cit.*, Abb. 44–49, 62–68.

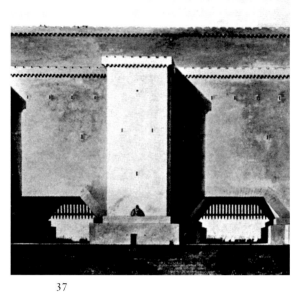

37   38

39

37   Étienne-Louis Boullée, Intérieur de ville,
Ausschnitt, nach 1780 (Vogt, Revolutions-
Architektur und Nazi-Klassizismus, op. cit.,
Abb. 123)

38   Albert Speer, Zeppelinfeld, Flankentrakt,
Nürnberg, 1934–1936 (Vogt, Revolutions-   40
Architektur und Nazi-Klassizismus, op. cit.,
Abb. 124)

39   Étienne-Louis Boullée, Opéra, Ansicht,
1781 (Vogt, Revolutions-Architektur und Nazi-
Klassizismus, op. cit., Abb. 127)

40   Pierre Michel d'Ixnard, Dom in Sankt
Blasien, Schwarzwald (Vogt, Revolutions-
Architektur und Nazi-Klassizismus, op. cit.,
Abb. 126)

metrische Grundform spürbar zu machen, hier den Quader. Speer sucht Stufungen, sei es an der Basis, als Abschluss der ägyptisierenden Böschung, als Krönung unter dem Flammenbecken. Stufen, Zacken – jede Stufe ist Suggestion einer neuen tieferen 'Panzerschicht' von Mauer, somit Suggestion der Stärke 'an sich'. Das alles vorgetragen unter dem Gesamtschema des Altars von Pergamon (der in Berlin aufbewahrt wird). Und so war's ja wohl auch gemeint: das Tribünenhaus als erster 'Altar' der Bewegung. Was die Stützen betrifft, würde sie Speer wohl als Säulen bezeichnen und sie unter das subsumieren, was er und Gleichgesinnte damals als 'dorisch' verstanden. (Das 'Dorische' und die Diktaturen im 20. Jahrhundert – ein Thema für sich.)

Ich habe versucht, das Gesamtwerk von Boullée auf seine geometrischen Grundformen hin zu durchmustern, und habe dabei eine Gruppe von 'Halbkugelprojekten' zusammengefasst[13], die mir als Vorstufe zum Vollkugelprojekt des Newton-Denkmals erschien. Wenn nun Albert Speer für seine Berliner Grosse Halle (Abb. 35) eine spezielle Nähe zu Boullée und Ledoux beansprucht[14] und auch noch das Pantheon in Rom als Vorbild nennt, dann wird man zunächst nicht leugnen können, dass sein Vorhaben zum mindesten in die Kategorie der Bauten mit dominierender Kuppel gehört. Doch das, was Boullée und nachweisbar auch schon die Erbauer des altrömischen Pantheons bewegt hat: die Reinheit der Kugelgestalt, konnte für Speer nie zum Problem werden. Seine Sorge ist das quantitative Übertreffen, denn er konnte, wie die *Erinnerungen* erweisen, seinem Bauherrn Hitler dann am meisten Sympathien und Zustimmung entlocken, wenn er nachweisbar grösser als Rom, grösser als Paris, London oder Washington zu wölben oder zu türmen plante.

Unter Boullées Halbkugelprojekten – der 'Opéra', dem 'Musaeum', dem Tempel der Totenstadt, dem von Klaus Lankheit publizierten 'Tempel der Vernunft'[15] – hat keines eine wesensmässige Verwandtschaft mit Speers Riesenhalle, was hier am Beispiel der 'Opéra' (Abb. 39) belegt sei. Für Boullée ist der Kugelumriss das Entscheidende, er optiert, wie er selber bezeugt, *für* Bramante und *gegen* Michelangelo, das heisst, er optiert für reine Stereometrie, gegen Spannungen und Zuspitzungen im Sinne von überhöhten Kuppeln. Keine einzige Wölbung von Boullée ist gegen aussen mit Rippen unterteilt – und dieses scheinbar unwichtige Detail macht gerade einen Wesensunterschied aus. Ginge es darum, Speers Grosse Halle aus Vorbildern abzuleiten, würde man wohl eher an den Typus der Kuppel über Würfelkörpern denken. Prominente Beispiele dieser Art in Deutschland sind Schinkels Nikolaikirche in Potsdam und d'Ixnards Dom in St. Blasien. (Abb. 40)

13 Id., *op. cit.*, Kap. 6, 7, 8.
14 Albert Speer, *op. cit.*, S. 169, nennt Boullée und Ledoux ausdrücklich in Zusammenhang mit seinem Projekt zur 'Grossen Halle'.

15 Klaus Lankheit, *Der Tempel der Vernunft, unveröffentlichte Zeichnungen von Boullée*, Stuttgart/Birkhäuser, 1968.

Boullée hat seine Faszination durch grosse Dimensionen auch theoretisch zu begründen versucht. In seinem Architekturtraktat stellt er die These auf: «Le grand s'allie nécessairement avec le beau» – ein Satz, den heute niemand unterschreiben würde. Doch er hat seine ganz bestimmte historische Voraussetzung, und nur von ihr aus kann er ernstlich beurteilt werden.

3 Das legitime Motiv zur Megalomanie

Die Grössen-Besessenheit oder Megalomanie ist für das 18. Jahrhundert einzig und allein legitimiert durch das *naturwissenschaftliche* Argument. Boullée ist, wie ich nachzuweisen versucht habe, genausosehr wie seine Zeitgenossen entscheidend beeindruckt von der Unermesslichkeit des Weltalls.[16] Gerade weil die Naturforscher der Generation von Descartes bis Leibniz und Newton das Weltall zu messen begannen, wurde seine Unermesslichkeit das Problem, das nun verarbeitet und bewältigt werden musste. Ein bewegendes Beispiel dieser Verarbeitung ist jene Frühschrift des Immanuel Kant, die später unter dem Titel 'Kant-Laplacesche Theorie' namhaft geworden ist. Kant, der nur vier Jahre älter ist als Boullée, erweist sich in dieser Frühschrift als tief betroffen von den «Welten ohne Zahl und ohne Ende» und er beteuert, «daß der unendliche Weltraum von Weltgebäuden wimmele, deren Zahl und Vortrefflichkeit ein Verhältnis zur Unermeßlichkeit ihres Schöpfers hat».[17] Derartige Formulierungen sind durchaus vergleichbar mit Formulierungen in Boullées Architekturtraktat. Womit nicht etwa gesagt sein soll, dass der deutsche Philosoph und der französische Architekt in irgendeiner persönlichen Beziehung gestanden hätten – vielmehr: dass beide als Generationsgenossen das nämliche Problem zu verarbeiten hatten, das Problem der 'leeren' Unermesslichkeit des Weltalls mit all den Implikationen glaubensmässiger und weltanschaulicher Zweifel und Erschütterungen.

Und wenn nun Boullée dazu übergeht, die Grösse des *Weltgebäudes* in der Grösse seiner Sakralgebäude ('Métropole') spiegeln zu wollen – dann unternimmt er zwar ein 'unmögliches' Vorhaben. Doch gerade dieses utopistische Vorhaben hat seine Tradition, denn es ist nichts anderes als die uralte Idee, den Weltenbau im Sakralbau zu spiegeln oder abzubilden. Eine Forderung, die beispielsweise Palladio ebenso wie Plato gestützt haben[18] und die mit grosser Wahrscheinlichkeit auch den Monumenten der frühen Hochkulturen (etwa dem Zikkurat in Mesopotamien, der Pyramide in Ägypten) zugrunde liegt. Zusammenfassend: *der Grössen-Anspruch bei Boullée ist eindeutig kosmologisch oder genauer: astronomisch-naturwissenschaftlich begründet. Er ist eine Spiegelung der Entwicklung der modernen Naturwissenschaften, und er hat mit politischer 'Grösse' gar nichts zu tun.* Deshalb ist es folgerichtig, dass Boullées Hauptwerk, das er selber als sein Hauptwerk bezeichnet hat, ein kugelförmiges Denkmal für Sir Isaac Newton darstellt. (Abb. 12) In den Augen der Generation von Kant und Boullée war es Newton, der die Wahrheit des Systems des Weltgebäudes entdeckt und erkannt hat. Ausserdem war es wieder Newton, der die Abflachung der Erdkugel durch Rotation berechnet hat.[19] Wenn also Boullée das Newton-Denkmal als reine Kugel bezeichnet, dann zeichnet er damit die reine Erdgestalt – die Ursprungsform vor dem 'Sündenfall' der Rotation … Im übrigen: das Utopische dieser megalomanen Entwürfe Boullées, wenn es, wie hier skizziert, unmittelbare Folge der naturwissenschaftlichen Entdeckungen war – *ist es dann nicht doch sonderbar und bedenkenswert, dass ausgerechnet die erste Phase der exakten Naturforschung die europäischen Zeitgenossen in einen geradezu zwanghaften Utopismus gedrängt hat?*

4 Orientalische Einflüsse auf Boullées Konzept

Jeder europäische Kuppelbauer hat sich entweder auf St. Peter oder auf das altrömische Pantheon bezogen, und jeder Verehrer der Kugelform im Speziellen hat sich gegen St. Peter *für* das Pantheon entschieden. Selbstverständlich erwähnt auch Boullée das Pantheon mehrmals. Aber für seine Konzeption des Newton-Denkmals (Abb. 12) sind noch ganz andere, nämlich orientalische Einflüsse mit im Spiel.

Sein Problem war es ja, um nochmals mit Kant zu sprechen, die 'Vortrefflichkeit' des neuerkannten Weltgebäudes durch den Denkmalbau zu vergegenwärtigen. Die Innenausgestaltung der Denkmalskugel (Abb. 12) sollte – ganz nach Art dessen, was wir heute als 'Modell' bezeichnen – einen Begriff vom Weltall vermitteln. Nun gab es bereits eine Architekturform, die mit architektonischen (also nicht bloss mit malerischen) Mitteln den 'Himmel' vergegenwärtigte – allerdings fand sie sich an der Grenze des europäischen Gesichtskreises und überdies in einer scheinbar völlig abgelegenen Baugattung: dem türkischen Bad. (Abb. 41) Das türkische Bad hatte keine seitliche Belichtung durch Fenster, sondern ausschliesslich Oberlicht, das durch rohrförmige Stollen zugeführt wurde. Diese Stollen sind, da sie sich doch an der Decke befanden, gerne als Sonne, Mond und Sterne ausgestaltet worden, wobei unter 'Stern' (genau wie heute noch in den Kinderbüchern) ein Fünfzack oder Sechszack gemeint ist. In *Entwurff einer Historischen Architectur* des Johann Bernhard Fischer von Erlach (Leipzig, s. n. 1725) ist ein derartiger Hamam abgebildet, im Dritten Buch, das den 'Gebäuden der Araber und Türcken', aber auch der 'Persianischen, Siamitischen, Sinesischen und Japonesischen Bau-Art' gewidmet ist. Auch im 'Prospect des Bads von aussen' (Abb. 41) sind die Stern-

16 A. M. Vogt, *op. cit.*, speziell Kap. 5.2, Kap. 10, Kap. 12.
17 Id., *op. cit.*, S. 192.
18 Vgl. Id., *op. cit.*, Kap. 10, speziell 10.2.
19 Vgl. dazu den Kommentar von Bailly, in: A. M. Vogt, *op. cit.*, S. 312.

داخل الحمام الذي في مدينة البدَين

Wie dißes Badgebaü von inwendig an züschen .
Veüe du dedans de ce bain

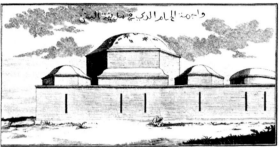

واجهة الحمام الذي في مدينة البدَين

Prospect des Bads von außen .

41   Johann Bernhard Fischer von Erlach,
Türkisches Bad aus: Entwurff einer
Historischen Architectur, 1725 (Vogt, Revolutions-Architektur und Nazi-Klassizismus, op.
cit., Abb. 130)

Stollen exakt und deutlich sichtbar. Es handelt sich um des 'Kayssers Bad unweith
der Stadt Offen in Hungarn' – also um eine Anlage der Heere des türkischen Sul-
tans, die den Balkan lange beherrscht, zeitweilig Ungarn besetzt und Wien bedroht
haben.

   Hat Boullée, der sein Newton-Denkmal 1784 gezeichnet hat, Fischers historische 'Architectur' von 1725 (die übrigens von Anfang an, ganz wie moderne
Architekturbücher, zweisprachig in Deutsch und Französisch ediert war) kennen
können? J. M. Pérouse hat das Verzeichnis der privaten Bibliothek Boullées neuerdings publiziert.[20] Sie enthält zwar keinen Hinweis auf Fischer von Erlach, dagegen auf Tavernier, dessen *Six voyages […] en Turquie, en Perse, aux Indes […]* zu der
damals so sehr verbreiteten Reiseliteratur zählten. Dass schon Tavernier den
'Sternhimmel' des Hamam genau beobachtet hat, sei mit einem Zitat der deutschen Edition belegt: «Das Gewölbe und Bogen obenher ist mit vielen runden
Löchern durchbrochen / die ungefehr einen halben Schuh dick sind / und kleine
Fensterlein von dem hellen Venetianischen Glas haben / auf Form und Art einer
Glocken / welche desswegen also formiert / damit nicht etwa jemand / der so für-
witzig wäre / und auf das Gewölb stieg / zu sehen / was im Bad vorging / sich dro-
ben könnt auf den Bauch niederlegen / und also hinein sehen […].»[21]

Da Boullée, wie Pérouse gezeigt hat, in seinem Frühwerk durchaus teilgenommen hat an der türkischen Mode der Architektur unter Louis XVI, ist es zwanglos vorstellbar, dass er mindestens durch Tavernier, vielleicht auch durch Fischer und andere, eine genaue Vorstellung vom 'Sternhimmel' über dem Hamam hatte. Dann wäre sein Newton-Sternhimmel eine Übernahme der türkischen Stollenkonstruktion, wobei das Neue, das 'Newtonische' eben gerade darin liegt, dass er den Sternzack ersetzt durch verschieden grosse Kreise.

5 Das Missverständnis, der Missbrauch

Mit diesem Hinweis auf orientalische Einflüsse in Boullées Konzept sollte deutlich werden, wie sehr Boullées Begriff von Grösse bestimmt ist durch Astronomie, das heisst durch das sogenannte naturwissenschaftliche Weltbild, das damals erstmals übermächtig wird, Glaubensgehalte wegzudrängen vermag und selber zum Glaubensgehalt, oder besser: Überzeugungsgehalt wird.

Nun ist aber nicht zu leugnen, dass dieser Begriff von kosmischer Grösse in der Architektur ein sehr fragiler Begriff ist, der leicht und rasch zu Missverständnis und Missbrauch führt. Ich habe zu zeigen versucht, dass bereits der um wenige Jahre jüngere Ledoux die 'Abbildende Architektur' des Boullée nicht so rein und so streng versteht und der Gefahr verfällt, alles und jedes 'abbilden' zu wollen, wodurch er in einzelnen Fällen vom Erhabenen ins Lächerliche gerät.[22]

Damit ist gesagt: der Grössen-Begriff Boullées ist schon von der eigenen Generation ungenau aufgefasst und damit verfälscht worden – allerdings zunächst noch nicht als Umfälschung von der Darstellung kosmischer Grösse in diejenige politischer Grösse. Indessen: wenn ein Lieblingsthema der Epoche der Kerker-Bau ist, dann muss man sich vor den furchterregenden massiven Gefängnistoren[23] mitunter fragen, ob die Architekten nicht doch – neben der Sicherstellung und Isolierung der 'Bösen' in der Gesellschaft – mehr als ihnen selber bewusst die absolute Übermacht des Staates heraufzubeschwören suchten.

Anders gesagt, die *Umfälschung der architektonischen 'Abbildung' kosmischer Grösse in politische Grösse* wird schon sehr bald nach Boullées Tod (1799) aktuell: in der Zeit und bei den Architekten Napoleons. Oberflächlich durften diese sich geradesogut auf Boullée berufen, wie nach 1933 Albert Speer es tut. Das Missverständnis und der Missbrauch liegen nicht im äusseren Nachsprechen der Formen, sondern in der völlig anderen Motivierung dieser Formen.

20 J.-M. Pérouse de Montclos, *op.cit.*, S. 253ff.
21 Jean-Babtiste Tavernier, *Nouvelle Relation de l'Intérieur du Serrail du Grand Seigneur*, Paris 1675; deutsche Ausgabe: *Herrn Johann Baptisten Taverniers, Freyherrns von Aubonne, vierzig-jährige Reise-Beschreibung*, Nürnberg 1681, S. 165,
22 A. M. Vogt, *op. cit.*, Kap. 12, speziell 12.5.
23 Id., Kap. 11.9.

6 Schicksale der europäischen Klassizismen

Der Klassizismus scheint ein europäisches Schicksal zu sein – er ist doch wohl weniger ein Geschöpf des Hellenismus als Roms, er ist im Mittelalter nur spurenweise nachweisbar, er scheint aber die europäische Neuzeit durchgehend mitzubestimmen. Denn der Barock, er heisst ja in Frankreich und England (im Gegensatz zu Italien und Deutschland) dennoch wieder Klassizismus.

Das Fatale ist, dass dieser europäische Klassizismus – als eine der wichtigsten Kennmarken für eine taugliche Bestimmung der Architekturen Europas – immerfort erklärt, das Hohe, das Ideale, das Klassische nachzubilden und damit gegenwärtig zu halten oder zu erneuern, dabei aber unberufen immer wieder ins Gegenteil verfällt und die pure Macht, ja sogar den Terror repräsentiert. Das mag noch nicht so deutlich gelten für den Klassizismus der Gründerjahre, aber es gilt sicherlich für den Hitler-Klassizismus genauso wie für den Stalin-Klassizismus, in einem milderen Grade wiederum für den Mussolini-Klassizismus.

Seltsam genug, dass ganz verschiedene politische Systeme dann, wenn sie diktatorische Grade der Machtausübung annehmen, als formalen Ausdruck Klassizismen bevorzugen. Das gilt wenigstens seit der Revolutionsarchitektur. Die möglichen Gründe hierzu dingfest zu machen, wäre ein lohnendes Ziel. Mag sein, dass bereits das antike Rom mit seiner neuen 'Lesart' und Anwendungsweise der griechischen Säule und des griechischen Giebels die Möglichkeit geschaffen hat, dass Klassizismus jeweils das Höchste und Edelste, aber auch Unterdrückung und Terror verkörpern kann.

Wiederholung, Monotonie und die Produktionsverhältnisse

Was mir am besten gefällt an der Monotonie-Diskussion in *werk · archithese* 1 (1977), sind gerade nicht Äusserungen über Monotonie, sondern solche über Wiederholung. Darum sind mir auch die Stellen über «das Geheimnis der Wiederholung» im Aufsatz von Alison und Peter Smithson in besonders deutlicher Erinnerung.[1] Die beiden machen sich Gedanken über den Unterschied zwischen Mies van der Rohe und Ludwig Hilberseimer. Sie sehen die Differenz in der Handhabung der Wiederholung: «[...] aber bei Hilberseimer wurde die Repetition zur Obsession, merkwürdig lebensabtötend.» Wogegen bei Mies van der Rohe die Repetition das Leben miteinschliesst. Durch sein Gespür gewinnt die multiplizierte Sache in der Multiplikation selbst etwas Magisches.[2]

42   Étienne-Louis Boullée, «Cirque, 2ᵉᵐᵉ projet» (werk · archithese 17-18 (1978), S. 7)

Revolution aus einem Punkt

«Lebensabtötend» ist ein hartes Wort für Hilberseimers Stadtentwürfe, aber wenn man seine Berliner Arbeiten (Abb. 43) damit meint und diese gebührend unterscheidet von späteren, in Amerika entwickelten Konzepten, dann trifft die Bestimmung der Smithsons eben doch den Nagel auf den Kopf. Im Fall von Hilberseimer lässt es sich sogar sagen, weshalb gute Repetition ausbleibt und schlechte Repetiti-

Erstmals erschienen in: *werk · archithese* 17–18 (1978).

1 Alison und Peter Smithson, «Ohne Rhetorik», in: *werk · archithese* 1 (1977), S. 10ff.
2 Iid., S. 17, 18.

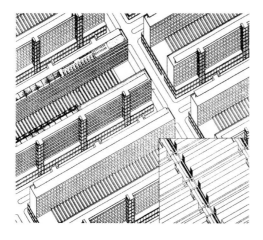

43   Ludwig Hilberseimer, theoretischer
Stadtplan-Entwurf, 1927
(werk · archithese 17-18 (1978), S. 8)

on, eben Monotonie, sich aufdrängt. Der junge Hilberseimer glaubte, wie die
Soziologen sagen würden, an 'Revolution aus einem Punkt'. Er meinte, das Problem der neuen Stadt gelöst zu haben, wenn er Arbeitsplatz und Wohnung vertikal
anordne. Unten, ebenerdig, die Werkstätten und Fabriken, unmittelbar darüber
dann die Längsquader der Wohnungen. Gewiss wäre damit der Pendelverkehr zur
Arbeit eliminiert oder doch auf die Benützung des Treppenhauses oder Lifts reduziert – ganz im Gegensatz übrigens zur Funktionstrennung der CIAM-Architekten,
welche die Arbeitsquartiere von den Wohnquartieren bekanntlich rigoros trennen
wollten und damit ins andere Extrem der vollen Entmischung geraten sind. Hatte
die funktionalistische Stadt der CIAM-Gruppe zu lange Beine, so steht Hilberseimers Vertikalstadt eindeutig auf zu kurzen Beinen.

Dennoch bleibt die Frage offen, ob ein Mies die gleiche Aufgabe hätte bes-
ser, lebensvoller lösen können, als Hilberseimer es vermochte. Meine Vermutung:
Wäre Mies in das Konzept der vertikalen Stadt eingestiegen, dann hätte gerade die
resultierende Einengung auf schlechte Repetition ihn dazu drängen müssen, das
Konzept wieder zu verwerfen. Oder anders gesagt: das Konzept selbst (Wohnung
vertikal über Arbeitsplatz) lässt zu wenig Möglichkeiten offen, um ein volles
«Leben mit einzuschliessen», wie die Smithsons sagen. Noch einmal anders gesagt:
Die Ordnungsidee Hilberseimers ist zu schmalbrüstig, sie betrifft einen Punkt, sie
hat keine Weite und Breite, eröffnet keinen Horizont. Die für jede Wohn- und
Arbeitsarchitektur völlig unvermeidliche Repetition degeneriert in diesem Falle
der zu engen Bedingung zu Monotonie.

Nun ist Hilberseimer lediglich ein besonders gut fassbares und im Bild leicht
zu übermittelndes Beispiel, sozusagen das didaktische Exempel. Die Gefahr zur
Monotonie ist aber seit dem 18. Jahrhundert aus Gründen der Produktionsverhältnisse derart krass geworden, dass kaum ein Architekt sich völlig freizuhalten

vermag von ihr. Dass dies durchaus auch für den jungen Le Corbusier gilt, wird aus dem Aufsatz «... de l'uniformité dans le détail» von S. von Moos klar.[3] Denn die Hochbauten der «Ville contemporaine pour 3 millions d'habitants» (1922) sind zwar in den Augen ihres Autors «cristaux de verre luisant», sie gehören aber aus der Nähe besehen durchaus in den Kreis der «gewaltigen Rasterfassaden», die der Monotonie Tür und Tor aufmachen. Und von Moos hat mehr als recht, wenn er die Zukunftsvisionen von 1922/25 – ob von Hilberseimer oder von Le Corbusier entworfen – als «glücklicherweise nicht verwirklicht» apostrophiert.

Monotonie und Stress

Monotonie scheint ein Rhythmusproblem zu sein, also etwas, das man getrost ästhetisch abwandeln kann, solange man nur will und so gelehrt man nur will. Indessen kommt von unerwarteter Seite her – von Medizinern und Biologen – der Hinweis darauf, dass Monotonie zu den Stress-Problemen gehört, also bei weitem nicht Ästhetik allein berührt. Frederic Vester vergleicht in seinem Buch über Stress[4] die monotone Architektur des Olympia-Reviers in München mit Monotonie-Experimenten an Tieren. Er berichtet von einer japanischen Eichhörnchenart, den Tupajas, die unter langdauerndem Stress keine Duftmarken mehr zu setzen vermögen, wodurch die Jungen, wie er sagt, «ihre Hausnummer verlieren» und schutzloses Freiwild werden für ältere, stärkere Tiere.

Wer die Parallele zu monotonen Siedlungen zieht und sich erlaubt, die Wendung vom Verlust der Hausnummer auf Bewohner von Satellitenstädten anzuwenden, ist also nicht ein Architekturkritiker (dem man das nicht abnehmen würde), sondern ein Biologe, der sich auf Experimente stützt.

Es sind nun 16 Jahre her, seit Hans Schmidt schrieb, «das Gleichförmige» könne «je nach den Umständen als berechtigt, sinnvoll, sogar als schön, oder als sinnwidrig und hässlich empfunden werden».[5] So wahr dieser Satz ist, heute erscheint er als reichlich zahm, denn inzwischen ist, als eine Art von Fanal, jene Sprengung der Wohnsiedlung 'Pruitt-Igoe' in St. Louis (1952 erbaut) im Jahre 1972 vollzogen worden. Sie wird nicht nur am Zeichen dafür gelesen, dass das hässlich Monotone zum kriminell Monotonen pervertieren kann, einzelne wollen sogar in dieser Sprengung den Beginn einer neuen Ära erkennen.[6]

Nun ist aber die Zuspitzung vom Grade der latenten Monotonie zum Grade der Stress-Monotonie nicht einfach ein unerklärliches diabolisches Ereignis, das

3 Stanislaus von Moos, *werk · archithese* 1 (1977), S. 37ff.
4 Frederic Vester, *Phänomen Stress*, Stuttgart 1976; siehe auch Id., *Ballungsgebiete in der Krise*, Stuttgart 1976.

5 Zitiert in *werk · archithese* 1 (1977), S. 4.
6 Charles Jencks, *The Language of Post-Modern Architecture*, New York 1978, S. 9.

lediglich überwunden werden kann durch die Ankunft eines neuen Maestro oder Genies. Sondern es hat zu tun mit dem Wandel der Produktionsverhältnisse vor allem in den letzten 200 Jahren. Eine Skizze dieses Wandels darf sich hier auf stichwortmässige Hinweise beschränken, weil ja bereits in *werk · archithese* 1 (1977) einige Bezüge angesprochen worden sind.

Um 1780: Boullée und die Regularité

In Boullées Entwürfen und in seiner Theorie spielt der Begriff der «régularité» eine enorme Rolle. Sie kann sich in der Linie darstellen, dann ist sie als Abfolge die einfache Reihung *abab*, im Gegensatz zu Reihungen mit Wechsel wie z.B. *acbca*. Sie kann sich in der Fläche, als Grundriss darstellen, dann tendiert sie über Achsensymmetrie hinaus zur Zentralsymmetrie (wie in Palladios Villa Rotonda und wie in Boullées Newton-Denkmal). Im Raum wird sie um 1780 besonders am Kuppelbau intensiv diskutiert, aber ihre reinste Form wäre die Kugel selbst – und deshalb fühlt sich Boullée gedrungen zum Wagnis, sein Newton-Denkmal als dominante Kugel zu gestalten. Dieses Wagnis versucht er zu legitimieren durch den Hinweis auf Bramantes nicht ausgeführten Kuppelentwurf für St. Peter, der ebenfalls eine reguläre, das heisst völlig egalisierte Säulenfolge hatte, im Gegensatz zu Michelangelos später verwirklichter Kuppel. Boullées Kommentar: «Le Projet de Bramante paroît à beaucoup d'égards préférable à celui de Michelange.»[7]

Knapp nach 1800: Durand und die ökonomisierte Régularité

Es hat seine eigene Folgerichtigkeit, dass schon ein Schüler von Boullée und Ledoux, der ausschliesslich als Pädagoge wirkende Durand, die möglichst regulären und ausserdem möglichst schmuckfreien Bauten der Revolutionsarchitekten als ökonomisch günstigste Typen preist. Was bei Boullée zwanzig Jahre früher eine kosmisch begründete Lehre des reinen, also regulären geometrischen Körpers in der Architektur war (die kosmische Begründung glaubt er in Isaac Newtons *Mathematischen Prinzipien der Naturlehre* zu finden, weshalb es einleuchtet, dass er dann für Newton ein Denkmal entwirft) – das wird nun bei Durand ganz ungeschminkt zum Rendite-Problem. Was sich als kosmisch richtige Form erwies, weiss er seinen Schülern aus aller Welt auch noch gerade als kommerziell richtige, weil sparsame und damit gewinntragende Form zu verkaufen. – Eine der fröhlichsten Varianten des Kapitalismus in der Architektur, wenn man so will. Ein hanebüchenes Vertrauen überdies, dass das, was dem Himmel recht ist, auch dem Geschäftsmann billig sei.[8]

19. Jahrhundert: die Maschine produziert einfache Reihung

Was durch die Revolutionsarchitekten als Ideal der Régularité proklamiert wurde, erfährt nun unerwartete Stützung durch das, was die Maschine hervorzubringen vermag. Sie schneidet exakt und rechtwinklig, erhöht die Präzision. Der Holzbau kann beinahe völlig maschinisiert werden – was dann später mit dem Steinbau nicht gelingt. Dennoch ist das mit der Maschine erstellte amerikanische Kolonialhaus, Vorbild für fast alle aussereuropäischen Kontinente, kaum je zum Ärgernis der Monotonie geworden. Teils wohl, weil Holzbau nur begrenzte Umfänge annehmen kann, teils deshalb, weil Holz immer doch sinnlich ansprechender Naturstoff bleibt.

20. Jahrhundert: Fliessband, Beton, Kunststoff

Ab 1913 rollt das erste Fliessband. Es wird unser eigenes Jahrhundert mit einer Lawine von bitter notwendigen und verzweifelt unnötigen Produkten überschwemmen, mit einem Katarakt von Faksimile-Reproduktion, die derart gleichförmig ist, dass die Dinge ihre Namen verlieren. Die steile Bevölkerungszunahme macht aber das Fliessband sogleich unentbehrlich, und sie erzwingt auch Versuche, den Steinbau rascher und billiger zu machen, das heisst ebenso zu mechanisieren wie zuvor den Holzbau. Der Versuch misslingt weitgehend, unter anderem wegen der Brüchigkeit von Stein. Der Ausweg findet sich in der Entwicklung der Betontechnik – die ihrerseits die riesenhaften geologischen Prozesse der Erosion von Stein zu Sand und das Pressen von Sand zu fester Masse zeitraffend nachahmt. Bauen mit Brei, als Gussvorgang analog zum Eisenguss, wobei für Bunker wie für Häuser gleicherweise der geronnene Brei zur harten Festung wird.

Diese Gegebenheiten verändern den Architektenberuf an der Wurzel. Er kann sie von sich aus nicht ändern, aber er kann sie annehmbar machen, er versucht dies seit einem halben Jahrhundert. Monotonie ist dabei nicht mehr eine gelegentlich auftauchende Grenzgefahr, sondern sie ist die normale Ausgangslage geworden, entweder als tägliche Herausforderung oder als tägliche Resignation. So gesehen, ist es dann allerdings erstaunlich, wie vieles gelingt. Aber es ist ebenso erstaunlich, dass das Gelingen immer nur als einzelner Wurf zustande kommt, sich nicht als zuverlässiger Typus erweist, der Monotonie solide auszuschliessen vermöchte.

7 Vgl. Adolf Max Vogt, *Boullées Newton-Denkmal, Sakralbau und Kugelidee*, Basel 1969, S. 173.

8 Zu Durand vgl. in *werk · archithese* 1 (1977) auch den Aufsatz von Werner Oechslin.

Scheintod des Ornaments?

Wohl nicht zufällig gerade in den Jahren der Betonentwicklung und der Fliessbandentwicklung bläst Adolf Loos zur Attacke auf das Ornament (1908). Seine sonderbare Verkoppelung der Begriffe «Ornament» und «Verbrechen» hat derartigen Erfolg, dass man nur schliessen kann: Diese Attacke muss damals in der Luft gelegen haben. Nicht viel später schreibt Wolfgang von Wersin seine hervorragende Grammatik und Syntax des Ornaments[9], von der schwer zu sagen ist, ob sie eine Herüberrettung in spätere Zeiten ist oder ob sie eine letzte Zusammenfassung darstellt, ähnlich der wissenschaftlichen Dokumentation und Analyse einer endgültig aussterbenden Sprache in einem Gebirgstal. Einer der wenigen, die sich nicht nur sentimental, sondern aufgeschlossen für die Bedeutung und Lebensfähigkeit des Ornaments eingesetzt haben, war der Philosoph Ernst Bloch. Nun kommen aus dem Kreis seiner Schüler erste Wiedererwägungen – ihnen scheint es möglich, dass das Ornament doch nicht tot ist.[10]

Es war die Kunst der Reihung, gefeit vor Monotonie. Oder, vielleicht besser: es war das zuverlässige Grenzband zwischen avers und revers, zwischen *régularité* und *monotonie*. Das Wunder der Wiederholung im Leben, die graphische Darstellung der steten Wechselläufe im Leben, auf verlässliche Formeln gebracht.

Wir haben dieses Band abgestreift und an seiner Stelle eine Übersetzung ins Riesenhafte vollzogen, Mega-Ornamente zu bauen begonnen. Le Corbusiers 'Ville pour 3 Millions …' ist ein früher Grundriss zu einem solchen Ornament. Seither sind viele solche Gross-Mäander und Gross-Eierstäbe von Siedlungen und Satellitenstädten entstanden. Die Götter, die Vögel und die Piloten können sich an ihrem Anblick gütlich tun – wir selber allerdings haben wenig davon, denn wir bewegen uns als Ameisen innerhalb oder zwischen dieser Mega-Ornamentik und erleben sie leider fast immer nur unter der defizienten Optik der Monotonie.

9 Wolfgang von Wersin, *Das elementare Ornament und seine Gesetzlichkeit. Eine Morphologie des Ornaments*, Ravensburg: Maier 1940.

10 Michael Müller, *Die Verdrängung des Ornaments*, Frankfurt am Main 1977.

«… hätte ungebaut, ungemeißelt, ungemalt bleiben dürfen.»

Zur Bild-Wort-Debatte

Jacob Burckhardt ist der Meinung, das Gebaute, Gemeisselte und Gemalte hätte seine eigene, *selbständige* Ausdruckskompetenz, die in Worten nur zum Teil fassbar ist. Für Kulturen, die von einer *Buch*religion geprägt wurden, wie die jüdische und christliche, ist die Haltung Burckhardts besonders dringlich. Denn die Vorstellung, dass das Wort als «Logos» letzte *Instanz* sei, ist in diesen «lesenden Religionen» intensiv verankert.

Jacob Burckhardt hat eine wunderbar lockere Hand, wenn er seinen Fachgenossen, den «aufgenudelten Kunsthistorikern», ein Licht aufstecken oder eine Eule auf die Schulter setzen will. So hat ihn auch die scheinbar beiläufige und scheinbar bloss oberflächliche Tatsache beschäftigt, dass der sogenannte «bildende» Künstler zwar mit Meissel, Pinsel und Senkblei arbeitet, der Kunsthistoriker aber mit der Feder reagiert, also mit Worten antwortet. (Das Nächstliegende wären ja doch Geste und Gebärde und vor allem die nachvollziehende, erläuternde Skizze. Es geht um Umsetzung in ein anderes Medium, und Burckhardt sieht dabei die Gefahren scharf: «Könnte man denselben [den tiefsten Gedanken, die Idee eines Kunstwerkes] überhaupt in Worten vollständig geben, so wäre die Kunst überflüssig, und das betreffende Werk hätte ungebaut, ungemeißelt, ungemalt bleiben dürfen.»[1]

Burckhardt ist also der Meinung, das Gebaute, Gemeisselte und Gemalte hätte seine eigene Ausdruckskompetenz und damit auch seine Autonomie. Es könne nicht ohne weiteres und nicht «vollständig» vom Wort übernommen werden. Oder, in Anspielung auf Ranke gesagt: Die verschiedenen Medien sind in seinen Augen, gerade in ihrer Verschiedenheit, «gleich unmittelbar zu Gott». Burckhardts Warnung ist deshalb zugleich eine Forderung, nämlich: dem einzelnen Medium nicht nur eigene «Tiefe» oder «Höhe», sondern auch eigene letzte Instanz zuzubilligen. Für Kulturen, die von einer Buchreligion geprägt wurden, wie die jüdische und die christliche, ist diese Forderung leichter gestellt als wirklich anerkannt. Denn die Vorstellung, dass das Wort, der «Logos» diese letzte Instanz sei, und zwar keineswegs nur in religiösen Fragen, ist nachhaltig eingeprägt.

Aus einem unveröffentlichten Manuskript, Zürich 1982.

[1] Jacob Burckhardt, «Vorrede», in: *Der Cicerone*, 1. Auflage Basel 1855, Basel/Stuttgart: Schwabe 1957–1959, S. XIV.

Selbstverständlich galt Burckhardts Satz den bewussten und unbewussten Wertpyramiden und Wertverwechslungen seiner eigenen Zeitgenossenschaft im späteren 19. Jahrhundert. Er konnte nicht ahnen, dass das 20. Jahrhundert womöglich noch hartnäckiger in die Bild-Wort-Debatte geraten würde. Das Signal hiezu ist vor nun gerade fünf Jahrzehnten gegeben worden, im Jahr 1932, durch einen Aufsatz mit dem eher farblosen Titel «Zum Problem der Beschreibung und Inhaltsdeutung von Werken der bildenden Kunst».

«Geologische» Schichten des Bildverständnis'

Wodurch haben diese zwanzig Seiten, verfasst von Erwin Panofsky, derartige Wirkung ausgelöst, dass sie auch in den jüngsten Jahren wieder lebhafte Diskussionen in Gang zu bringen vermochten? Wohl dadurch, dass in ihnen ein komplexer, differenzierter, anspruchsvoller Kopf zielstrebig auf ein einfaches, ja beinahe simples Resultat zusteuert. Und dieses Resultat wird am Schluss von Panofsky in der Tat auch noch als Tabelle, rezeptartig, zusammengestellt, so dass 'getrost nach Hause' getragen werden kann, was anfangs beängstigend undurchsichtig erschien. Unser Verständnis vom Bild, als Auslegung oder Interpretation, wird in dieser Liste verstanden wie eine Art von geologischer Schichtung mit dreifacher Überlagerung. Als untere Schicht wird, wie jedes junge Semester heute bald einmal weiss, der «Phänomensinn» erkannt, und zwar aufgrund der «vitalen Daseinserfahrung». Als mittlere Schicht der «Bedeutungssinn» desselben Werkes, aufgrund des «literarischen Wissens». Als obere Schicht der «Dokumentsinn oder Wesenssinn», aufgrund des «weltanschaulichen Urverhaltens». Die verwendeten Begriffe lassen ihr Alter zum Teil durchaus spüren, speziell «Urverhalten» gehört noch in jenes expressionistische Deutsch der zwanziger Jahre – doch die Sache selbst, wie gesagt, ist einfach genug (zu einfach, wie manche meinen). Sie besagt: es gibt ein spontanes Bildverhalten ohne Quellenkenntnisse (später von Panofsky als «prae-ikonographisch» bezeichnet) – ein gelehrtes Bildverhalten, das auf literarische Quellen zurückführt («ikonographisch») – und es gibt ein synthetisches Bildverhalten («ikonologisch»), das literarisches Wissen und «intuitive Wesensschau» verschmilzt.

Diese Art von «Geologie» hat damals ihre eigene Faszination, und keineswegs nur im Fach Panofskys. Er selbst übrigens stützt sich, zum Teil wörtlich, auf analoge Schichtenvorstellungen in Karl Mannheims Theorie der «Weltanschauungsinterpretation» (1923). Wogegen kaum anzunehmen ist, dass das berühmteste Beispiel eines solcherart «geologischen» Schemas, nämlich Sigmund Freuds «Es/Ich/Ueber-Ich», je für Panofsky ein Gegenstand der Auseinandersetzung geworden ist. Was diesen Schementyp charakterisiert und was selbst noch Freuds

Dreischichten-Schema mit demjenigen Panofskys gemeinsam hat, ist die heimliche Entwertung der dritten, oberen Stufe durch die besonders faszinierende erste, untere Stufe. Also: eine Zweiwegtreppe, zum Abstieg mindestens so verlockend wie zum Aufstieg – und gerade das unterscheidet ja diese Schemenart des frühen 20. Jahrhunderts vom Schementyp der Evolutionisten aus Darwins Zeiten, die ausschliesslich als Einwegtreppe, und zwar nur im Sinne des Aufstiegs, verstanden worden war.

Im Gegensatz etwa zu Freud, der die Exploration der unteren Schicht, des «Es» oder «Unbewussten», ein Leben lang als eine seiner Hauptaufgaben ansah, muss Panofsky gegenüber seiner untersten Schicht der «vitalen Daseinserfahrung», die er als «prae-ikonographisch» bezeichnet, zunehmend mehr Bedenken empfunden haben. Das lässt sich deshalb eindeutig ablesen, weil Panofsky den hier diskutierten Aufsatz von 1932 nach seiner politisch motivierten Emigration aus Hamburg in die Vereinigten Staaten in englischer Sprache neu abgefasst und dabei auch umgearbeitet hat. Dass die englische Fassung von 1939 (mit einer späteren, nur gering abweichenden Edition 1955) durchaus nicht einfach eine Übersetzung ist, sondern eine Neubearbeitung mit veränderten Blickpunkten, ist erst vor wenigen Jahren durch Ekkehard Kaemmerling verdeutlicht worden.[2] Kaemmerling zeigt, dass Panofsky in der englischen Fassung zu Begriffsveränderungen gelangt, die «nach den berechtigten Kritiken an den argumentativen Konstruktionsschwächen nur mehr noch wissenschaftsgeschichtlichen Wert» beanspruchen dürften. Dieses harte Urteil wird von Otto Pächt womöglich noch verschärft, der Panofsky ganz allgemein vorwirft, Kunst sei für ihn bloss und höchstenfalls Illustration zu einem zuerst und zuletzt in Worten gedachten Gehalt: «Mit einem Wort, er ist a priori überzeugt, dass die bildende Kunst niemals etwas selbst erfindet, dass sie letzten Endes bloss illustriert, was in andern geistigen Sphären vorher ersonnen worden ist».[3]

Panofsky hat Begriffstabellen aufgestellt – jetzt muss er sich gefallen lassen, dass darüber ein Begriffskrieg entfacht wird. Der Historiker und Kritiker allerdings, der stets ein Vermittler zwischen Bild und Wort ist, sollte darüber die Bild-Beispiele nicht aus den Augen verlieren. Was für Bilder, welche Werke hat Panofsky zu seiner Argumentation beigezogen? Diese Frage bleibt aufschlussreich. In der Tat hat Panofsky die Bildbeispiele aus der deutschen Fassung (1932) in der englischen Fassung (1939/55) zum Teil abrupt verändert. Und das sagt, meine ich, bei einem Kunsthistoriker genau so viel aus wie Begriffsveränderungen, die er vollzieht. In der deutschen Fassung ist das Hauptbeispiel, das mehrfach erwähnt wird, Grünewalds «Auferstehung» aus dem Isenheimer Altar. In der englischen Fassung

2 Ekkehard Kaemmerling, *Ikonographie und Ikonologie. Theorien, Entwicklung, Probleme*, Bd. 1: *Bildende Kunst als Zeichensystem*, Köln: DuMont, 1979.

3 Kaemmerling, *op. cit*, S. 373.

erwähnt er diese überhaupt nicht mehr, diskutiert dagegen die Darstellungsmöglichkeit des Schwebens an einem Ausschnitt aus Rogier van der Weydens: «Das Jesuskind», das «mitten in der Luft schwebt». Da sind Welten vertauscht! Hierüber wäre viel zu sagen, doch eine Beschreibung von Panofskys eigener Wandlung seit der Emigration kann hier nicht Platz finden, ich habe sie an anderer Stelle versucht (vgl. «Panofskys Hut» in diesem Buch). Nur dies: Auch wenn die englische Fassung von 1939/55 einer falschen Verdinglichung Vorschub leistet, ist damit nicht der ganze Panofsky betroffen. Sein Beitrag zur Ideengeschichte nämlich bleibt bestehen, und das ist viel, auch wenn die heutigen Kritiker diesen Aspekt nicht sehen wollen. Anerkennt man ihn voll als Ideengeschichtler, mit seinem grossartigen Thema des Saturn und mit «Herkules am Scheidewege», dann kann man ihn ohne Bedenken aus grossen Bereichen der Kunstgeschichte und ohnehin ganz aus dem der Kunstkritik entlassen.

«Ut pictura poesis» – eine zu schmale Plattform?

Der neueste Versuch, die kruden Verdinglichungen der Ikonologie zu überwinden, stammt von hermeneutischer Seite. Hermeneutik ist allerdings primär und weitgehend auch heute wieder Textauslegung, nicht Bildauslegung, und schon gar nicht, breit genommen, Auslegung von Artefakten schlechthin. Diese Textgebundenheit hat sich historisch ergeben als Auslegungslehre zunächst der Theologen, dann der Juristen. Die spätere Entfaltung der Hermeneutik, von Schleiermacher bis Dilthey, als Theorie der sogenannten Geisteswissenschaften, schloss zwar das Bild nicht einfach aus, hielt sich aber wieder weitgehend an Texte.

Wenn nun Gottfried Boehm, als Gadamer-Schüler, eine «Hermeneutik des Bildes» entwirft[4], dann wird die Erwartung des Lesers ungefähr so hoch sein, wie sein Ärger über die genannte Verdinglichungs-Tendenz der Panofsky-Schule tief ist. In der Tat äussert sich Boehm ausgiebig über «Panofskys folgenreiche Vorschläge». Er wirft diesen «Verharmlosung der Kluft zwischen Bild und Wort» vor, er sieht in ihnen sogar einen «verdeckten, aber radikalen Ikonoklasmus» am Werk. In Bezug auf Panofskys drei «geologische» Schichten: «Löst sich das Bild in Nichts auf, d.h. in nichts-als-Sprache, wenn die verschiedenen Schichten abgetragen werden? Gleicht es einem Rebus, das mit seiner Lösung abgetan ist?»

Während Boehms Attacken gegen «sprachliche Fremdbestimmung» des Bildes, glänzend vorgetragen, sogleich überzeugen, fällt es nicht ganz so leicht, seiner eigenen Bestimmung dessen, was ein Bild sei, zu folgen. Brillanz scheint über dieser Aufgabe da und dort in Redundanz überzugehen. Beispielsweise bei der zunächst faszinierenden Analogie zwischen Bildinterpret und Sprachübersetzer. Das, was beide leisten, könne durch Rückübersetzung kontrolliert werden. Das gilt zwischen Shakespeare und Voss, aber es kann doch nicht im Ernste etwa zwischen Cézanne und Kurt Badt gelten; denn wie kann ich aus einer (noch so vorzüglichen) Bildbeschreibung Badts den gemeinten 'Cézanne' rückübersetzend erstehen lassen?

Doch das liesse sich korrigieren oder allenfalls verschmerzen. Wichtiger ist das Missbehagen darüber, dass Boehm auf einem zu engen Grund operiert. Er erörtert ausschliesslich im Verhältnis zwischen Bild und Wort. Weil für ihn weder Musik noch Architektur, noch Tanz, noch Mimik usf. zu existieren scheinen, sieht er sich auf jenes schmale Terrain verwiesen, das durch die Tradition des «Ut pictura poesis» abgesteckt ist. Boehm nennt übrigens diese dem «Horaz entnommene Formel», aber nur als Hinweis auf vergleichsweise harmlose Epochen «völlig kommensurabler Verhältnishaftigkeit» zwischen Sprachgehalt und Bildinhalt. Auch wenn Boehm faszinierende Einsichten in die grundlegende Differenz zwischen Wort und Bild gelingen – eine Reflektion darüber, was jenseits dieses Zweigespanns stets an menschlicher Hervorbringung mit ins Spiel gehört, kommt nicht zustande.

Was die Formel des Horaz anspricht, ist auch bei anderen antiken Schriftstellern und dann wieder in der Renaissance und im Barock belegbar. «Wie das Gemälde so das Gedicht» beschwört eine besondere Nähe zwischen Malerei und Poesie. Beide Gattungen, so lautet die Theorie, seien nicht nur geschwisterlich verwandt, sondern übers Kreuz geradezu spiegelsymmetrisch, sei doch die Dichtung nichts anderes als «beredte Malerei», die Malerei umgekehrt nichts anderes als «stumme Poesie».

Der Leser entsinnt sich, dass niemand geringerer als Lessing im «Laokoon»[5] über die «Grenzen der Malerei und Poesie» gehandelt hat und dabei die scheinbare Spiegelsymmetrie von «Ut pictura poesis» in ihre Schranken weist. Nun hat bekanntlich die Laokoon-Debatte, ausgelöst durch die Polemik zwischen Lessing und Winckelmann, einen langen Nachhall gefunden; Herder, Heinse, Goethe und manche andere haben, bis zu Ludwig Feuerbach, in sie eingegriffen. Wer aber glaubt, die Wort-Bild-Debatte sei darüber erschöpft oder gar zur Klärung gekommen, sieht sich getäuscht. Der eingangs erwähnte Satz Burckhardts und der heutige Ikonologiedisput (als spezielle Sorte von Trauerarbeit über Panofsky) erweisen das deutlich genug.

Unser Kenntnishorizont, der durch Archäologie und Ethnologie wesentlich verändert worden ist, erheischt ein Vieleck der Gattungen als Ausgangslage wie

4 Gottfried Boehm, «Hermeneutik des Bildes», in: *Seminar: Die Hermeneutik und die Wissenschaften*, H.-G. Gadamer/G. Boehm (Hg.), Frankfurt am Main 1978, S. 444ff.
5 Gotthold Ephraim Lessing, *Laokoon oder über die Grenzen der Mahlerey und Poesie. Mit beyläufigen Erläute-*rungen *verschiedener Punkte der alten Kunstgeschichte*, Karl Gotthelf Lessing (Hg.), Bd. 1, Neue Ausgabe, Berlin: Voss 1800.

als Bezugsnetz, das im Blickfeld bleiben muss. Das war Helmuth Plessner voll bewusst, als er erstmals eine «Hermeneutik des nichtsprachlichen Ausdrucks» forderte.

In dieses erweiterte Muster passt, dass nur schon in der europäischen Kunstgeschichte neben dem erwähnten Geschwisterpaar 'Malerei und Poesie' auch eine Zwillingsprofilierung zwischen Musik und Architektur anzutreffen ist, ausserdem eine Annäherung zwischen Architektur und Malerei. (Es ist ausgerechnet Panofsky, der in *Idea* darauf hinweist, dass Plato ausschliesslich Musik und Architektur als die beiden reinen Künste in Betracht zieht. Und seit Lessings Generation sind es auffällig oft die Architekten, die neben dem Dichter das «Anch'io sono Pittore» beanspruchen.)

Gerade wer Boehms Bemühung hoch einstuft, ein weiteres Mal und mit neuem Werkzeug die Autonomie des Bildes gegenüber dem Wort zu begründen, wird nicht verschweigen wollen, dass er den Hinweis auf andere, analoge Gattungsautonomien vermisst. Ähnliches gilt auch gegenüber Oskar Bätschmann, der einen «Übergang» von der Ikonologie zur Hermeneutik skizziert[6], dabei aber immerhin eine «spätere Ausdehnung» seiner Theorie auf die Architektur hin in Aussicht stellt.

1975 hat Roman Jakobson vor der Isolierung der Gattungen gewarnt: «In der Kunst war es die Rolle des Films, klar und deutlich zu machen […], dass die Sprache nur eines der möglichen semantischen Systeme ist, ähnlich wie es früher einmal die Astronomie offenbart hat, dass die Erde nur ein Planet unter vielen war, und damit auch eine vollständige Revolution unserer Anschauungen von der Welt ermöglicht hat.» Die Hermeneutik muss sich deshalb dem Vieleck der Gattungen öffnen, bevor sie sich, neben der Textauslegung, nun auch der Bildauslegung zuwendet. So wird sie zu einer Hermeneutik des Artefakts werden, denn das ist es, was nötig wird, wenn wir nicht hinter oder unter den erworbenen Wissenshorizont zurückfallen wollen.

Das Artefakt, im wörtlichen, aber auch im weitesten Sinne dieser Bezeichnung, ist das Resultat menschlicher Aneignungsarbeit und bleibt deren Zeugnis. Der behauene Stein im Gegensatz zum vorgefundenen Stein; die selbstgeschaffene Melodie im Gegensatz zur Vogelstimme. Diese menschliche Aneignung, als Grundverhalten und Überlebensbedingung, ist immer auch ein Absetzen von Natur und schafft eine eigene Welt.

Solche Aneignungsprozesse insgesamt muss der Hermeneutiker vor Augen haben, bevor er seine Auslegarbeit beginnt, und er sollte sie, oft genug unausgesprochen und als Vergleichssicherung, im Blick behalten. Dass der Kunstanteil am Artefakt in vielen Fällen umstritten ist und übrigens ohnehin von Epoche zu Epoche verschieden eingeschätzt wird, ist gerade nicht eine lähmende, sondern eine herausfordernde Unbestimmtheit. Denn das Kunsturteil kann nicht systematisch erzeugt werden, es bleibt der stärkeren oder schwächeren Urteilskraft überantwortet – was übrigens Gadamer und Boehm stets vertreten haben.[7]

Man kennt die Reserven des Ontologen gegenüber der philosophischen Anthropologie. So lange diese bestehen, wird auch eine 'Sperrklausel' gegenüber der Ausweitung zum Artefakt bestehen bleiben. Helmuth Plessner hat im Aufsatz über den «[…] Aussagewert einer philosophischen Anthropologie»[8], gestützt auf Fahrenbach den Nachweis geführt, dass der Ontologe, trotz gegenteiliger Beteuerung, seinerseits auf Anthropologie angewiesen bleibt. Diese Schwelle liegt also niedriger als angenommen und ist selbst im Frühwerk Heideggers mehrfach überschritten worden. Wenn nicht alles trügt, ist Konvergenz unvermeidlich und damit der Bann der zweiseitigen Abhängigkeit entzaubert.

6   In: Kaemmerling, *op. cit.*, S. 460ff.
7   Vgl. *NZZ* vom 13./14. März 1982.
8   Helmuth Plessner, «Der Aussagewert einer philosophischen Anthropologie», in: *Wirklichkeit und Reflexion.*

Walter Schulz zum 60. Geburtstag, Helmut Fahrenbach (Hg.), Pfullingen 1973.

Panofskys Hut

Ein Kommentar zur Bild-Wort-Debatte, mit Exkurs in die Architektur

Es gibt nur wenige Arbeiten von Panofsky, welche das Methodenproblem explizit ins Zentrum stellen. Unter diesen wenigen ist die Studie aus dem Jahre 1932 wohl die berühmteste geworden: Sie trägt den Titel «Zum Problem der Beschreibung und Inhaltsdeutung von Werken der bildenden Kunst»[1]. Da Panofsky die beiden späteren Fassungen von 1939 und 1955 bereits in der Emigration – und demzufolge Englisch niedergeschrieben hat, hat sich die Meinung verbreitet, diese würden sich mit der deutschen Urfassung decken. Ekkehard Kaemmerling hat die Abweichungen und Weiterentwicklungen präzise beobachtet. Panofsky unterscheidet drei Bedeutungsebenen, deren Beziehung bis heute umstritten ist: die primäre Schicht als «Phänomensinn», die sekundäre als «Bedeutungssinn», die dritte als «Wesensinn». Das Neue am vorliegenden Aufsatz ist die Hinwendung auf die im Laufe der Editionen veränderten *Bildbeispiele*, die Panofsky als Belege wählt. Das Leitbild, das nicht weniger als dreimal auftritt, ist – völlig unerwartet – Grünewalds «Auferstehung» aus dem Isenheimer Altar. Panofsky fragt sich, was ein Betrachter *ohne jede historisch-literarische Bildung* zu sehen vermöchte? Antwort: «[...] einen schwebenden Menschen mit durchlöcherten Händen und Füssen.»[2]

I

Diese drei Bedeutungsebenen und ihre Etikettierung haben in den beiden späteren Fassungen von 1939 und 1953 deutliche Modifikationen erfahren – Ekkehard Kaemmerling hat sie neuerdings zusammengestellt und damit so etwas wie eine Chronologie der methodischen Grundbegriffe Panofskys erarbeitet.[3]

Da die Fassungen von 1939 und 1955 – die ihrerseits nur geringfügig variieren – bereits in der Emigration und demzufolge in englischer Sprache niedergeschrieben wurden, hat sich die Meinung verbreitet, Panofsky hätte in englischer Sprache dasselbe gesagt wie vorher auf Deutsch. Das ist ein Irrtum. Kaemmerlings Zusammenstellung der Begriffsveränderungen erweist dies schon deutlich genug.[4]

Möchte man jedoch das volle Ausmass der Veränderung zwischen 1932 einerseits und 1939/55 anderseits beurteilen können, so genügt die Beobachtung der Begriffsveränderungen nicht. Wir richten deshalb unser Augenmerk nicht nur auf die Modifikationen in der Wortebene, sondern ebensosehr auf jene in der Bildebene. Wenn ein Kunsthistoriker Bildbeispiele auswählt, so sagt er damit, ob er will oder nicht, recht viel. In der Tat widersetzt sich Panofskys Bildwahl in der ersten Fassung noch deutlich dem Profil, das wir uns heute vom Autor machen, und der Bildwechsel zur zweiten Fassung ist schwerlich nur mit didaktischen Motiven zu begründen. Wenden wir uns zunächst der ursprünglichen Fassung von 1932 zu.

Wer Panofsky vor allem als profunden Kenner jenes spezifisch europäischen Humanismus' vor Augen hat, wie er sich aus den beiden Wurzeln der antiken Tradition und des christlichen Erbes herausgebildet hat, würde vermuten, dass die von ihm bevorzugten Bildbeispiele entweder aus Italiens Renaissance und Barock oder aus dem Umkreis um Albrecht Dürer stammen müssten. Diese Erwartung wird nur gerade mit Dürers «Melancholie» erfüllt, ausserdem stammt Francesco Maffeis «Judith mit dem Haupt des Holofernes» aus dem italienischen 17. Jahrhundert. Doch das grosse Exempel, das Panofsky insgesamt dreimal anspricht und damit zum eigentlichen Leitmotiv seiner Abhandlung von 1932 macht, ist Grünewalds «Auferstehung» aus dem Isenheimer Altar. (Abb. 44) Eine erstaunliche Wahl deshalb, weil ja Grünewald durchaus nicht zur «Schule» seines Zeitgenossen Dürer zu rechnen ist, vielmehr ihr Gegenspieler war und damit auch schon als Vertreter «gegenklassischer Malerei» bezeichnet werden kann.[5]

Was ist auf Grünewalds Altartafel wiedergegeben? Was kann die Beschreibung dieses Bildes erfassen und aussagen? Ein christlich erzogener Betrachter wird gleich erkennen, dass ein «aufschwebender Christus» dargestellt ist. Doch Panofsky sucht – ganz offensichtlich damals, 1932, unter dem Andrang der abstrahierenden Malerei – nach einer «*primäreren* Schicht» des Sehens, Erkennens und Verstehens. Er möchte das 'Hinzugewusste', die Bildungsbeigabe weglassen oder unterschreiten. «Bezeichne ich [in Grünewalds Tafel] jenen hellen Farbkomplex als einen 'aufschwebenden Christus', so setze ich damit noch etwas bildungsmäßig Hinzugewußtes voraus». (187)[6] Der Zusatz, das Gelernte, betrifft in diesem Fall die Kenntnis der Bibel, die Kenntnis der christlichen Tradition. Ein Betrachter ohne solches Wissen kann deshalb zu Grünewalds Bild höchstens sagen, er erkenne «den hellen Farbkomplex da in der Mitte als einen 'schwebenden Menschen mit durchlöcherten Händen und Füßen'». (187)

Erstmals erschienen in: *Architektur und Sprache, Gedenkschrift für Richard Zürcher*, Carlpeter Braegger (Hg.), München: Prestel-Verlag 1982.

1 Publiziert zuerst in der Zeitschrift *Logos* 21 (1932); Wiederabdruck in: Erwin Panofsky, *Aufsätze zu Grundfragen der Kunstwissenschaft*, Berlin 1934; Wiederabdruck in: Ekkehard Kaemmerling (Hg.), *Ikonographie und Ikonologie. Theorien, Entwicklung, Probleme*, Köln 1979.
2 E. Kaemmerling, *op. cit.*, S. 187, 188 und 200.
3 Ibid., speziell Anhang, verfasst von E. Kaemmerling, S. 487ff. und 496–501.

4 Eine gute Zusammenstellung von Beiträgen zur Panofsky-Diskussion im schon erwähnten Band: Kaemmerling, *op. cit.*, von den 15 Autoren befassen sich speziell mit Panofsky: Eric Forssman, Michail Libman, Lorenz Dittmann, Ernst Gombrich (nur am Rande), Otto Pächt, David Mannings, Oskar Bätschmann, sowie E. Kaemmerling selbst.
5 Vgl. hierzu: Adolf Max Vogt, *Grünewald, Meister gegenklassischer Malerei*, Zürich 1957.
6 Einfache Zahlen in Klammer, wie hier (187), geben die Seitenzahl an in: Kaemmerling, *op. cit.*, andere Autoren aus demselben Band werden auf die gleiche Weise zitiert.

44   Matthias Grünewald, Isenheimer Altar, Auferstehung, rechter Flügel der zweiten Schauseite (Horst Ziermann, Matthias Grünewald, München/London/New York 2001, S. 117)

45   Anonymus, Evangeliar Ottos III, Geburt Christi (Carlpeter Braegger, Architektur und Sprache, München 1982, S. 281)

Damit ist, für Panofsky, jene «primäre Sinnschicht» erreicht, «in die wir aufgrund unserer vitalen Daseinserfahrung eindringen können». (187/188) Mit anderen Worten: Das Schweben, ebensogut wie das Fallen, das Liegen oder Stehen, kann jeder Mensch aus unmittelbarer Existenzerfahrung erkennen («primäre Sinnschicht», sog. «Phaenomensinn»). Dass es jedoch Christus ist, der sich uns als Emporschwebender zeigt, erschliesst sich «erst aufgrund eines literarisch übermittelten Wissens». (188) Ohne spezielle Bildung oder Herkunft kann es nicht hinzugewusst sein – gehört somit in die «sekundäre Sinnschicht» (sog. «Bedeutungssinn»).

Doch für Panofsky ist es mit dieser Unterscheidung, die im Falle des Grünewald-Bildes und seines Themas besonders einleuchtend ist, noch nicht getan. Zwar «wissen wir alle aus Erfahrung, was ein Mensch ist, was Schrecken ist» (wie er sich in den Gebärden der hingestürzten Wächter äussert) «und was Schweben ist». (190)

Und wir können auch die Stelle und die Ursache im Bild zeigen, «woran wir sehen, daß Christus 'schwebt'». Nämlich: «weil er sich im leeren Raum befindet, ohne eine Standfläche zu besitzen». (191)

Doch solche präzise Äusserungen setzen schon eine bestimmte Art der Körper- und Raumdarstellung voraus, die bei weitem nicht in jeder Epoche vorkommt. Panofsky zitiert eine 'Geburt Christi' aus dem sogenannten Evangeliar Ottos III, gemalt um die Jahrtausendwende (Abb. 45) bei der sich «die Krippe mit dem Christuskind, Ochs und Esel und vor allem die Mutter Maria […] ohne Andeutung einer Standfläche im leeren Raume befinden, hoch über den sonderbar rundlichen Formen, die den Erdboden vorstellen». (191) Deshalb wirken das Kind und die Mutter «als gleichsam gewichtslose Gefäße eines geistigen Gehaltes». (193)

Was das perspektivische, plastisch-naturalistische Bild von Grünewald an Schwebezustand zeigt, ist nur scheinbar ähnlich mit den aperspektivisch gesehenen, unplastisch-spiritualistisch aufgefassten Figuren des Evangeliars. Panofsky will deshalb die Qualifikation «Schweben» dem ersten Werk vorbehalten, muss folglich einen Oberbegriff suchen, der beide umfassen kann und findet ihn in der Wendung «Suspension eines Körpers im Leeren».

Ergebnis: auch in der primären Sinnschicht, die kein Vorwissen, sondern nur «Daseinserfahrung» erheischt, sind Täuschungen und Irreführungen möglich. Taucht eine «Suspension im Leeren» auf, so bedeutet das im Kontext naturalistischer Darstellung ein Schweben, hingegen im Kontext spiritualistischer Darstellung besagt die Suspension «schlechterdings gar nichts» über die «tatsächliche Raumlage» der Figur.

Damit sind die Argumente nachskizziert, die Panofsky mit dem von ihm gewählten Leitmotiv, der Auferstehungstafel von Grünewald, verknüpft oder die er aus diesem heraus entfaltet. Als Nachtrag bliebe einzig der an späterer Stelle eingefügte Hinweis darauf, dass das Auferstehungsthema selbst nur lose an die Evangelientexte gebunden ist und «in Wahrheit eine hochkomplizierte Verbindung von eigentlichem Aus-dem-Grabe-Steigen, Himmelfahrt und sogenannter Transfiguration bedeutet». (198)

II

Von heute aus, über ziemlich genau ein halbes Jahrhundert zurückblickend, erscheint an Panofskys Schrift von 1932 mit Abstand am interessantesten sein Herausarbeiten einer primären und sekundären Sinnschicht, die er, übrigens, mit «Phaenomensinn» und «Bedeutungssinn» nicht sonderlich glücklich etikettiert hat (denn der zweite Name, «Bedeutungssinn» kann sehr wohl als Tautologie missverstanden und ironisiert werden). Im Vergleich dazu sind die Beschreibung der dritten Sinnschicht und der Versuch, auch abstrahierende moderne Malerei (sein Beispiel: der «Mandrill» von Franz Marc) in die Erörterung einzubeziehen, weniger überzeugend geblieben und haben meines Wissens kaum ein Echo ausgelöst.

Kommen wir noch einmal zurück auf die primäre Sinnschicht. Warum hat Panofsky das Beispiel eines Schwebezustandes gewählt? Weshalb hat er nicht ein Beispiel des Stehens, des Liegens oder des Fallens bevorzugt? Nehmen wir einmal an, er habe bei der Suche nach geeigneten Beispielen an die «Geißelung Christi» von Piero della Francesca gedacht, die in der Männergruppe rechts den Inbegriff des Stehens einzigartig vor Augen führt. Oder an Holbeins «Leichnam Christi» mit seiner zwingenden Wiedergabe des Liegens eines Toten. Oder er habe Pieter Bruegels «Sturz des Ikarus» erwogen, der die Gegenbewegung zu Grünewalds Aufschweben zum Thema macht. Im Falle von Pieros 'Stehen' und von Holbeins 'Liegen' wäre die Herausarbeitung der ersten Sinnschicht und damit die klare Trennung von der sekundären Sinnschicht ungleich schwerer gefallen. Und zwar deshalb, weil 'Stehen' und 'Liegen' – obzwar zur gleichen Kategorie 'vitaler Daseinserfahrung' gehörend – so selbstverständlich auf uns wirken, dass sie kaum als selbständige Artikulierungen von der zweiten Schicht abgehoben werden können. Im Falle von Bruegels 'Sturz' wäre das nur scheinbar anders. Denn das Drastische des Stürzens bleibt ja durch und durch an die 'Geschichte', an den Daedalos-Ikaros-Mythus gebunden. Und das Primäre, das Panofsky veranschaulichen will, sind gerade nicht solche Handlungszusammenhänge, sondern ist eine darunterliegende Schicht.

Es hat also gute Gründe, dass Panofsky auf die Isenheimer Tafel kam, und er hält das Thema des Schwebens auch 1939/55 noch für die beste Illustration dessen, was er 1932 «erste Sinnschicht» nannte (was er jetzt als «vorikonographische Beschreibung» bezeichnet). Die zweite Fassung[7] nimmt die Hauptgedanken der Studie von 1932 wieder auf, wenn auch, wie gesagt, mit anderen Begriffsetikettierungen. Wieder zeigt er zwei Beispiele für «Suspension», aber nicht mehr einerseits Grünewald, andererseits die Geburt Christi aus dem Evangeliar Otto III, sondern nun einerseits einen Ausschnitt aus den 'Drei Weisen' von Rogier van der Weyden (Abb. 46), andererseits ein anderes Blatt aus dem selben Evangeliar, «Christus erweckt den Jüngling von Nain». Wieder geht es um echtes Schweben und scheinbares Schweben, wobei bei Rogier, ähnlich wie bei Grünewald, wieder nur durch Vorwissen erkannt werden kann, dass der Knabe 'mitten in der Luft' Jesus sein muss. Ist dieses Vorwissen nicht gegeben, ist dennoch ('vorikonographisch') für jedermann erkennbar, dass es sich um eine schwebende Erscheinung handelt. Panofskys Vorliebe für Schwebezustände hat, wie sich noch weisen wird, mehr als einen Grund. Die Sorge darum, erste und zweite Sinnschicht an einem geeigneten Beispiel klar trennen zu können, ist ein erster Grund.

46   Rogier van der Weyden,
Erscheinung der drei Weisen, Aus-
schnitt aus dem Altar des Pierre Blade-
lin (Odile Delenda, Rogier van der
Weyden. Das Gesamtwerk des Malers,
Stuttgart/Zürich 1988, Abb. 21)

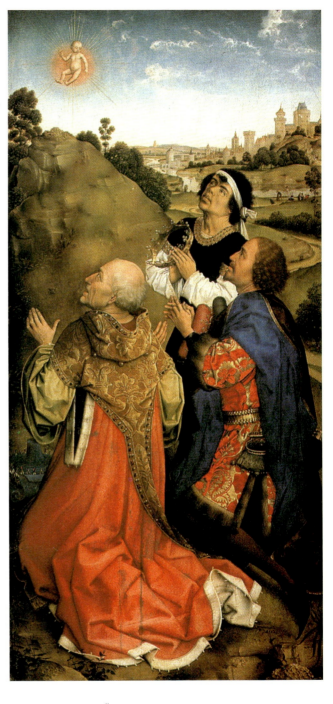

7   Gedruckt als Teil 1 von: *Meaning in the visual arts: papers in and on art history*, Garden City, N.Y.: Double-day 1955.; eine Vorstufe mit z. T. abweichenden For-mulierungen ist allerdings schon 1939 als Einleitung zu *Studies in iconology, humanistic themes in the art of the renaissance*, New York: Oxford university press 1939, erschienen. Über die geringfügigen Inhaltsdifferenzen siehe E. Kaemmerling, *op. cit.*, S. 487ff.; die zweite Fas-sung wird hier zitiert nach der Rückübersetzung in die deutsche Sprache bei E. Kaemmerling, *op. cit.*, S. 207–225.

Die Frage, die sich nun stellt, heisst: Wären nicht doch andere Gattungen innerhalb der bildenden Künste geeigneter gewesen für diese Aufspaltung und Isolation der Sinnschichten? Etwa die Bildhauerei, die Architektur? Am Anfang des Aufsatzes von 1932, bei der Einführung von Grünewalds 'Auferstehung', vermutet er, dass es sich bei der intendierten Beschreibung «mit der Architektur mutatis mutandis nicht anders» verhalte. (186) Leider hat er keine Architekturbeispiele beigezogen. Diese hätten nämlich deutlich machen können, dass sich in der Baukunst die beiden «Sinnschichten» häufig genug besonders gut isolieren lassen. Es lässt sich sogar die These aufstellen, am Bauwerk sei die 'vorikonographische' Schicht in aller Regel stärker, oft schlichtweg dominant, wogegen die zweite, die eigentlich ikonographische Schicht eher zurücktrete. Selbst wenn ein Gebäudekomplex eine volle Ikonographie mit sich führt, fällt zumeist die Isolierung beider Schichten leichter. (Zum Beispiel deshalb, weil die Ikonographie vom Relief, von der Bauplastik, von der Glasmalerei am Bau getragen wird, das 'Vorikonographische' dagegen an und in der Baukonstruktion selber zur Artikulation gelangt.)

Schwebezustände nämlich, oder genauer gesagt: Evokationen und Suggestionen von Schwebezuständen sind erstaunlicherweise tatsächlich auch ein Motiv der Architektur. Wenig beachtet zwar und, soweit ich sehe, bisher nicht zusammenhängend erörtert von Kunsthistorikern und Architekturkritikern. Panofsky selber hätte wohl schwerlich etwas gegen den Versuch einzuwenden gehabt, sein Leitmotiv aus dem Methodenaufsatz von 1932 zu erproben im Nachbargebiet der Architekturgeschichte – immer im Hinblick auf eine primäre, von Vorwissen nicht beeinflusste Sinnschicht.

III

Schwebewirkungen sind an Gebäuden häufig genug anzutreffen, aber meistens entstammen sie nicht der Hand des Architekten selbst, sondern sind ein Werk des Bildhauers oder Malers, der seine Flügelgestalten auf die Epidermis der Architektur appliziert. Immerhin gibt es eine bestimmte Stelle am Bau, nämlich die Wölbung, die Kuppel, den Dom, die den Schwebeeffekt auch rein architektonisch zum Ausdruck bringen kann.

Gewiss wurde das Gewölbe zunächst hauptsächlich mit den Mitteln der Malerei und des Mosaiks zu einem Himmels-Baldachin oder (wie die alte deutsche Bezeichnung lautet) Himmels-Zelt ausgeschmückt.[8] Doch wird ja das Wölben mit seinem Setzen des Schlusssteins von vielen Kulturen und Epochen selber schon als die heikelste Prozedur innerhalb des Bauhandwerks gewertet – eigentlich ist es nichts anderes als eine erste, gefahrvolle Meisterung der 'Suspension im Leeren'. Und, da liegt ja doch die Faszination des Wölbebaus: Diese *Meisterung* ist immer auch gleichzeitig *Darstellung* der 'Suspension'. Dass die Wölbetechnik schliesslich

47   Hagia Sophia, Kuppelkranz im
Morgenlicht, 532–537 (Braegger, Architektur
und Sprache, op. cit., S. 284)

48   Le Corbusier, Villa Savoye, Poissy,
1928–1930 (Braegger, Architektur und Sprache,
op. cit., S. 285)

dazuführt, dass das Licht nicht mehr durch den Oculus am Wölbepol, sondern durch einen Fensterkranz an der Basis der Kuppel eingeführt werden kann, (Abb. 47) erscheint als der entscheidende Schritt zur Artikulation eines *architektonisch* formulierten Schwebens. Es muss also, vereinfachend gesagt, zwischen dem hadrianschen Pantheon und dem Bau der justinianischen Hagia Sophia schliesslich auch der Architektur diese Ausdrucksmöglichkeit zugefallen sein. Ohnehin ist es das frühe Christentum, vorab byzantinischer Prägung, das die Magie des Schwebens verherrlicht wie wohl kaum je ein frühes Zeitalter. Prokop, der Hofgeschichtsschreiber Kaiser Justinians, sagt über die Nebenkuppeln der Hagia Sophia, «die Gefährlichkeit der Konstruktion» sei «ganz furchtbar. Denn sie scheint wirklich nicht auf festem Grund zu stehen, sondern hoch oben zu schweben, und gefährlich für die, welche sich dort aufhalten». Über die Hauptkuppel selbst schreibt er dann: «Sie scheint gar nicht auf einem festen Unterbau aufzusitzen, sondern an goldner Kette vom Himmel herabhängend den Raum zu überdecken. All das ist unglaublich hoch in der Luft zusammengefügt, eines am andern hängend und allein auf das nächste sich stützend».[9] Prokop gibt mit diesen wenigen Sätzen die prägnanteste

8 Vgl. hiezu: Karl Lehmann, «The Dome of Heaven», in: *Art Bulletin* XXVII (1945), und Robert Eisler, *Weltenmantel und Himmelszelt*, München 1910.

9 Prokop, «Über die Bauten Justinians», zitiert nach: Alfons Maria Schneider, *Die Hagia Sophia zu Konstantinopel*, Berlin: Gebr. Mann 1939, S. 11, 12.

Auskunft darüber, wie die Lektüre von Schwebearchitektur überhaupt sich voll-zieht: Solche Baumeister suchen eine *Umkehrung* der optischen Effekte, sie gestal-ten ein *Herabhängen*, nicht ein Aufbauen, ihre Kuppel stützt sich nicht, sie «hängt». (Abb. 47)

Ob die Kulmination der Schwebearchitektur von Byzanz später jemals wie-der eingeholt wird, ist eine offene Frage. San Marco in Venedig und (als Kopie der Kopie) St. Front in Perigueux sind ein Abglanz von Byzanz. Die gotischen Kathe-dralen ihrerseits scheinen das Schwebethema erneut und anders anzugehen – aber man zaudert doch, den Begriff hier zu brauchen. Denn die Aktivität des Aufstei-gens dominiert, wenn es auch oft genug eine schwebeähnliche Leichtigkeit in der Wölbezone erreicht.

Die Suggestion von 'Hängen' wird in der byzantinischen Kuppel, wie gesagt, nicht ausgelöst durch gemalte oder modellierte Gestalten, deren Schweben uns durch literarisch 'Hinzugewusstes' verständlich wird – vielmehr ist es eine Sugge-stion von Suspension, die 'praeikonographisch', also ohne 'Hinzugewusstes' zustan-de kommt. Die Schwebewirkung der Hagia Sophia war für Prokop Schreck und Faszination zugleich. Doch dieser Eindruck war nicht durch Prokops Bibelkennt-nis – etwa der Beschreibung des Tempels Salomos – vermittelt, sondern schlicht und unmittelbar durch das, was Panofsky als «vitale Daseinserfahrung» bezeichnet.

An dieser Stelle entsteht nun die Frage, ob über den byzantinischen Kuppel-bau hinaus eine Tradition des architektonischen Schwebeeffektes zu beobachten sei. Da ich dieser Frage in meinem Aufsatz «Suspension eines Körpers im Leeren» nachgehe[10], kann ich mich hier auf den Hinweis beschränken, dass diese Tradition wider alle Erwartung nicht etwa mit dem Ausklingen von Barock und Rokoko erlischt. Im Gegenteil, das Suspensionsmotiv wird im 18., 19. und 20. Jahrhundert erneut eine nicht unwichtige Intention, so sehr das zunächst überraschen mag. Da ich im genannten Aufsatz die Zusammenhänge zu skizzieren und auch Gründe für diese zweite unerwartete Kulmination zu nennen suche, lege ich hier lediglich zwei Abbildungen vor. Le Corbusiers 'Villa Savoye', 1928 (Abb. 48) und Frank Lloyd Wrights 'Falling Water', 1936 (Abb. 1) sind die beiden 'klassischen' Beispiele einer Suspensions-Architektur im 20. Jahrhundert. Beide Beispiele wollen und können ohne 'literarisch Hinzugewusstes' auskommen und würden demnach in Panofskys Schichtenschema der ersten Schicht des 'praeikonographischen' zugehören.

IV

Schwebemotive innerhalb von Malerei und Bildhauerei sind zahlenmässig sicher-lich ungleich häufiger als in der Architektur. Uns interessiert aber nicht, um wie-der Panofskys Nomenklatur zu verwenden, der als ikonologisch oder ikonogra-phisch einzustufende Suspensionseffekt, sondern der praeikonographische. Um zur

49   Hagia Sophia, Marmorverkleidung
an der Südkonchenwand, 532–537 (Braegger,
Architektur und Sprache, op. cit., S. 281)

selben Epoche und zum selben Bau zurückzukehren: neben dem 'sprechenden'
Schmuck in der Hagia Sophia, bewerkstelligt durch Mosaik, Skulptur und Relief,
gibt es auch den *stummen* Schmuck der Marmorverkleidung. (Abb. 49) Der 'spre-
chende' Schmuck ist Bedeutungsträger präzisierter Gehalte und setzt theologische
Bildung voraus. Der 'stumme' Schmuck der Inkrustationen dagegen hat gewiss
auch seinen Gehalt; dieser lässt sich aber nicht auf bestimmte Worte und Schrift-
stellen beziehen. Der Werkstoff Marmor, der eine so dominierende Rolle spielte
im klassischen Griechentum, wird von den Nachfahren der Griechen eintausend
Jahre später wiederum verwendet, jedoch in einer völlig anderen Art gelesen. Es
kommt jetzt auf die Äderung und Farbkontraste an – die früher tunlich vermieden
worden waren –, der Marmor wird nicht mehr als Trommel oder Block behauen,
sondern als dünne Scheibe behandelt, diese nochmals entzweigeschnitten und auf-
geklappt wie Buchseiten. Ergebnis: ein 'stummes' (aber gerade darum oft intensiv
nachwirkendes) Spiel, das auf die Schnittlinie der Mittelachse bezogen bleibt. Stei-
gende und fallende Äderungen, für moderne Augen ein 'Rorschach-Test' sondergleichen. Und zwar, nicht nur im hier abgebildeten Beispiel, fast stets als Entlas-

10   A. M. Vogt, «Suspension eines Körpers im Leeren», abgeschlossenes Manuskript, das in einem Sammelband über Architekturbeschreibung, ETH Zürich:
Institut für Geschichte und Theorie der Architektur
(Hg.) erscheinen wird. [A. M. Vogt, «Das Schwebe-

Syndrom in der Architektur der zwanziger Jahre», in:
*Das architektonische Urteil, Annäherungen und Interpreta-
tionen von Architektur und Kunst*, mit Beiträgen von
Ulrike Jehle-Schulte Strathaus u. a., Basel: Birkhäuser
1989].

50   Franz Marc, Mandrill, 1913 (Erich Franz (Hg.), Franz Marc. Kräfte der Natur – Werke 1912–1915, Ostfildern 1993, Abb. 8)

tungsspiel, als Aufstreben und Gewichtabwerfen, hier sogar als springbrunnenähnliches Aufsprudeln, das auf seine Weise, das heisst (modern gesprochen) auf ‘abstrakte’ Weise von aufsteigenden Strömungen her gegen schwebende Lagen hin tendiert. Was sich im Grossen in der Kuppelarchitektur dreidimensional abspielt, wird hier im Kleinen und reduziert auf zwei Dimensionen wiederholt und dadurch bestätigt.

Es ist kein Zufall, dass die Beschreibung einer solchen Marmorinkrustation mit ihren Äderungen auf den Leser weniger präzise wirkt, als beispielsweise die Beschreibung eines Mosaiks mit figürlicher Szene. Die Vermittlung des Bildhaften ins Wortmässige wird hier schwieriger – was aber gerade nicht bedeutet, dass die Wirkungskraft einer solchen gespiegelten Äderung auf den Betrachter geringer wäre.

Ähnliches gilt bekanntlich auch von der abstrakten Malerei im 20. Jahrhundert. Panofsky erwähnt, wie gesagt, den «Mandrill» von Franz Marc, wobei ihn die ‘Einstellung’ des Betrachters beschäftigt. Dieser müsse die «expressionistischen Darstellungsprinzipien» bereits kennen, um das Bild «erkennen» zu können. (190) Anders gesagt: das «Kunstwerk [muß] von ihm schon stilgeschichtlich eingeordnet sein, noch ehe es beschrieben werden kann». (191) Mit diesem Satz gelangt Panofsky in die Nähe der Theorie des hermeneutischen Zirkels – merkwürdig, dass

51 Wassily Kandinsky, hl. Georg I, 1911
(Braegger, Architektur und Sprache, op. cit.,
S. 289)

52 Wassily Kandinsky, hl. Georg III, 1911
(Vivian Endicott Barnett, Das bunte Leben,
Wassily Kandinsky im Lenbachhaus, Köln 1995,
Abb. 387)

51

52

er lediglich noch in einer Fussnote (die uns später beschäftigen wird) auf diese damals so heftig diskutierte Frage des Verstehens zurückgekommen ist.

Was ihm überhaupt nicht aufzufallen scheint, ist der grössere oder geringere Abstand eines solchen expressiv-abstrakten Tierbildes zur Wortebene. Auch dann nämlich, wenn die 'Einstellung' bereits vollzogen ist, kann der «Mandrill» (Abb. 50) weniger leicht in Worten beschrieben werden als beispielsweise eine Pferde-darstellung von Rubens oder auch von Degas. Als Grund für diese offensichtlich gewollte Entfernung und Distanzierung von der Sprachebene kann man geltend machen: Marc registriert zwar noch die Pfoten und die Schnauze des Tiers in der üblichen Betrachterweise, im übrigen aber scheint er den Standort verschieben zu wollen, so, als wäre die Raumwahrnehmung des Tieres selbst (und nicht die des Beobachters) wiederzugeben. Wäre Panofsky in der Hamburger Kunsthalle nicht einem Marc sondern beispielsweise einem Kandinsky begegnet, hätte ihm wohl auch das Distanzproblem zur Sprachebene auffallen müssen. Denn Kandinskys Malerei nach 1910 schlüpft zunehmend konsequenter aus dem Sprachmantel her-aus, sie will das *autonome* und damit auch das *nonverbale* Bild. Als letzte Zeugen der Benennbarkeit sind beispielsweise noch der Kirchturm von Murnau oder der Hei-lige Georg mit dem Drachen zu erkennen – die sich bald auch in namenlose und schattenlose Farbe-und-Form auflösen oder besser: aufheben.

Wie das vor sich geht, lässt sich etwa an zwei Versionen des Georg-Motivs aus dem Jahre 1911 ablesen (Abb. 51, 52). Im ersten Stück sind das Pferd mit sei-nen Vorderhänden und der Reiter mit seiner Lanze noch leicht zu erkennen und zu benennen. Im zweiten Stück wird das schwieriger. Das Zustechen der Lanze (linke obere Bildecke) kann nur derjenige identifizieren, der es von der früheren Version her als ein mögliches Motiv des Künstlers kennt.

Damit wird eine erhebliche, über lange Phasen dominierende Tradition des abendländischen Künstlers in Frage gestellt. Nämlich die Aufgabe, eine primär in Worten gedachte und beschriebene Narration *sekundär* mit den Mitteln des Malers nachzuerzählen. Was der Aufgabe gleichkommt, aus der Wortfolge im Zeitablauf eine Zeichenfolge in der Raumerstreckung zu machen. Kandinsky entzieht sich dieser Tradition von 1910/11 an schrittweise. Es entstehen Bilder mit zunehmend weniger Wortanteil, nicht nur die 'Geschichte', das 'Motiv' fallen weg, zuletzt auch noch die Benennbarkeit überhaupt. Es entsteht eine *Ikone ohne Sprachanteil.* Offen-bar hat Kandinsky selbst diesen Kampf um die Tilgung der Namen und Benen-nungen erlebt wie einen Kampf mit dem Drachen.

Für die Architekten, haben wir vermutet, ist die Unterschreitung der Worte-bene, der Verbalität, des Sprachdenkens immer leichter als für den (westlichen) Maler. Beispiele hiefür geben in der Generation von Marc und Kandinsky nicht nur die erwähnten Le Corbusier und Wright, sondern auch Adolf Loos und Lud-wig Mies van der Rohe. Mies hat, ähnlich wie bereits vor ihm Adolf Loos, den Versuch unternommen, das Baumaterial selber zum 'Sprechen' zu bringen, am deutlichsten bei der Ausstattung von Innenräumen mit kostbarem Material, die beiden wichtig war. Julius Posener berichtet, dass man Mies am Zeichentisch überraschen konnte, wie er die Maserung von Onyxplatten im Detail sorgsam zeichnete, so wie er sie haben wollte – was dann dazu führte, dass er unter den angebotenen Onyxplatten die meisten abzulehnen hatte.[11] Aus den Abbildungen wird deutlich, dass beide Maserungen erstaunlich nahe an die Marmorinkrustation der byzantinischen Kirchen (Abb. 49) herankommen.

Panofskys Vermutung, mit der Architektur verhalte es sich in Bezug auf sein Drei-Schichten-Schema «mutatis mutandis nicht anders», erscheint zunehmend fragwürdiger. Innerhalb der bildenden Künste scheint es doch gerade die Architektur zu sein, die vornehmlich und oft auf ganz selbstverständliche Art im nonverbalen, literaturfernen, praeikonographischen Bereich verbleibt. Eigentlich ist es verwunderlich genug, dass Panofsky so bedenkenlos über diese Differenz hinweggeht. Denn er hat ja bereits 1924, also sechs Jahre vor der Niederschrift der ersten Fassung, im Bande *Idea*, auf die Sonderstellung der Architektur bei Plato und ihre Nähe zur Musik hingewiesen: «Ganz folgerichtig würde daher in einer platonischen Hierarchie der Künste der Architektur und der Musik der höchste Rang zufallen»[12]. Nun hat zwar Panofskys Drei-Schichten-Schema nur indirekt mit platonischen Vorstellungen zu tun, aber die durch Plato bewirkte Sensibilisierung für eine Sonderstellung von Musik und Architektur hätte sich im theoretischen Denken des Plato-Verehrers Panofsky immerhin auswirken können.

V

Der Versuch, die Thesen Panofskys zu Ikonographie und Ikonologie an den von ihm gewählten Bildbeispielen zu erproben, hat uns zu Schwebebeispielen geführt, die wir dann auch im Gebiet der Architektur diskutierten. Diese erwiesen sich, ähnlich wie das halb-abstrakte Beispiel des «Mandrill», als vergleichsweise wortfern und darin zur praeikonologischen Schicht tendierend.

Wenn Panofsky um 1932 sowohl für die Schwebeintention wie für Abstraktionsversuche offene Augen hat und dies in der Wahl seiner Beispiele und Begriffe bezeugt, so folgt er ganz einfach der Kunstdiskussion jener Jahre. Die Suspensionstendenzen der Architektur und die Abstraktionsbemühungen der Malerei waren um 1930 längst mündig geworden, aus der engeren Kritikerdebatte in weitere Kreise gedrungen und mussten selbst auch Historiker erreicht haben.

11 Julius Posener, «Vorlesung zur Geschichte der Neuen Architektur II», in: *ArchPlus* 53 (1980), S. 27, 28.

12 Erwin Panofsky, *Idea, ein Beitrag zur Begriffsgeschichte der älteren Kunsttheorie*, Leipzig/Berlin: B. G. Teubner 1924, zitiert nach der 2. Aufl., Berlin 1960, S. 73, Anm. 6.

Damit glauben wir auch den zweiten Grund für Panofskys Vorliebe für Schwebeformen vor uns zu haben: die Kunstdiskussion der Jahre um 1932. Ob er je von Le Corbusiers 'Villa Savoye' gehört hat, später dann von 'Falling Water' erfuhr, wird schwerlich nachzuweisen sein. Dennoch ist es nicht ganz ohne symbolischen Sinn, dass deren Baudaten – 1928 und 1936 – das Erscheinungsjahr 1932 der ersten Fassung symmetrisch flankieren.

Nun musste Panofsky bekanntlich 1933 aus Hamburg in die Emigration nach den Vereinigten Staaten gehen. 1939 veröffentlichte er in englischer Sprache die *Studies in Iconology*, und diese enthalten als «Introductory, § 1» den scheinbar selben Gedankengang wie der Aufsatz von 1932. Die englische Fassung von 1939 ist dann, wie gesagt, 1955 unter dem Titel «Iconography and Iconology» (mit einigen kleinen Veränderungen) neu abgedruckt worden.[13]

Ekkehard Kaemmerling, der den Vergleich der zwei Fassungen von 1932 und 1939/1955 – allerdings ausschliesslich auf der Begriffsebene – bisher am genauesten durchgeführt hat, bemerkt zutreffend, es habe sich «allgemein jedoch die Auffassung durchgesetzt, Panofskys Methode habe sich zwischen 1932 und 1955 nicht oder doch nur geringfügig gewandelt». Deshalb «bezieht man sich […] im englischsprachigen Raum ausschliesslich» auf den Text 1939/1955, «während man sich im deutschen Sprachraum vorrangig an den 1932 publizierten Aufsatz hält».[14]

Kaemmerling sieht den Hauptunterschied der zwei Fassungen darin, dass sich Panofsky «1932 noch direkt an Karl Mannheims Theorie der 'Weltanschauungsinterpretation' orientiert». Wogegen die Fassung 1939/1955 eine «verstärkte Auseinandersetzung mit der Symboltheorie Ernst Cassirers» spiegelt. Die methodologische Leistung Panofskys wird von Kaemmerling ohne Kommentar auf das «Feld der Bedeutungsanalyse gegenständlicher Kunst» eingeschränkt (offenbar hält er die Anspielung auf den «Mandrill» für belanglos, was man schwerlich bestreiten mag), und sie wird von ihm als eine Leistung der «Synthetisierung» bewertet.[15] Der Fassung 1932 wird speziell attestiert, sie erfülle «bereits weitgehend die allgemeinsten Forderungen, die heute seitens der Wissenschaftstheorie […] erhoben werden», wogegen die Fassung 1955 «nach den berechtigten Kritiken an [Panofskys] argumentativen Konstruktionsschwächen nur mehr noch wissenschaftsgeschichtlichen Wert» besitze.[16] Kaemmerling bewertet somit recht harsch, zunächst hoch, dann tief, leider wieder ohne detaillierte Begründung. Sehen wir nun zu, was sich von 1932 bis 1939/1955 verändert, allerdings bloss vom 'innerkunsthistorischen' Blickfeld aus, denn eine wissenschaftstheoretische Optik dürfen wir uns nicht anmassen.

In der zweiten Fassung fallen Hinweise auf Franz Marc oder auf Cézanne gänzlich aus, auch Renoirs 'Pfirsiche' werden jetzt zu blossen Pfirsichen der Veritas – wogegen immerhin korrekt vermerkt wird, dass die zweite (ikonographische) Schicht in bestimmten Bildgattungen eben ausfallen könne, nämlich «bei der europäischen Landschaftsmalerei, bei Stilleben und Genremalerei [...], gar nicht zu reden von 'nichtgegenständlicher Kunst'». (214)

Diesem Ausklammern von Beispielen entspricht ein Zurückbuchstabieren in der hermeneutischen Frage. Panofskys Kommentar zur Kant-Interpretation Heideggers, die zu den interessantesten Passagen der ersten Fassung gehörte, wird fallengelassen. Edgar Winds früher Versuch über den hermeneutischen Zirkel, der auf den ersten Blick wie ein «circulus vitiosus» aussehe, in Wahrheit ein «circulus methodicus» sei, wird zwar noch erwähnt – doch verliert der Kommentar seinen Witz, wird kürzer und wirkt wie eine Absage gegenüber weiteren Interessen in dieser Richtung.[17]

Das Leitmotiv schliesslich, die 'Auferstehung' Grünewalds, wird in der zweiten Fassung ersetzt durch ein einigermassen überraschendes neues Leitmotiv – den Hut.

Im ersten Drittel der ersten Fassung war zwar «der Mensch auf der Straße», der mit dem Hut grüsst, auch schon erwähnt worden, wobei die «Grußhandlung» unter anderem als «ungewollte und ungewußte Selbstoffenbarung» beschrieben wurde. (200) In der zweiten Fassung wird die Sache mit dem Hut nun aber an die Spitze gestellt und zu erstaunlicher Dimension ausgeweitet. (207–209) Offensichtlich muss nun diese 'Analyse aus dem Alltagsleben' das Leitmotiv übernehmen und die Basis abgeben für die englische Fassung der Drei-Schichten-Theorie. Auf diese Weise erreicht Panofsky eine dreifache Entlastung. Erstens vernachlässigt er auf diese Weise die Forderung seines Freundes Warburg nicht ganz, aus der Kunstwissenschaft eine 'Kulturwissenschaft' zu machen. Er scheint sie sogar aufzuwerten. Zweitens macht er damit eine Reverenz an die Ethnologie und Anthropologie, die damals im angelsächsichen Gebiet einen starken Aufschwung erfuhr, und die sich neben exotischen Themen deutlich auch mit dem westlichen Alltagsverhalten zu befassen begann (zu dem ja die Grussszene mit dem Hut gehört). Drittens schliesslich scheint er die Auffassung zu haben, mit dem Hutmotiv nun die erste Schicht hinreichend (wenn auch nicht auf der Kunst-Ebene) abgedeckt zu haben. Cézanne, der noch in der ersten Fassung mit seinen Stilleben, die bekanntlich keinen literarischen Zusammenhang haben, als «tatsächlich nicht nur ebenso 'gut', sondern auch ebenso 'gehaltvoll' wie eine Madonna von Raffael» (201) gelten durfte, fällt jetzt ganz weg. Grünewalds 'Auferstehung', die einen wichtigen Anteil an Primärverwurzelung enthielt, wird jetzt ersetzt durch das schon eher peinlich harmlose Schwebebeispiel von Rogier. (Abb. 46) Und zu guter letzt: dies alles wird nun

13 Id., *Studies in iconology, humanistic themes in the art of the renaissance*, New York: Oxford university press, 1939; Id., «Iconography and Iconology», in: *Meaning in the visual arts: papers in and on art history*, Garden City, N.Y.: Doubleday 1955.
14 E. Kaemmerling, *op. cit.*, Anhang S. 497f.

15 Id., S. 497.
16 Id, S. 496, 498.
17 Siehe Anm. 14, in: E. Kaemmerling, *op. cit.*, S. 205 in der ersten Fassung mit dem witzigen Seiltänzer-Vergleich; dagegen die gekürzte Anm. zu S. 224 für die zweite Fassung.

auch in der Begriffswahl mehr als bestätigt, denn die Primärschicht, die in der ersten Fassung aus der «vitalen Daseinserfahrung» gespeist wurde, setzt jetzt bloss noch «praktische Erfahrung (Vertrautheit mit Gegenständen und Ereignissen)» voraus.

Hierzu zunächst einen dreifachen Kommentar:

Gemessen an den Leistungen und Fragestellungen der Ethnologie und Anthropologie um 1930 ist Panofskys 'Hut' selber wieder von betonter Harmlosigkeit. Mit einer Art von Kavaliersattitüde wird ein Motiv ausgewählt, das einem bürgerlichen Roman des 19. Jahrhunderts entstammen könnte. Ein Stück aus Fontane, ein Abschnitt aus Flaubert. Charmant, graziös, verglichen mit dem damals bereits erarbeiteten Spektrum der Anthropologie aber wiederum eine möglichst entlastende, leicht antiquierte Wahl.

Es entsteht der Eindruck, das wichtigste für die englische Fassung sei eine Abschottung nach 'unten' und nach 'oben'. Die 'höhere' Frage des methodischen Zirkels wird nicht weiterverfolgt. Die 'tiefere' Frage des primär, also non-verbal gespiesenen Kunstgutes (seit der Jahrhundertwende übrigens ungemein bereichert durch die Entdeckung des 'Art nègre' und vieler weiterer aussereuropäischer Kunstbereiche) wird über der Hut-Geschichte nun völlig vernachlässigt.

Was bleibt? Jenes Mittelband von wortgebundenen, textgebundenen, literarisch gebundenen Bildern, deren Auslegung von nun an mehr und mehr Panofskys eigentliche Leidenschaft und Meisterschaft ausmachen wird.

Kurz: Panofskys Veränderungen von der ersten, deutschen Fassung zur zweiten, englischen Fassung sind alles andere als harmlos. Besonders dann, wenn nicht nur die Begriffsmutationen, sondern auch die Bildmutationen beobachtet bleiben. Das Konzept von 1932 ist, wenn der Vergleich wiederholt werden darf, nach 'unten' und 'oben' offen, überlässt der einzelnen Gattung ein Stück Autonomie und ist deshalb in mehrerer Hinsicht heute noch verwendbar. Das Konzept von 1939/55 hingegen erfährt eine Abkapselung und Verengung auf das nicht-autonome, wortabhängige Kunstwerk hin.

Lange vor Panofsky hat Jacob Burckhardt in einer berühmt gewordenen Prägung gerade vor dem gewarnt, was in der Fassung 1939/1955 geschieht. Burckhardts Warnung heisst: «Könnte man […] den 'tiefsten Gedanken, die Idee eines Kunstwerkes' überhaupt *in Worten vollständig wiedergeben*, so wäre die Kunst überflüssig und das betreffende Werk hätte ungebaut, ungemeißelt, ungemalt bleiben dürfen».[18]

Otto Pächt hat in einer der jüngsten Auseinandersetzungen mit Panofsky, 1977 veröffentlicht, das Burckhardt-Zitat erneut aufgenommen, das bereits für Heinrich Wölfflin aus naheliegenden Gründen wichtig gewesen war. Pächt beobachtet in seiner «Kritik der Ikonologie»[19] den eingeengten Blickwinkel jener Forscher, «für die das Kunstwerk (zwar) nicht Geheimschrift schlechthin ist, aber doch *wesentlich Schrift*». (354) Oder, wie Gombrich gerne sagt, Kunstwerke seien «wrappings of verbal Statements», eine Verpackung verbaler Aussagen. (355) Pächt zielt in erster Linie auf Panofsky (dessen Fassung von 1932 wir allerdings aus erwähnten Gründen vor Pächt in Schutz nehmen müssen) und auf jenen Hans Sedlmayr, der die Auslegung nach «vierfachem Schriftsinn» vom Mittelalter auf Vermeer zu übertragen versucht.

Otto Pächt meint, dass die «notorische Vieldeutigkeit der künstlerischen Gebilde» und der «schwankende Grund der sinnlich-ästhetischen Wahrnehmung» viele Kunsthistoriker veranlasse, «in Forschungsgebiete auszuweichen, die im wesentlichen mit Schriftquellen operieren und so anscheinend ein höheres Maß von Objektivität […] versprechen». (357) «Dabei spielt auch mit, daß man ein Kunstwerk zu *nobilitieren* glaubt, wenn ein einfaches Bild in ein *Gedankenbild* uminterpretiert werden kann.» (357)

Dass Kunstexegese derart auffällig oft als blosse Rückführung auf Schriftquellen missverstanden wird, führt Pächt darauf zurück «daß die christliche Religion eine *Buch*religion ist» (371) und dass auch die Renaissance, mit ihrem Anspruch auf Wiederbelebung des antiken Bildungsgutes, ihrerseits wieder «in einem Buchwissen verankert wurde». (373) «Mit einem Wort, man ist a priori überzeugt, daß die bildende Kunst niemals etwas selbst erfindet, daß sie letzten Endes bloß illustriert, was in andern geistigen Sphären vorher ersonnen worden ist. Ob gewollt oder nicht, resultiert daraus das Bild einer Kunst, die konstant nachhinkt.» (373)

Leider allerdings konfrontiert Pächt den kritisch beleuchteten Ikonologen zweimal mit dem sogenannten Stilgeschichtler[20] – das heisst, er vermeidet es nicht, dass im Leser der Eindruck einer *Alternative* entsteht zwischen Namen wie Wölfflin hier oder Panofsky dort. Auch wenn Panofsky selber seinen Standort als alternativ zu Wölfflin einschätzte (so wie sich Pächt nun wieder alternativ verhält zu Panofsky), ist es eine Täuschung zu glauben, derartige Alternativen würden durch die Jahrzehnte weiterbestehen.

Längst schon hat sich die kunsthistorische Praxis zu einer auswählend-nützenden Haltung verändert, die nicht mehr Partei nimmt für oder gegen eine Schule Wölfflin respektive eine Schule Panofsky. Denn Formanalyse ist innerhalb bestimmter Grenzen ebenso unerlässlich, wie Ikonologie unerlässlich ist bei wortgebundenen Kunstwerken. Und dieses Herauswachsen aus einer früheren Alterna-

---

18 Hier zitiert nach Heinrich Wölfflin, *Das Erklären von Kunstwerken*, Ausgabe 1946, S. 173 [kursiv durch A. M. Vogt].

19 E. Kaemmerling, *op. cit.*, S. 353–376, aus: Otto Pächt, *Methodisches zur kunsthistorischen Praxis. Ausgewählte Schriften*, J. Oberhaidacher/A. Rosenauer/G. Schikola (Hg.), München 1977, S. 235–250.

20 Id., «[…] bedenkliche Vernachlässigung des stilgeschichtlichen Aspekts.», (S. 356); «[…] daß der Sinngehalt sich uns nur bei einer Befragung der stilistischen Gegebenheiten offenbaren kann.», (S. 375).

tive ist nicht misszuverstehen als ein blosses Abschleifen oder Auswaschen einstiger Prinzipien, sondern hat vielmehr seinen Grund.

Diesen Grund wird man darin sehen, dass aus dem einstigen zweiseitigen Verhältnis (Autonomie des Kunstwerks *oder* Bild-Wort-Bezug) eine polyvalente Abhängigkeit geworden ist. Anders gesagt: dass aus der Verflechtung oder Isoliertheit zweier semantischer Systeme eine Verflechtung oder Isoliertheit vieler semantischer Systeme zutage getreten ist.

1975 hat Roman Jakobson vor der Reduktion auf ein einziges Zeichensystem gewarnt: «Diejenigen, die das Zeichensystem der Sprache als einziges Ensemble betrachten, das einer Untersuchung Wert ist, begehen den Fehler einer petitio principii. Der Egoismus der Sprachwissenschaftler, die Wert darauf legen, aus der semiotischen Sphäre alle Zeichen auszuschließen, die nicht wie Sprachzeichen aufgebaut sind, reduziert die Semiotik einfach zum Synonym der Linguistik».[21]

Für Jakobson war es die Beschäftigung mit dem Film, die ihn dazu führte, von der Beschränkung auf ein einziges Zeichensystem abzugehen. «In der Kunst war es die Rolle des Films, klar und deutlich zu machen […], daß die Sprache nur eines der möglichen semantischen Systeme ist, wie es früher einmal die Astronomie offenbart hat, daß die Erde nur ein Planet unter vielen war, und damit auch eine vollständige Revolution unserer Anschauung von der Welt ermöglicht hat».[22] Versucht man, Jakobsons Planetenvergleich von unserer Fragestellung her zu betrachten, so würde die Schule Wölfflins die geozentrische Rolle übernehmen, die Schule Panofskys andererseits Gefahr laufen, das Verhältnis von Sprache zu Malerei oder Zeichnung wie ein Verhältnis zwischen Erde und Mond zu lesen.

Das gilt, um es zu wiederholen, für die einseitigen Auswirkungen des späteren Panofsky, nicht aber für den Panofsky der Fassung von 1932, in der er eine Offenheit beweist, die den positiven Vergleich mit Jakobsons Offenheit erlaubt. Beide sind sie zunächst gattungsüberschreitend, beide suchen sie der Gefahr der blossen Causerie über Ästhetisches zu entkommen. Während sich Panofsky dann beinahe ausschliesslich auf den Sprachbezug des Bildes fixiert, hat Jakobson konsequent ein Vieleck von Bezügen zwischen den verschiedenen Gattungen zu erarbeiten begonnen.

Wenn man Wölfflin vorwerfen kann, er hätte eine voreilige Monopolisierung seiner Gattung betrieben, so kann man Panofsky entgegenhalten, er hätte eine voreilige Harmonisierung der beiden Gattungen Sprache und Malerei erneut in die Wege geleitet. Denn die mögliche gegenseitige Bedrohung zwischen Gattungen wird wohl in der heutigen Interpretationspraxis zu wenig deutlich gesehen. So wird, um ein Beispiel der letzten hundert Jahre zu zitieren, das Aufkommen von Foto und Film fast stets als harmonisierende Wirkung auf die Malerei beschrieben, die durch diese neuen Gattungen dem Kubismus auf die Beine geholfen habe. Man kann aber, umgekehrt, den Kubismus auch als verzweifelte Selbstverteidigung der

Maler gegenüber dem Film wahrnehmen. Denn zwischen Gattungen herrscht ein hochempfindliches Tauschverhältnis, das durchaus nicht nur entweder harmonisch oder neutral-autonom verbleiben muss – es kann sehr wohl auch einen Machtkampf enthalten und nur mühsam gegen aussen verdecken und abschirmen. Machtkampf darum, welche Gattung denn nun berufen sei, die «letzte und höchste Region» in Anspruch zu nehmen.

Jacob Burckhardt hat in dem erwähnten Zitat erwiesen, dass ihm die Empfindlichkeit dieses Tauschverhältnisses bewusst war. Erwin Panofsky hat sich das Problem dadurch vom Halse geschafft, dass er die erste Schicht seines Schemas schliesslich nur noch als die «praeikonographische» bezeichnet hat. Dadurch wird das, was echter Anteil an Autonomie in den bildenden Künsten ist, in die graue Vorzeit der Barbaren abgeschoben. Zu einfach deshalb, weil wir einerseits über die Chronologie der Raumaneignung, Bildaneignung und Sprachaneignung des Menschen zu wenig wissen, anderseits bei weitem nicht nur das getrost nach Hause tragen, was sich auf das Schwarz und Weiss der Schrift reduzieren liess.

21   Roman Jakobson: «Coup d'œil sur le développement de la sémiotique», hier zitiert nach Umberto Eco, «Der Einfluß Roman Jakobsons auf die Entwicklung der Semiotik», in: Martin Krampen u. a. (Hg.), *Die Welt der Zeichen*, Berlin 1981, S. 189, 190.
22   Id., S. 191.

«Blick in Griechenlands Blüte»

Ein Gemälde des Architekten Karl Friedrich Schinkel

Dass ein Architekt wie Schinkel in der Epoche des Klassizismus, der sogenannten Goethezeit, griechische Tempel in südlicher Landschaft malt, ist nichts Ungewöhnliches. Ungewöhnlich ist aber, dass an Schinkels Säulengebälk eine schattenspendende Markise angebracht und der Tempel nicht fertig ist, sondern mitten im Bau steht. Die Arbeit am Bau, der Konstruktionsprozess, wird zum Thema.

Gustav Friedrich Waagen, der erste Biograph des Architekten und Malers Schinkel, bemerkt zu «Griechenlands Blüte» zunächst: «Auch dieses Bild konnte meist nur in den frühen Morgenstunden den vielfachen Geschäften des Tages abgestohlen werden.»[1] Dann versucht er, den Unterschied von Schinkels Werk zu den üblichen antikisierenden Landschaftsdarstellungen wahrzunehmen. Die Darstellung antiker Denkmäler in «verfallenem Zustand» erwecke bekanntlich ein «melancholisches Gefühl im Beschauer». In Schinkels Bild dagegen begegne er «höchster Lebensfrische und der heitersten Blüthe». Woher rührt das? Anstelle von Ruinen, so Waagens Hinweis, werde uns «ein im Bau begriffener Tempel» vorgeführt.
In der Tat: dem ganzen Strom von Ruinenbildern, begonnen bei Märten van Hemskeerk im 16. Jahrhundert über Claude Lorrain im 17., Piranesi und Hubert Robert im 18. Jahrhundert, scheint dieses eine Gegenbild zu antworten.

Politische Verknüpfungen

Diese Verabschiedung vom «melancholischen Gefühl» ist zunächst erklärbar aus der damals aktuellen politischen Lage. Schinkel hat sein Bild im Frühjahr 1825 fertiggestellt, also in der Zeit der Befreiungskriege der Hellenen und der westeuropäischen Begeisterung für sie. Für die Preussen mussten diese Befreiungskriege eine beinahe schon magische Parallele zum eigenen Schicksal darstellen. Denn elf Jahre früher, am 7. August 1814, war die preussische Armee aus dem eigenen Kampf gegen Napoleons französische Heere siegreich in die Hauptstadt zurückgekehrt. Kein Wunder, dass nun in den gebildeten Schichten Berlins der Hoffnungstraum entsteht, so etwas wie ein 'Spree-Athen' sei die Zukunft. Das heisst ein Preussen, ein Berlin, das sich als Analogie zum Athen des perikleischen Zeitalters versteht.
Diesen Traum hat Schinkel gemalt. Sein Hoffnungsbild betrifft nicht nur 'Spree-Athen', sondern auch die darniederliegenden hellenischen Städte. Die

53   Karl Friedrich Schinkel, «Blick in Griechenlands Blüte», 1825, zerstört bei Kriegsende 1945, Kopie Wilhelm Ahlborn, 1836, National-Galerie Berlin, Schinkels Bild war das Geschenk der Stadt Berlin zur Hochzeit der Prinzessin Louise (Martin Steffens, K.F. Schinkel, 1781–1841. Ein Baumeister im Dienste der Schönheit, Köln 2003, S. 58)

'blühende' antike Stadt des Mittelgrundes ist deshalb gewiss in erster Linie eine Vergangenheitsvorstellung, doch sind, aus den dargelegten Gründen, Zukunftserwartungen in sie hineinprojiziert.

Noch kann der Schinkel von 1825 eine antike Stadt und eine moderne, antikisierende Stadt – mindestens aus der Distanz gesehen – gleichsetzen. Bloss ein Jahr später, 1826, wird er in die Industriegebiete Englands reisen und vor den «rauchenden Obelisken» der Fabriken erkennen, dass diese Gleichsetzung zum Problem werden muss.

Arbeit am Tempel

Waagen führt die «Lebensfrische» des Bildes auf den Querriegel des Vordergrundes zurück, wo ein «im Bau begriffener Tempel» gezeigt wird. Zumindest für einen Teil der zeitgenössischen Betrachter konnte das als Hinweis auf «Tempelarbeit» gelesen werden.

'Tempelarbeit' nennt die Geheimgesellschaft der Freimaurer, die damals auch in Deutschland ihre Blütezeit erlebte, ihr Ritual. Dieses Ritual, das dem All-

Erstmals erschienen in: *NZZ* vom 21./22. 9.1985.

1   Gustav Friedrich Waagen, *Karl Friedrich Schinkel als Mensch und als Künstler. Die erste Biografie Schinkels im* *Berliner Kalender von 1844*, Reprint, Einleitung von Werner Gabler (Hg.), Nachdruck der Ausgabe 1844, Berlin: Plahn 1844, Düsseldorf: Werner 1980, S. 377f.

mächtigen als dem 'Baumeister aller Welten' verpflichtet und gewidmet ist, stützt sich keineswegs nur auf die Kraft des Wortes – wie das in der protestantischen Kirche deutscher Sprache seit Luther und Zwingli zunehmend der Fall ist –, sondern ebensosehr auf die Kraft der Gebärde und Körpersprache, wobei das Hantieren mit Gerät, und zwar mit Baugerät, eine zentrale Rolle spielt. Die 'drei grossen Lichter', die bei keiner 'Tempelarbeit' der Freimaurer fehlen dürfen, sind, neben der Bibel, das Winkelmass und der Zirkel. Auch der Hammer und das Senkblei, zur symbolischen Bearbeitung des Steins, sowie die Mörtelkelle sind unentbehrlich. Schinkel muss spätestens 1815, als er die zwölf Bühnenbilder zur «Zauberflöte» am Königlichen Opernhaus in Berlin schuf, in enge Berührung gekommen sein mit dem freimaurerischen Gedankengut.

Man wird einwenden, dass die Freimaurer nicht den griechischen, sondern den salomonischen Tempel verehren und in ihrem Ritual symbolisch wiedererrichten. Allein das oberste Gebot der Toleranz setzt dem Freimaurer jeden Tempel jeder achtbaren Religion in denselben Rang – ganz im Sinne von Lessings 'Nathan dem Weisen'.

Entscheidend ist dabei für uns, dass die Freimaurer in ihrem Ritual mit dem Baugerät hantieren. Sie beten nicht passiv den fertigen Tempel an. Sie sind damit nicht befangen in der Adoration des bereits Vollendeten. Sondern sie finden sich mitten im Bau, mitten im Prozess – genau das ist das grosse neue Motiv in Schinkels Bild, nämlich das, was für Gustav Friedrich Waagen die Wirkung auslöst von «höchster Lebensfrische».

Der seitenverkehrte Zeus

Der stumme Prozess im Vordergrund, vollzogen von zwei Dutzend Bauarbeitern, Steinmetzen und Künstlern, ist höchst artikuliert, aber eben nicht verbal, sondern mit den Mitteln der Körpersprache. Neben dem Fertigstellen des Skulpturenschmuckes unter dem Sonnensegel geht es vor allem darum, mit Holzrollen und Holzgerüsten einen weiteren schweren Steinblock in den Figurenfries zu versetzen. Zwei Arbeiter stossen, drei ziehen diesen Marmorquader, zwei weitere – auf Leiter und Gerüst – schieben die Rollen nach. Das Absenken auf Frieshöhe wird dann durch die Hebemaschine in der Bildmitte geschehen – ein Zahnradgetriebe scheint dabei vorausgesetzt, was man den Griechen dieser Epoche als technische Stufe nicht ohne weiteres zugesteht. Doch auch auf diesen Einwand hat Schinkel seine Antwort, eine anmutige und witzige zugleich, allerdings nicht in unserem Bilde, sondern in einem Geschenk an Peter Beuth, seinen nächsten Freund. Es trägt den Titel «Athena erfindet das Zahnrad» und ist als «Allegorie für Beuth» bezeugt.

In der luftigen, für Schwindelanfällige nicht gefahrlosen Höhe des oberen Geschosses werden die beiden Klassen von Bauarbeitern in der Gesellschaft der Antike ungeschminkt beschrieben. Die niedrig eingestuften Muskelarbeiter, wenig bis gar nicht bekleidet, der Sonne ausgesetzt – die höher eingestuften künstlerischen Arbeiter, in vollem Gewande und überdies im Genuss jener Schattenkühle, die durch die grüne Markise möglich gemacht wird. Dieses Sonnensegel ist doch wohl das erstaunlichste Einzelmotiv des Bildes – man wird sich nicht entsinnen, einen klassischen Tempel je mit so einem Schattentuche kombiniert gesehen zu haben. Denn es ist ja nicht ein Baldachin für Götterbild und Priester, sondern es ist ein Schutzschild für künstlerische Arbeit.

Was nun zeigt der Figurenfries selber? Er zeigt wörtliche, wenn auch nicht vollständige, sondern 'montierte' Zitate aus dem damals schon hochberühmten Panathenäenfries des Parthenon in Athen. Schinkel konnte auf den Tafeln XII–XIV des 2. Bandes der 'Antiquities of Athens' von Stuart und Revett eine teilweise erstaunlich exakte, teilweise lückenhafte Darstellung des Frieses vorfinden.[2] Für den oberen Steinblock, der eben von den Arbeitern versetzt wird, wählt er den zentralen Akt mit der Peplos-Übergabe, der von den Göttern assistiert wird. Zeus und Hera auf Stühlen sitzend, Iris stehend neben ihnen – wobei Hera jene zaubervolle Armbewegung vollführt, die ihren Schleier zum Sonnensegel macht.

Man müsste nun erwarten, dass Schinkel auch hier die Vorlage direkt von Stuart und Revett übernimmt. Doch Schinkel spiegelt die Vorlage, er braucht sie seitenverkehrt. Wieso das? Nimmt er sich diese spielerische Freiheit, um klarzulegen, dass er selber dem «Zeitalter der technischen Reproduzierbarkeit» zugehört? Dies ganz im Sinne von Walter Benjamins berühmtem Aufsatztitel?[3] Wahrscheinlich kommt ihm dieses Zeichen der Freiheit im Umgang mit antiken Vorbildern durchaus nicht ungelegen als ein Hinweis darauf, dass er sich von der humboldtschen 'Griechentümelei' abzugrenzen vermag.

Ein zweiter Grund für die Links-Rechts-Umkehrung ist wohl, dass er kompositorisch den Zeus-Hera-Block als Arbeitsmotiv des Verschiebens und Absenkens am Tempelbau vorgesehen hat. Soll er nun den sitzenden Zeus darstellen als geschobene Figur, von den Bauarbeitern mit schweissigen Händen und Armen angefasst, entfernt ähnlich einem Lohengrin auf dem Schwan? Schinkel spürt die Gefahr, dass die feierlichste Gruppe in einem so betont und gekonnt unfeierlichen Bilde vom Erhabenen ins Lächerliche kippen könnte – und entzieht sich der Gefahr durch die Technik der symmetrischen Spiegelung.

2   James Stuart, Nicholas Revett, *The antiquities of Athens*, measured and delineated by James *Stuart* and Nicholas Revett, London: J. Haberkorn 1762–1830.

3   Walter Benjamin, *Das Kunstwerk im Zeitalter seiner technischen Reproduzierbarkeit. Drei Studien zur Kunstsoziologie*, Frankfurt am Main: Suhrkamp Verlag 1963.

Architekt-Maler und Maler-Maler

Hier ist nun der Moment, in dem der Entwurf für das Bild mit dem gleichzeitigen Entwurf für ein Gebilde, nämlich dem Bau des Museums am Lustgarten, verklammert werden müsste. In der Tat hat Schinkel den Querriegel des Vordergrundes nicht nur gemalt, sondern gleichzeitig auch gebaut – in dem nämlich, was er die 'Innere Perspektive des Treppenhauses' am Museum genannt hat. Er hat also in den Jahren um 1825 die Genugtuung erlebt, dass sein Bild sich im eben begonnenen Bau spiegelt, dass der Bau sich umgekehrt im Bild spiegelt, oder, anders gesagt: Er hat die räumlich besonders wichtige Treppenhaus-Perspektive des werdenden Museums zum Thema seines Gemäldes gemacht.

Schinkels «Blick in Griechenlands Blüte» ist der geistreiche Kommentar zur damals so faszinierenden neuen Optik der Panoramadarstellung. Darum gehört das Werk zu den wichtigen Bildern der ersten Jahrhunderthälfte. Dennoch konnte man es bis vor kurzem nur selten erwähnt und nur selten abgebildet sehen. Es ist eben die Arbeit eines Architekten-Malers und nicht die eines Peintre-peintre oder Maler-Malers.

Nur zwei Jahre nach Schinkels Griechenland-Beschwörung, 1827, hat Jean-Dominique Ingres seinen Beitrag zum Thema Hellas geschaffen: die «Apotheose Homers». Der Gegensatz könnte nicht grösser sein. Ingres komponiert in der herkömmlichsten Symmetrie. Schinkel dagegen entrollt eine damals provozierende Asymmetrie. Ingres verherrlicht mehr als drei Dutzend identifizierbare Häupter (Dichter, Maler, einige Musiker), die ihrerseits Homer verherrlichen. Schinkel dagegen ist dieser Geniekult völlig fremd. Er schreibt selbst, dass er möglich machen wolle, in seinem Bilde 'mit diesem Volke zu leben und dasselbe in allen seinen rein menschlichen und politischen Verhältnissen verfolgen' zu können.

Ingres sucht eine Welt des Einklangs zwischen Dichtung und Malerei – also das, was schon in der Antike, dann wieder seit der Renaissance unter der Formel 'Ut pictura poesis' erstrebt worden ist. Schinkel steht dieser Verschränkung zwischen Dichtung und Malerei fern. Ihm geht es um die Entfaltung des Entwurfs, der einerseits Bilder, andererseits Gebilde erzeugt: Geräte und Bauten.

Der Architekt-Maler scheint demnach eine grundsätzlich andere Domäne zu beanspruchen als der Maler-Maler oder Dichter-Maler. Eine Domäne, die oft genug im Laufe der Zeit im Schatten lag. Sie zu erkennen und zu würdigen gibt noch viel zu tun.

Die Newtonischen «Opticks» und die Optik des Panoramas

Auf der Überfahrt von Neapel nach Sizilien (März 1787) beschäftigt sich Goethe mit dem «Wasserkreis» und notiert: «Hat man sich nicht ringsum vom Meere umgeben gesehen so hat man keinen Begriff von Welt und seinem Verhältnis zur Welt.» Im selben Jahr vollziehen nun auch – völlig unabhängig voneinander – zwei Erfinder, Robert Barker in Edingburgh und Johann Adam Breysig in Rom, den Versuch, «eine Landschaft in vollem Rundblick von 360° realistisch darzustellen». Die Optik des Panoramas ist nicht nachvollziehbar ohne das, was Immanuel Kant als die «Newtonische Weltwissenschaft» bezeichnet. Sir Isaac Newton (1642–1727) wird mir seiner Gravitationslehre und seinen «Opticks», die beide mathematisch begründet sind und deshalb damals nur von Wenigen im Detailargument nachvollzogen werden können – vorab nach seinem Tode zu einer aufgesteigerten Monumentalfigur der Aufklärungsepoche.

1. Goethes «Wasserkreis»

Goethes *Italienische Reise* ist voll von visuellen Ereignissen und Überraschungen. Doch in den Monaten März und April 1787 scheinen sich diese ganz besonders zu verdichten:

– der erste Besuch der Tempel von Paestum führt zu einer krisenhaften, und gerade darum wichtigen Auseinandersetzung zwischen (damals) alter und neuer Ästhetik (Eintrag vom 23. März 1787).

– die Einladung zu einer Reise nach Dalmatien und Griechenland (Eintrag vom 28. März 1787) wird von Goethe als gefährliche Versuchung und Verlockung erlebt. Er notiert: «Wenn man sich einmal in die Welt macht und sich mit der Welt einlässt, so mag man sich ja hüten, dass man nicht entrückt oder wohl gar verrückt wird. Zu keiner Silbe weiter bin ich fähig».[1]

– die Überfahrt von Neapel nach Sizilien, in Begleitung des Zeichners Kniep, der sich auf dem Ausflug nach Paestum eben bewährt hatte, führt zur Wahrnehmung dessen, was Goethe als «Wasserkreis» bezeichnet. Er schreibt am 30. März 1787: «Der Vesuv verlor sich gegen vier Uhr aus unseren Augen, als Capo Minerva und Ischia noch gesehen wurden. Auch diese verloren sich

Erstmals erschienen in: *Zeitschrift für Schweizerische Archäologie und Kunstgeschichte* 42 (1985).

[1] Zu Goethes Griechenland-Irritation, zu der Walter Rehm wichtige Beobachtungen beigebracht hat, siehe Adolf Max Vogt, *Karl Friedrich Schinkel. «Blick in Griechenlands Blüte». Ein Hoffnungsbild für «Spree-Athen»* (Vogt, Schinkel), Frankfurt am Main 1985, speziell Kapitel 1.

54   Étienne-Louis Boullée,
Cénotaphe à Newton, Ansicht,
1784 (Adolf Max Vogt, Boullées
Newton-Denkmal, Basel/Stuttgart
1969, S. 28)

gegen Abend. Die Sonne ging unter ins Meer, begleitet von Wolken und einem langen, meilenweit reichenden Streifen, alles purpurnglänzende Lichter. Auch dieses Phänomen zeichnete Kniep. Nun war kein Land mehr zu sehen, der Horizont ringsum ein Wasserkreis, die Nacht hell und schöner Mondschein […]»

Mit guten Gründen hat Stephan Oettermann gleich am Anfang seines Werkes über *Das Panorama. Geschichte eines Massenmediums* (Frankfurt am Main 1980) auf diese Wahrnehmung Goethes hingewiesen. Eine Wahrnehmung übrigens, die, wie so oft bei Goethe, durchaus nichts «Neues» ist und darum keineswegs einer Entdeckung gleichkommt, durch ihre Intensität jedoch nichts Geringeres als eine neuartige Optik in die Wege zu leiten hilft.

Deutlich wird dies vor allem durch den Eintrag vom 3. April 1787, der auf den «Wasserkreis» zurückkommt und dadurch selber schon den Vorrang dieser Erfahrung markiert: «Hat man sich nicht ringsum vom Meere umgeben gesehen, so hat man keinen Begriff von Welt und seinem Verhältnis zur Welt. Als Landschaftszeichner hat mir diese grosse simple Linie ganz neue Gedanken gegeben».

Oettermann weist nun darauf hin, dass im selben Jahr 1787, in dem Goethe die «grosse simple Linie» des Meereshorizontes wahrnimmt und reflektiert, zwei Erfinder unabhängig voneinander die ersten Schritte zum Panorama vollziehen und erstmals in der Malerei «eine Landschaft im vollen Rundumblick von 360° realistisch darzustellen» suchen: Robert Barker in Edinburgh und Johann Adam Breysig in Rom.[2]

2. Boullées Globalvision von 1784

Zu diesen eigenartigen Koinzidenzen möchte ich hier eine weitere zufügen: Nur drei Jahre früher, im Jahre 1784, hat ein Franzose (der weder Goethe noch Barker noch Breysig gekannt haben kann) die Panorama-Idee vorweggenommen.

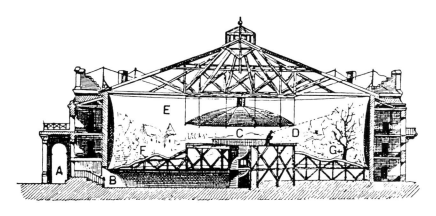

55 Cross section of a panorama: (A) Entrance and box office, (B) Darkened corridor, (C) Observation platform, (D) Viewer's angle of vision, (E) Circular canvas, (F) threedimensional foreground (false terrain), (G) Objects painted on the canvas in trompe-l'oeil (Stephan Oettermann, The Panorama. History of a Mass Medium, New York 1997, S. 50)

In seinem Entwurf zu einem *Newton-Denkmal* hat Étienne-Louis Boullée (Abb. 54, 12) allerdings nicht nur einen horizontalen Rundumblick bewerkstelligt, sondern so etwas wie eine Totalvision oder besser: Globalvision entworfen – den Kugelblick, nicht lediglich den «Wasserkreis». Ein Beispiel dafür, dass in Aufbruchszeiten nicht selten *zuerst* die utopische, kaum ausführbare Totalvorstellung auftaucht, erst *nachher* eine zwar begrenzte, dafür aber machbare Neuerung sich durchsetzt.

Vergleicht man den Schnitt durch die typische Panorama-Konstruktion (Abb. 55) mit dem Schnitt durch Boullées Vorwegnahme (Abb. 12), so zeigt sich Übereinstimmung in 4 Punkten:

– Kreisgrundriss
– unterirdischer Zugang (B)
– Aufstieg im Zentrum (C)
– Ausbildung eines erhöhten Podests im Zentrum (C).

Nach Barkers und Breysigs Impulsen von 1787 braucht es mehr als sechs Jahrzehnte, bis Boullées Vorwegnahme einer Globalvision erneut auftaucht. Diesmal ist es ein Engländer, der Geograph und Kartograph James Wyld, der die Zuschauerströme der Londoner Weltausstellung von 1851 nützt, um seinen «Great Globe» schaustellerhaft darzubieten (Abb. 56).[3]

Der Unterschied zwischen Boullées Newton-Globus und dem «Great Globe» ist frappant genug. Was vom Franzosen als gewaltiges Monument konzipiert worden war, tritt nun in London auf als Schausteller-Konstruktion. Was 1784 mit höchstem pathetischem Ehrgeiz wetteifern wollte in der Dimension sowie im

2 Stephan Oettermann, *Das Panorama. Die Geschichte eines Massenmediums*, Frankfurt am Main 1980, S. 9.

3 Id., *op. cit.*, S. 72–74.

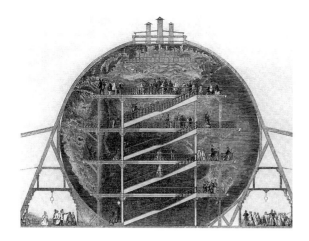

56 James Wyld, The Great Globe, London 1851 (Oettermann, The Panorama. History of a Mass Medium, op. cit., S. 91)

Anspruch auf Dauerhaftigkeit mit der ägyptischen Pyramide, das ist nun 1851 zwar realisiert, aber nur mehr mit den bautechnischen Mitteln von Jahrmarkt-Nomadenarchitektur.

3. Der mathematisch-abstrakte Newtonismus – Voltaire als Vermittler

Nicht ohne vielschichtige Gründe hat der Architekt Boullée seine Globalvision dem Andenken des Naturforschers Sir Isaac Newton (1642–1727) gewidmet. Der kühne Entwurf, der die Kugel als Leitform zu setzen wagt, kann gar nicht ohne den damals (speziell in England und Frankreich) hoch im Schwange stehenden Newtonismus verständlich werden.[4]

Nun basiert der Newtonismus oder, wie der junge Immanuel Kant formuliert, die «Newtonische Weltwissenschaft», auf mathematisch-abstrakten Beweisführungen, die durchaus nicht jedermann zugänglich sind. Es hat sich deshalb im mittleren und späteren 18. Jahrhundert, also nach dem Tode Newtons, eine neuartige Vermittlungsliteratur entfaltet. Ich nenne drei solche Überbrückungs- oder Vermittlungsversuche, die auch dem Laien, der keine mathematische Vorbildung hat, die Haupteinsichten von Newton zugänglich machen sollen:

– 1738 publiziert Voltaire die *Elémens de la Philosophie de Neuton* (Amsterdam).
– 1755 publiziert Immanuel Kant die *Allgemeine Naturgeschichte und Theorie des Himmels oder Versuch von der Verfassung und dem mechanischen Ursprunge des ganzen Weltgebäudes nach Newtonischen Grundsätzen abgehandelt* (Königsberg), ein Werk, das sich auf Newtons Gravitationslehre bezieht, nicht auf die «Opticks».
– 1782 publiziert Jean Sylvain Bailly seine *Histoire de l'Astronomie moderne* (3 Bände, Paris), die Newtons Beitrag und Bedeutung dramatisch in den Vordergrund stellt. Ausgehend davon, dass der Architekt Boullée diese drei

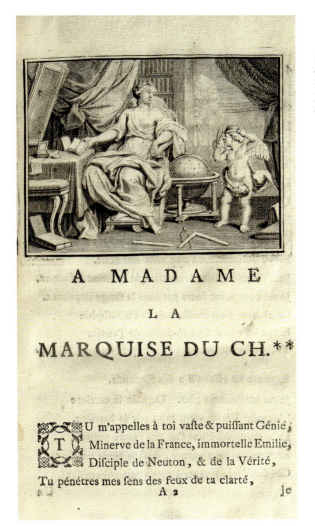

Bände erwarb – sie sind in seinem Nachlass erwähnt und zwar zwei Jahre vor dem Entwurf zum Newton-Denkmal (1784) – habe ich nachzuweisen gesucht, dass sich Boullée weitgehend auf Bailly stützt und dessen Newton-Kommentar zum Teil wörtlich übernimmt.[5]

Da für unseren Zusammenhang hier Newtons «Opticks» wichtiger sind als die Gravitationslehre, beschränke ich mich auf Voltaires «Elémens» von 1738. Denn Voltaire widmet von 25 Kapiteln die ersten 14 den «Opticks», hernach die restlichen 11 der «Pesanteur».

4 Adolf Max Vogt, *Boullées Newton-Denkmal. Sakralbau und Kugelidee* (Vogt, Boullées Newton-Denkmal), Basel 1969, speziell die Kapitel 9–12.

5 Id., *op. cit.*, Kap. 9.1 sowie 10.1–10.3.

58   Fontenelle und die Marquise du Châtelet
diskutieren das Newtonische Planetensystem,
anonyme Radierung (Bernhard von Fontenelle,
Dialogen über die Mehrheit der Welten, mit
Anm. und Kupfertafeln von Johann Elert Bode,
Nachdruck der Ausg. von 1780, Weinheim:
Physik-Verlag 1983, S. 425)

Für die Laienwelt, die sich im 18. Jahrhundert in höchst erstaunlichem, ja lei-
denschaftlichem Grade für Newtons Hauptfragen interessiert[6], geht es um die
Beziehung zwischen *Auge, Licht und Planetenwelt*. Ein «weites Feld», gewiss, aber
etwas, was unmittelbar auch die Künstler betrifft.

Voltaire widmet sein Buch «Madame la Marquise du Ch**» (Abb. 57), und
mit gutem Grund. Émilie Marquise du Châtelet ist nämlich die führende Newton-
Sachverständige Frankreichs, sie hat als kompetente Mathematikerin nicht nur
Newtons Werk ins französische übersetzt, sie hat gleichzeitig auch Kommentare
dazu publiziert. Aus dem Dedikationsgedicht Voltaires lässt sich folgern, dass sie
dem Laien Voltaire beratend zur Seite stand bei der Abfassung seines Buches, das
übrigens in der nun notwendig werdenden Popularisierungsliteratur naturwissenschaftlicher Erkenntnis einen Ehrenplatz einnimmt.

Elf Jahre früher schon war die gelehrte Marquise anlässlich von Newtons Tod
(1727) zu Bilderehren gekommen. In einer anonymen Radierung (Abb. 58) wird sie
gezeigt mit Fontenelle zusammen, der als Sekretär der Académie Royale des
Sciences den Nachruf auf Newton zu verfassen hatte – ein heikles Geschäft, weil er
den Franzosen mitzuteilen hatte, dass der Engländer Newton viele Konklusionen
von Descartes zu widerlegen imstande gewesen war. Gezeigt sind die Marquise und

der Sekretär unter dem nächtlichen Sternhimmel, der nun eben nach Newtonischen Einsichten geregelt erscheint.

Das angestrengt-unbeholfene Bild macht auf ein neues Problem aufmerksam, das bis heute fortdauert und sich zuzuspitzen scheint: Der mathematische Abstraktionsgrad macht ein bildhaftes Darbieten schwierig oder fast unmöglich. Es dauert noch fast ein halbes Jahrhundert, bis der Architekt Ledoux, ein Schüler und Verehrer von Boullée, mit seinem sogenannten «Planetenblatt» (Abb. 16) tatsächlich bildhaft zu machen vermag, was die Gravitationskräfte für Gestirne bedeuten – Schwebezustand über der Leere.

Gewiss war Ledoux, gemessen an der Marquise, ein dritt- oder viertrangiger Newton-Kenner. Doch die visuelle Einfühlungsgabe und das plastische Vorstellungsvermögen des Architekten helfen ihm, Newtons Theorie einzigartig in die Anschaulichkeit rückzuübersetzen.

4. Kepler: «Ut pictura, ita visio»

Voltaire resümiert die Geschichte der Optik und zeigt an einer Illustration (Abb. 59) zunächst die Erkenntnis Keplers aus dem Jahre 1604, «dass das Sehen erzeugt wird durch ein Bildnis [pictura] des gesehenen Dinges, das auf der konkaven Oberfläche der Retina entsteht».[7] An anderer Stelle gibt Kepler eine knappe Formel für das umgekehrte Bildchen auf der Retina: «Ut pictura, ita visio» (Die Sehfähigkeit, die Sicht ist wie ein Bild). Svetlana Alpers kommentiert dazu: «Kepler was the first person ever to employ the term *pictura* in discussing the inverted retinal image».[8] Wenn die Formel gilt «Die Sicht ist wie ein Bild», dann gilt für die Künstler umgekehrt: Das Gemälde soll sein wie das Seh-Bild auf der Retina. Svetlana Alpers sucht zu zeigen, wie die optisch-anatomischen Entdeckungen der Generation Keplers die holländische Malerei des 17. Jahrhunderts beeinflussen.

Analog verhält es sich im 18. Jahrhundert, aber nun auf die «Opticks» von Newton bezogen. In zwei Illustrationen (Abb. 60, 61) zeigt Voltaire das berühmte Experiment der Zerlegung des Lichtstrahls durch ein Prisma; die Aufgliederung der Farbenskala wird erläutert. – Jenes Experiment in der Dunkelkammer also, das Jahrzehnte später Goethe so sehr irritieren wird, dass man geradezu sagen kann: Es war der treibende Impuls zu Goethes «Farbenlehre» (1790–1804).

6 Wie Dichter, speziell Lyriker, im 18. Jahrhundert auf den Newtonismus reagierten, hat Marjorie Hope Nicholson zusammengestellt in: *Newton demands the Muse*, Princeton 1946.
7 Übersetzung aus dem Lateinischen durch Svetlana Alpers, *The Art of Describing. Dutch Art in the 17th Cen-* *tury*, Chicago 1983, S. 43, Übersetzung ins Deutsche von A. M. Vogt.
8 Ead. *op. cit.*, S. 36.

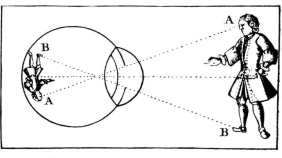

59

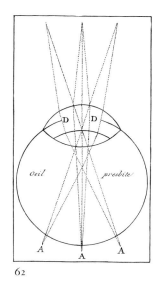

62

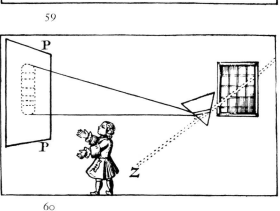

60

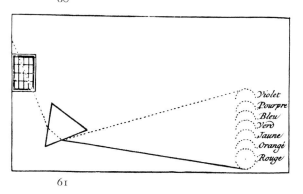

61

63

59 Abbild auf der Retina, in: Voltaire, Elémens de la Philosophie de Neuton, 1738 (The Voltaire Foundation (Hg.), The complete Works of Voltaire, Bd. 15, Oxford, 1992, S. 312)

60 Brechung des Lichts durch ein Prisma, in: Voltaire, Elémens de la Philosophie de Neuton, 1738 (Voltaire, op. cit., Bd. 15, Oxford, 1992, S. 354)

61 Voltaire, Farbspektrum bei Brechung des Lichts durch ein Prisma, in: Voltaire, Elémens de la Philosophie de Neuton, 1738 (Voltaire, op. cit., Bd. 15, Oxford, 1992, S. 355)

62 Voltaire, Beschreibung des Eintretens von Lichtstrahlen in ein «œil presbite», in: Voltaire, Elémens de la Philosophie de Neuton, 1738 (Voltaire, op. cit., Vol. 15, Oxford 1992, S. 300)

63 Giovanni Battista Piranesi, Veduta interna del Pantheon (John Wilton-Ely, Piranesi, Milano 1994, S. 243)

5. Neue Analogien als Folge der Erforschung der Anatomie des Auges

Beschreibungen des Sehvorganges wie etwa beim weitsichtigen Auge («œil presbite») (Abb. 62) lassen erkennen, dass die Erforschung von Augenanatomie und Optik nicht nur auf Maler, sondern auch auf Architekten eine Auswirkung haben musste. Die spezielle Begeisterung des 18. Jahrhunderts für das altrömische Pantheon (Abb. 63) kann von daher neu begründet werden. Denn es war zwar seit der Renaissance wieder allgemein bekannt, dass unter dem 'oculus' des Pantheons ein Innenraum angelegt ist, der eigentlich eine Kugel ausmacht. Doch erst jetzt, als die Kugel des Auges erforscht war, konnte die Analogie zwischen Auge und Pantheon empfunden oder bewusst erkannt werden.

Da überdies für die Newtonisten ein morphologischer Zusammenhang zwischen Augenkugel und Planetenkugel bestand, vermochte man das Pantheon wieder in jenem kosmischen Zusammenhang zu sehen, für den es einst errichtet worden war (wenn auch unter andersartigen Analogien). Um nochmals auf Boullée zurückzukommen: Er wollte mit seinem Newton-Denkmal die sogenannte Rotationstheorie Newtons architektonisch verkörpern. Diese Theorie besagt, die Planeten wären ursprünglich reine Kugeln gewesen; erst durch die Rotation hätten sie sich an den Polen abgeflacht.[9]

6. Das Panorama «im Auge» (Ledoux)

Für Newtonisten war es deshalb auch ohne Mühe verständlich, dass der Architekt Ledoux auf den Gedanken kam, den Innenraum seines *Theaters von Besançon* als Augenspiegelung wiederzugeben (Abb. 64). Ledoux schreibt dazu (in seinem wie immer weitschweifigen Kommentar): «Pour être un Architecte, il ne suffit pas d'analyser les yeux, il faut lire dans le cercle immense des affections humaines».[10]

Das Selbstverständliche ist also damals, dass Architekten und Künstler überhaupt sich auskennen in der «Analyse des yeux». Damit gelangen sie wie von selbst auf den «Cercle immense» des Sicht-Panoramas, also auf das, was Goethe mit «Wasserkreis» bezeichnet.

In der Tat zeigt uns Ledoux in seiner Planche 113 eine Augenspiegelung als *Teil eines Panoramas*. Wir sehen in der Pupille Sitzreihen, einen Schmuckfries, darüber eine dorische Säulenreihe – die Suggestion des Rundumblickes wird dabei mitgegeben.

---

9 (Vogt, Boullées Newton-Denkmal), Kap. 10.3.
10 Claude-Nicolas Ledoux, *L'architecture considérée sous le rapport de l'art, des mœurs et de la législation*, Paris 1804, Reprint Nördlingen 1981, Planche 113, betitelt: «Coup d'œil du Théâtre de Besançon», Kommentar S. 218.

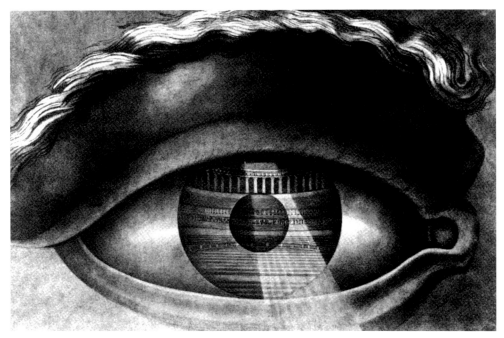

64   Claude-Nicolas Ledoux, Coup d'œil du Théâtre de Besançon (Emil Kaufmann, De Ledoux à Le Corbusier, Paris 2002, S. 56)

Ohne den Titel mit der Erwähnung des Theaters würden wir nicht auf eine Bühne schliessen, sondern einen kreisrunden Raum vermuten.

Mit andern Worten: Durch seine Aneignung des Newtonismus, durch die Kenntnis der Analogie zwischen Augenkugel und Planetenwelt gelangt Ledoux ganz von selbst zu einer *panoramaartigen* Darstellung. Es bleibt aber spürbar, dass er die kugelförmige Gesamtspiegelung, also die Globalvision meint, ähnlich wie sie sein Lehrer Boullée 1784 entworfen, wie sie Wyld viel später dann, 1851, schaustellerhaft in Londons «Great Globe» ausgeführt hat.

Daher repräsentieren die beiden Jahrzahlen 1784 und 1851 so etwas wie die beiden Eckwerte der langen Rezeptionsgeschichte von Newtons «Opticks» durch Maler und Architekten. Eine besondere Bedeutung kommt dabei dem Jahre 1825 zu: die Fertigstellung von Karl Friedrich Schinkels Gemälde «Blick in Griechenlands Blüte». Dieses Werk ist nicht mehr, wie frühere Arbeiten Schinkels, ein volles Panorama, sondern es veranschaulicht eine typische Sequenz als Element zum Aufbau von Panoramen. Insgesamt nichts Geringeres als ein geistreicher gemalter Kommentar zum Phänomen «Panorama».[11]

Die Erkenntnisse der Optik im 17. und 18. Jahrhundert haben auf die Künstler Wirkung gehabt, lange bevor im 19. Jahrhundert die Wahrnehmungsforschung (damals meist «Psychologie» genannt) eines Helmholtz, Mach und William James auf ganze Generationen, von den Impressionisten über Seurat bis zu Cézanne und Picasso, ihren Einfluss entfaltet.[12]

Diese Wirkung hat allerdings auch die Dominanz des Augensinnes vor den anderen Sinnen erneut gefestigt. Weniger der Gehörsinn, hingegen deutlich der Geruchs-, Geschmacks- und Tastsinn sind in einem Grad abgewertet, dass heute ein Künstler wie Joseph Beuys sich gedrungen fühlt, «Strategien zur Reaktivierung der Sinne» zu entwickeln.[13]

In dieser intensiven Auseinandersetzung zwischen Anatomie, Optik und den Künsten, die über mehr als drei Jahrhunderte verläuft, musste auf einer bestimmten Kenntnisstufe wie von selbst das Panorama zur Faszination werden.

11 Siehe dazu (Vogt, Schinkel, *op. cit.*)
12 Vgl. hierzu Marianne L. Teuber/Reinhold Hohl in: *Kubismus. Künstler, Themen, Werke, 1907–1920*, Katalog zur Ausstellung in der Josef-Haubrich-Kunsthalle Köln, 26. Mai bis 25. Juli 1982, S. 9ff. und S. 71ff.

13 Vgl. Franz Joachim Verspohl, *Joseph Beuys – Das Kapital. Raum 1977*, Frankfurt am Main 1984.

Das Baumodell als Vorbild und Nachgebilde

Die Doppelfaszination des Modells in der Aufklärungszeit und in der Romantik

Das Baumodell, zumeist aus Kork angefertigt, war von der Antike bis zum Barock Hilfswerkzeug. Ab 1750 steigt es zu ähnlicher Bedeutung wie der realisierte Bau selber auf. Der Grund: Die Modelle wurden nun massstäblich korrekt verkleinert. Goethe zum Beispiel hatte zu Hause Modelle der Gebäude Roms aus Gips und Kork. Als er 1786 endlich dort eintrifft, hält er fest: «Es ist alles, wie ich mir's dachte, und alles neu.»

Vom Barockarchitekten Balthasar Neumann wird berichtet, er habe eine ausgesprochene Vorliebe für Baumodelle gehabt, die so weit ging, dass er sich von besuchten Bauten, die ihn besonders beeindruckten, kleine räumliche Nachbildungen anfertigen liess. Für seine eigenen Bauwerke, etwa Vierzehnheiligen, hat er das Modell selbstverständlich auch gebraucht, offensichtlich als Vorstellungsvehikel einerseits, als Detailkontrolle anderseits.

Für Ludwig H. Heydenreich, der für das Reallexikon zur deutschen Kunstgeschichte den Artikel «Architekturmodell» beigesteuert hat (1937), ist Balthasar Neumanns Modellfaszination eine typisch barocke Sache. Das Baumodell trete in dieser Epoche «in den Vordergrund», weil die «plastischen und dynamischen» Vorlieben des Barocks auf diese Weise in ihrem «Spannungsgehalt unmittelbarer veranschaulicht» werden könnten.

Dass Baumodelle indessen immer zahlreicher werden im 18. Jahrhundert, auch nach der grossen Wende vom Barock in den Klassizismus, erklärt sich Heydenreich einerseits dadurch, dass nun ein Hang zu Lehrmodellsammlungen feststellbar sei, anderseits dadurch, dass eben ein «regelrechter Fabrikationsbetrieb» eingesetzt habe, ganz besonders von «Korkmodellen nach antiken italienischen Bauten».

Obgleich Heydenreich bereits sieben Modelltypen unterschieden hatte (Entwurfsmodell, Aufnahmemodell nach gebauten Architekturen, Kontrollmodell, Lehrmodell, Erinnerungsmodell, Votiv- und Stiftermodell, Idealmodell), sieht er sich veranlasst, für Klassizismus und Romantik noch einen zusätzlichen, achten Typ einzuräumen: das Rekonstruktionsmodell, also jene Vergegenwärtigung eines überkommenen Baus, die danach fragt, wie das Gebilde ursprünglich ausgesehen habe.

Die Vielfalt von Heydenreichs Untertypen weist daraufhin, dass das Modell ein zu wenig diskutiertes, überaus wichtiges Vorstellungsvehikel ist, das offenbar in zwei Richtungen eingespannt werden kann, einerseits im Hinblick auf eine bevorstehende Realisierung, also als Verdeutlichung eines Zukunftsplans, als Voraus- und Vorwegnahme – oder aber anderseits als Heranholen und präzises Beschwören von längst Vergangenem. Heydenreich selbst vereinfacht seine Vorschläge, indem er zwei Hauptgruppen bildet, die Entwurfmodelle und die Modelle nach bereits gebauten, oft weit zurückliegenden Architekturen.

Wenn wir uns nun hier konzentrieren auf die Modellfaszination *nach* dem Barock – also in der Zeit der Aufklärung, des Klassizismus und der Romantik –, dann suchen wir Heydenreichs knappen Überblick nicht aus Pedanterie zu korrigieren, sondern weil in dem halben Jahrhundert seit seiner Darstellung (von 1937) so viel Material aus der Vergessenheit ans Licht kam, dass eine andere Optik sich aufdrängt. Unsere These: *Was von der Antike bis zum Barock Hilfswerkzeug war, bekommt nach 1750 grundsätzliche Bedeutung, und zwar so sehr, dass das Modell aus seiner ausschliesslich dienenden Funktion aufsteigt zu ähnlichem Rang wie der realisierte Bau selber, ja öfters als prinzipiell wichtiger eingestuft wird.* Diese Verschiebung in der Bewertung von Vorstellen einerseits (Modell) und Realisieren anderseits (Ausführung) bringt mancherlei Konsequenzen mit sich. Unter anderem die, dass ab ungefähr 1750 auch dem ausgeführten Bau selber, gleichgültig ob gross oder klein, etwas Modellhaftes zu eignen beginnt.

«Es ist alles, wie ich mir's dachte, und alles neu»

An dieser Aufwertung des Modells und allgemein der Modellvorstellung als Erzeugnis der «Einbildungskraft» ist beispielsweise ein Zeitgenosse wie Goethe lebhaft beteiligt. Ein wichtiger Augenblick in seinem Leben, das Eintreffen in Rom am 1. November 1786, gibt davon einen Begriff. «Endlich» ist er angekommen, nach der «gleichsam unterirdischen Reise hierher». «Nur unter der Porta del Popolo war ich mir gewiss, Rom zu haben.» Doch was er jetzt «hat», das hatte er längst schon gekannt – durch die Vermittlungsdienste des Modells. «Die ersten Kupferbilder, deren ich mich lebhaft erinnere (mein Vater hatte die Prospekte von Rom auf einem Vorsaale aufgehängt), seh' ich nun in Wahrheit, und alles, was ich in Gemälden und Zeichnungen, Kupfern und Holzschnitten, in Gips und Kork schon lange gekannt, steht nun beisammen vor mir, wohin ich gehe, finde ich eine Bekanntschaft in einer neuen Welt, es ist alles, wie ich mir's dachte, und alles neu.» (*Italienische Reise*, Eintrag vom 1. November 1786)

Die Überraschung von Rom ist also keineswegs eine naive, sie ist vorbereitet, sie ist gewissermassen reguliert und eingependelt durch Vorwegnahme der Einbil-

Erstmals erschienen in: *Carl May (1747–1822). Korkmodelle im Architekturmuseum in Basel*, Basel 1988.

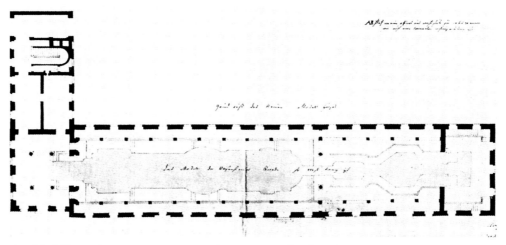

65 Modellhaus, begonnen 1707 im Auftrag von Landgraf Karl von Hessen-Kassel (Carl May (1747–1822). Korkmodelle im Architekturmuseum in Basel, Basel 1988, S. 11)

dungskraft. Diese Vorwegnahme heisst Modell, nämlich *massstäblich korrekte*, *mathematisch richtig* verkleinerte Wiedergabe, einerseits als Gemälde oder Zeichnung, Kupfer oder Holzschnitt (*scheinbar* dreidimensional), andererseits als Gips oder Kork (*wirklich* dreidimensional).

Der Aufwand, der für wirklich dreidimensionale Modelle getrieben wird, ist schon am Anfang des 18. Jahrhunderts beträchtlich. Der Landgraf Karl von Hessen-Kassel beispielsweise benötigte für seine Sammlung von Modellen ein eigentliches «Modellhaus», das er 1711/12 errichten liess. Das Hauptstück war das 1709 begonnene Modell des Parks am Karlsberg (Bergpark Wilhelmshöhe). Diese massstäbliche Wiedergabe des Berghangs mit den projektierten Kaskaden, Schlössern, Lusthäusern, Gärten und Statuen (Abb. 65) erreichte bald einmal 220 Fuss Länge (etwa 63 Meter), so dass ein ganzer Saal mit mindestens zwei Geschosshöhen zur Unterbringung nötig wurde.[1] Um 1780 drängte sich zudem ein neues Modellhaus auf. Es wurde entworfen vom Architekten S. L. Du Ry, aber schliesslich doch nicht verwirklicht.

Goethe zählt Korkmodelle mit grösster Selbstverständlichkeit zu dem, was «die Begierde, nach Rom zu kommen» so gross gemacht habe – aber so alt ist diese Wiedergabetechnik damals noch gar nicht, vor allem dann nicht, wenn für den Begriff «Modell» ein genaues Vermessen des Originals und hernach eine massstäblich korrekte Verkleinerung vorausgesetzt wird. Diese beiden Voraussetzungen spielten noch keine Rolle in der Frühstufe der Korkbildnerei oder Phelloplastik, die, wie Anita Büttner überzeugend nachgewiesen hat, bei der Gestaltung von Weihnachtskrippen zu einer ersten Blüte kam: Die beiden bekanntesten italienischen Korkbildner der Goethezeit, Antonio Chichi und Augusto Rosa, waren also

keineswegs die Erfinder der Phelloplastik. «Die Nachbildung antiker oder mittel-
alterlicher Bauten aus Kork war in Italien spätestens seit dem 16. Jahrhundert
bekannt [...]. Das Gebiet, auf dem die Korkbildner sich von Anfang an betätigten,
war die Krippenkunst [...]. Parallel mit der Entwicklung der Krippenplastik im 17.
Jahrhundert bis zur höchsten Blüte in Rom und Neapel nach der Mitte des 18.
Jahrhunderts lief die Entwicklung der zugehörigen, immer komplizierter und
reichhaltiger werdenden, überwiegend aus Kork gebauten Architekturen».[2]

Paestum als Impuls zu Korkmodellen

Dennoch fragt man sich, weshalb der Transport der Korktechnik von der Krippen-
zur Antikendomäne so mühelos und erfolgreich verlaufen konnte. Irgendeinen
speziellen Impuls möchte man sich gerne vorstellen dabei. Denn der gemeinsame
Nenner, das verkleinerte Wiedergeben und das Entzücken daran (ein Zärtlich-
keitsgefühl, das auch einen deutlichen Machtaspekt hat, nämlich Verfügbarmachen
durch quantitative Reduktion) kennzeichnet ja nicht nur den Krippen-Kork und
den Antiken-Kork, sondern überdies beinahe alles Kinderspielzeug, das seinerseits
häufig eine Verkleinerung darstellt, vom Plüschlöwen bis zu den Bauklötzen.

Doch gerade dies, dass der Antiken-Kork in den Bereich der Spielzeuge falle,
dürften sich ein Chichi oder ein Rosa auf das Entschiedenste verbeten haben. – Mit
dem Argument, sie gehörten als Phelloplastiker in erster Linie zur Avantgarde der
damaligen Wissenschaft, und zwar durch ihre Kenntnis der exakten Bauvermes-
sung sowie durch ihre Beherrschung der massgerechten Verkleinerung.

Der Impuls, der das Antikenmodell aus Kork in den Siebziger- und Achtzi-
gerjahren des 18. Jahrhunderts schliesslich zur höchst bezahlten und höchst
begehrten Kleinkopie machte, kam meines Erachtens aus Paestum. Die griechischen Tempel von Paestum waren die eigentlich grosse Wiederentdeckung dieser
beiden Jahrzehnte. Wie ein elektrischer Schlag verbreitete sich die Nachricht in
der gebildeten Welt, dass das südliche Italien echte griechische Tempel besitze,
dass es eine nunmehr legitimierte Diaspora von Hellas sei, dass demnach nicht weit
über Neapel hinaus, in den küstennahen Sümpfen des Golfes von Salerno, das bisher für den Reisenden kaum zu Erhoffende plötzlich erreichbar geworden sei.

Als Giovanni Battista Piranesi 1777, bereits schwer krank, ein Jahr vor seinem Tode, schliesslich doch noch nach Paestum fuhr, war das keine Selbstver-

---

1   Vgl. hierzu: Peter Gercke, «Modellhaus, Architek-
turmodelle und Modellisten in Kassel», in: *Sammelband: Antike Bauten in Modell und Zeichnung um 1800*,
Staatl. Kunstsammlungen Kassel, 1986, S. 25–30, speziell S. 25–27.

2   Anita Büttner, «Korkmodelle von Antonio Chichi.
Entstehung und Nachfolge», in: *Katalog des Hessischen
Landesmuseums Nr. 3*, Gerhard Bott (Hg.), Sonderdruck
aus der Zeitschrift *Kunst in Hessen und am Mittelrhein*
1969, S. 4.

66 Poseidon-Tempel in Paestum
(Carl May (1747–1822), op. cit.,
S. 15)

67 Carl May, Korkmodell
Porticus Octaviae (Carl May
(1747–1822), op. cit., S. 15)

ständlichkeit. Denn er hatte ja schon im «Parere su l'architettura» (1765) deutlich genug gemacht, dass er die römische Architektur – nicht die griechische – als Leitbild sah, und er hatte im Text zu den «Cammini» (1769) nachgedoppelt in der Kritik am neugriechischen Geschmack. Sein später Besuch am Golf von Salerno ist deshalb auch ein Signal der Revisionsbereitschaft, und als weiterum prominentester Gegner der «Griechentümelei» vollzieht er diese Revision mit echter Grandezza. Erstens, indem er sich, zusammen mit seinem Sohn Francesco, offen und nunmehr ohne Vorurteile den wiederentdeckten Tempeln zuwendet und dabei ein letztes Mal eine grossartige Serie von Zeichnungen zustande bringt; zweitens, indem er einen Spezialisten einer neuartigen Darstellungstechnik, eben der Phelloplastik, in seine Reisegesellschaft aufnimmt, nämlich Augusto Rosa.

Was nun den Impuls ausmacht, der dem Korkmodell (das doch, wie gesagt, längst für Krippenszenen verwendet wurde) eine neue Würde verleiht, so betrifft er die Oberflächenähnlichkeit beider Materialien (Abb. 66, 67): Der Stein der Tempel von Paestum hat etwas unverwechselbar Tuffartiges, und der Alterungsprozess dieses Steins bringt Risse, Lücken und kleine Ausbrechungen hervor, die tatsächlich der Oberfläche von Kork ähneln. (Denn die Korkeiche bildet in der nachwachsenden Rinde aus Phellem kleine Spaltöffnungen, die dem Baum als Poren zum Zubringen von Atemluft dienen.)

Wer zuerst bemerkt hat, dass hier die sich selbstrestaurierende Baumrinde der Korkeiche und der spezifische Stein in einem bestechend klaren Verhältnis der Oberflächenähnlichkeit stehen, wird kaum auszumachen sein. Doch Rosas Beteiligung in der Reisegruppe zeugt davon, dass die Analogie erkannt und die Aufwertung des Korkmodells bereits im Vollzuge war. Dass übrigens diese Analogie, so sehr sie trifft, doch nicht die wahre einstige Ansicht der Tempel von Paestum mit einschliesst, gehört zu den Ironien der fortschreitenden Kenntnisverfeinerung der

Archäologen. Was man zu Rosas und Piranesis Zeit noch nicht wusste: dass an den Säulen des sogenannten Neptuntempels von Paestum Spuren von gebranntem Gips haften, die zum Schlusse führen, dass vermutlich grosse Teile dieser Sakralbauten von einer weissen Stuckschicht überzogen waren. Wir verehren somit eine falsche Optik oder eine für antike Augen nicht endgültige Stufe der Oberflächenbearbeitung – doch da wir uns selber von diesem Bilde kaum lösen können, sind wir schon gar nicht ermächtigt, den Korkmodellisten von 1780 einen Vorwurf zu machen. Es bleibt dabei: Der wahre Urzustand entzieht sich oder hält uns weiterhin zum Narren.

Die andere Hälfte, oder: Doppelbedeutung des Begriffs 'Modell'

Anita Büttner hat vor kurzem den Werbetext veröffentlicht, mit dem der Leipziger Kunsthändler Rost vor 200 Jahren, 1786, eine Kollektion von «Monumenten Italiens, in Gork modellirt» anpreist.[3] Er wendet sich offensichtlich an ein gehobenes Publikum, denn die «bewunderungswürdigste Genauigkeit», mit der die «Meisterstücke der Alten nach ihren Farben, mit allen verfallenen, verwitterten und bemoosten Partien» wiedergegeben seien, fordere «mühsame und lange Arbeit des Künstlers», nicht zu reden von den Aufwendungen für den Transport. Die beiden teuersten, weil grössten Stücke sind das «Colliseo» und das «Pantheon». Sie bietet Rost zu einem Richtpreis von je 150 bis 168 Dukaten an. Zu den mittleren Preisen gehören der «Arco di Constantino» und das «Teatro di Marcello», zu den bescheideneren beispielsweise das «Foro die Nerva», der «Tempio d'Antonino e Faustina» und die «Piramide di Cestio», wobei man vorteilhaftere Konditionen erlangen kann, wenn man «die ganze Suite» von insgesamt 36 verschiedenen Wiedergaben bestellt.

Selbstverständlich sucht Rost mit dem Aufgebot der «ganzen Suite» einen Verkaufsanreiz, weil er auf diese Weise gewissermassen die «ganze» Architektur der Antike anbieten kann. Doch es steckt hinter dem Begriff der «Suite» oder Serie, wie wir gleich sehen werden, auch eine neue Denkart.

Das hätte im selben Jahr 1786 zumindest der französische Architekt Claude-Nicolas Ledoux von seiner «Suite» oder Serie von Zollhäusern rund um Paris behauptet. (Abb. 68–71) Diese Zollhäuser waren nach der Auffassung des Finanzamtes nötig geworden, um die Steuerhinterziehung zu vereiteln und der Stadt zusätzlich Einnahmen zu verschaffen. Ledoux plante und baute zwischen 1784 und

---

3 Ead., «Korkmodelle», in: *Antike Bauten in Modell und Zeichnung um 1800*, Staatl. Kunstsammlungen Kassel, 1986, S. 10, 11.

1787 entlang der Stadtgrenze ungefähr 60 solcher Zollgebäude, die er offiziell als «Propyläen» von Paris bezeichnete, für den Alltag aber mit dem bescheideneren Ausdruck «Bureaux» versah.

Derartige Kontrollbauten waren bei der Bevölkerung rasch genug unbeliebt, was eine stürmische Baugeschichte auslöste und nur wenige Beispiele aus der Serie bis heute überleben liess.[4] Doch der beauftragte Architekt selbst, Ledoux, empfand sie als einmalige Chance. Eben weil er eine ganze «Suite», eine Serie, eine ganze Variationenreihe zum Thema damals moderner Architektur entwickeln konnte. Sicherlich hat der Modellsammler Ledoux[5] auch für seine rund fünf Dutzend «Propylées» Modelle erstellen lassen, als Vergegenwärtigung und Verdeutlichung nicht einer fernen Vergangenheit, sondern einer unmittelbaren Zukunft. Eines dieser Modelle für die «Propylées» ist als Korkmodell erhalten: die Barrière de Ménilmontant (Musée Carnavalet).[6] Die Propyläen-Reihe insgesamt ist ein hoch interessantes Entwurfsmodell, das sich im selben Jahr 1786 dem italienischen Antikenmodell des Kunsthändlers Rost gegenüberstellt.

Doch Ledoux' «Barrières de Paris», wie sie auch genannt werden, stellen nicht nur, wie man heute sagen würde, ein für die Epoche neuartiges Denk- und Vorstellungsmodell dar, sie wirken auch selber modellhaft. Wie ist das zu verstehen? Die hier gezeigten vier Beispiele (Abb. 68–71) zeigen klar eine Tendenz auf kahle Mauern, 'nackt' eingeschnittene Fenster, häufigen Verzicht auf Profilrahmungen, häufigen Verzicht auf ornamentalen Schmuck. Die Fassaden erfahren keine Belebung oder Unterteilung durch vorgelegte Pilaster oder Halbsäulen. Detailliert gestaltete Profile werden fast immer nur dem Giebeldreieck oder der Dachvorkragung vorbehalten. Diese Sparsamkeit oder 'neue Kargheit' von damals entzieht dem Auge jene kleinen Lesehilfen, die vom Altertum und vom Mittelalter, aber auch von Renaissance und Barock so reichlich bereitgestellt wurden. Sie sind es gewesen, die dem Auge einen zuverlässigen Grössenvergleich überhaupt erst gestattet haben. Die vier Beispiele der «Propylées» oder «Barrières» führen deshalb zum Eindruck einer *gleitenden Skala*. Ich kann die gemeinte Grössenordnung erst erfassen, wenn Bäume und Gebüsch dazu kommen oder Eisengitter. Selbst Treppenstufen wirken bei Ledoux nie ganz verlässlich: sie könnten auch für Zyklopen gemeint sein.

Gleitende Skala

Diese Beobachtungen gelten erst recht bei einem radikalen Entwurf von Ledoux, wie etwa dem Friedhofbau für die Stadt Chaux. (Abb. 15) Da fallen nun die kleinen Lese- und Orientierungshilfen für das Auge vollends aus, und über die reale Grösse der Hohlkugel hätten sich die Besucher schwerlich je einigen können.

68

69

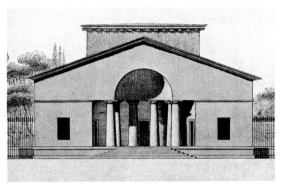

70

71

68   Claude-Nicolas Ledoux, vier der etwa sechzig Bauten der «Propylées de Paris», Barrière de Reuilly (Marcel Hubert Raval/Jean-Charles Moreux, Claude-Nicolas Ledoux: 1756–1806, Paris 1945, S. 211, Abb. 262)

69   Claude-Nicolas Ledoux, vier der etwa sechzig Bauten der «Propylées de Paris», Barrière de Gentilly (Raval/Moreux, Claude-Nicolas Ledoux, op. cit., S. 210, Abb. 259)

70   Claude-Nicolas Ledoux, vier der etwa sechzig Bauten der «Propylées de Paris», Barrière de la Chopinette (Raval/Moreux, Claude-Nicolas Ledoux, op. cit., S. 210, Abb. 260)

71   Claude-Nicolas Ledoux, vier der etwa sechzig Bauten der «Propylées de Paris», Barrière des Réservoirs (Raval/Moreux, Claude-Nicolas Ledoux, op. cit., S. 211, Abb. 261)

4   Michel Gallet, *Claude-Nicolas Ledoux. Leben und Werk des französischen «Revolutionsarchitekten»*, aus dem Französischen übertr. von Bettina Witsch-Aldor, Stuttgart: Deutsche Verlags-Anstalt 1983, S. 153ff., ausserdem S. 23–25.
5   Marcel Hubert Raval/Jean-Charles Moreux, *Claude-Nicolas Ledoux: 1756–1806*, commentaires, cartes, croquis: J.-Ch. Moreux, Paris: Arts et métiers graphiques 1945: Die Autoren widmen den Modellen, die Ledoux besass, ein eigenes Kapitel, darunter ein Korkmodell des Poseidon-Tempels in Paestum, S. 235ff.
6   Idd., *op. cit.*, Abbildungen, S. 236.

Wir stehen somit vor dem Paradox, dass die Aufklärungszeit (mit ihrer Errungenschaft der exakten Vermessung und ihrer Leidenschaft für exakt durchgeführte Verkleinerungen am Modell) gerade nicht gefestigte, beruhigte Grössenordnungen herbeigeführt hat, sondern umgekehrt einen Kult der gleitenden Skala. Wer korrekt verkleinern kann, kann auch beliebig vergrössern. Wer exakt transponieren kann, kann auch stufenlos transponieren.

Diese These, *dass die Blütezeit des Korkmodells in der Architektur zusammenfällt mit der ersten Phase der Faszination durch die gleitende Skala*, müsste nun hier verdeutlicht werden durch Beispiele von anderen so genannten Revolutionsarchitekten. Am wichtigsten wäre der Hinweis auf Étienne-Louis Boullée, bei dem das Verhältnis von Modell zur Realisierung sich nicht nur zum ersten Mal deutlich, sondern auch gleich radikal umkehrt: Die zweite Hälfte seines Lebenswerks ist in dem Sinne «totaler Entwurf», als dass das Modellhafte übermächtig wird, Realisierungserwartungen weit zurück bleiben, und das Prinzip der gleitenden Skala gleich auch schon gewissermassen zur Explosion oder doch an die Grenze des Absurden geführt wird.

Aus zwei Gründen nehme ich hier von weiteren Hinweisen Abstand: Erstens weil ich mich schon oft zum Thema Boullée und Revolutionsarchitektur geäussert habe. Zweitens weil es wichtiger ist, die These der gleitenden Skala am *Vergangenheitsmodell* zu belegen. Dass sie am Zukunftsmodell der damaligen Avantgarde mitwirkt als Prinzip, dürfte schon mit den wenigen Beispielen aus Ledoux' Werk hinreichend geklärt sein – allein was soll die gleitende Skala mit der archäologischen Seite, mit den Vergangenheitsmodellen zu tun haben?

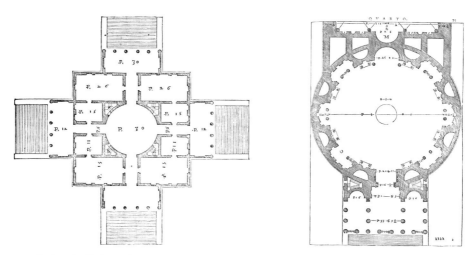

72 Andrea Palladio, Villa Rotonda, Grundriss, Vicenza (Andrea Palladio, I quattro libri dell'architettura, Faksimile der Ausgabe Venedig 1570, 2. Buch, Milano 1976, S. 19)

73 Pantheon, Grundriss, Rom (Andrea Palladio, op. cit., 4. Buch, S. 75)

74   Francesco Piranesi, Veduta interna del Pantheon volgarmente detto la rotonda (John Wilton-Ely, Piranesi, Milano 1994, S. 293)

Sehr viel, sobald man der sonderbaren, geradezu fanatischen Vorliebe nach-geht, welche die Generation von Boullée (geb. 1728), Ledoux (geb. 1736), Goethe (geb. 1749) für historische Rundbauten demonstriert. Zwei dieser historischen Rundbauten, nämlich das altrömische Pantheon, wie es aus der Hadrianzeit erhal-ten ist, und die Villa Rotonda von Palladio aus der oberitalienischen Spät-Renais-sance, erfahren in der Epoche zwischen 1750 und 1830 einen Grad der retro-spektiven Zuwendung, der an Exklusivität grenzt und ganze Bände französischer, englischer und deutscher Hommages füllt. Es ist deshalb keineswegs erstaunlich, dass im Verkaufskatalog des Kunsthändlers Rost von 1786 das Pantheon an erster Stelle mit dabei ist und als besonders teuer, weil besonders gross, angeboten wird. Man wusste sehr wohl, warum man ein grosses Modell von dem in Wahrheit auf-fällig kleinen Pantheonbau auf den Markt brachte. Hingegen ist erstaunlich, dass die Villa Rotonda fehlt in der «ganzen Suite» von Rost – denn die Epoche (bei wei-tem nicht nur Goethe!) schreibt ihr derartige Exklusivitätsrechte zu, dass sie meist schlicht zu den *antiken* Musterbeispielen gezählt wird (und Palladio selber hat das ja in den *Quattro libri* geschickt genug in die Wege geleitet), obgleich sie der Anti-ke erst runde anderthalb Jahrtausende später folgt.

Was können die Gründe und Motive sein für eine derart durchgehende, ja fanatische Vorliebe für die beiden Rundbauten? Mein Vorschlag: *Sie nehmen das*

Prinzip der gleitenden Skala in verblüffend konsequenter Weise um viele Jahrhunderte vorweg. Die beiden Grundrisse (Abb. 72, 73) zeigen, dass beide die uralte Ordnung der *einen*, *bilateralen* Symmetrieachse übersteigen und entweder zu vielen Symmetrieachsen gelangen (Kreis, resp. Innenhohlkugel des Pantheons) oder doch zu zwei Symmetrieachsen (vier identische Fassaden mit vier identischen Treppen bei der Villa Rotonda). Ganz im Gegensatz beispielsweise zu bilateralen Grundrissen (etwa eines Barockschlosses wie Versailles oder einer Langhauskirche wie St. Peter oder Kathedralen), die sich nie auf einen Punkt verkleinern lassen, lassen sich das Pantheon und die Villa Rotonda *modellmässig auf einen Punkt reduzieren*. Und diese Magie der Reduktionsmöglichkeit auf 'Beinahe-Null' und der unendlichen Expansionsmöglichkeit, immer entlang *mehrer* Symmetrieachsen – das, scheint mir, kann eine Erklärung abgeben für die so heftige Vorliebe der Epoche für den architekturtheoretischen Grundbegriff der 'Régularité'.

Gleichgültig, ob ein Zeitgenosse als Bildungsreisender, Archäologe, Renaissanceliebhaber oder tätiger Architekt Vicenza und Rom aufsuchte – immer scheint es ihm darum zu gehen, endlich *ins Fadenkreuz der gleitenden Skala* zu gelangen und in der Villa Rotonda sich vorzubereiten auf die Erfahrung der unendlichen Schrumpfungs- und Dehnungsmöglichkeiten der Innenhohlkugel des altrömischen Pantheons.

Es wirkt wie eine Bestätigung dieser Faszination, dass in derselben Dekade zwischen 1780 und 1790 (an deren Ende die französische Revolution nicht nur als Modell, sondern real ausbrach) auch der optische Aussenraum nicht mehr nur perspektivisch, sondern nun auch als *Panorama* wahrnehmbar wurde. Zwei Kunstmaler, der Schotte Barker in Edinburgh und der Deutsche Breysig, damals in Rom, haben unabhängig voneinander, doch im selben Jahr 1787, die Technik der Panorama-Malerei entwickelt, als eine Rundum-Darstellung, die der Betrachter von einer erhöhten Kanzel im Kreiszentrum aus anschaut.[7] Hier das Auge im Fadenkreuz, dort das Modell im Fadenkreuz.

---

7 Vgl. dazu A. M. Vogt, «Rotunde und Panorama – Steigerung der Symmetrie-Ansprüche seit Palladio», in: *Symmetrie in Geistes- und Naturwissenschaft*, Symposion Darmstadt 1986, Rudolf Wille (Hg.), Berlin 1988.

Das Skandalon der gleitenden Skala

Mit Goethe in Vicenza und Rom
Mit Dekonstruktion gegen Dekonstruktion

Der Besuch der Villa Rotonda in Vicenza führt Goethe 1786 in dem Moment zu einer *Enttäuschung*, als er das Innere betritt. Das Fazit heisst: «Inwendig kann man es wohnbar, aber nicht wöhnlich nennen.» Die Zentralsymmetrie entpuppt sich als *Stillegung der Proportionen* – und dadurch als ungeheuer, weil sie ins Riesige oder Winzige *gleiten kann*.

Gute fünfzig Jahre lang, von 1917 bis rund 1968, blieb ein wichtiger Teil der westlichen Architektur einer bestimmten Doktrin verpflichtet, die sich selbst als 'Moderne' oder 'Avantgarde' bezeichnet hat. Diese Konstanz ist erstaunlich genug für ein derart nervöses Jahrhundert wie das unsrige. Doch mit der Postmoderne haben sich nun die Theorien zu überschlagen begonnen. Ausgerechnet die Bautheorie, die sich stets als Schwester der Philosophie verstand und mit ihr zusammen erhöhte Ansprüche auf Dauer und Dignität zu stellen gewohnt war, ist nun womöglich noch modischer geworden als die Baupraxis selber. Philosophen und Architekturtheoretiker, die früher *vom Dach des Weltgebäudes* herab zu uns gesprochen haben, stehen heute am Kiosk.

So wenigstens nimmt es sich zunächst aus in Sachen 'Dekonstruktion', und eine gehörige Dosis Ärger vor dem Befremdlichen bleibt keinem erspart. Indessen: das Schlagwort selber ist nicht neu. Jacques Derrida, der französische Literaturkritiker und Philosoph, hat es vor mehr als zwanzig Jahren in seinem Buch *De la Grammatologie* (Paris 1967) erstmals vorgeschlagen. Bald wurde es bei den Literaturtheoretikern zum umstrittenen Kenn- oder Schwammwort – je nach Gruppenzugehörigkeit oder Blickwinkel.

1 Können die nonverbalen Künste eine Text-Theorie übernehmen?

Derrida versucht als Kritiker von philosophischen und literarischen Texten die unterlegten Werthierarchien der Autoren zu erkennen und zu demaskieren. Was bringt beispielsweise einen Husserl (der vor allem für den jüngeren Derrida von

Verfasst 1989, erstmals erschienen in: Gert
Kähler (Hg.), *Dekonstruktion? Dekonstruktivis-
mus? Aufbruch ins Chaos oder neues Bild der Welt?*,
Braunschweig/Wiesbaden 1990.

grosser Bedeutung ist) dazu, seine Schlussfolgerungen und Grundprinzipien mit derartiger hierarchisch stufender Bestimmtheit vorzutragen? Derrida entwickelt Methoden, um dessen Texte sowohl «mit Husserl» als auch «gegen Husserl» zu lesen – also gegen den Strich einerseits, mit Empathie andererseits. Alois Martin Müller beschreibt diesen Vorgang, der von Derrida als die «Schicht-Arbeit der Dekonstruktion» bezeichnet wird, auf plastische Weise, so dass eine Vermittlung zustande kommen kann zwischen dem abstrahierenden Räsonnement der Textkritik und dem bildhaften Anschauungsdenken der nonverbalen Domäne: «Die Texte werden [von Derrida] nicht nur verschieden interpretiert, sondern durch Interpretationen dazu gebracht, ihre *verborgenen und verdeckten* Inhalte preiszugeben. Sie liegen gleichsam auf der Couch und werden nach ihren Verdrängungen befragt. Es stellt sich dann heraus, dass die Texte, sofern sie Wahrheit sein wollen, gerade nicht zeigen können, wie die Wahrheit anwesend oder abwesend ist. Sie können das Erblicken und das Aus-dem-Blickfeld-Verschwinden von Wahrheit nicht beschreiben. Derrida sagt, er spüre den *blinden Fleck im Auge des Autors* auf, den Punkt, von dem aus dieser sieht und den er deshalb selbst nicht sieht. Die Texte werden also von der *Binnenperspektive* des Autors her betrachtet, unter ständigem Perspektivenwechsel. Das Ziel des Vorgehens ist nicht ein Verstehen im Sinne einer Verschmelzung der Horizonte, sondern das Herausarbeiten der *Unterschiede*. Die Gleichzeitigkeit von Anwesenheit und Abwesenheit, von Leben und Tod, Positiv und Negativ wird als offene Möglichkeit gedacht, die unter keinem Prinzip steht und deshalb verschiedene Mischverhältnisse zulässt. Dekonstruktion zerstört nicht, sondern versucht, den Antrieben und der Konstruktion von *Ursprungsdenken, Urgründen und Grundwahrheiten* auf die Schliche zu kommen. Sie bewegt sich in Zwischenräumen und ist als Denken selbst unterwegs in Zwischenräumen, um herauszufinden, wer und wo wir sind, wenn wir keine festen Bedeutungen mehr annehmen.[1]

Falls ich aus der Ferne meines Fachs (das Nonverbalem zugewendet ist) richtig beobachte, haben sich die Sprachbeflissenen über diese langen Jahre hin *nicht etwa* über Derridas «Schicht-Arbeit» *geeinigt*, sondern lediglich *geographisch gruppiert*. Begeistert bis zum Überschwang sind die Amerikaner, die eine eigene Zeitschrift mit dem Titel *Diacritics* für die Derrida-Nachfolge eingerichtet haben. Skeptisch bleiben die Europäer, vorab die deutschsprachigen. Und sie haben gute Gründe: Derrida ist für sie *bei weitem nicht jene isolierte Erscheinung*, als die er in der angelsächsischen Präsentation erscheint. Vielmehr setzt er, wie ich später zeigen möchte, eine Tradition fort, die spätestens um die Jahrhundertwende virulent wird und sich seither ununterbrochen behauptet hat: die *Tradition der sogenannten Entmythologisierung und Subversion*.

Mit der Ausstellung «Deconstructivist Architecture» vom Sommer 1988 in New York ist nun der Anspruch erhoben, dass Dekonstruktion (als Strategie oder

Methode des Verstehens von Texten) *auch übertragen werden könne auf körperliche Artefakte*. Nur schon deshalb, weil Texte sich im Nacheinander der Zeit erstrecken, Körper aber im Nebeneinander des Raums, sind Bedenken hinsichtlich der Übertragbarkeit – gewissermassen aus dem Feuchten der Sprache ins Trockene der Körper im Raum – nicht so leicht und auf alle Fälle nicht salopp von der Hand zu weisen.

Kann eine Schichtarbeit, die auf Wörter und deren Verflechtung zu Texten bezogen ist, auch sinnvoll sein in Gebieten, wo nicht Text gegeben ist, sondern Kontext in räumlicher oder flächiger Anordnung, das heisst als Gruppierung von Gebilden oder Bildern? Diese Frage allein schon ist, aus erwähnten Gründen, heikel genug. Nun wurde sie aber, im Sommer 1988, durch die Architekturausstellung in Manhattan dramatisch zugespitzt. Denn sie betrifft jetzt nicht nur den Kritiker und Interpreten – dort von Texten, hier von Nonverbalem – sondern den entwerfenden Architekten selbst. Dieser kann seinen Anspruch auf Dekonstruktion nur dann stellen, wenn er seine Arbeit mit der Arbeit des Kritikers eindeutig verknüpft und erklärt: «Auch ich bin Interpret.» (Nicht ganz unähnlich früheren Forderungen, die etwa hiessen «Anch'io sono pittore.»).

Dekonstruktion beim Kunstkritiker und beim Architekten ist also nochmals zweierlei, sofern die alte und nun wohl teilweise obsolete Differenz zwischen Kritiker und Gestalter aufrechterhalten bleibt. Angesichts dieser Mehrschichtigkeiten beschränke ich mich darauf, fünf Punkte vorzulegen, die als skizzenhafte Verdeutlichungsversuche zu verstehen sind.

Erstens: Die erwähnte Ausstellung «Deconstructivist Architecture» hat, soweit ich sehe, viel Interesse, aber auch ein beträchtliches Mass an Ärger und Provokation ausgelöst. Ich kann nicht leugnen, dass ich einen Teil der Vorwürfe teile:

– Irritation darüber, welche Architekten überhaupt ausgewählt, welche übergangen wurden;
– Irritation über eine zu knappe und knauserige Raumzuteilung (lediglich zwei kleine Säle), die den Eingeladenen keine Chance liess, sich deutlich zu erklären;
– Irritation über offenkundige Schwächen in der Argumentation des Katalogs, wie ihn Mark Wigley verfasst hat;
– Irritation darüber, dass Philip Johnson als Schirmherr des Ganzen auftreten konnte. Johnson ist ja nicht nur der Figaro jeder beliebigen Stilübernahme, er ist auch einer der Häuptlinge jener grossen amerikanischen Strömung, die Architektur grundsätzlich als die höchste und aufwendigste Form von Werbung betrachtet, damit auch in jedem Fall für *kurzfristige Verklärung* optiert – was

1   Alois Martin Müller, «Passagen ins 21. Jahrhundert», in: *Du* 12 (1988), Sondernummer Paris, S. 90; vgl. auch Alois M. Müller, «Vers une architecture de la différance», in: *Archithese* 1 (1989).

bekanntlich das Gegenteil von Aufklärung darstellt. Dadurch wurde die Gruppe, die auf ihre Weise aufzuklären sucht, gleichzeitig herausgestellt und entwertet, gelobt und sanft lächerlich gemacht, hofiert und unauffällig annulliert.

Zweitens: Hätte man dieser Gruppe einschliesslich der wichtigsten unter den Übergangenen mehr Raum zugesprochen, so hätte sich erweisen müssen, um was es geht – *um eine Architektur der artikulierten Konflikte.* Der Protest der Dekonstruktiven richtet sich mit guten Gründen darauf, dass eine echte Konfliktformulierung in der Bewegung der Moderne lediglich im ersten Jahrzehnt stattfand, dass aber spätestens 1928 jegliche sichtbare Konfliktverarbeitung gekappt wurde zugunsten einer Architektur der Idealisierung und der voreiligen Harmonisierung. Berühmteste Beispiele dafür: im Westen die Villa Savoye von Le Corbusier, im Osten die beiden Projekte für eine Lenin-Bibliothek – einerseits jenes der Gebrüder Wesnin, andererseits dasjenige von Ivan Leonidow –, alle drei 1927/1928 entworfen. Sie markieren den Übergang zur 'klassischen Moderne – und zugleich den Zeitpunkt, von dem an jene Architekten, die weiterhin Konflikte gestalten wollten (anstatt sie zu verleugnen) kaum mehr auf Wirkung hoffen konnten – ich denke an Tatlin, Rodtschenko und El Lissitzky, an Hannes Meyer, Hans Schmidt und Mart Stam, aber auch an Hugo Häring und Hans Scharoun.

Drittens: Diese frühe Abkehr der Architektur der Moderne: weg von der Auseinandersetzung und hin zur harmonisierten Utopie, ist doppelt merkwürdig, weil sie sich so scharf abhebt von dem, was damals gleichzeitig in den Nachbarkünsten und in den Geisteswissenschaften vor sich ging. Nachbarkünste: um nur an Picasso zu denken, der ein Leben lang Konfliktmalerei betreibt – ganz im Gegensatz zu seinem Generationsgenossen Le Corbusier, der ab 1928 der utopischen Idealisierung frönt und erst nach dem Zweiten Weltkrieg auf das Artikulieren von Konflikten zurückkommt. Geisteswissenschaften: ihre wichtigsten Vertreter wenden sich, trotz enormen Widerständen aus der Bourgeoisie, dem Aufspüren und Aufdecken von Konflikten zu. Unter den Kennworten 'Entmythologisierung' und 'Subversion' sind vier aufeinanderfolgende Generationen am Werk, von Sigmund Freud über Rudolf Bultmann bis zu Roland Barthes, von den ersten Frauenstudien, die der Entmythologisierung des Patriarchats den Weg öffnen, bis zur vierten Generation von Subversiven, zu der, neben Kristeva und Derrida, auch Habermas und Theunissen gehören. Warum hat die Architektur, ganz im Gegensatz etwa zur Malerei, von dieser pionierhaften Konflikt-Arbeit seit Freud kaum Kenntnis genommen und sich abgesetzt in jene Schwebe-Träume, die sich in einer Utopie der harmonisierten Perfektion verlieren?[2]

Viertens: Für konfliktbewusste Architekten – ich denke hier an Rem Kolhaas und Bernard Tschumi – kann der euklidisch reine oder der cartesianisch reine Würfel nicht das Ganze sein. Tschumi versucht im Park de la Villette in Paris, der sich im Bau befindet, die konventionelle, idealisierende Baugeometrie zu beschädigen, indem er die beiden alten Vorbilder, den englischen Garten und den französischen Garten, einander attackieren lässt. Die Flächen der Kanal-Landschaft, die Linien der Wege und Stege und die Punkte der roten Pavillons werden dadurch gestört. Wie ernst ist die Störungsfront? Ist sie mehr als ein Theaterdonner? Die Störungsfront über La Villette hat den Ernst des konfliktintensiven Spiels. Und derartiges Spiel hat, frei nach Hegel, mitunter einen höheren Ernst als das Leben selbst. Tatsächlich sind Tschumis Galerien unter dem Wellendach aus Wellblech und die roten «beschädigten» Würfelpavillons immer auch zugleich so spielhaft, dass sie der Kinderwelt ohne Umschweife nahekommen. Man weiss ja und glaubt sich zu erinnern: Die Kinderwelt ist nicht eine harmonisierte Sphäre, sondern eine krude, ungeschönte Welt ohne Utopien, in der Wünsche und Ängste unvermittelt aufeinanderstossen. Deshalb wird kein Kind gegen den beschädigten Würfel etwas einzuwenden haben, – im Gegenteil, es wird mit ihm spielen.[3]

Fünftens: Derrida sucht den «blinden Fleck im Auge des Autors» aufzuspüren, den Punkt also, von dem aus der Autor sieht und den er folglich selbst nicht sieht. Nun ist, aus der Distanz der nonverbalen Hervorbringungen gesehen, Derrida selbst mit mindestens einem blinden Fleck behaftet, und dieser betrifft die hierarchische Installation des Wortes hoch über allen übrigen Mitteln des Ausdrucks, die Menschen zu Gebote stehen. Es gibt ja nicht nur den versteckten Konflikt zwischen Reden und Schreiben, wie ihn Derrida so eindrucksvoll aufdeckt – es gibt den viel weiter gespannten Konflikt (der Rangordnung) zwischen beredter und stummer Hervorbringung, das heisst, zwischen der Wortebene und der Anschauungs- und Tastebene, als Wortmächtigkeit hier und Bildbemächtigung dort. Hat Derrida in den letzten Jahren den Kontakt zu Architekten gesucht, weil ihn diese «niedere» Welt des Nonverbalen heimlich oder auch unbewusst anzieht? Warum hat er dann nicht versucht, deutlicher aus den Spiegelspielen der Wortbedeutungen auszusteigen (und dann beispielsweise missglückte, weil phonetisch unsorgfältige, Bedeutungsspiele wie «Hegel/Aigle» endgültig hinter sich zu lassen)? In der Tat sind nonverbal orientierte Berufe wie der des Architekten auf ein «Penser avec les mains» (Denis de Rougemont) angewiesen, welches das Tasten und Berühren, den Miteinbezug des Andern, damit auch den Begriff der Arbeit und besonders den der Teilung der Arbeit einschliesst.

Ein erster Schritt auf dem Wege der Dekonstruktion falscher hierarchischer Blockierungen zwischen Wortzone und nonverbalem Bereich wird sein, den Unterschied zwischen Strich oder Riss des Schreibers und Strich oder Riss des

2 Vgl. hierzu A. M. Vogt, «Das Schwebe-Syndrom der Architektur der Zwanziger Jahre», folgender Essay in dieser Publikation und in: *Das architektonische Urteil. Annäherungen und Interpretationen von Architektur und Kunst*, Basel: Birkhäuser 1989, S. 201 ff.

3 Vgl. hierzu A. M. Vogt, «Der Haussegen hängt schräg ('Deconstructivist Architecture' in New York)», in: *Hochparterre* 1 (Oktober, 1988), S. 70 ff.

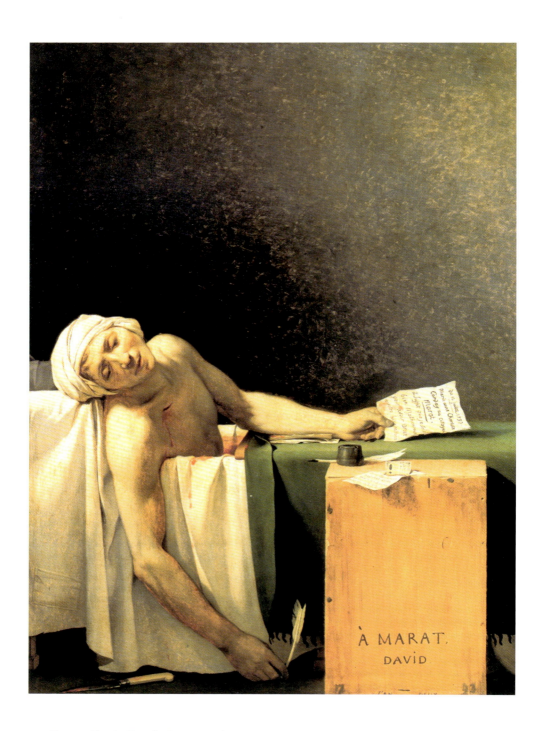

75   Jacques-Louis David, La mort de Marat [«Marat assassiné»], 1793 (Ausstellungskatalog
Paris/Versailles 26. Oktober 1989 – 12. Februar 1990, Jacques-Louis David 1748–1825, Paris 1989,
S. 283)

Zeichners (Entwerfers) auszuarbeiten. Sie sind grundsätzlich verschieden und markieren eine mindestens so gewichtige Differenz wie die zwischen Reden und Schreiben – doch Derrida scheint das nicht zu erkennen. (Sein blinder Fleck lässt ihn, zumindest in dieser Sache, immer noch von Heidegger abhängig sein, der den Unterschied ebenfalls nicht wahrhaben wollte.

2 Goethe, Boullée und das Skandalon der gleitenden Skala

Im zweiten Teil meines Aufsatzes wende ich mich von der aktuellen Situation weg und befasse mich mit der Phase des 'Sturm und Drang' im 18. Jahrhundert. Die Begründung dafür ist doppelter Natur: Einerseits ist das mein eigenes Forschungsgebiet; andererseits hat Derrida in der 'Grammatologie' seine Theorie der Dekonstruktion vor allem an der Lektüre von Jean-Jacques Rousseau entwickelt – und Rousseau ist eine Hauptfigur des 18. Jahrhunderts, die auch in meiner Darstellung eine zentrale Rolle spielt.

'Esprit de Géométrie'
Jacques Louis David gilt in Frankreich als der Revolutionsmaler par excellence. Tatsächlich war er politisch engagiert. Er war Mitglied der Convention, er stimmte für den Tod des Königs, er unterstützte Robespierre und er wurde nach dem 9. Thermidor eingekerkert. Und, was persönlich und beruflich besonders charakteristisch ist, er war mitbeteiligt an der Abschaffung der Kunst-Akademien.

Davids «Schwur der Horatier», 1784, also fünf Jahre vor Revolutionsausbruch gemalt, gilt als Meisterstück des neuen Geistes: kein Ornament, nichts Überflüssiges, Askese. Sonderbarerweise kommt aber dieser Geist der Purifikation, gesteigert zur geometrisch-feinen Form, erst ganz zur Artikulation in «Marat assassiné». (Abb. 75) Dieses Bild ist das grausamste, das David gemalt hat. Doch es enthält auch das reinste Objekt, das David je gemalt hat.

Baudelaire hat «Marat assassiné» besonders verehrt. Für ihn ist es Davids Meisterwerk überhaupt. Was für Gründe gibt er an? «Ceci est le pain des forts et le triomphe du spiritualisme; cruel comme la nature, le tableau a tout le parfum de l'idéal.»[4] («Dies ist das Brot der Unerschrockenen und der Triumph der Geistigkeit; dieses Bild ist grausam wie die Natur und hat den vollen Glanz des Idealen.») Baudelaire gehört nicht zu denen, die den Begriff des «Idealen» ständig und leichtfertig im Munde führen. Er muss seine Gründe haben für diesen Ausspruch bei einem Bild, das eine der grossen Horrorstories der Revolutionsjahre reporterartig

---

4   Jean Starobinski: *1789, Les Emblèmes de la Raison,*
Paris 1979, S. 78.

darstellt. Wenn es da etwas «Ideales» zu beschreiben gab, dann konnte das gewiss nicht am gemordeten Revolutionär oder am Schreibzeug oder an dem als Mordwerkzeug verwendeten Küchenmesser gezeigt werden. Liegt das Ideale eher in der grossflächigen Darstellung des Tuches? Gewiss, ein Ansatz zu kannelurartiger Drapierung ist nicht zu leugnen. Doch es ist die armselige Holzkiste, behelfsmässig dienend als Schreibpult des hautkranken Badenden, die paradoxerweise den Glanz des Idealen ausstrahlt. Ein geladener Widerspruch. Armseligstes, billigstes Holz, aber präsentiert mit der Würde eines Marmorsockels. Das hat nicht nur mit der Inschrift «A Marat. David» zu tun, es ist der *Esprit de Géométrie*, der hier am banalen und trivialen Objekt zur Geltung kommt, oder besser: zur Artikulation gebracht wird.

Der Prozess dieser Artikulation wird ausgelöst von einem einfachen Kompositionsgedanken. David verschiebt die senkrechte Perspektivebene des betrachtenden Auges aus der Bildmitte weit hinaus nach rechts und legt sie genau auf die äussere, rechte Kante der Holzkiste. Dadurch wird die Knickung zwischen senkrechter und waagerechter Kantenlinie aufgehoben und in eine ungebrochene senkrechte Gerade überführt. Dieser Kontrast zweier Ansichten – links die übliche Knickung durch Perspektive, rechts deren Aufhebung – macht das Auge frei zum Wahrnehmen *zweier* Geometrien. Einerseits sehe ich die Holzkiste in ihrer Derbheit und Armut, andererseits erkenne ich die bereinigte, idealisierte Form dieses Gebildes als Quader. Mein Sehen wird nun eher ein Vorstellen als ein Beobachten. Mein «inneres Auge» entfaltet eine spezifische Vorstellungskraft zu Geometrie und Stereometrie. Zwischen den beiden Sehweisen, die David durch seine Achsenverschiebung provoziert, besteht eine Differenz. Aus dieser Differenz scheint jener *Esprit de Géométrie* zu leben, der die Jahre der französischen Revolution kennzeichnet.

Wer Davids «Marat assassiné» gesehen hat, wird sich nicht verwundern darüber, dass die Revolutionäre selber der Geometrie eine besondere Bedeutung zugemessen haben für das, was sie als die «Régéneration», als die Wiedergeburt klarer und würdiger Lebensverhältnisse, bezeichnet und angestrebt haben. Tatsächlich hat einen Monat nach Marats Ermordung durch Charlotte Corday, also im selben Sommer 1793, ein Abgeordneter namens Dufourny, der selber Architekt war, in der Convention zwei Forderungen für die neue revolutionäre Architektur aufgestellt: erstens, dass «les monuments fussent simples comme la vertù» («... einfach wie die Tugend»), zweitens, dass die neue Architektur «doit se régénérer par la géométrie» («durch die Geometrie wiederbelebt werden muß»).[5]

Mit dieser Unterscheidung zweier Geometrien, einer trivialen und einer idealen, wie sie David in seinem Mordbild sichtbar macht, sind wir mitten im Thema. Unsere Fragen lauten: Was geschieht, wenn der Anteil des Geometrischen in der Architektur Überhand nimmt? Wieviel hat das zu tun mit der Behauptung der beiden Revolutionen von 1789 und 1917, sie würden die kompromittierten Klassen zu neuen, nämlich modernen Menschen verändern?

Wir werden zunächst die Ambitionen von 1789 zu überprüfen suchen und folgen dabei einem aufmerksamen Zeitgenossen, dem Dichter und Naturforscher Johann Wolfgang von Goethe.

«Es ist alles, wie ich mir's dachte, und alles neu.»
Beim Eintreffen in Rom am 1. November 1786 notiert Goethe: «Nur unter der Porta del Popolo war ich mir gewiß, Rom zu haben.» Doch was er jetzt «hat», hatte er längst schon gekannt – durch die Vermittlungsdienste des Modells. «Die ersten Kupferbilder, deren ich mich lebhaft erinnere (mein Vater hatte die Prospekte von Rom auf einem Vorsaale aufgehängt), seh' ich nun in Wahrheit, und alles, was ich in Gemälden und Zeichnungen, Kupfern und Holzschnitten, in Gips und Kork schon lange gekannt, steht nun beisammen vor mir, wohin ich gehe, finde ich eine Bekanntschaft in einer neuen Welt, es ist alles, wie ich mir's dachte, und alles neu.» (Italienische Reise, Eintrag vom 1. November 1786)

Die Überraschung von Rom ist also keineswegs eine naive, sie ist vorbereitet, sie ist gewissermassen reguliert und vordisponiert durch Vorwegnahmen der Einbildungskraft. Diese Vorwegnahme heisst Modell: *massstäblich korrekte, mathematisch richtig* verkleinerte Wiedergabe, einerseits als Gemälde oder Zeichnung, Kupfer oder Holzschnitt (*scheinbar* dreidimensional), andererseits als Gebilde aus Gips und Kork (*wirklich* dreidimensional).

Der Aufwand, der für wirklich dreidimensionale Modelle getrieben wird, ist schon am Anfang des 18. Jahrhunderts beträchtlich. Der Landgraf Karl von Hessen-Kassel beispielsweise benötigte für seine Sammlung von Modellen ein eigentliches *«Modellhaus»*, das er 1711/1712 errichten liess. Das Hauptstück war das 1709 begonnene Modell des Parks am Karlsberg (Bergpark Wilhelmshöhe). Diese massstäbliche Wiedergabe des Berghangs mit den projektierten Kaskaden, Schlössern, Lusthäusern, Gärten und Statuen erreichte bald einmal 220 Fuss (etwa 63 Meter) Länge, so dass ein ganzer Saal von mindestens zwei Geschosshöhen zur Unterbringung nötig wurde.

Goethe zählt Korkmodelle mit grösster Selbstverständlichkeit zu dem, was «die Begierde, nach Rom zu kommen», so gross gemacht habe – aber so alt ist diese Wiedergabetechnik damals noch gar nicht, vor allem dann nicht, wenn für den Begriff «Modell» ein genaues Vermessen des Originals und danach eine massstäblich korrekte Verkleinerung vorausgesetzt wird. Und auf diese beiden Präzisierungen kommt es an: auf die exakte Vermessung des alten Monuments und auf den exakten Transport in die Verkleinerung. Sie geben dem Modell als Nachgebilde eine neue Bedeutung, einen neuen Rang. Dass dieses Können auch seine Folgen

---

5   Id., *op. cit.*, S. 182.

hat, dass das zu neuer Dignität gelangte Modell den herkömmlichen Architektur-
begriff aus den Angeln zu heben droht, soll uns nun beschäftigen.

Palladio als «Polarstern und Musterbild»

Am 21. September 1786 besucht Goethe «das eine halbe Stunde von der Stadt auf
einer angenehmen Höhe liegende Prachthaus, die Rotonda genannt». Wieso
kommt er zu der Bemerkung: «Vielleicht hat die Baukunst ihren Luxus niemals
höher getrieben?» Offenbar deshalb, weil das «viereckige Gebäude» von allen vier
Seiten her denselben Aufwand treibt und zur viermal identischen Fassade gelangt.
«Von allen vier Seiten steigt man auf breiten Treppen hinan […], jede einzelne Seite
würde als Ansicht eines Tempels befriedigen.» Dieser Luxus als vierfache Wiederholung Desselben führt notgedrungen dazu, dass der Raumaufwand für «Treppen
und Vorhallen […] viel größer ist als das Haus selbst». Woraus dann der bekannte,
immer wieder zitierte Schluss gezogen wird: «inwendig kann man es wohnbar, aber
nicht wöhnlich nennen.»

Diese ʻUnwöhnlichkeit' muss ja wohl mit dem Luxus des Vierfachselben zu
tun haben – mit anderen Worten: Goethe ist ebenso fasziniert wie irritiert von der
Tatsache, dass Palladio in diesem Bau *nicht bilateral* symmetrisch bleibt, sondern
zwei Symmetrieachsen kreuzt und damit in die *Zentralsymmetrie* aufsteigt, oder, wie
man mit gleichem Recht sagen kann, auf diese zurückkommt oder in sie absteigt.

Ein Brief Goethes an Charlotte von Stein, geschrieben in denselben Tagen,
behandelt dieselben Argumente in freierer Sprache: «Hier konnte der Baumeister
machen, was er wollte und er hats beynahe ein wenig zu toll gemacht […], von weitem
nimmt sich's ganz köstlich aus, in der Nähe habe ich einige unterthänige Scrupel.»[6]

Am Abend des 22. September verfolgt Goethe in der Akademie von Vicenza
ein Gelehrtengespräch, in welchem Palladios Name mehrfach erwähnt wird. Er
fühlt sich erquickt, «den Palladio nach so viel Zeit immer noch als Polarstern und
Musterbild von seinen Mitbürgern verehrt zu sehen».

Für die Italienreisenden der Goethezeit gab es nur zwei Zentralbauten, die
vertraulich abgekürzt einfach als ʻRotonda' bezeichnet werden durften – jene von
Palladio bei Vicenza und das Pantheon aus der Hadrianzeit im Zentrum von Rom.
Das Pantheon wird zwar in Goethes Reisetagebuch mehrfach erwähnt, aber eine
gründliche Beschreibung erfährt es nicht. Am 9. November sieht er sich bewegt
«zur freudigen Verehrung [seiner] – *Großheit*». Am 3. Dezember trifft ihn wieder
dieselbe Wahrnehmung, aber vom anderen Ende beobachtet: Er fühlt sich «klein»
und *«ans Kleine gewohnt»* und kann sich «diesem Edlen, Ungeheuren» niemals
gleichstellen.

Gewiss kommt Goethe hier in die Nähe jener Rom-Erfahrung, die nur wenige Jahre früher (um 1780) den Zürcher Maler Heinrich Füssli zu der Skizze «Der
Künstler, verzweifelnd vor der Größe der antiken Trümmer» inspirierte. Aber es

ist ja so, dass weder die Rotonda von Rom noch jene bei Vicenza aussergewöhnliche Masse haben. Das «Ungeheure» an ihnen hat subtilere Ursachen – sie liegen im Rückgriff (oder Vorgriff) auf die Zentralsymmetrie, welche die Proportionen stillegt auf jene *«Régularité»*, die schliesslich im Verhältnis 1:1:1:1 mündet. Genau wie das Quadrat unter den Rechtecken das letzte oder erste ist, sind der Kreis und die Kugel das Ende oder der Anfang. Quadrat und Kreis, Kubus und Kugel bedeuten je die Stillegung der Proportion. Sobald sie dominierend werden, wie in den beiden so leidenschaftlich-furchtsam verehrten Rotunden, steht der Betrachter in Wahrheit vor *der gleitenden Skala*. Er erlebt nicht mehr eine feste, stabilisierte Beziehung von Breite zu Höhe, oder von Boden zu Kuppel, sondern die Neutralisierung in der Waagerechten wie in der Senkrechten; und diese Neutralisierung der Masse zueinander, das heisst der Proportion, des Zusammenspiels oder der Concinnitas entpuppt sich als «ungeheuer», weil sie ins Riesige oder Winzige gleiten kann. An die Stelle der Sicherheit, der Würde und der Harmonie der Proportion A : B tritt in der Zentralsymmetrie A : A das Gleitgefühl des Fadenkreuzes – etwas, das man in den modernen Medien «zooming» oder «zeroing in» nennt.

Mit anderen Worten: Derartige Zentralbauten erzeugen ein Schwindelgefühl des Modellhaften, sind selber Modelle, gerade darum, weil sie gross oder klein gelesen werden können. Das Schwindelgefühl liegt in der Qualität dieser gleitenden Skalen, die jedem Vergleich zum sogenannten menschlichen Mass entzogen sind und ein Durchgleiten – bei gleichbleibender regulärer Form – durch jene Grössenordnung möglich machen.

Noch deutlicher: Ganz im Gegensatz beispielsweise zu bilateralen Grundrissen (etwa eines Barockschlosses, wie Versailles, oder einer Langhauskirche, wie St. Peter, oder einer Kathedrale), die sich nie auf einen Punkt verkleinern lassen, lassen sich das Pantheon und die Villa Rotonda *modellmässig auf einen Punkt reduzieren*. Diese Magie der Reduktionsmöglichkeit auf *Beinahe-Null* und der Expansionsmöglichkeit *auf Unendlich*, immer entlang von *mehr als einer Symmetrieachse*, scheint mir, kann eine Erklärung abgeben für die so heftige Vorliebe der Epoche für den architektonischen Grundbegriff der «Régularité».

Gleichgültig, ob ein Zeitgenosse Goethes als Bildungsreisender, als Archäologe, als Renaissanceliebhaber oder tätiger Architekt Vicenza und Rom aufsuchte – immer scheint es ihm darum zu gehen, endlich ins *Fadenkreuz der gleitenden Skala* zu gelangen und in der Villa Rotonda sich auf die Erfahrung der unendlichen Schrumpfungs- und Dehnungsmöglichkeiten der Innenhohlkugel des altrömischen Pantheons vorzubereiten.

6   Johann Wolfgang von Goethe, «Den 21. September [1786], abends», in: *Italienische Reise*, herausgegeben und kommentiert von Herbert von Einem, Hamburg 1951, S. 586.

Das Musterbild beim Wort genommen

Was Goethe nicht gewusst hat: Es gab zwei zeitgenössische Architekten in Frankreich, welche die Rotundenbegeisterung der Italienreisenden beim Wort genommen und versucht haben, eine moderne Entsprechung der altrömischen Pantheon-Idee und der Vicentiner Rotunda-Idee zu entwerfen. Boullée hat seinen 'Kenotaph für Newton' 1784 gezeichnet, (Abb. 54) zwei Jahre also vor Goethes Italienreise, und Ledoux hat seinen Friedhof für Chaux (Abb. 15) nur wenige Jahre später konzipiert. Stellt man die Grundrisse und Schnitte der beiden klassischen und der beiden modernen Rotunden nebeneinander, so kann die Frage nicht ausbleiben: Wie hätte Goethe wohl reagiert, wenn er die beiden Entwürfe von Boullée und Ledoux kennengelernt hätte? Dadurch, dass Boullée und Ledoux die klassischen Rotunden blosslegen, ihres Schmuckes entkleiden, die bisher lediglich eingeschriebene Kugel zur voll gebauten Kugel vorantreiben, entwickeln sie die gleitende Skala des Fadenkreuzes bis an die Grenze des Absurden. Ein Skandalon, und zwar eines, das den beiden Pariser Architekten und der Gruppe ihrer Nachfolger schon bald nicht mehr verziehen wurde. Sie hatten etwas blossgelegt, eine *mise à nu* vollzogen, die auf lange Zeit nur mit 'Vergessen' und Verdrängen bewältigt werden konnte. In der Tat sind Boullée, Ledoux und ihre Gefolgsleute rasch genug ganz aus dem Geschichtsbild herausgefallen – und als Emil Kaufmann fast anderthalb Jahrhunderte später, ab 1933, die verschollenen Architekturen des Fadenkreuzes aus den verstreuten Archiven zu heben begann, waren gerade die Franzosen selbst für dieses Spiel mit dem Absurden zunächst am wenigsten zugänglich.[7]

Dass die konsequente Zuendeführung des Modellhaften, der Régularité und der gleitenden Skala den Begriff der Architektur selbst ins Wanken bringt und damit schwer zu benennde Ängste auslöst, kann man sich bereits mit Hegels kunstgeschichtlicher Argumentation vor Augen führen. Bekanntlich durchläuft Hegel zufolge jede künstlerische Gattung drei Phasen, eine erste der äusserlichen Symbolisierung, eine zweite der Übereinstimmung von Verkörperung und Gehalt und schliesslich eine dritte, in der das Zusichkommen des Geistes das Äusserliche mitverwandelt und aufhebt. Was nun die Architektur betrifft, so ist für Hegel sogar die Pyramide der Ägypter nur Symbolform, und diese dient durch ihre «Maßlosigkeit» dem «Ungeheuren». Tatsächlich ist ja die Pyramide auf dem Grundriss des Fadenkreuzes ausgelegt und damit dem Phänomen der gleitenden Skala ganz ausgesetzt. Weil nämlich die riesige Pyramide am Wüstenrand durch ihre Vierfachselbigkeit zugleich riesig und winzig wirkt – und somit eben «ungeheuer». Hegel hat zwar seine *Ästhetik* erst dreissig Jahre nach Goethes Italienischer Reise und den Hauptentwürfen der beiden französischen Revolutionsarchitekten in Berlin vorgetragen – aber noch zu Goethes Lebzeiten. So gesehen, enthält oder weckt das Skandalon der Revolutionsarchitektur die Angst vor dem Rückfall tief in die Anfänge, hinter die Griechen zurück (deren Leistung Hegel zufolge darin besteht, Archi-

76 Johann Wolfgang von
Goethe, Altar der Agatha Tyche in
Goethes Garten, Weimar, 1777
(Adolf Max Vogt, Boullées
Newton-Denkmal, Basel/Stuttgart
1969, S. 129)

tektur von Skulptur zu trennen und damit der Architektur eine dienende Rolle
zuzuweisen).

So setzt Hegel ein Ende der selbständigen Architektur in jene Dämmerpha-
se der Menschheit, wo der Schlaf der Vernunft noch Ungeheuer erzeugt: «Ausge-
burten eines schweren Traums, der die Menschheit vor dem Erwachen ängstigte.»[8]
Dieses Ende von reiner, symbolischer Architektur, wir würden sagen: massloser,
oder besser massfreier Architektur verkündet Hegel nur wenige Jahrzehnte, nachdem im westlichen Nachbarland – rätselhaft verbunden mit den Zielen und Emo-
tionen der grossen Revolution – in seiner Jugendzeit wieder ein solches Ende vollzogen worden ist. Ein Ende, von dem leider weder Goethe noch Hegel etwas
erfuhren.

Goethe selber, übrigens, wäre im Umgang mit Boullée und Ledoux, sollte er
ihr Werk kennengelernt haben, aus guten Gründen abwägend-vorsichtig gewesen.
Denn er hatte ja selbst im Jahre 1777, also neun Jahre vor der Italienischen Reise,
in seinem Garten in Weimar den «Altar der Agatha Tyche» errichtet, (Abb. 76) ein

7 Zur Wiederentdeckung der sog. französischen
Revolutionsarchitektur vgl. A. M. Vogt, *Boullées Newton-Denkmal, Sakralbau und Kugelidee* (Vogt-Boullée
1969), Basel 1969; sowie É.-L. Boullée, *Architektur, Abhandlung über die Kunst* (Vogt-Boullée 1987), mit Beat

Wyss (Hg.), Einführung und Kommentar von Adolf
Max Vogt, Zürich/München 1987.
8 Beat Wyss, *Trauer der Vollendung. Von der Aesthetik
des Deutschen Idealimus zur Kulturkritik an der Moderne*,
München: Mathes & Seitz 1985, S. 25.

Würfelstein, auf dem eine reine, schmucklose Kugel lagert. Mit diesem zentral-symmetrischen Gebilde war er ja in der Richtung auf das vorangegangen, was die französischen Revolutionsarchitekten eine knappe Dekade später absolut zu zele-brieren begannen: den Kult der Kugel. So hätte sich für ihn, was Boullée und Ledoux betrifft, das «Fliehen» und «Suchen» der Geistesverwandten eigentümlich komplex dargestellt, als *verschränktes* Problem der eigenen Generation.

Die zweite Stufe des Skandals

Schauen wir nochmals zurück auf die irritierende Ambivalenz von 1789. Zwar kön-nen aufgeklärte Geister wie Goethe ihr Lob für das Pantheon und für Palladio nicht hoch genug singen – doch wenn zwei andere Zeitgenossen das Lob beim Wort nehmen und, was Zentralsymmetrie und Kugelform betrifft, dasselbe tun, dann werden sie verdammt. Einerseits beginnt mit Goethes Generation jene Pan-theon- und Palladio-Verehrung, welche die Architekturbeziehung der westlichen, humanistisch gebildeten Klassen bis auf den heutigen Tag dominiert (nur jetzt ergänzt um ein drittes P: neben Pantheon und Palladio nun auch Piranesi). Ande-rerseits werden Boullée und Ledoux, die diese Verehrung wörtlich nehmen und in Entwurf umsetzen, mit der schärfsten Strafe belegt: Sie werden spätestens ab 1810 mit dem Verdammungsurteil der ‹Megalomanie› belegt und in der Folge totge-schwiegen. Tatsächlich gibt es die französischen Revolutionsarchitekten über runde 120 Jahre in der Architektur- und Kunstgeschichte nicht. Dem Österreicher Emil Kaufmann bleibt es vorbehalten, sie um 1933 in den französischen Archiven wiederzuentdecken. 1952 publizierte Helen Rosenau in London die ungedruckt gebliebene, in ihren Prinzipien völlig neuartige Architekturtheorie von Boullée, und um 1968/1969 war es so weit, dass Wanderausstellungen sowohl in Deutsch-land (von Baden-Baden aus) als auch in den Vereinigten Staaten (von Houston aus) zirkulierten. Wenn wir heute Boullées Newton-Kenotaph als eine Art Etikett oder Merkzeichen (wofür?) dauernd abgebildet sehen, sollten wir daran denken, dass es bis vor 20 Jahren vergessen, verdrängt und mit einem Tabu belegt gewesen war.

Was Goethe darf, darf Boullée nicht. Genauer: Was Goethe vielbewundert und ungestraft in Worte fassen darf, darf Boullée nicht als Entwurf zeichnen (Das Schreiben und das Zeichnen, obwohl mit derselben Hand vollzogen und beide Male graphische Zeichen hervorbringend, werden offensichtlich nicht mit dersel-ben Elle gemessen.).

Vor dieser skandalösen Ambivalenz von 1789 heisst unsere nächste Frage: Wer hat Boullée zu diesem unglückseligen Kugelentwurf verführt?

Die Verführung zur ‹Régularité›

Vom Architekten selber her ist die Antwort ganz eindeutig: Er widmet sein Monu-ment dem Naturforscher und Mathematiker Sir Isaac Newton, und in seiner Architekturtheorie bezeichnet er diesen Kugelentwurf nicht nur als sein Hauptwerk, sondern widmet Newton und dessen Erklärung des Kosmos eine eigene Würdigung. Dieses Kapitel allerdings, betitelt «An Newton», ist abgefasst wie eine Hymne. Einige bewerten sie als pathetisch, andere als wirr (so wie übrigens auch Ledoux' Texte bis vor kurzem als «wirr» bezeichnet wurden). Ich habe das Kapitel, in meinem Buch über Boullées Newton-Denkmal[9] und später wieder in meinem Kommentar zu Boullées Kunsttheorie[10], genauer zu analysieren versucht. Die einzelnen Schritte dieser Analyse kann ich hier nicht vorführen, aber das Resultat lässt sich eindeutig und klar mitteilen. Boullée will dem Betrachter seines Monuments, den er sich als «Cosmopolite» denkt, etwas Bestimmtes vorführen. Er will ihm nämlich, als Bewohner des rotierend-abgeplatteten Planeten, zeigen, wie dieser Planet vor Beginn der Rotation aussah, das heisst, bevor Gott mit Michelangelos Finger den Anstoss zur Umdrehung um die eigene Achse gab.

Das Schauen der reinen, unberührten, ursprünglichen, anfänglichen Form, das Boullée uns auf diese Weise zumutet, würde Edmund Husserl als ein «Halluzinieren» bezeichnen, und René Descartes würde es beschreiben als «etwas zwischen Schlafen und Wachen». Boullée wollte somit eine Grundform der Geometrie erbauen, etwas, was es in reiner Gestalt auf diesem Planeten von vornherein nicht gibt, was aber spätestens seit der ägyptischen Pyramide und spätestens seit dem sagenhaften ersten Geometer (heisse er nun Imhotep oder Snofru, Thales oder Euklid) sehr wohl in unseren Köpfen existiert: als Vorstellungskraft zur Geometrie.

Mit dieser skandalösen Ambition, die ursprüngliche, reine Planetenkugel abbildend zu bauen, kommt nun Boullée allerdings nicht nur in die Nähe von Newton (der bereits 1729, ein Jahr nach Boullées Geburt, gestorben ist), sondern womöglich noch deutlicher in die Nähe von Jean-Jacques Rousseau (der, 16 Jahre früher, 1712 geboren, zur selben Generation wie Boullée gehört). Denn Rousseau ist wie er besessen von Anfangsideen, die allerdings bei ihm weder im geometrischen noch im architektonischen Bereich Gestalt annahmen. Er ist bekanntlich davon überzeugt, dass der ursprüngliche, noch nicht von Zivilisation und Besitzdenken kompromittierte Mensch «gut» war. Und das scheint *in Analogie* zu stehen zu Boullées Überzeugung, dass der anfängliche Planet als Kugel reine – also «gute» – Form war.

Nun hat einer der Kenner des 18. Jahrhunderts und seiner Aufklärungsbewegung, Jacques Derrida, das Verhalten von Rousseau zwischen Natur (d. h. dem Ursprünglichen) und Kultur (d. h. dem heutig Abgeflachten) genauer untersucht und dabei merkwürdige Widersprüche beobachtet. Rousseau entwickelt und ver-

9 Vogt-Boullée 1969, spez. Kap. 9–12.   10 Vogt-Boullée 1987, Typ. XII, Abb. 35–38, S. 131, und S. 26ff.

kündet eine anscheinend klare Reihe von Primärwerten und unterscheidet von ihnen die sogenannten Suppléments oder Sekundärwerte, die er als abgeleitet und abhängig einstuft. Primär ist für ihn Natur im Gegensatz zum Supplément Kultur, damit also auch «Ursprung» im Gegensatz zum Supplément «Geschichte», Sprechen im Gegensatz zum Supplément Schreiben, Unschuld im Gegensatz zum Bösen usw. Derrida kann belegen, dass Rousseau sowohl in den *Confessions* als auch im Erziehungsroman *Emile*, offenbar unbewusst, eine ganze Reihe von Verstössen und Gegenargumenten gegen dieses eigene Wertschema unterlaufen.[11] Er scheint sich zuweilen zum eigenen Wertschema geradezu subversiv zu verhalten. Um nur zwei Beispiele zu nennen: Rousseau lobt natürliche Sexualität und verachtet Masturbation, bekennt sich aber, in den *Confessions*, wie V. B. Leitch das nennt, als «master masturbator».[12] So verachtet er auch Erziehung, weil ja die Natur selbst dem natürlichen Kinde alle guten Kräfte je schon gab – schreibt dann aber doch den Erziehungsroman *Emile*, der der Natürlichkeit des Natürlichen nachzuhelfen hat (ganz analog übrigens zur damaligen Leidenschaft für den englischen Landschaftsgarten, der ja ebenfalls dadurch zustande kommt, dass der Natur durch Architekten und Gärtner gehörig nachgeholfen werden muss, damit die Natur ihre Natürlichkeit besser artikuliere).

Meine These: *Boullée übernimmt und überträgt Rousseaus Wertschema*, obwohl er ihn nur selten erwähnt und stets von Isaac Newton spricht. Da er das Kugelmonument als sein Hauptwerk bezeichnet und auffällig oft bei anderen Entwürfen ebenfalls die Zentralsymmetrie verwendet, schliesse ich daraus, dass Zentralsymmetrie und Régularité für Boullée den *Primärwert* darstellen, im Gegensatz zum *Supplément* der bilateralen Symmetrie. Die zweite Folgerung, die deutlich provozierender ist als die erste, lautet: Analog dazu ist die *gleitende Skala* mit ihrem Schrumpfungs- und «Zooming in»-Effekt für Boullée nicht Supplément, sondern *Primärwert*, während die *Proportion* damit in die Rolle des *Sekundärwertes* gerät. Für einen Architekten ist diese Einstufung deshalb so provokativ, weil von der Renaissance an, zum Teil sogar bereits im Mittelalter, Proportionstheorien hohes Ansehen geniessen, aus der griechischen Antike wiederaufgenommen und weiter ausgebildet wurden, vor allem in der Lehre von den Säulenordnungen. Zwar hat der Mediziner und Architekt Claude Perrault ziemlich genau hundert Jahre vor Boullées Newton-Denkmal eine erste Attacke gegen die Unantastbarkeit von Proportionslehre und Säulenordnungen geführt – doch Boullées (zweite) Attacke wirkt ungleich radikaler, unter anderem, weil sie nicht nur in Worte gefasst, sondern im räumlichen Entwurf gezeichnet ist.

Zusammenfassend kann man sagen, Boullée habe mit der Beschwörung der ursprünglich-reinen Kugel (gegen die abgeplattete Kugel des rotierenden Planeten) so etwas wie die «ontologische Differenz» zwischen anfänglichem reinen Sein und abgeleitetem blossem Seienden aufzeigen und artikulieren wollen. So wenigstens würde es Martin Heidegger formulieren. Jacques Derrida würde den Unterschied als «Différance» bezeichnen.

Warum erscheint die Kugel unter den sogenannten Primärkörpern in den Augen der Generation Rousseaus und Boullées als besonders geeignet, das Perfekt-Ursprüngliche zu verkörpern? Zum einen stammt ja das menschliche Kind aus der 'Kugel' denn der Embryo liegt eingeschlossen im kugelförmigen Hohlraum mit Nährflüssigkeit im Leibe der Mutter – das 18. Jahrhundert als das grosse Jahrhundert der anatomischen Forschung weiss davon. Zum anderen ist, geometrisch gesehen, die Kugel die Vollendung der Symmetrie; denn *nur* in der Kugel sind alle Linien, die durch das Zentrum laufen, Rotationsachsen, und nur in ihr sind alle Ebenen, die das Zentrum berühren, Reflektionsebenen. Für uns ist die Frage, ob die Kugel Urform oder Endform sei, eine Frage des Standorts und der damit entfalteten Perspektive. Dass aber für Boullée, ganz im Sinne Rousseaus, die Kugel die eigentliche Anfangsform war, ist aus seinem hymnischen Text über Newton eindeutig belegt.

Was Goethe erfährt, wenn er unter der Mittelachse der Innenkugel des Pantheons steht, (Abb. 63) und was Boullée meint, wenn er die Denkmalbesucher durch einen Zugangstunnel an dieselbe Stelle führt, (Abb. 12) lässt sich in Analogie setzen mit einer bestimmten Erfahrung, die Derrida mit dem doppeldeutigen Verb «entendre» als Hören und Verstehen des eigenen Redens («s'entendre parler») bezeichnet.[13] Denn in der Kugel zu stehen, zu sitzen oder zu liegen, vermittelt eine analoge Erfahrung einer ungebrochenen Einigkeit, wie wenn ich mich sprechen höre und dabei weiss: In diesem Augenblick sind mein Innen und Aussen miteinander verwoben, der materielle Bedeutungsträger und das Gemeinte, das Bedeutete sind gleichzeitig zugegen: eine Primär-Erfahrung, ein Moment der Fülle.

Was einzigartig und damit eben skandalös bleibt, ist die Tatsache, dass sowohl Boullée als auch Ledoux das enorme Risiko dieser Option offenbar bedenkenlos auf sich genommen haben. Denn es stand ja wirklich viel auf dem Spiel: Um den Urkörper der Geometrie artikulieren zu können, haben sie die Architektur an die Grenze des Absurden geführt oder gedrängt. Sie haben den *Esprit de Géométrie* so buchstäblich und so primär ernst genommen, dass darüber der Esprit d'Architecture tödlich erschöpft werden musste.

Im Zusammenhang mit der Internationalen Bauausstellung Berlin 1987 hat Derrida in einem Gespräch mit Eva Meyer den Begriff «architékton», so wie ihn Aristoteles braucht, in Erinnerung gerufen. Tékton ist der Baumeister oder Handwerker, Arché heisst wörtlich «Anfang». Der Architekt ist derjenige, «der dem

11   Jacques Derrida, *De la Grammatologie*, Paris 1967, S. 224: «La chaine des suppléments»; vgl. dazu Jonathan Culler, *On Deconstruction*, Ithaka N.Y. 1982, S. 102ff.

12   Vincent B. Leitch, *Deconstructive Criticism*, New York 1983, S. 172.

13   Jacques Derrida, *op. cit.*, S. 17.

77 Signet der Freimaurer (Gert Kähler (Hg.),
Dekonstruktion? Dekonstruktivismus?
Aufbruch ins Chaos oder neues Bild der Welt,
Braunschweig 1990, S. 71)

Prinzip arché – Anfang und Gebot – am nächsten steht, [...] der, die Gemeinschaft der Arbeit und also auch die Arbeitsteilung lenkt»[14]. Was der Philosoph nicht zu bemerken scheint und was ich als Historiker hinzufügen möchte: Genau diese Qualität des Architekten war dem 18. Jahrhundert noch völlig bewusst; bei den Freimaurern war sie ein zentraler Aspekt ihres Rituals.

Die Bewegung der *Freimaurer*, die von London ausging, ist, wie das Signet, (Abb. 77) in erstaunlichem Grade *architekturorientiert*. Denn die drei unentbehrlichen Insignien – Zeichendreieck, Lot und Zirkel – sind ja ursprünglich auch die drei Grundwerkzeuge des entwerfenden Architekten und des ausführenden Maurers oder Baumeisters.

So kommen die Freimaurer in ihrem Ritual tatsächlich nahe an den ursprünglichen Begriff von «Architékton» heran. Denn dieser Kult feiert eben nicht nur den Tékton, sondern ebensosehr die Arché, die in seiner Tätigkeit stets mitgeführt wird – wobei dieser Anfang für die Freimaurer alles Vorgriechische, ganz Frühe betrifft, vor allem (den damaligen Kenntnissen gemäss) Ägypten und seine Pyramiden.

In einigen Stichworten kann nur angegeben werden, welche weiteren Aspekte zu unserer Frage gehören.

Erstens: Auf die Bedeutung der Freimaurer für die sogenannte Revolutionsarchitektur hat vor allem Anthony Vidler hingewiesen. Seine Ausführungen betreffen die französischen Logen – ich wende mich den österreichischen zu, weil Mozart Wiener Freimaurer war und 1792, mitten im Tumult der westlichen Revolutionsphase, sein Wunderwerk der «Zauberflöte» uraufgeführt hat, das ganz eindeutig freimaurerische Prinzipien zur Darstellung bringt. Unser Interesse müsste

78 Caspar Wolf,
«Schiltwaldbach im
Winter, gegenüber
Staubbach, Lauterbrun-
nental, Kanton Bern»,
1774 (Claude Reichler,
La découverte des Alpes
et la question du paysa-
ge, Chêne-Bourg 2002,
planche 3)

14 J. Derrida mit Eva Meyer, «Labyrinth und Archi/
Textur», in: *Das Abenteuer der Ideen, Architektur und
Philosophie seit der Industriellen Revolution*, Katalog zur
Ausstellung in der Neuen Nationalgalerie zum Be-
richtsjahr 1984 der Internationalen Bauausstellung Berlin 1987, (Berlin, 16.9.–18.11.1984), Konzeption des
Katalogs Claus Baldus/Vittorio Magnago Lampugnani,
Berlin: Frölich & Kaufmann 1984, S. 97; vgl. dazu
auch den Aufsatz von Alois Martin Müller, «Vers une
architecture de la différance», in: *Archithese* 1 (1989), S.
10ff.

sich speziell den Bühnenbildern für die «Zauberflöte» zuwenden – sie sind wichtige erste Belege der 'Ägyptomanie' des späten 18. Jahrhunderts, einer ersten Welle einer Ägyptenfaszination, die jenem *Esprit de Géométrie* Tribut zahlt, den wir hier als Leitmotiv behandeln.

Zweitens müsste uns das Erhabene oder Sublime beschäftigen, das damals theoretisch neu gefasst und leidenschaftlich diskutiert wurde. Das Erhabene spaltet sich vom üblichen Schönheitsbegriff ab und wird nun nicht nur an der ägyptischen Architektur, sondern auch an der Landschaft der Hochalpen (Abb. 78) verehrt.

Drittens schliesslich würde sich zeigen, dass diese selbe Generation unmittelbar vor der Französischen Revolution – die im Deutschen als Generation des 'Sturm und Drang' bezeichnet wird – eine deutliche Neigung zeigt, das höchste Wesen nicht mehr als sprechenden Gott, sondern als zeichnend entwerfenden Gott zu verehren. Tatsächlich erscheint dem jungen Goethe, Füssli und Blake Gott als Architekt, als 'Weltbaumeister'. Das hat Folgen, auch innerhalb der Hierarchiekämpfe der Kunstgattungen. Vereinfacht gesagt, darf man behaupten, die Revolutionskunst zeichne sich durch eine Gattungsinversion aus. Die Malerei, die üblicherweise als das ausgezeichnete Organ der Novitätenschöpfung eingestuft wird, muss diese Rolle vorübergehend an die Architektur abgeben.

Schlechte Unendlichkeit, bedrohliche Régularité

Dass die Ursprungs-Ästhetik eines Rousseau oder Boullée ihre Kehrseite hat, dass also die Rückkehr des Zivilisierten zu Frühzuständen keineswegs problemlos ist, kann hier nur an zwei Beispielen gezeigt werden.

Erstens: Die erhoffte und angemasste Monumentalität des Kugelbaus bleibt auf dem Papier. Was wirklich entsteht, sind schliesslich jahrmarktmässige Budenbauten provisorischer Art, wie etwa jener 'Globe', der am Rande der ersten Weltausstellung, 1851 in London, gezeigt wurde. (Abb. 56) Boullées und Ledoux' Träume erweisen sich als steinern schwere, enorme Monumentalitäten, die dann in der Realität nur vom betont Provisorischen eingelöst werden.

Zweitens: Die gleitende Skala verführt schon Boullée selber mehrmals zu Entwürfen, die schlicht und einfach *präfaschistische* Züge haben. Hier nur das Beispiel des Brunnens für ein Pariser Wohnviertel, (Abb. 79) der vor eine fünf bis sechsgeschossige Häuserzeile gestellt werden soll. Da wird das Prinzip der *grandeur sublime* zur Faust aufs Auge, die die urbanen Verhältnisse nicht nur aus den Angeln drängt, sondern bedroht.

Rousseaus und Boullées Rückkehr zur Natur als Rückkehr zum einfachen Zahlenverhältnis 1 : 1 : 1 und zu klaren Entscheidungen ohne Kompromiss findet nun allerdings im 18. Jahrhundert einen ganz anders gelehrigen Schüler als den Menschen – nämlich die Maschine. Die Maschine als Uhr und als Automat sind

79   Étienne-Louis Boullée, Entwurf eines
Brunnens an der Pointe Saint-Eustache
(Jean-Marie Pérouse de Montclos, Étienne-
Louis Boullée, Paris 1994, Abb. 82)

zwei sensationelle Entwicklungen der Epoche. Sie arbeiten mit den beiden Grundprinzipien des 1 + 1 + 1 und des binären Kontrasts und erzeugen so eine mechani-
sche Unendlichkeit, die Hegel mit seinem Begriff von der 'schlechten Unendlichkeit' mitgemeint hat. Es hat seine eigene tragikomische Folgerichtigkeit, wenn nun
der erotische Held der Epoche, Casanova (übrigens Zeitgenosse von Boullée, ein
Jahr vor ihm geboren), sich selbst wie eine Maschine zu verhalten beginnt und
schliesslich in der Folgekette (1 + 1 + 1 …) seiner sexuellen Eroberungen bei einer
automatischen Puppenfrau landet, um auch diese zu verführen, so jedenfalls in Fel-
linis Film «Casanova».

　　Erstaunlich ist, welche Domänen sich die neu erweckte Macht des Primären
innerhalb kurzer Jahrzehnte erobert. Als ginge es um einen spiegelbildlichen
Zwang, wird nun in der Malerei das gleiche Modell in derselben Pose einmal nackt,
einmal bekleidet dargestellt. Es bleibt Goya vorbehalten, den binären Gegensatz
bis ins Obsessive und Provozierende zu steigern mit einer nackten Maja und einer
bekleideten Maja, die beidemal die vollkommen gleiche Körperhaltung einnimmt.
(Abb. 80, 81) Diese Zuspitzung und Verhärtung zu einem blanken Gegensatz
nackt-bekleidet (der bald auch in der Architektur mit Gottfried Sempers 'Prinzip
der Bekleidung' seine Rolle spielen wird) wäre in früheren Epochen, etwa des
Barocks oder der Renaissance nur als moralische Allegorie lesbar, wie Erwin
Panofsky dies in 'Herkules am Scheidewege' zeigt.

　　Boullée ist es fraglos gelungen, über die Polarisierung von nackt-bekleidet
hinweg und trotz seiner Verirrungen in präfaschistische Konzepte, die Artikulation
der Anfangsprinzipien ins Reine zu schreiben, oder richtig: ins Reine zu zeichnen.

80   Francisco de Goya, Maja vestida (Goya. Images of women, Janis A. Tomlinson (Hg.), with con-
trib. by Francisco Calvo Serraller et al., Washington: National Gallery of Art 2002, S. 232)

81   Francisco de Goya, Maja desnuda (Goya. Images of women, op. cit., S. 229)

Ich gebe hierfür zum Schluss drei Beispiele die belegen, dass während der Revolutionsjahre die bereits erwähnte Gattungsinversion zu erkennen ist und die Novitätsschöpfung, die sonst ein Vorrecht der Malerei zu sein scheint, an sie übergeht. Boullée versucht, ausgehend von der ägyptischen Pyramide, in der Eingangszone des Newton-Kenotaph (Abb. 82) die Rückverwandlung der Kantengeometrie in die runde Geometrie. Rampen, geschmückt mit Sphingen, verwandeln sich in geschweifte Kugelkalotten. Mit diesem titanischen Versuch der Verwandlung des ägyptisch flächenhaft Kantigen ins ursprunghaft Runde entwirft er zwar nicht die Urhütte (über die Laugier dreissig Jahre früher so naiv fabuliert hatte), aber er entwirft, so meint er, das Ur-Monument. Eine ganze Gruppe neuartiger Kalottenformen ist das Resultat.

Ein Ausschnitt aus der Böschungswand einer Pyramide belegt, dass er das '1+1+1' als endlose Fügung durchführt und dadurch eine neuartige, ameisenhafte Verlorenheit in der Wand zu artikulieren vermag. (Abb. 83) Deutlicher als die zeit-

82

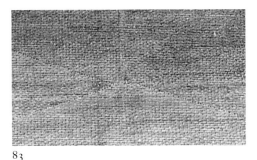

83

84

82 Étienne-Louis Boullée, Cénotaphe à Neuwton, Aufriss, Eingangsbereich (Jean-Marie Pérouse de Montclos, op. cit., Abb. 169)

83 Étienne-Louis Boullée, Cénotaphe de Turenne, Aufriss, Ausschnitt (Jean-Marie Pérouse de Montclos, Étienne-Louis Boullée, Milano: Electa 1997, Abb. 177)

84 Étienne-Louis Boullée, Kenotaph mit zwei Stelen, Aufriss (Vogt, Boullées Newton-Denkmal, op. cit., S. 57)

genössischen Maler stellt er klar, dass er den gewohnten Proportionsschemata, wie etwa '1 : 3 : 5 : 8', etwas Ursprünglicheres, nämlich '1 : unendlich', gegenüberstellen will. (Eine Vorwegnahme übrigens, unser Jahrhundert betreffend, wo seit Paul Klees Aufenthalt in Kairouan 1914 dasselbe Problem virulent wird.)

Schliesslich die «Pyramide mit 2 Stelen», (Abb. 84) eine kleine Grisaille von Boullée, die meist übersehen wird, und vermutlich in denselben Jahren geschaffen wurde wie Davids «Marat assassiné». Bei beiden Werken geht es um den *Esprit de Géométrie*. Boullée fühlt sich legitimiert, weit über Davids Gegensatz zwischen angewandter und reiner Geometrie hinauszugehen und erstmals – so weit ich sehe – die Bereinigung so weit zu treiben, dass das im Grunde jeder Geometrie innewohnende Ideal der Transparenz artikulierbar wird.

3 Ein Begriff überlebt, weil er ein neues Verhaltensschema auf die Formel bringt.

Nochmals: Der Begriff 'Dekonstruktion' ist von Derrida vor bereits zwanzig Jahren in die Diskussion der Textkritiker geworfen worden – und nun soll er, als aufgewärmter Kohl, plötzlich in der Architekturdiskussion eine Rolle spielen? Ist das denn nicht der Ausweis einer provinzlerischen Verspätung, kennzeichnend für diese ohnehin schon degradierte, frustrierte, gebeutelte Gattung, die sich von Hegels Abwertung zur blossen Dienerin und Magd der reineren Künste und hernach von Victor Hugos Todesbefund 'Ceci tue cela' nie mehr richtig erholt hat?

Damals, vor zwanzig Jahren, in der Zeit des Mondflugs und der Studentenunruhen, meldeten sich die ersten Anzeichen der Kritik an der progressionssüchtig und gedankenarm gewordenen Moderne. Im Gebiet der Architektur war es Robert Venturi, der das unglaubhaft gewordene «Entweder-Oder» des funktionalistischen «neuen bauens» zu demaskieren begann und ein weniger brutales, weniger ambitiöses «Sowohl-als-auch» vorschlug.

Derridas unlogische, reichlich willkürlich erscheinende Wortkreuzung «De-kon-struktion», die ja in denselben Jahren auftauchte, meint zwar ungefähr dasselbe wie Venturis Formel – aber sie erweist sich zugleich als präziser und delikater, weil sie besser trifft, was auch Venturi meint: das Paradoxe der Situation.

Tatsächlich sieht sich die westliche Zivilisation seit Jahren zunehmend deutlicher in einem Interessenkonflikt sondergleichen, als Pro und Contra, als Ja und Nein, gegenüber der einen Zwillings-Institution, die den Westen seit 1750 gross und schliesslich dominant gemacht hat: Wissenschaft und Technik. Niemand kann heute ohne diese moderne Wissenschaft überleben – niemand will sich aber nunmehr blind oder wahllos ihren angstmachenden Möglichkeiten überlassen. Der Wissenschaftshistoriker Wolf Lepenies beschreibt diese paradoxe Lage in seinem

Aufsatz «Angst und Wissenschaft» wie folgt: «Wissenschaft und Technik traten ihren Siegeszug an, als sie sich gegenüber Magie und Religion als wirkungsvollere, schließlich konkurrenzlose Mechanismen der Angstbewältigung durchsetzten.»[15] Doch in den jüngsten Jahrzehnten zeige sich, insbesondere «seit den Katastrophen von Tschernobyl und Basel, eine stetig schärfer werdende Auseinandersetzung über die Rolle, die Technik und Wissenschaft in der Erzeugung und in der Eindämmung von Angst spielen».[16] Mit anderen Worten: Lepenies sieht eine Kehre insofern, als Angst und Wissenschaft ihre Rollen zu vertauschen beginnen. Aus dem Eindämmen und Überwinden von Angst ist in bestimmten Bereichen ein Produzieren von Angst geworden. Lepenies fasst zusammen: «Der Fortschritt [im Abbau äußerer Ängste] ist nun zu einem Stillstand gekommen: Gentechnologie und Atomspaltung haben Folgen gezeigt, die keine Ängste mehr abbauen, sondern Ängste hervorbringen.» [17]

Es ist nicht irgendeine Mode oder Übersättigung, die dazu geführt hat, dass Abstand von der Moderne gefordert wird und der Begriff 'postmodern' sich festsetzt. Die wirkliche Ursache zu diesem Distanznehmen liegt in der veränderten Angstproduktion und in neuartigen Schwierigkeiten mit der Angstverarbeitung. Kennzeichnend allerdings ist: Wir sind und bleiben *mit der Moderne gegen die Moderne»*, weil wir Wissenschaft brauchen zur Angsteindämmung, diese selbe Wissenschaft aber stillegen müssen, sobald sie selbst Angst zu produzieren beginnt. Zuwenden und gleichzeitiges Ausgrenzen sind somit gefordert, als «konstruktives» Mitgehen und «destruktive» Verweigerung zugleich, Empathie und Subversion zugleich, und zwar dem einen und selben Motiv oder Thema, Objekt oder Subjekt gegenüber. Auf der Hut sein, doppelbödig sehen, irritierbar bleiben, oder, um ein Zitat zu wiederholen: «Herausarbeiten der Unterschiede» anstelle der «Verschmelzung der Horizonte» – das ist die postmoderne Haltung, die von den Dekonstruktiven postuliert wird.

Gewiss hat das auch mit Architektur zu tun, und der Begriff mit seiner Doppelforderung wird, wenn mich nicht alles täuscht, einige Gruppen einschliesslich ihrer Proklamationen überleben. Denn die Forderung zur Dekonstruktion ist leichter in Worte gefasst als im Raume verkörpert. Doch sie wird ihre Meister finden, einfach deshalb, weil sie als Forderung zum Überleben ernst und unausweichbar geworden ist.

15   Wolf Lepenies: «Angst und Wissenschaft», in: Id., *Gefährliche Wahlverwandtschaften*, Stuttgart 1989, S. 58.

16   Id., S. 56.; Unfall in Tschernobyl und beim Konzern Sandoz, 1986.
17   Id., S. 59.

Das Schwebe-Syndrom in der Architektur der zwanziger Jahre

Die These, dass massgebende Köpfe der zwanziger Jahre eine Schwebe-Wirkung ihrer Bauten anstrebten, wird an neun Bauten von neun Architekten, darunter Tatlin, Gropius, Mies van der Rohe, Le Corbusier und Frank Lloyd Wright, überprüft. Die neuen Konstruktionsmöglichkeiten mit Stahlbeton ermöglichte es ihnen, den Baukörper vom Boden abzuheben und eine früher nie *visualisierbare Fläche sichtbar zu machen*, seine sechste, die Untersicht.

Die Dampfer-Metapher

Ernst Bloch hat an unvermuteter Stelle, nämlich in seinem Hauptwerk *Das Prinzip Hoffnung* eine der geistreichsten frühen Charakterisierungen des modernen Hauses als «Schiff», als «Schiffsform» vorgelegt. Warum ich Blochs Charakterisierung als eine wichtige, zu wenig beachtete Gegenstimme zu Sigfried Giedions *Space, Time and Architecture* (dem wirkungsvollsten Traktat für zwei Generationen moderner Architekten) einschätze, habe ich in einem anderen Zusammenhang zu begründen versucht.[1] Beide, Bloch und Giedion, haben ihre Texte in denselben Jahren und in derselben Ausnahmesituation geschrieben, mitten im Krieg, um 1940, beide damals Emigranten in Nordamerika. Bloch sieht die neuen Häuser als «reisefertig», nämlich «[...] wie Schachteln auf bewegbaren Stangen, aber auch wie *Schiffe*. Haben flaches Deck, Bullaugen, Fallreep, Reling, leuchten *weiß* und südlich, haben als Schiffe Lust, zu verschwinden».

Bis hierher würde wohl Giedion, sollte er Blochs Text gelesen haben, mit eher angestrengter Verwunderung noch knapp zustimmen, doch eine nächste Stelle hätte ihm den Atem endgültig verschlagen. Sie lautet: «Der begonnene Grundzug der neuen Baukunst war *Offenheit*: sie brach die dunklen Steinhöhlen, sie öffnete Blickfelder durch leichte Glaswände, doch dieser Ausgleichswille mit der äußeren Welt war zweifelsohne *verfrüht*. Die Entinnerlichung wurde Hohlheit, die südliche Lust zur Außenwelt wurde, beim gegenwärtigen Anblick der kapitalistischen Außenwelt, kein Glück.»[2]

Das provozierende Stichwort für Giedion müsste Blochs Behauptung gewesen sein, das ganze Unternehmen mit «Licht, Luft, Sonne», mit «funktionalistischem Bauen» – so funktionsgerecht wie der Meerdampfer es ist und notwendigerweise auch sein muss – sei «verfrüht». Denn genau an diesem Punkt scheiden sich die Geister. Bloch ist der Meinung, die «unentwegten Funktionalisten» würden so lange bloss «privat, abstrakt» wirken, «solange eine Baukunst *um den* Boden, *der nicht stimmt*, sich nicht bekümmert». Diese Gleichgültigkeit oder Ohnmacht gegenüber den Besitzverhältnissen des Bodens, gegenüber der Eigentumsfrage schätzt Bloch als die Ursache dafür ein, dass die Moderne nicht nur «hell», sondern oft genug auch «kahl wie Krankenzimmer» in Erscheinung tritt, als «verchromte Misere» unter einer «silbernen Sonne», als «geschliffene Leere in Luft und Licht».[3] Mit anderen Worten: Für ihn besteht kein Zweifel, dass die politische Revolution der architektonischen Revolution *vorangehen müsse.*

In anderem Zusammenhang habe ich die beiden Möglichkeiten der Gesellschaftsveränderung – von denen die zweite nur selten so klar gekennzeichnet und konfrontiert wird wie bei Bloch – unter den Begriffen «Patrize» und «Matrize» zu diskutieren versucht[4]. Es gibt ja nicht nur die Hoffnung und Erwartung, dass durch Gesetzgebung und Gerichte, durch Parteipolitik und Wahlverfahren (alle gehandhabt mit dem Instrument der Wörter, der Sprache, hier bezeichnet als Patrize) die Gesellschaft bewegt und verändert werden kann – es gibt auch die heute viel weniger bewusst beachtete Hoffnung und Erwartung, dass durch *non*verbale Gestaltung, also Gerätegestaltung, Architektur, Stadt- und Umweltplanung (alle gehandhabt mit dem Instrument der räumlichen Formung, hier bezeichnet als Matrize) der Mensch bewegt und verändert werden kann. Denn sobald Architektur mit ihren ebenfalls nonverbalen Schwesterdisziplinen nicht lediglich als Zeichensystem, sondern als «Gussboden» verstanden wird, der mir meine Alltagsbewegungen (im Haus, in der Stadt) sanft aufzwingt, als Abläufe vorzeichnet, wird verständlich, dass auch die Architekten und die Entwerfer (Designer) ganz allgemein «ihre» Veränderungserwartung im Kopf haben.

Die Konfrontation zwischen Bloch und Giedion ist einer der seltenen Fälle, wo beide Arten der Veränderungserwartung, die politische *und* die raumgestaltende, zureichend artikuliert aufeinander treffen. Die Konfrontation macht klar, dass Architekten nicht einfach Phrasen dreschen oder nachsprechen, wenn sie auf ihre Weise das Neue, das Bessere, die qualifizierte Veränderung anbieten. Sie meinen etwas klar Vorgestelltes damit, auch wenn ihre Vorstellung gerade nicht eine Wortvorstellung ist, sondern eine Raumvorstellung («le Plein et le Vide»!).

Die bittere Bilanz bei Kriegsende 1918, die Not der Nachkriegsjahre in Europa –«So kann es nicht weitergehen!», «Nie wieder Krieg!» – erzeugen einen hohen Erwartungsdruck. Der Kampf um reale Veränderung, von den Politikern mit dem Instrument des Wortes geführt, wird von den Entwerfern auf ihre Weise

Erstmals erschienen in: *Das architektonische Urteil. Annäherungen und Interpretationen von Architektur und Kunst*, ETH Zürich: Institut für Geschichte und Theorie der Architektur (Hg.), Basel 1989.

1 Vgl. Adolf Max Vogt/Ulrike Jehle-Schulte Strathaus/Bruno Reichlin), *Architektur 1940–1980*, Berlin: Propyläen-Verlag 1980.

2 Ernst Bloch, *Das Prinzip Hoffnung*, Suhrkamp-Ausgabe, Frankfurt am Main 1959/1970, S. 859 u. S. 860, [Hervorhebungen durch A.M.V.].

3 Ernst Bloch, *op. cit.*, S. 858 und S. 861.

4 Vgl. Adolf Max Vogt, *Russische und französische Revolutionsarchitektur 1917/1789*, (A.M.V. Revolutionsarchitektur), Köln 1974.

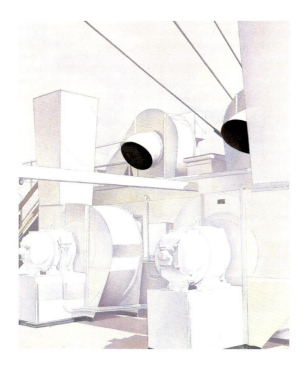

85　Charles Sheeler (1883–1965), «Upper Deck», Oel, 1929 (Fogg Art Museum, Cambridge, Mass., aus: Karen Lucic, Charles Sheeler and the Cult of the Machine, London 1991, Abb. 34)

gesehen, als «stumme» Revolution. Und diese geschieht zunehmend deutlicher unter dem Bild des weissen Dampfers.[5] Die neue Matrize als Haus, Siedlung und Stadt soll so funktional sein und frei von Ornamenten wie ein Schiff, «rein», «streng» und rational wie ein Schiff.

Das 'Bauhaus', die 'Stijl'-Gruppe, der 'Esprit Nouveau' können in ihrer Intention nicht zureichend verstanden werden ohne diesen Zwang zur Befreiung, durch Verarbeitung der Schuldlast und Desorientierung nach dem Ersten Weltkrieg. Dass auch amerikanische Künstlergruppen wie die 'Precisionists' an dieser Bereinigung beteiligt sind, zeigt nur, wie weit die Wellen der Sensibilisierung reichen. Immerhin bleibt es erstaunlich genug, dass es einem Maler aus dieser Gruppe, Charles Sheeler (1883–1965), vorbehalten blieb, eine der prägnantesten Formulierungen dessen zu finden, was die Dampfer-Metapher für das Nachkriegsjahrzehnt bedeutet hat. (Abb. 85) «Flaches Deck, Bullauge, Fallreep, Reling leuchten weiß und südlich» – Bloch hat genau beobachtet!

Steckt ein «Grundthema» in diesem Gleitbild?

Das Vorbild Schiff, das Vorbild Flugzeug, das Vorbild Automobil – Le Corbusier präsentiert sie der Reihe nach in *Vers une architecture* (1923). Nicht weniger als ein volles Dutzend Abbildungen werden der «Aquitania», der «Lamoricière» und schliesslich der «Empress of Asia» der Canadian Pacific gewidmet, (Abb. 86) letz-

86 «Empress of Asia», Canadian Pacific
(Le Corbusier, Vers une architecture, Paris
1958, S. 79)

tere wird von ihm offensichtlich als Krönung des Schiffsmythos eingestuft. In majestätischer Schrägaufnahme präsentiert sich der weisse Bug mit backbords ausschwingender Reling, der Deckaufbau streng kubisch, darüber die ebenso strengen Zylinder der Kaminrohre, das Ganze makellos weiss, gespiegelt in sanft bewegten Wassern. Ein Bild der gelassenen Eleganz, ein Koloss im scheinbar mühelosen Gleichgewicht mit dem umgebenden Element.

Was dabei mit im Spiel ist, ist so selbstverständlich, dass es von den Architekten und ihren Theoretikern, im Gegensatz zum so oft erwähnten funktionellen Deckaufbau und zur Farbe, gar nicht erst erwähnt und in Worte gefasst wird: Das Schiff gleitet geräuschlos, es schwimmt, es suggeriert eine Leichtigkeit im Durchfurchen der Wasseroberfläche, als wäre es abgehoben und würde schweben. Diese Eigenschaft, das Schwimmvermögen als ein Schweben minderen Grades, haben alle Schiffe gemein, selbst die hölzernen und farbigen und barock ausgeschmückten, die noch nicht jenem härteren Funktionalitätsgebot des modernen metallenen Meerdampfers unterstellt sind. Der Kern oder Nenner der Schiffsmetapher, ihre 'Physik', scheint somit von dem gekennzeichnet, was wir hier als Schwebesyndrom bezeichnen.

Wirkliches Schweben als erreichtes vollkommenes Gleichgewicht mit dem umgebenden Element, das heisst als perfekte Harmonie oder reine Vermittlung mit der Umgebung, als Gleichschwer wie Wasser oder Gleichschwer wie Luft, ist etwas anderes als Schwimmen oder Fliegen. In der griechischen Mythologie können nur die Götter selber schweben, die Götterboten hingegen, Hermes zum Beispiel, brauchen Flügel. In der christlichen Tradition können nur Gottvater, die Taube des heiligen Geistes und Christus schweben (der Auferstehende bei Grünewald, die «Transfiguration» bei Raffael), in Ausnahmefällen kann es noch Maria,

5   Zum Dampfer-Motiv in der Architektur des 20. Jahrhunderts: A.M. Vogt, «Das Motiv Arbeit in der russischen Revolutionsarchitektur», in: *Archithese* 7 (1973); Stanislaus von Moos, «Das Schiff – eine Metapher der modernen Architektur», in: *NZZ* vom 23. 8. 1975; Gert Kähler, *Architektur als Symbol-Verfall. Das Dampfer-Motiv in der Baukunst*, Braunschweig: Vieweg 1981 (Bauwelt-Fundamente, No. 59).

die Gottesmutter – doch die Engel brauchen Flügel, ihnen ist lediglich das Fliegen zugebilligt (jene gewaltigen vierfachen Flügel, welche die vier Pendentifs der Hauptkuppel der Hagia Sophia schmücken).

In der Natur, sagen uns die Zoologen, gibt es nur wenige Lebewesen, die ein lang dauerndes Schweben, als beinahe perfektes Gleichschwer, erreichen, etwa die Radiolarien. Um so erstaunlicher, dass der technischen Entwicklung *zuerst* die Nachahmung des Schwebens (auf begrenzte Zeit) gelungen ist, also vor der Nachahmung des Vogelflugs, und nicht umgekehrt – mit jenem Aufstieg der Brüder Montgolfier in einem Ballon, schon 1782, noch vor der Französischen Revolution. Das Grundsätzliche, Weitreichende dieser Erfindung wird aus unserer Fragestellung her deutlich genug.

Da die Schiffsmetapher im Nachkriegsjahrzehnt von 1918–1928 für die avantgardistischen Architekten so hartnäckig und so buchstäblich im Vordergrund steht – wenn auch *sorgsam reduziert* auf den metallenen, maschinengetriebenen Dampfer – kann der Historiker wagen, für einmal eine Prognose zu stellen. Er kann sich den Schluss erlauben, dass sich demzufolge Werke melden müssen, die – losgelöst vom Dampfernachbild – das Schwebesyndrom *selber* zum Thema zu machen suchen. Denn die Architektur, an die dreidimensionale Physis gebunden wie sonst nur die Skulptur, die Keramik und die Produktegestaltung, diskutiert nicht einfach Metaphern, sie diskutiert stets auch ihre *eigenen* physikalischen Grundbedingungen (als Kräftehaushalt zum Beispiel). Das ist, um es mit einem Ausdruck aus der Generation Heinrich Wölfflins zu bezeichnen, ihr «Grundthema».

Es kann sich hier nicht darum handeln, eine Art Inventar aufzustellen über alles, was sich an schwebeartiger Intention oder Ambition anbietet im genannten Jahrzehnt und teilweise weit darüber hinaus. Wir müssen uns damit begnügen, einige markante Beispiele auszuwählen, wobei die Rechtfertigung der jeweiligen Wahl entweder aus der Beschreibung evident wird oder aber offen bleiben muss. Chronologisch geordnet präsentiert sich eine Auswahl von Entwürfen und Bauten, die das Thema Schweben deutlich artikulieren und zur Diskussion stellen, wie folgt:

1919	Vladimir Tatlin, Denkmal für die III. Internationale, (Entwurf), (Abb. 90)
1924	El Lissitzky, Rednertribüne für Lenin, Entwurf (Abb. 95)
1925–1926	Walter Gropius, Bauhaus Dessau (Abb. 87)
1926	Ludwig Mies van der Rohe, Denkmal für Karl Liebknecht und Rosa Luxemburg, Berlin (zerstört) (Abb. 101)
1926	Hannes Meyer und Hans Wittwer, Petersschule Basel, Wettbewerbsentwurf, (Abb. 89)
1927	I. I. Leonidow, Projekt zum Lenin-Institut (Landes-Bibliothek) in Moskau (Abb. 97, 98)
1928–1929	Ludwig Mies van der Rohe, Deutscher Pavillon, Internationale Ausstellung Barcelona (Abb. 99, 100)
1928–1931	Le Corbusier, Villa Savoye, Poissy, (Abb. 104)
1936	Frank Lloyd Wright, «Falling Water», Bear Run, Pennsylvania (Abb. 116)

Das «Grundthema» in der Diskussion des 19. Jahrhunderts

Meine These ist demzufolge, dass diese Gruppe von markanten Werken aus der so genannten klassischen oder hohen Moderne auf ihre Weise die physikalischen Grundbedingungen der Architektur diskutierte, also das «Grundthema» tatsächlich erörterte. Bevor wir uns den Einzelbeispielen zuwenden, müssen wir uns jedoch darüber einigen, auf welche Art von Sinneswahrnehmung wir uns dabei stützen können.

Der junge Heinrich Wölfflin fühlte sich – unter dem Einfluss von Robert Vischer und Johannes Emmanuel Volkelt – sicher genug, um sagen zu können, *was* «der Gegenstand der Architektur» sei und sogar, *was* «das Grundthema der Architektur» ausmache. Er tat dies in seiner Dissertation *Prolegomena zu einer Psychologie der Architektur* (München 1886).

Die Sicherheit rührt daher, dass er, unter der Einwirkung der genannten Wahrnehmungspsychologen, eine Brücke zwischen Wahrnehmung von Architektur und Wahrnehmung des eigenen Körpers gefunden zu haben glaubt. «Ich werde nun zeigen», schreibt er, «dass die Grundelemente der Architektur […] sich bestimmen nach den Erfahrungen, die wir an uns gemacht haben.» (S. 13) Denn: «*Unsere leibliche Organisation* ist die Form, unter der wir alles Körperliche auffassen.» (S. 13) Selbst ein «toter Stein» bleibt für uns in einigen Eigenschaften einfühlbar, denn das, was «wir mit dem toten Stein teilen […] sind die Verhältnisse der Schwere, des Gleichgewichts, der Härte, usw., lauter Verhältnisse, die für uns einen Ausdruckswert besitzen» (S. 5/6). Das «Grundthema» schliesslich wird deutlich, wenn man sich zunächst Rechenschaft zu geben sucht darüber, wie Materie uns überhaupt entgegentritt: «Die Materie ist schwer, sie drängt abwärts, will formlos am Boden sich ausbreiten. Wir *kennen* die Gewalt der Schwere von unserem eigenen Körper. Was hält uns aufrecht, hemmt ein formloses Zusammenfallen? Die *gegenwirkende* Kraft, die wir als Wille, Leben oder wie immer bezeichnen mögen. Ich nenne sie *Formkraft*. Der *Gegensatz* von Stoff und Formkraft, der die gesamte organische Welt bewegt, *ist das Grundthema der Architektur.*» (S. 14)[6]

Als Präzisierung folgt eine Attacke auf Schopenhauer[7], der ähnliches versucht, jedoch bei dem Satze stehen bleibt, «Schwere und Starrheit sind der einzige Gegenstand der Baukunst». Wölfflin distanziert sich entschieden «von der Dürftigkeit dieses Gegensatzes» (S. 15).

Wie gesagt, der junge Wölfflin gewinnt die Sicherheit zu seinem Vorgehen von den Wahrnehmungspsychologen Vischer und Volkelt, die «eine anthropomor-

---

6 [Hervorhebungen durch A. M. V.].
7 Vgl. Arthur Schopenhauer, «Zur Ästhetik der Architektur», in: *Die Welt als Wille und Vorstellung II*, Sämtliche Werke Band 2, bearb. von Wolfgang Frhr. von Löhneysen (Hg.), 5. Auflage (1. Aufl. 1986), Frankfurt am Main: Suhrkamp 1998, S. 527–537.

phe Auffassung des räumlichen Gebildes» vertreten (S. 6). Es scheint Robert Vischer zu sein, der Sohn des prominenten Ästhetikers Friedrich Theodor Vischer, der im Buche *Über das optische Formgefühl* (1872) als erster «die Bedeutung des körperlichen Miterlebens» (S. 8) erkannte und diesen Vorgang (den Joh. Emmanuel Volkelt später treffend als «*Selbstversetzung*» bezeichnet hat) mit dem eigenartig diffusen Begriff «Einfühlung» belegte. Die Wahl dieses Begriffs wird verständlicher, wenn man sich daran erinnert, dass Herder ihn in seiner Begründung der Ethnologie bereits gebraucht hatte. Dort hat er das Verständnis für fremde Rassen und primitive Völker (denen er bekanntlich bereits gleiche Rechte und gleichen Wert beimass, unter Missbilligung der Kolonialpolitik der Briten in Indien) auf die Fähigkeit der Einfühlung zurückgeführt.[8]

Durch die englische Übersetzung, wie sie Edward Titchener vorschlug[9]: «*Empathy*» für Einfühlung, «*emphatic understanding*» für Nacherleben, gelang es immerhin, den Verdacht des unbestimmt Gefühlshaften einigermassen einzudämmen. Obwohl Empathie von Wilhelm Dilthey und von Max Weber als Erkenntniswerkzeug des Geisteswissenschaftlers bewertet wurde, bleiben kritische Bedenken bis heute bestehen.[10]

Insgesamt scheint «Empathie» sich ähnlich zu verhalten wie ein pharmazeutischer Stoff. Wenn begrenzt und im richtigen Bereich angewendet, ist ihre Wirkung evident; wenn allgemein und ungezielt angewendet, entwickelt sie die entgrenzenden Eigenschaften einer Droge.[11] Sicher scheint mir, dass die von Vischer und Volkelt beschriebene *Körper-Empathie* zum verlässlichen und überzeugenden Bereich gehört. Die «Selbstversetzung» in fremde Körper aufgrund der eigenen Körpererfahrung gehört bereits für das Kind offensichtlich zu den unwillkürlichen Reaktionen gegenüber anderen Menschen und Tieren. Der junge Wölfflin war deshalb nicht schlecht beraten, bei Vischer und Volkelt in die Lehre zu gehen und für seine Auffassung von kunstgeschichtlicher Arbeit einen Gewinn zu erwarten: Ein bedeutender Bereich der bildenden Künste, von der Keramik über die Produktgestaltung zur Skulptur und Architektur, bringt dreidimensionale Artefakte hervor, und diese werden von «unserer leiblichen Organisation» sogleich als Körper wahrgenommen und so «verstanden».[12]

Es ist aufschlussreich, dass in denselben Jahren von Vischers und Volkelts Empathie-Diskussion in der Medizin eine Diskussion über die Einteilung der Sinnesorgane geführt wird, die schliesslich in einem neuen Schema der Sinnes-Klassifikation mündet.

Anstelle des alten Schemas der fünf Sinne (Aristoteles) tritt die funktionelle Klassifikation in vier Klassen (Sir Charles S. Sherrington, 1906): Propriozeptoren; Interzeptoren (innere Häute, z.B. Geschmack); Exterozeptoren (äussere Häute, z. B. Tastsinn); Fernrezeptoren (Auge, Ohr). Für die Körper-Empathie sind die *Propriozeptoren* zusammen mit dem *Gleichgewichtssinn* (Labyrinth im Ohr) die massgebende Informationsquelle. Die Propriozeptoren verarbeiten die im Körper entstehenden Reize, sie kontrollieren Bewegung, Druck oder Spannung der internen Organe und ermöglichen auf diese Weise ein Bewusstsein der eigenen körperlichen Existenz sowie der Körperlage im Raum. Sie liefern damit jene Information, die Voraussetzung ist zur Möglichkeit der «Selbstversetzung», die in der Körper-Empathie vonstatten geht.[13]

Wölfflins Fassung des «Grundthemas» begünstigt eine Lektüre der Architektur, die physikalische Kräfte *aktiv walten* sieht. Der Drang abwärts, das Entgegenwirken, aufrecht Stehen – sie werden alle *prozesshaft* verstanden. Kein Wunder, dass die Architektursprache in dieser Generation beginnt, *substantivierte* Verben zu bevorzugen. Man spricht insistierend vom Liegen, Stehen, Hängen, usf., und Jakob Burckhardt, der Wölfflins wichtigster Lehrer war, findet eine neue Formel für den griechischen Tempel: dieser verkörpere das «Tragen und Lasten».[14]

Mit diesem Hinweis auf Burckhardt wenden wir uns zurück zum Nachkriegsjahrzehnt 1918–1928, um die bereits erwähnten Beispiele mit Schwebe-Architektur näher zu untersuchen. Die Frage lautet dabei, ob sich (für Burckhardt und Wölfflin) Tragen zu Lasten so verhalte wie (für die Avantgarde-Architekten) Abheben zu Schweben.

8 Vgl. hierzu: Fritz V. Kramer, «Empathy – Reflections on the History of Ethnology in Pre-Fascist Germany: Herder, Creuzer, Bastian, Bachofen und Frobenius», in: *Dialectical Anthropology*, 9 (1985), S. 337–347.
9 Charles Edward Gauss, «Empathy», in: *Dictionary of the History of Ideas*, 2 (1972).
10 Wilhelm Dilthey, *Ideen zu einer beschreibenden und zergliedernden Psychologie*, 1894; Max Weber, *Ges. Aufsätze zur Wissenschaftslehre*, 1922.
11 Darum spreche ich in diesem Aufsatz nicht von allgemeiner Empathie (mit ihren unbestimmten Umrissen), sondern immer nur von *Körper-Empathie*, so wie sie Wölfflin in die Kunstgeschichte einführt, als Wechselwirkung zwischen dem Artefakt und der eigenen Körpererfahrung.
12 Der Fall jenes Typus von Kunsthistoriker oder Kritiker, der hervorragend sensibel ist für Malerei, jedoch überraschend «ausfällt» für Skulptur und noch deutlicher für Architektur, scheint in diese Fragestellung zu gehören. Dieser Typus scheint «ganz Auge» zu sein und völlig distanziert von jener Nähe zwischen Auge und Haptischem, die Lucretius (Titus Lucretius Carus, *De rerum natura*, Venedig: Theodorus de Ragazonibus 4. September 1495) einst dazu geführt hatte, das Sehen als eine Form von Berühren (Tastsinn) zu beschreiben. Dieser einseitige Betrachter-Typus scheint seine taktilen und seine propriozeptiven Reflexe soweit verharmlost, verdrängt oder verdeckt zu haben, dass eine Körper-Empathie nur gegenüber lebendigen Wesen, nicht aber mehr gegenüber Artefakten zustande kommt.
13 Die Propriozeptoren, da sie zum Teil unbewusst und automatisch im Leibe ihre Reizverarbeitung und Kontrolle vollziehen, erkennt man in manchen Fällen nur, wenn sie ihre Arbeit verweigern und der Ausfall Folgen zeigt. Der Neuropathologe Oliver Sacks hat deshalb mit seinen «Clinical Tales» eine beträchtliche Leserschaft anzusprechen vermocht, da er fast ausschliesslich die Folgen des Ausfalls von unbewusst wirkenden Propriozeptoren und des ebenfalls unbewusst wirkenden Gleichgewichtsorgans im Ohr beschreibt und mögliche Therapien erörtert. Oliver Sacks, *The Man who mistook his wife for a hat and other clinical tales*, South Yarmouth, Ma.: J. Curley, ca. 1986.
14 Eine Vorstufe zur Formel «Tragen und Lasten» findet sich in Jacob Burckhardt, *Der Cicerone, eine Anleitung zum Genuss der Kunstwerke Italiens*, 1. Auflage Basel 1855, Basel/Stuttgart: Schwabe 1957–1959, anlässlich der Erörterung der Tempel von Paestum, S. 3: «In wunderbarer Ausgleichung wirken *strebende* Kräfte und *getragene* Lasten zu einem organischen Ganzen zusammen.»; vgl. hier auch Arthur Schopenhauer, *op. cit.*, der betreffend das beständige Thema der Baukunst von «Stütze und Last» spricht.

87 Walter Gropius, Bauhaus Dessau, Nord-
westecke des Werkstättenflügels, 1926 (Margret
Kentgens-Craig (Hg.), Das Bauhausgebäude in
Dessau 1926–1999, Basel 1998, S. 22; Foto
Lucia Moholy)

Gropius euklidisch: ein erster Schwebetypus

Verkörperungen des Abhebens und der Schwebewirkung, die erstmals so etwas wie
Merkmalcharakter erreichen und einen Typus zu begründen vermögen, erscheinen
in der gläsernen Ecke des Bauhausgebäudes von Walter Gropius. (Abb. 87) Die
Auskragung der Glasecke über dem Kellergeschoss erreicht nicht einmal die Länge
eines gestreckten Arms, aber sie spricht eine neue Sprache, teilt etwas Neues mit.
Um dies klar zu artikulieren, wird die Farbe kontrastierend eingesetzt (dunkles
Kellergeschoss, weisse Auskragung), und die grossen Glaswände selber, gehalten
von einem möglichst grazilen Eisenskelett, bieten jene 'Kristalloptik', das heisst
den Durchblick *quer durch*, der eigentlich schon seit Paxtons «Kristallpalast» 1851
ein Desideratum geworden war. Das Querdurchsehen als ein gleichzeitiges Drin-
nen- und Draussensein, hat Sigfried Giedion bald einmal mit den beiden Etiketten
'Transparenz' und 'Simultaneität' belegt.

   Nicht nur durchschaue ich buchstäblich, was sonst verhüllende Wand war,
ich stehe auch vor einem derart gitterhaft offenen Raumgebilde, dass ich es von
meiner 'leiblichen Organisation her' – um Wölfflin zu zitieren – als nahezu
gewichtsfrei einschätze (in jener Sekunde der Empathie nämlich, bevor mein Verstand und mein vergleichendes Gedächtnis mit Korrekturen aufrücken).

   Das Neue an Gropius' Glasecke wurde, wie gesagt, von Kritikerseite mit
durchaus nicht beschwingten, sondern schwerfälligen Latinismen (Transparenz,

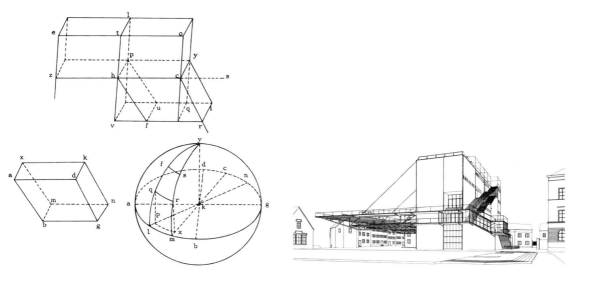

88   Die Darstellung von dreidimensionalen Figuren bei Euklid (Ulrike Jehle-Schulte Strathaus, u.a. (Hg.), Das architektonische Urteil, Basel 1989, S. 210)

89   Hannes Meyer und Hans Wittwer, Entwurf für die Petersschule in Basel, Vorstudie, 1926 (Strathaus, Das architektonische Urteil, op. cit., S. 211)

Simultaneität) begründet oder doch wenigstens auf einen Begriff gebracht, von Architektenseite wurde mit Stichworten wie 'Lichtzufuhr', 'Hygiene' etc. argumentiert. Doch der Normalbesucher, der das übliche Schulpensum hinter sich gebracht hat, braucht eigentlich weder die eine noch die andere Argumentation – er weiss, worum es geht. Er weiss es, weil er früh schon in der euklidischen Geometrie (Abb. 88) unterrichtet wurde und dort gelernt hat, dass Geometrie das Fach ist, das die Körper *durchsichtig denkt* und sie zudem als *gewichtlos vorstellt*. Diese zwei Ausklammerungen oder Abstraktionen vom realen Körper werden dem Schüler zwar kaum je verbal erläutert, aber er hat damit zurechtzukommen und sich in seinem Vorstellen an das Durchsichtige und Gewichtslose zu halten.

Gropius wusste also, dass jedermann, der einst bis zu stereometrischen Kapiteln des Euklid geführt worden ist, sein Vorhaben spontan verstehen wird – als das Vorhaben nämlich, die uralte Wahl-Verwandtschaft zwischen Architektur und Geometrie auf einen Schlag enger zu gestalten, ja, zu einer Art von Kongruenz zu bringen, wenigstens an einer hierzu geeigneten Stelle eines Gebäudes: der Glasecke.

Kraftakt mit Risiko

Im selben Jahr, 1926, in dem Gropius das Bauhaus Dessau fertig stellte, reichte Hannes Meyer zusammen mit Hans Wittwer ein Wettbewerbsprojekt ein für die

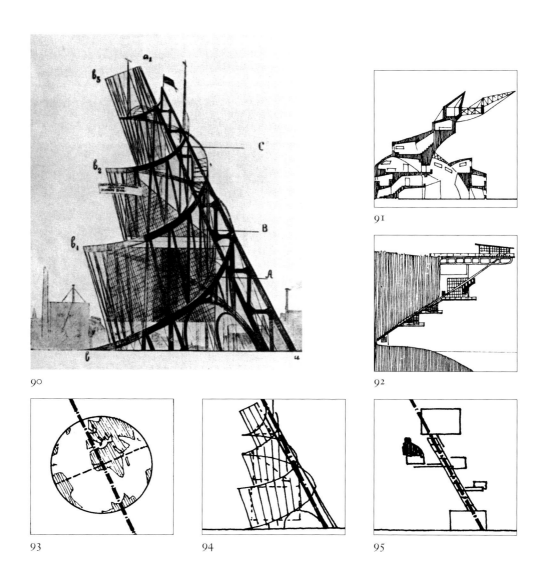

90   Vladimir Tatlin, Denkmal für die III. Internationale, Entwurf, 1919–1920 (Larissa Alexejewna Shadowa (Hg.), Tatlin, Weingarten 1987, Abb. 183, S. 292)

91   Nikolai Alexandrovich Ladowskij, Wohnhaus, Entwurf, 1920 (Strathaus, Das architektonische Urteil, op. cit., S. 212; Zeichnung Martin Fröhlich)

92   Nikolai Alexandrovich Ladowskij, Gaststätte an einem Felsen über dem Meer, Entwurf, 1923 (Strathaus, Das architektonische Urteil, op. cit., 1989, S. 212; Zeichnung Martin Fröhlich)

93   Neigungswinkel der Erdachse von 23 1/2° (Strathaus, Das architektonische Urteil, op. cit., S. 213; Zeichnung Martin Fröhlich)

94   Vladimir Tatlin, Denkmal für die III. Internationale, Neigungswinkel (Strathaus, Das architektonische Urteil, op. cit., S. 213; Zeichnung Martin Fröhlich)

95   El Lissitzky, Rednertribüne, Neigungswinkel, 1924 (Strathaus, Das architektonische Urteil, op. cit., S. 213; Zeichnung Martin Fröhlich)

Abb. 93–95   Vergegenwärtigt man sich, auf welche Weise ein Architekt mit Mitteln der Körperform (also nicht mit Mitteln des Lichts, der Farbe, des Raums etc.) eine kosmische Übereinstimmung geltend machen kann, dann sind es tatsächlich entweder die Kugel (als Planetenform) oder die Schrägneigung (als Erdachse), die sich in erster Linie anbieten. Vladimir Tatlin hat für sein Denkmal für die III. Internationale die Erdachsen-Richtung als Ausdruckselement, als Leitmotiv einer Baukonstruktion entdeckt und verwertet. El Lissitzkys Rednertribüne von 1924 weicht um etwa zwei Grad von der Erdachsen-Richtung ab, was sich indessen daraus erklärt, dass die uns erhaltene Darstellung perspektivisch ist, nicht ganz parallel zur Bildebene.

Petersschule in Basel. (Abb. 89) Da geht es nun allerdings nicht um ein armlanges Auskragen, sondern um einen ganzen Schulplatz, der in die Luft gehoben werden soll. Die Architekten begründen die Idee zu «schwebenden Terrassen», wie sie ihren Kraftakt besänftigend nennen, wie folgt: «Die außergewöhnliche Lage mitten in der Stadt […] veranlasste die beiden Verfasser, wesentliche Elemente des Schulhauses *in die Luft zu verlegen* und das Schulleben *fern vom Erdboden* zu entwickeln.» Die Aufenthaltsflächen im Freien – anstelle des üblichen Schulhofes – können selbst bei Regenwetter benützt werden, denn die obere Pausenfläche kann so über die untere, näher beim Gebäude liegende Pausenfläche verschoben werden, dass sie zu deren Schutzdach wird.

«Zur konstruktiven Durchbildung *der eisernen Schwebebrücken* wurde das Eigengewicht des Baukörpers als Gegengewicht statisch aktiviert»[15] – mit anderen Worten: Haus und Terrassen, vom Flachdach her mit drei mächtigen Kabeln verbunden, werden als ein *Kran-System* vorgestellt, mit dem Schulgebäude als Mast samt Gegengewicht, den beiden Terrassen als Ausleger. Insgesamt ein spektakulärer Kraftakt, der Walter Gropius' Glasecke vergleichsweise als zarte Sublimierung erscheinen lässt.

Was Meyer und Wittwer für den mittelalterlich disponierten Stadtkern von Basel vorschlagen, hat seine Vorbilder oder doch Begleitbilder im russischen Konstruktivismus. Denn das Kranmotiv taucht ja schon 1919 in Tatlins Turm für die III. Internationale auf, (Abb. 90) wo das «Rückgrat» der ganzen Komposition nicht mehr als der übliche senkrechte Mast, sondern als Ausleger in Erscheinung tritt, allerdings nicht gesichert durch ein Kabel, sondern von unten gestützt durch zwei weit ausholende Eisenspiralen. Das Ganze kann zweiteilig gelesen werden, einerseits als Kran (ohne Mast), der vier Lasten trägt (die hängenden drehbaren Büroeinheiten), andererseits als Spiralmantel nach der Art eines Schneckenhauses, ausgeführt als Stabgitter.

Dieses Absenken aus der Vertikalen in die Schräge, mit seiner Steigerung des Risikogefühls, mit seiner Auslösung von Schwindelängsten (Vertigo), erscheint

15   Beide Zitate aus: Hannes Meyer, *Bauen und Gesell-*
schaft, Dresden, o. J., ca. 1980, S. 33.

96   Gustav Klutsis, «Wir erfüllen den Plan der
grossen Arbeiten», Plakat für den ersten Fünf-
jahresplan, 1930, Russische Staatsbibliothek,
Moskau (Ausstellungskatalog London/Barcelo-
na/Berlin, Kunst und Macht im Europa der
Diktatoren 1930 bis 1945, London 1996, S. 219)

ebenso provokativ wie irrational, und es ist zunächst schwer verständlich, weshalb
Tatlin so viel Echo auszulösen vermochte bei Künstlern wie El Lissitzky (Redner-
tribüne für Lenin, 1924) oder Ladowskij (Wohnhaus mit Kran, 1920, Gaststätte am
Felsüberhang, 1923). (Abb. 91, 92)

Beachtet man, dass die schräge Achse des Tatlin-Turmes (Abb. 94) mit derjenigen von Lissitzkys Rednertribüne im Winkel übereinstimmt (Abb. 95) und
zudem auch in den anderen Gattungen der frühen Revolutionskunst eine auffälli-
ge Rolle spielt, (Abb. 96) so festigt sich der Eindruck, dass derartigen Parallelen ein
gemeinsamer Nenner zugrunde liegen muss. So weit ich sehe, ist Tatlin tatsächlich
der erste der zu Aleksander Bogdanows Theorien eine Visualisierung anbieten
konnte, indem er dem schrägen «Rückgrat» des Turmes einen Neigungswinkel
von 23 1/2° verlieh, was dem Neigungswinkel der Erdachse entspricht. (Abb. 93)[16]
Wenn Lissitzky den Gedanken übernimmt und sich Lenin als Redner hoch über
dem Volke schwebend vorstellt, (Abb. 95) dann zeigt er, mit einem Zug unfreiwilliger Komik übrigens, was «Suspension im Leeren» in der Architektur bedeuten
kann. Es ist kein Zufall, dass sowohl Tatlin wie Lissitzky ihre Schrägachsen ausschliesslich in der Ansicht von unten rechts nach oben links vorführen, also die
Rückansicht meiden. Da das russische wie das westliche Auge von links nach rechts
liest, geht ihm diese Linksschräge buchstäblich «wider den Strich» – daraus resul-

tiert die Konnotation einer Auflehnung ähnlich. Zugleich ist diese Schräge so steil, dass sie vom Auge nicht als absinkend, sondern als aufsteigend gelesen wird. Woraus sich, zumeist unbewusst wahrgenommen, «Aufstieg» und «Auflehnung» verbinden zum Gesamteindruck «Fortschritt wider das Gewohnte». Was genau dem entspricht, was diese Generation in Russland bewegte, was sie mitzuteilen wünschte. Nämlich: eine Schräge der Auflehnung und des Fortschritts, die gleichzeitig aus einem *grösseren Zusammenhang* heraus *legitimiert* war: dadurch eben, dass sie unserer planetarischen Lage entsprach, das heisst, sich deckte mit dem Neigungswinkel der Polarachse des Erdballs.[17]

1927/28: Das Doppeljahr der Verklärungen

Allerdings: Das Erreichen einer symbolischen Übereinstimmung bleibt in den erwähnten Entwürfen Tatlins und Lissitzkys ein Kraftakt. Weit entfernt von jener einfachen unangestrengten Harmonie, die, nach Marx, beim Übergang vom Reich der Notwendigkeit ins Reich der Freiheit verheissen war. Wieder gerät der Historiker in Versuchung, Prognosen zu wagen: diesmal die, dass aus dem Kreis der russischen Konstruktivisten ein Vorschlag zu erwarten sei, der den *forcierten* Schwebeakten der besprochenen Beispiele ein Bild des *mühelosen* Schwebens entgegenstellt.

Iwan I. Leonidow ist, durch die glückliche Verkettung einiger im Grunde naheliegender Ideen, der Wurf gelungen, das Vorstellungsschema des Ballons und dasjenige der schwebenden Erdkugel in einer architektonisch glaubhaften Gestalt zu vermitteln. (Abb. 97, 98) Die nahe liegenden Ideen: die Kombination von akademischem Auditorium (dessen Kreisgrundriss Tradition hat) und Planetarium (von vermutlich nur bescheidenen Ansprüchen) gaben ihm die nutzungsbedingte Rechtfertigung zur Kugel. Die Einteilung der Kugel in ein Gradnetz mit Meridianen und Breitenkreisen schaffen einerseits die Möglichkeit, dem Glasdom eine Struktur zu geben, andererseits geschah auf diese Weise die Verkuppelung der Assoziation 'Erdkugel' mit der Assoziation 'Ballon', was wiederum den Verdacht auf blosse Stilisierung des Ballonschemas zurücktreten liess und beruhigte, gleichzeitig aber auch eine Parallele schuf zur Bogdanow-Tatlinschen Neigungsachse des Erdballs: diesmal nicht als Achse, sondern als 'Ball' des Planeten.

Das abhebende und stützende Gitter schliesslich, ein Konus, aber auf die Spitze gestellt, kann gelesen werden als Kegelprojektion des Globus (im Gegensatz zur Merkatorprojektion).

---

16 Siehe A. M. V., *Revolutionsarchitektur*, *op. cit.*,   17 Id., S. 212, 213.
Kap. 20: Der russische «Kosmismus», spez. S. 209–215.

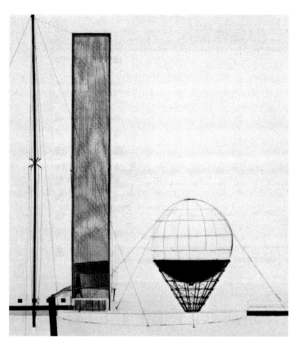

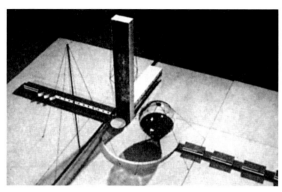

98   Ivan Il. Leonidov, Projekt zum Lenin-Insti-
tut (Landesbibliothek) in Moskau, 1927,
Modell, London 1971, v.l.n.r.: Arbeitsräume,
Geleise der Hochbahn, Hochhaus mit Bücher-
depot, dahinter Bahnstation, Kugelhaus als
Auditorium und Planetarium, Beamtenhäuser
(Strathaus, Das architektonische Urteil, op. cit.,
S. 215)

97   Ivan Il. Leonidov, Projekt zum Lenin-
Institut (Landesbibliothek) in Moskau, 1927
(Strathaus, Das architektonische Urteil, op. cit.,
S. 214)

Das fragile Gebilde mit Drahtseilen abzusichern hat auch seinen formalen
Sinn. Es fügt sich in die Antennenfaszination der damaligen russischen Künstler, es
schafft erwünschte Bezüge als buchstäbliche Verspannungen innerhalb der Stereometrie des abgehobenen Auditoriums auf dem Kreisplatz, neben dem Hochhaus,
gegenüber Antenne, Arbeitstrakt und Bahnstation auf der einen Seite, den Wohn-
trakten des Personals auf der anderen Seite. Mit demselben Recht könnte diese
Landschaft abstrakt genannt werden: als abgehobene Kugel, exzentrisch über dem
Kreis, der seinerseits tangiert: das orthogonale Raumkreuz aus liegenden Quadern in
den beiden waagrechten Achsen und einem gestellten Quader in der Vertikalachse.

So konsequent war Geometrie noch nie zur Dominanz über Architektur
gebracht worden. Kurz: Leonidows Projekt wirkt wie eine Fortsetzung dessen, was
Boullée anderthalb Jahrhunderte früher im Entwurf zum Newton-Denkmal (1784)
konzipiert hatte. Um so verblüffender, weil es kaum möglich ist, dass Leonidow
etwas vom damals noch nicht wiederentdeckten Boullée gesehen oder gewusst
haben kann.[18]

Unter den Zeitgenossen kommt Leonidow in diesem Entwurf nicht den Brü-
dern Vesnin, nicht Tatlin oder Melnikow am nächsten, auch nicht dem Bauhaus-
Architekten Gropius, sondern den beiden Puristen Mies van der Rohe und Le Cor-

99 Ludwig Mies van der Rohe, Deutscher Pavillon, Barcelona, Hofansicht mit Wasserbecken (Ignasi de Solà-Morales u.a. (Hg.), Mies van der Rohe. Barcelona Pavillon, Barcelona 1993, S. 41)

busier – und diese beiden sind es auch, die, neben dem Entwurf Leonidows, die wichtigsten Beispiele stellen zu dem, was ich hier als das «Doppeljahr der Verklärungen» bezeichne.

Zumindest was das Lenin-Institut mit Kugelauditorium betrifft, möchte man dabei Leonidow näher zu Mies als zu Corbusier rücken – und zwar wegen der Materialwahl, die von den Eigentümlichkeiten und Möglichkeiten von Stahl

18 Vgl. hierzu: A. M. Vogt, *Boullées Newton-Denkmal,*
Sakralbau und Kugelidee, Basel/Stuttgart 1969.

und Glas ausgeht. Diese Materialwahl ist es, verbunden verblüffenderweise mit Marmor, die Mies zu strahlender Festlichkeit zu führen vermag in seinem Deutschen Pavillon an der Internationalen Ausstellung in Barcelona, 1928. (Abb. 99, 100)

Jubelausbruch über die neu gewonnenen Möglichkeiten der Architektur – freier, lockerer, grosszügiger als der asketisch strenge Gropius am Bauhaus, und fern von jedem Kraftakt im Sinne von Hannes Meyers «Petersschule» oder von Tatlins und Lissitzkys Ambitionen. Obschon das Mühelose, locker Helle und Leichte an diesem Pavillon den ersten Eindruck bestimmt, wird man sich doch nicht so rasch einigen können, ob Mies das Schweben im Sinn hatte oder am Ende doch nicht.

Denn man wird sich nicht zufrieden geben wollen etwa mit dem Hinweis auf die besondere Leichtigkeit, mit der das Dach, weit auskragend, auf Stützen und Wandplatten liegt. Oder anders: Diese Leichtigkeit ist nur Teil einer besonderen Beschwingtheit, die Innen-, Aussen- und Nischenräume durchzieht. Diese Beschwingtheit ist nicht nur auf den viel besprochenen offenen Grundriss zurück-zuführen, sondern ebenso sehr auf die Oberfläche der Materialien. Die Materialien haben alle – mit Ausnahme der weiss gegipsten Dachunterfläche – eine ausgesuchte Fähigkeit zum Lichtreflex. Die Chromstahlstützen und die Glasscheiben bringen diese Reflexempfindlichkeit ohnehin mit, die Marmorplatten hingegen sind, unter Ausschluss von porösen oder matten Zuständen, auf spiegelähnlichen Hochglanz poliert. So sind drei von den vier gewählten Materialien reflexfähig und können mühelos reagieren auf das Spiegelungsspiel des Wassers im rechteckigen Bassin – es entsteht eine Echokette von Lichtreflexen vom hellen Wasser her und durchströmt die Räume unter dem Dach in einem so nicht gesehenen Geben und Nehmen von Licht.

Obschon die Marmorplatten, in Kilogramm oder Tonnen gewogen, enorm schwere Elemente sind, nimmt sie meine empathische Körper-Wahrnehmung, das heisst meine «Selbstversetzung» (um an Volkelt zu erinnern) als «leicht» wahr, verführt durch die spiegelnde Politur. Chromstahl und Glas leugnen in gleichem Sinne ihr Eigengewicht, denn Spiegelungseffekte geben – wenn auch verzerrt – etwas Anderes wieder, nämlich ein Stück Umgebung, reduzieren also oder verhüllen die Selbstdarstellung der eigenen Schwere hinter der Abbildung der Nachbarschaft. Das ist der Grund, weshalb derart bewusst provozierte hochgradige Spiegelungen wie in Mies' Innenraum (Abb. 100) erstaunliche Schwebewirkung erreichen – aber es handelt sich um einen Schwebezustand, der durch optischen Gewichtsentzug bewirkt wird, das heisst durch Reflexe und Echoreflexe.

Mies' Pavillon 'sitzt' auf dem Boden, der allerdings konsequent bereinigt und idealisiert wird zur absoluten geometrischen Ebene. Und er zeigt keinerlei Ansätze zum Abheben, und doch wirkt er, aus den beschriebenen Gründen, schwebend

100   Ludwig Mies van der Rohe, Deutscher Pavillon, Barcelona, Empfangshalle, 1928 (Strathaus, Das architektonische Urteil, op. cit., S. 216)

leicht. Diese Art von Schwereentzug durch reflektierende Oberflächen möchte ich als Versuch zu *impliziertem Schweben* bezeichnen, im Gegensatz zum expliziten Schweben, das sich der Auskragung und anderer Möglichkeiten des Abhebens bedient.

Mies hat allerdings selber auch explizite Schwebewirkungen erprobt, zwei Jahre vor 'Barcelona', 1926, beim Denkmal für Karl Liebknecht und Rosa Luxemburg in Berlin. (Abb. 101) Dieses Denkmal ist aus Backsteinquadern gefügt und wirkt wie ein Testfall für Schwebewirkungen mit schwerem Material: Die kantigen Klötze sollen durch Auskragen so beflügelt erscheinen, als wären sie Wolken ähnlich verschiebbar.

Obwohl Mies genau diese halbmagische Wirkung erreicht, scheint ihn diese Art von Materialwunder oder Levitation des Backsteins nicht so recht zu befriedigen. In den folgenden zwei Jahren hat er derartiges offensichtlich bewusst aufgegeben, und sei es nur, weil ihn solche Wirkungen zu sehr an symbolistisch-metaphysisches Spektakel zu erinnern begannen.

Um so wichtiger ist der Entscheid für reflexfähige Materialien. Sie geben ihm freie Hand, das implizite Schweben zu entfalten, ohne Spektakeln ausgesetzt zu sein. Was er sich explizit erlaubt, sind einzig Treppen und Treppenpodien, die wie verzauberte Teppiche über dem Gras schweben, immer nur einige Handbreit über dem Boden – das raffinierteste Beispiel ist die Treppe mit Podium zur Crown Hall,

101 Ludwig Mies van der Rohe, Denkmal für Karl Liebknecht und Rosa Luxemburg, Berlin, 1926 (Strathaus, Das architektonische Urteil, op. cit., S. 217)

Illinois Institute of Technology, Chicago, 1950–1956. (Abb. 102) (Ein Vorgänger: Farnsworth House, Plano, Illinois, 1945–1950.)

Man fragt sich, wie Ernst Bloch in Barcelona reagiert hätte. Hätte er sich damals schon zur Anspielung auf die «verchromte Misere», die unter einer «silbernen Sonne […] blitzen will» provoziert gefühlt?[19]

Es gibt so etwas wie ein verstecktes Zielbild als zentrale Chiffre im Barcelona-Pavillon, (Abb. 99, 100) nämlich die Marmormaserierung an der quergestellten Platte des Innenraumes. Ihre Kleeblattform erinnert an die Marmorintarsien der Hagia Sophia, die ebenfalls an bestimmten Stellen punktsymmetrisch angelegt sind. Eine Andeutung der fernen Verwandtschaft, unüberbrückbar fern, aber doch klar artikuliert: ein Zeichen dafür, dass die «Suspension in der Fülle», wie sie die Hagia Sophia darstellt, Mies gegenwärtig war – aber redlicherweise für die eigene Epoche nicht beansprucht werden konnte.

Die Villa Savoye in Poissy (1928) (Abb. 103, 104) von Le Corbusier – als drittes Beispiel des ereignisreichen Doppeljahres – lässt weder Stahl noch Glas akzentuiert in Erscheinung treten, sucht keine Oberflächenreflexe, schon gar nicht marmorne. Die Vorentscheide sind also deutlich anders als bei Mies' Pavillon und Leonidows Kugelauditorium. Das durchgehend dominierende Element ist die weisse, kartonartig dünn wirkende Platte, sekundiert im Dachaufbau von der weissen Zylinderschale. Von den beiden euklidischen Vorbedingungen zur Geometrie – der Durchsichtigkeit und der Gewichtslosigkeit – ist für Le Corbusier die erste deutlich weniger wichtig als die zweite, und hierin trifft er eine entschieden andere Wahl als Gropius mit der Dessauer Glasecke.

La villa est entourée d'une ceinture de futaies

Sous les pilotis, s'établit la circulation auto-mobile, les services domestiques, le garage. L'entrée est dans l'axe, sous les pilotis, et une rampe très douce conduit insensiblement à l'étage.

L'orientation du soleil est opposée à celle de la vue. On est donc allé chercher le soleil par la disposition en décrochement sur le jardin sus-pendu. Pour couronner l'ensemble, un solarium dont les formes courbes résistent à la poussée

des vents et apportent un élément architectural très riche. Le corps principal de la maison est limité par quatre murs semblables percés en ceinture tout autour, d'une fenêtre unique du système breveté L. C. et P. J. coulissante.

103

102

104

103   Le Corbusier und Pierre Jeanneret, Villa Savoye, Poissy, Skizze, 1928 (Le Corbusier, Villa Savoye: l'armonia nei rapporti delle misure, Padova 2002, S. 55; © 2005, ProLitteris, Zürich)

102   Ludwig Mies van der Rohe, Crown Hall, Illinois Institute of Technology, Chicago, 1950–1956 (Strathaus, Das architektonische Urteil, op. cit., S. 218)

104   Le Corbusier und Pierre Jeanneret, Villa Savoye, Poissy (W. Boesiger (Hg.), Le Corbusier et Pierre Jeanneret: Œvre complète de 1929–1934, Zürich, 1964, S. 31)

Das Neue ist die Untersicht. Man sieht nicht durch eine Glasecke oder einen Glaskörper hindurch, einen transparenten Innenraum visuell durchquerend, son-dern man sieht *unter* einem weissen würfelähnlichen Gebilde *durch*. Aus der Nähe wird die *sechste*, nie gesehene Fläche des Würfels sichtbar: die *'Fussohle'* des Wür-fels zeigt sich. In den Vorstellungsspielen der Geometrie ist das kein Ereignis, aber in der realen Welt der Gravitation ist das in der Tat ein 'jamais vu', ein provozie-rendes Novum. Für die Sekunde der Körperempathie, die sehr genau zwischen geometrischer Vorstellung und realer Leiblichkeit zu scheiden weiss, ist es eine Sensation. Eine Sensation im doppelten Sinne dieses Wortes: von der modisch-auf-peitschenden bis zur ursprünglichen, die das sinnliche Wahrnehmen realer Körper meint, im Gegensatz etwa zu Vorstellungsprozessen in der Geometrie.

19   Ernst Bloch, *Das Prinzip Hoffnung, op. cit.*, S. 861.

Die beiden anderen Beispiele des Doppeljahrs, Leonidows Kugel über Trichter, Mies' spiegelnde Platten unter einem dünnen weissen Dach, bieten keine solche Untersicht – denn eine Dachfläche von unten ist etwas ganz anderes, nämlich Selbstverständliches, im Gegensatz zu einem Hauskörper von unten, der als Ganzes erstmals abgehoben erscheint.

Le Corbusier hat die Freilegung der sechsten Fläche, die Auswertung der Untersicht Schritt für Schritt vollzogen. Die beiden Häuser für die Siedlung Weissenhof, Stuttgart, 1927, sind die unmittelbare Vorstufe. (Abb. 105) Das vordere, grössere Haus, dessen Auskragung durch die Hanglage dramatisiert wird, (Abb. 106) öffnet die Untersicht erst auf zwei Seiten. Denn vom bergseitig untergebrachten Trakt mit Mädchenzimmern, Vorrats- und Abstellräumen wird eine Trenn- und Stützmauer nach vorne bis auf die Höhe der Pilotis gezogen. Das hintere, kleinere Haus hingegen öffnet die Untersicht bereits auf drei Seiten – und nun, in der Villa Savoye (Abb. 107) können selbst Eckteile der vierten Seite, allerdings nicht ganz so breit wie ein voller Stützenabstand, für die Untersicht freigegeben werden. Was hier im Schatten der sechsten Fläche wie unter einem beträchtlichen Felsüberhang unterzubringen ist, betrifft, neben dem herrschaftlichen Zugang zur Rampe für die oberen Bewohner, eine Dienstbotenunterkunft, eine Chauffeurwohnung und eine luxuriöse Garage für drei Automobile. In den meisten Photographien (Abb. 104) tritt diese Dunkelzone selber nicht oder nur als diffuser Schattenschirm in Erscheinung. Man sieht, dass durch diesen die Durchsicht auf die hinteren Stützen teilweise verdeckt wird, kann aber die Einzelformen im Schatten nicht erkennen. So bleibt der strahlende Auftrieb des weissen Gebildes ungeschmälert, dessen treffendste Kennzeichnung von Le Corbusier selber stammt: «boîte en l'air», Schachtel in der Luft.

«Clarté cartésienne» als Genugtuung des Geistes

Das Thema der Untersicht ist selbstverständlich nicht neu um 1928, es hat eine lange Vorgeschichte im 19. Jahrhundert, welches sich bekanntlich keine optische Problemstellung – von der Vogelperspektive über die Froschperspektive bis zum Panorama – entgehen liess. Für einen Architekten oder auch Historiker französischer Sprache musste das Thema Untersicht eine eigenartige Bedeutung erlangen durch die verblüffenden Kombinationen aus Grundriss und Aufriss/Schnitt, die Auguste Choisy als Buch-Illustrationen vorlegte in seiner zweibändigen «Histoire de l'Architecture», (Abb. 108–110) publiziert in Paris im Jahre 1899. In seiner 'Education of Le Corbusier' bestätigt P. V. Turner, dass der junge Jeanneret den 'Choisy' im Jahre 1912 angeschafft hatte, also mit 25 Jahren, nach der Rückkehr von der grossen Orientreise mit Klipstein.[20]

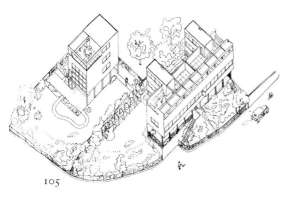

105

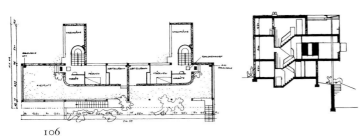

106

105 Le Corbusier und Pierre Jeanneret, Zwei Wohnhäuser in der Weissenhofsiedlung in Stuttgart, 1927, erbaut anlässlich der Wohnbauausstellung des Deutschen Werkbundes, Situation (Strathaus, Das architektonische Urteil, op. cit., S. 220; © 2005, ProLitteris, Zürich)

106 Le Corbusier und Pierre Jeanneret, Zwei Wohnhäuser in der Weissenhofsiedlung in Stuttgart, 1927, Grundriss Erdgeschoss und Schnitt (Strathaus, Das architektonische Urteil, op. cit., S. 220; © 2005, ProLitteris, Zürich)

107 Le Corbusier, Villa Savoye, Poissy, «Rez-de-chaussée, Circulation automobile sous les pilotis» (W. Boesiger/ O. Stonorov (Hg.), Le Corbusier et Pierre Jeanneret, Œuvre complète de 1919–1929, Erlenbach, 1946, S. 186; © 2005, ProLitteris, Zürich)

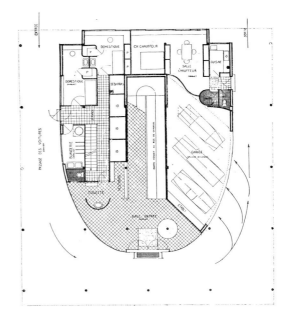

20 P. V. Turner, *The Education of Le Corbusier*, New York 1977, S. 234.

So ist er längst vertraut mit Choisys eigenartiger Perspektive, die ihrerseits einen Standpunkt in der tiefsten Keller- oder Erdtiefe wählt und damit einen Aufwärtsblick supponiert, der die unsichtbare 'sechste Seite' des Gebäudes zeigt, nämlich als Grundriss, und zwar *von unten* gesehen. Choisy schlägt uns also vor, seine historischen Monumente als abhebbar oder bereits abgehoben zu sehen, wie ein Spielzeughaus, das man in die Luft hebt und von unten besehen kann. Selbstverständlich ist das für Choisy ein rein methodischer Vorgang – aber er gehört zu dem, was ich im Zusammenhang mit Gropius' Dessauer Glasecke als die euklidischen Abstraktionen angesprochen habe. Le Corbusier hat diese ingeniöse Darstellungsart – die vier Fliegen auf einen Streich (Grundriss, Fassade, Schnitt, Perspektive) zusammenbringt – offensichtlich besonders geschätzt, denn er hat Choisy-Zeichnungen mehrfach in seinen Publikationen abgedruckt.[21]

Nun aber die Frage: Welche Begründungen für die «boîte en l'air» gibt Le Corbusier selbst, als ihr Verfasser oder – das Wort einmal ganz wörtlich genommen – Urheber? Halten wir uns zunächst an die kurzen Kommentare im ersten Band der «Œuvres Complètes», die Zeit von 1910 bis 1929 umfassend, erschienen 1930 bei Girsberger in Zürich, ediert von Boesiger und Stonorow – also im selben Jahr, in welchem die «Savoye» in Poissy fertiggestellt wurde.

Da wird zunächst (S. 186), nur sehr spärlich verhüllt, der Anspruch erhoben, mit der «Savoye» die Villa Rotonda der zwanziger Jahre errichtet zu haben. Die Argumente hierfür: keine Hauptfront (sondern «quatre murs semblables»), denn das Haus ist «située au sommet de la coupole» und muss sich demzufolge «ouvrir aux quatre horizons», um einen weiten Rundblick zu ermöglichen. Diese zum Teil wörtliche Anspielung auf Palladios eigenen Text in den *Quatro Libri* ist oft disku-

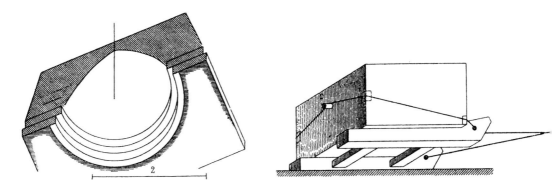

108 Auguste Choisy, in seiner 'Histoire de l'Architecture' (1899, 2 Bände), hat seine neuartigen Illustrationen, alle von ihm selber gezeichnet, aus der Froschperspektive hinauf in einen Dom abgeleitet. Dom, Skizze aus der Froschperspektive, 1899 (Strathaus, Das architektonische Urteil, op. cit., S. 223)

109 Auguste Choisy, Sandschlitten für den Pyramidenbau, 1899, Choisy überträgt hier das Darstellungsprinzip der Skizze 108 (Strathaus, Das architektonische Urteil, op. cit., S. 223)

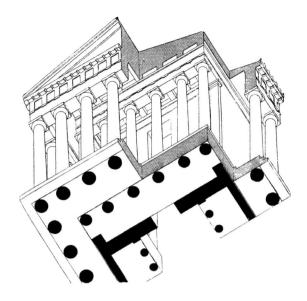

110 Auguste Choisy, Skizze, 1899, in Beispielen wie hier (Paestum) sieht er den Tempel folgerichtig als «boîte en l'air» (Strathaus, Das architektonische Urteil, op. cit., S. 223)

tiert worden – dennoch bliebe einiges zum Rotonda-Anspruch anzumerken, was wir uns indessen hier versagen müssen.

Zum Abheben selber taucht im 'Œuvre'-Text nur das eine Argument der «circulation automobile» auf. (S. 187) Die Wortkargheit hat zum Teil damit zu tun, dass weiter vorn im selben Band, namentlich in der Deklaration «Les 5 Points d'une Architecture Nouvelle» von 1926, wichtige Thesen vorweggenommen sind:

«La maison sur pilotis! La Maison s'enfonçait dans le sol: locaux obscurs et souvent humides. Le ciment armé nous donne les pilotis. La *maison est en l'air, loin du sol*: le *jardin* passe *sous* la maison, le jardin est aussi *sur* la maison, sur le *toit*.»[22]

Der zweite Satz erklärt, wovor das Haus zu bewahren ist: vor dem Absinken in das «Obskure» und «Feuchte». Also sind es die schlanken Stützen (Pilotis), durch die neue Technik des armierten Betons möglich gemacht, welche Abhilfe schaffen. Resultat: das Haus ist «in den Lüften, weg vom Boden». Und die Folge: «der Garten setzt sich fort *unter* dem Haus». Damit nicht genug: «der Garten ist auch *auf* dem Haus, auf dem Dach».

Die zweifache Rückerstattung des Bodens an die Natur war in jenen Jahren ein Lieblingsthema von Le Corbusier. Der Boden, vom Architekten für den Bauherrn der Erde «entrissen», kann nun – infolge der Erfindung der Pilotis – an diesen zurückgegeben werden, und zwar gleich doppelt, einerseits unter den Pilotis und andererseits oben auf dem Flachdach.

21 Reyner Banham, in: *Theorie und Gestaltung im Ersten Maschinen-Zeitalter*, Reinbek bei Hamburg 1964 (London 1960), hat auf die Bedeutung der Illustrationen hingewiesen und ihre «Homogenität des Stils» unterstrichen, da sie «nach einer gleichbleibenden Formel» gezeichnet seien. «Die Formel besagt: maßgleich in der Ausführung, werden Grundriß, Schnitt und Aufriß in einer einzigen Abbildung zusammengefaßt.», S. 18.
22 Le Corbusier et Pierre Jeanneret, Œuvre Complète de 1910–1929, Vol. I, Willy Boesiger (Hg.), S. 128, Zürich 1946, [Hervorhebungen durch A. M. V.].

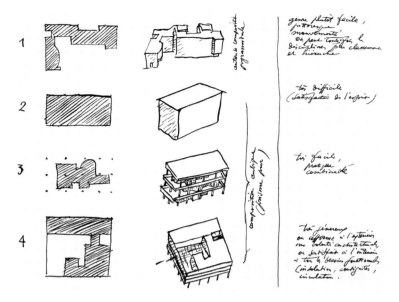

111   Le Corbusier, Les 4 compositions, Villa La Roche, Haus in Garches, Wohnhaus auf dem Weissenhof und Villa Savoye, Zeichnungen und handschriftliche Bemerkungen (Strathaus, Das architektonische Urteil, op. cit., S. 224; © 2005, ProLitteris, Zürich)

Schade, dass Ernst Bloch, dessen Argument vom «Boden, der nicht stimmt» wir bereits kennen, sich nicht zu dieser rührenden, fabulierenden These Le Corbusiers ausgelassen hat. Denn rührend und fabulierend ist sie, das heisst: erstaunlich naiv für einen Mann von – 1926 – neununddreissig Jahren. Der Soziologe Werner Hofmann würde solche Argumente kritisch als «Revolution aus *einem* Punkt» bezeichnen und ihren mitunter komischen Aspekt nicht verkennen. Doch auch dreissig Jahre später, 1954, im Bändchen *Une Petite Maison*, als Mann von 67 Jahren, hat Le Corbusier die Rückerstattungsidee nicht aufgegeben. Denn er zeigt dort, am Beispiel des Hauses für seine Mutter am Genfersee (Vevey), mit fünf Photos und dazugehörigem Text (S. 45–49), dass auf den richtig angelegten Flachdächern *natürliches* Wachstum an Gräsern entsteht: «C'est en août, en pleine canicule; les herbes sont rôties! Qu'importe!» (S. 45).

Wohlweislich hat er unter der «Savoye» und unter den beiden Hauskuben des Weissenhofs Kiesplätze anbringen lassen – ahnend, dass die Pflanzen den Marsch ins Dunkle verweigern könnten. (Wer Beispiele mit nackter Erde statt Kies kennt, wie z.B. unter dem einzigen ausgeführten Bau in Amerika, dem «Carpenter Center» in Cambridge, Massachusetts, 1963, der kennt die Melancholie des Morasts im Halbdunkel.) Kurz: Vom Ernst der Eigentumsfrage her gesehen, die über der westlichen Architektur als krass ungelöstes Problem lastet, nimmt sich Le Corbusiers Rückerstattungstheorie schon eher weltfremd aus, oder eben als naiv-

112   Le Corbusier, Plan «Voisin» mit der Skyline New Yorks, Fotomontage (Plans 7 (1931), S. 63;
© 2005, ProLitteris, Zürich)

fabulierend und offensichtlich unberührt von der damals so intensiven ökonomi-
schen und politischen Diskussion um Grund und Boden.

Zurück zur Präsentation der «Savoye» im hinteren Teil des ersten Bandes der
«Œuvres Complètes»: Was auf Grundrisse, Schnitte, Ansichtszeichnungen und
Kurztexte folgt (für Photographien war es, da der Bau noch nicht fertig war, zu
früh) ist eine Seite (S. 189) mit Handzeichnungen und handschriftlichen Bemer-
kungen zu den damals neuesten vier «Compositions»: dem Haus La Roche, der
Villa Stein in Garches, den Häusern auf dem Weissenhof und der Villa Savoye.
(Abb. 111)

Er bezeichnet die Bauten No. 2, 3 und 4 als «Composition cubique (prisme
pur)», qualifiziert dabei No. 2 (Garches) als «très difficile (satisfaction de l'esprit)»,
No. 3 (Stuttgart) als «très facile» und No. 4 (die «Savoye») als «très généreux».

Auch wenn in der Tat die Grosszügigkeit der «Savoye» ans Wunderbare
grenzt, ist man doch verwundert, dass nicht sie, sondern No. 2 (Garches) das «ge-
steigerte» Lob bekommt: «très difficile (satisfaction de l'esprit)».

Weshalb, woher diese besondere Genugtuung über «Garches»? Die Zeichnung sagt es: dieses Haus ist ein nahezu reiner Quader – Architektur zu Geometrie
sublimiert. Das Stichwort hierzu heisst, wie jeder Architekturschüler weiss, *clarté
cartésienne*. Doch was ist das, und was hat es für den Corbusier der zwanziger Jahre
bedeutet? Dieser Frage ist, merkwürdig genug, bis vor kurzem niemand nachgegangen – doch nun liegt Danilo Udovickis Aufsatz über «Esprit Nouveau and Des-

cartes» vor.[23] Cartesianische Kernbegriffe wie «clarté», «calcul», «équation» sind, wie Udovicki zeigt, schon 1922/23 im Spiel beim Entwurf für die «Ville contemporaine de 3 millions d'habitants» und im Text des Erstlingsbuches *Vers une architecture*, wobei auch die Bezeichnung «cartésien» mehrfach schon auftaucht. Doch eine pointierte Berufung auf René Descartes (1596–1650), den Philosophen und Mathematiker, erfolgt erst beinahe ein Jahrzehnt später, um 1931, vorab im Aufsatz «Descartes est-il américain?» (Juli-Nummer der Zeitschrift *Plans*, Paris 1931).

Wenn man nun, angeregt von Udovicki, die Beiträge Le Corbusiers für die Zeitschrift *Plans* (zu deren Redaktionskomitee er übrigens gehörte) näher durchsieht, so zeigt sich, dass er schon in einem früheren Beitrag (März 1931) mit dem Titel «Vers la Ville Radieuse/Vivre! Respirer!» und dem Untertitel «Il faut supprimer les Banlieues et Mettre la Nature à l'Intérieur de la Ville» – erneut und diesmal nicht ohne kulturpolitische Untertöne auf Descartes zusteuert. Denn es heisst dort: «Mais il faut avoir l'esprit dégagé du terre à terre; avoir une vision des choses.» (S. 35/36) Das bedeutet: «une *équation* bien posée. Oser affirmer le résultat de ce *calcul*.» (S. 36) Weil «calcul» und «équation» logisch auch zum rechten Winkel führen würden, werde ihm nun Amerikanismus vorgeworfen: «Les gens […] nous accusent d'américaniser. L'angle droit est américain!» (S. 36). Auf diesen offenbar für den frischgebackenen Franzosen besonders empfindlichen Vorwurf reagiert er nun mit der Beschwörung von Descartes.[24] Seine 'Ville contemporaine' sei cartesisch und gerade nicht amerikanisch, denn (so heisst es nun in der Juli-Nummer von *Plans* 1931): «Face à New York, à Chicago, nous dressons le gratte-ciel cartésien, limpide, net, élégant, *luisant* dans le ciel de l'Ile-de-France» (S. 66) – und dieses «Leuchten» wird in der beigegebenen Illustration (Abb. 112) drastisch genug vorgeführt und dem tristen Zickzack der New Yorker Skyline unter grauem Himmel gegenübergestellt. Woher der krasse Unterschied? «Au lieu d'un hérisson (Anstelle eines Igels) et d'une image dantesque, nous proposons un corps organisé, serein, fort, aéré, en ordre» (S. 66), und diese heitere, wohl durchlüftete Ordnung gehe letzten Endes zurück auf den «esprit orthogonal», der seinerseits wiederum – lange vor Descartes – bereits an der Fassade der Notre Dame ablesbar sei (S. 66). Womit die Beschwörung von Descartes gleichzeitig eingebunden wird in die grosse französische Tradition des Mittelalters. Dies alles polemisch abgehoben von den Amerikanern, die ein Opfer seien ihres zwar glanzvollen, aber noch unreifen, erst pubertierenden Maschinismus: «Contre New York (magnifique clameur turbulente de l'adolescent géant du machinisme), je propose *la cité cartésienne*; j'instaure les gratte-ciel horizontaux.» (S. 66)

Walter Gropius muss sich, wie wir bereits gesehen haben, zu seiner Glasecke in Dessau durch die beiden als euklidisch bezeichneten Abstraktionen legitimiert gefühlt haben. Er baut durchsichtig – so wie Euklid seine geometrischen Körper durchsichtig denkt. Er suggeriert Gewichtslosigkeit – so wie Euklid seine geometrischen Körper gewichtslos vorstellt. Gegenüber der Gropiusschen Auslegung dieser Abstraktion scheint nun Le Corbusier die Legitimation zu haben, weiterzugehen, und zwar gestützt auf das, was er für cartesianisch hält, was ihm als richtige Umsetzung der cartesianischen Richtlinien vorkommt. Er verzichtet, wie wir schon gesehen haben, auf Akzentuierung der Durchsicht. Glasecken werden bei ihm nicht prominent. Das Interesse jedoch für gewichtsfreie Wirkung teilt er mit Gropius, strebt ähnlich wie dieser (etwa in den Dessauer Künstlerhäusern) die «boîte» an.

Wozu ihn nun Descartes *speziell* legitimiert, ist das Anwenden des «calcul», um «clarté» zu erreichen. Erstens bedeutet das: Betonen der Dominanz der Zahl. Dimensionszahlen müssen in ein orthogonales Gitter von Proportionszahlen überführt werden, damit sie zu Gliedern in einer Gleichung («équation») werden. Zweitens bedeutet es das Recht, einen geometrischen Körper so zu präsentieren, dass er «clair et distinct» erscheint (so lautet die Descartessche Wendung). Das hat Le Corbusier getan, indem er die «boîte», das Kartenhaus, nun mittels Pilotis vom Boden abhebt und damit die sechste Fläche des Würfels *auch* sichtbar macht.

Ähnlich wie Descartes über Euklid hinausgeht, indem er Geometrie auf Algebra reduziert, das heisst die wahrnehmbaren Formen konsequent auf abstrakte Symbole reduziert – so ähnlich 'darf' nun Le Corbusier über Gropius hinausgehen, indem er das Haus noch viel dezidierter als Gropius zum Kartenhaus 'reduziert', und dann, durch Abheben und Untersicht, diesem so etwas wie cartesianische Präsenz verleiht, die, wie er glaubt, die Forderungen der «clarté» erfüllt.

Offenbar stand viel auf dem Spiel, was den legitimierenden Rückgriff um volle 300 Jahre nötig machte (Descartes' *Discours de la méthode […]* sind 1637 in Leyden publiziert worden).[25] Besonders deshalb, weil Le Corbusier seine cartesianische Demonstration nicht etwa an einem Denkmalauftrag durchführen konnte (so wie Mies 1926) oder an einer anderen, neutraleren Baugattung, sondern ausgerechnet an einem Wohnbau vollzog – also an jener Baugattung, die am stärksten besetzt ist mit Tabus, Instinkterwartungen und Traditionsvorstellungen.

Le Corbusier wagte das Spiel und wurde damit, wie André Malraux in seiner Totenrede auf den Architekten in der Nacht des 1. September 1965 in feierlicher Rhetorik in der hallenden Cour Carrée des Louvre erklärte, zu jenem Künstler, der, wie kein anderer so lange und so ausdauernd beschimpft worden ist. «Mais aucun n'a signifié avec une telle force la révolution de l'architecture, parce qu'aucun n'a été si longtemps, si patiemment, insulté.»[26]

23   Ich danke Danilo Udovicki-Selb für die Möglichkeit, das Manuskript vor dem Druck zu lesen; [das Manuskript «Esprit Nouveau and Descartes» wurde nicht publiziert, 4. 10. 2005, Danilo Udovicki-Selb]
24   Der Schweizer Charles-Edouard Jeanneret (Le Corbusier), geboren in La Chaux-de-Fonds, hat im Jahre 1930 das französische Bürgerrecht erworben.

25   René Descartes, *Discours de la méthode pour bien conduire sa raison et chercher la vérité dans les sciences: Plus la dioptrique, les météores et la géométrie, qui sont des essais de cette méthode*, Leyden 1637.
26   Andre Malraux, *Oraisons funèbres*, Paris 1971, S. 106.

Antwortende Gegenbilder

Wozu ein weiteres Mal das Panorama der Insulte aufrollen? Fragen wir eher, *weshalb* dieser lang andauernde Sturm der Entrüstung ausgelöst wurde, und wodurch. Aus unseren Beobachtungen ergibt sich: es war die «boîte en l'air» – und nicht das Flachdach allein, nicht die Pilotis allein, auch nicht der Begriff der «Wohnmaschine» –, welche den Sturm auslöste, und zwar deshalb, weil damit die Körper-Empathie unmittelbar angesprochen und betroffen war. Gerade weil die propriozeptiven Reflexe als «siebter Sinn» zusammen mit dem «sechsten» Sinn, dem Labyrinth im Ohr, zum grösseren Teil *unbewusst* und unwillkürlich wirken, wurde damit eine hochgradige Sensibilisierung auf leiblich-elementarer Stufe ausgelöst.[27] Julius Posener sagt, die Theorien von Le Corbusier seien «logisch unbefriedigend», weil sie eine ungelöste «Dichotomie» enthielten – die Dichotomie nämlich zwischen funktioneller Wohnmaschine einerseits und cartesianischer Geometrisierung andererseits.[28] Aus unserem Zusammenhang lässt sich ergänzen, dass – in Werken wie der «Savoye» – neben einer unlogischen Dichotomie zusätzlich eine wahrnehmungsmässige Dichotomie auftaucht: als Konflikt zwischen visueller Wahrnehmung und propriozeptiver Wahrnehmung.

Diese doppelte Dichotomie vermag wohl auch erst jenen geradezu polaren Insult einigermassen verständlich zu machen, der von *Marcel Duchamp* ausging. Es ist Philippe Duboys Entzifferungskunst zu verdanken, dass wir seit kurzem wissen, dass Marcel Duchamp – im selben Jahr 1887 geboren wie Le Corbusier – ab ungefähr 1930 einen zwar verschlüsselten, aber geradezu tödlichen Hass auf die Erneuerungsvisionen und Beglückungsmissionen seines Altersgenossen entwickelt hat. Duboy bringt seine Belege (wie es sich für einen Historiker des Surrealismus gebührt) in einem überraschenden Rahmen vor, nämlich in einem Buch über Lequeu, den dritten der französischen Revolutionsarchitekten neben Boullée und Ledoux.[29]

Wir können die einzelnen Kennzeichnungen Duchamps, die oft genug zu blanken Invektiven geraten, hier nicht diskutieren. Philippe Duboy hat sie unter der Kapitelüberschrift «Démolir un Architecte: Le Corbusier» zusammengestellt – was allein schon spürbar macht, welcher Verbitterungsgrad der Ablehnung hier erreicht wurde. Wie kann man sich dies zurechtlegen? Vielleicht am ehesten durch einen Blick auf die temporale Orientierung der beiden so prominenten Altersgenossen. Selbstverständlich ist für Le Corbusier sein ganzes Entwerfen, Bauen, Theoretisieren, Beschwören und Missionieren eine einzige Investition in die Zukunft, eine totale Mobilisierung der Hoffnung. Für Duchamp gibt es diese Art von Zukunftsfixierung nicht, denn sein Kunstwerk ist ein Fund, und zwar bekanntlich als 'Ready made'. Zum Beispiel eine Toilettenschüssel oder ein Bierhumpen-Trockner, die zur Kunst erklärt, als solche bezeichnet und benannt werden können.

Nun ist das 'Ready made', genau genommen, ein 'Already made' – ein schon Vorhandenes, und als solches *'déjà vu'* (aber noch nicht zum reflektiven, das heisst künstlerischen Gegenstand erklärt). Darin liegt der polare Gegensatz zum *'jamais vu'*, dem Le Corbusier – offensichtlich mit cartesianischer Legitimation – ein Leben lang (oder doch bis zur «Indischen Bekehrung» um 1950)[30] ausschliesslich auf den Fersen ist.

Doch wenden wir uns nochmals zurück zur «Savoye». Es ist keineswegs so, dass Le Corbusier ihre Zweckbestimmung (Wohnbau) als Behinderung empfand – ganz im Gegenteil. «Im Rahmen eines Vortrags in Buenos Aires am 11. Oktober 1929 zeigte er», teilt uns Stanislaus von Moos mit, «dass die eben im Bau befindliche Villa Savoye nicht als Einzelfall gedacht war, sondern in beliebiger Zahl auch in Argentinien aufgestellt werden könnte.»[31] Die dazugehörige Zeichnung (Abb. 113) zeigt uns eine ganze Kolonie, nämlich 18 «boîtes en l'air» im selben parkartigen Gelände. Damit ist nochmals belegt, dass Le Corbusier, im Gegensatz zu Leonidow und Mies, die Zusatzbelastung des Schwebeexperiments durch die Alltagstabus des Wohnbaus nicht scheut, sondern sucht. Er wollte das wirkliche Leben, das banale Leben, den vollen Tageslauf revolutionieren, einen neuen Menschen aus der neuen Matrize formen. Und nicht nur ein Experiment wagen in einer relativ nutzungsarmen Gattung, wie es der von ihm bewunderte Eiffel am Eiffelturm, Leonidow am Auditoriumsbau oder Mies am Pavillon vollzogen hatten.

Ihre Bauwerke oder Entwürfe liegen, verglichen mit einem Wohnungsbau, schon beinahe auf der Seite der begehbaren Plastik, weit entfernt vom vollgenutzten Alltagsbau. Le Corbusiers Herausforderung ist somit ein gesuchter Konflikt, eine lange vorbereitete Provokation, ein gewolltes Skandalon. Dieser Forcierungswille ist nicht erklärt durch Descartes, aber er geschieht im Namen von Descartes.

27 Während der Niederschrift dieser Arbeit erreicht mich die aufschlussreiche Abhandlung von *Jeannot Simmen* über den «sechsten Sinn»: «Vertigo und Moderne Plastik» (in: *Beiträge zu Kunst und Kunstgeschichte um 1900. Jahrbuch 1984–1986 des Schweiz. Instituts für Kunstwissenschaft*, Zürich). Simmen beschreibt das Labyrinth im Ohr und dessen späte Entdeckung, das Zustandekommen der Raumorientierung und deren Bedrohung oder Verlust (Vertigo). Er zeigt, wie die Skulptur hochempfindlich reagiert auf diesen Problemkreis, schon im Manierismus (de Vries), aber womöglich noch deutlicher im 19. (Rodin) und im 20. Jahrhundert (Boccioni, Archipenko, Naum Gabo).
28 Julius Posener, *Die Anfänge des Funktionalismus. Von Arts and Crafts zum Deutschen Werkbund*, Berlin/Frankfurt am Main/Wien: Ullstein 1964 (Bauwelt-Fundamente. 11.), S. 9; vgl. dazu auch: A. M. V. Revolutionsarchitektur, *op. cit.*, S. 196.
29 Philippe Duboy, *Lequeu, an Architectural Enigma*, London 1986.

30 Vgl. hierzu: Danilo Udovicki-Selb, «Esprit Nouveau and Descartes», *op. cit.*, unveröffentlichtes Manuskript.
31 Stanislaus von Moos, *Le Corbusier, Elemente einer Synthese*, Frauenfeld 1968, S. 147, 148. Im gleichen Kapitel, betitelt «Schwebende Architektur?», schreibt von Moos: «Das Bild einer schwebenden Architektur trifft gerade bei Le Corbusier nur scheinbar in die Mitte des Problems.», S. 147. Die Antwort hängt von der Ebene ab, von der aus man Architektur anspricht. In diesem Aufsatz schlage ich vor, bisher in der Kunstgeschichte kaum diskutierte Sinnesorgane als relevante Rezeptoren zu erkennen und anzuerkennen. Das Aufdecken anderer Sinneswerkzeuge bringt notgedrungen auch andere Evaluierungen mit sich. Diese wiederum glaube ich bestätigen und bekräftigen zu können durch den Vorschlag, den Einfluss von Descartes auf Le Corbusier nicht nur als Wortspiel, sondern als Faktor ernst zu nehmen.

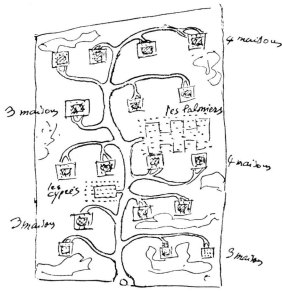

113　Le Corbusier, Skizze zur Villa Savoye in Poissy und Anwendung des Typs in einer Villenkolonie (Strathaus, Das architektonische Urteil, op. cit., S. 228, © 2005, ProLitteris, Zürich)

Mit dem Doppeljahr der Verklärungen (die sich nur bedingt als solche entpuppt haben) könnte man nun annehmen, dass die Moderne ihr Feuerwerk verschossen, ihr Füllhorn ausgeschüttet habe. Doch das eigenartig langfristige Verarbeiten und Reagieren, das die Baukunst auszeichnet, oft über verblüffende Distanzen hinweg, bewährt sich auch hier. Aus den vielen Konzepten, die als spätere Verarbeitung des hier diskutierten Schwebesyndroms 1919–1928 angesprochen werden können, filtern wir zwei heraus, ein russisches und ein nordamerikanisches.

Obschon der Lenin-Gedenkbau in Uljanowsk (Abb. 114, 115) wesentlich später errichtet wurde (1968), besprechen wir ihn vor Wrights «Falling Water» (1936), weil der Gedenkbau lediglich auf *einen* Bau aus dem Doppeljahr antwortet, während Wrights «Falling Water» auf die ganze Gruppe der Schwebeversuche 1919–1928 zu reagieren versucht.

Das Lenin-Gedenkzentrum (Leninski Memorialni Zenter), entworfen von *B. Mesenzev, M. Konstantinow*, mit G. Issakowitch, M. Schulrichter und K. Leo, muss-

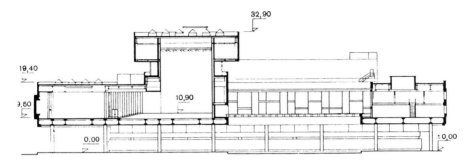

114 B. Mesenzev, N. Konstantinow, G. Issakowitsch, K. Leo (Ingenieur), Lenin Gedenkstätte, Modell, Uljanowsk, 1968 (Strathaus, Das architektonische Urteil, op. cit., S. 229)

115 B. Mesenzev, N. Konstantinow, G. Issakowitsch, K. Leo (Ingenieur), Lenin Gedenkstätte, Schnitt, Uljanowsk, 1968 (Strathaus, Das architektonische Urteil, op. cit., S. 229)

te sich von den vielen Lenin-Museen in Russland unterscheiden, weil es den Geburtsort Lenins ehrt: die Stadt Simbirsk an der Wolga, nach Lenins Tod umgetauft in Uljanowsk (entsprechend seinem eigentlichen zivilen Namen W.I. Uljanow). Sowohl Ansicht wie Schnitt (Abb. 114, 115) zeigen klar genug, dass der Bau an der Wolga nach dem Muster der «Savoye» konzipiert ist, das Stützenquadrat allerdings von 5 : 5 auf 7 : 7 vergrössert wird.[32] Der Leser und Betrachter wird sich seine eigenen Gedanken machen – betreffend die Proportion von Stützenhöhe zu Auskragungsbreite, betreffend den sonderbar massiven Dachaufbau, der wie ein Bleihammer auf der 'boîte' liegt, und so fort – Gedanken über die Folgen eines Transports quer über den Kontinent und über 40 Jahre hinweg. Nur dies: obgleich die Gattung des Ausstellungs- und Gedenkbaus dem Konzept der «boîte en l'air» viel natürlicher zu entsprechen scheint, als Le Corbusiers forcierte Anwendung im Wohnungsbau, ist dem Gebilde von Mesenzev doch weit mehr genommen als nur der Stachel der Provokation.

32 «Uljanowsk Leninski Memorialni Zenter», 1968, publiziert in: *Arhitektura caboti projektivih i nautschnih institutov*, Moskvi 1966–1969.

116　Frank Lloyd Wright, Falling Water, Bear Run, Pennsylvania, Perspektive aus Südwesten, 1936
(Narciso G. Menocal, Fallingwater and Pittsburgh, Carbondale/Edwardsville 2000, S. 59)

Frank Lloyd Wrights «Falling Water» in Bear Run, Pennsylvania, ist acht Jahre nach dem «Doppeljahr» errichtet worden. (Abb. 116) Wright war damals 67jährig, und die Biographien melden uns, er hätte sich seit rund einem Jahrzehnt in einer Krise befunden.[33]

Wright demaskiert die Schwebebauten der westeuropäischen und russischen Moderne als *romantischen Traum*, also als jene Art von Traum, die sowohl der Avantgarde-Ideologie wie der Konstruktivisten-Ideologie tief suspekt oder rundheraus verboten war. Und er demaskiert den romantischen Traum, indem er sich selbst – bewusst und artikuliert – eines romantischen Mittels bedient, nämlich des Wasserfalls. Um diese Behauptung zu überprüfen, stelle man sich «Falling Water» mit einem ausgedörrten Flussbett vor. Offensichtlich ist Wasser bei diesem Konzept genau so sehr ein 'Bauelement' wie es der Haustein, der Betonbalken und die Glasecke ist – und zwar stürzendes Wasser. Ein romantisches Gesamtkunstwerk also, abweichend vom Wagnerschen Begriff des Gesamtkunstwerks (das Dichtung, Musik, Tanz usf. zu einem Ganzen vereinen wollte), bei welchem die Kunstgattung Architektur mit aktiv wirkenden Naturelementen (vorab Bachgestein und Wasser) vereint erscheint. Für Wright ist hier der Wassersturz genau so unentbehrlich, wie für Thorwaldsen der senkrecht ragende Felsabriss und die Wasserfläche für sein Löwen-Denkmal (Luzern, 1819) unentbehrlich waren.

Wright brauchte acht Jahre, um nach dem besagten Doppeljahr den versteckten romantischen Gehalt des Schwebesyndroms 1919–1928 aufdecken und mit dessen eigenen Mitteln *zugleich blosslegen und zelebrieren* zu können. Er wagt zu artikulieren, was den andern (unbewusst) verboten war, und kann damit auf die wichtigsten Stimmen reagieren. Auf Tatlin und Lissitzky, indem er den Mast des Krans aus der Erdneigung wieder aufrichtet und als massiven Stamm ausbildet. Auf Hannes Meyers Petersschule, indem er dessen horizontal gesenkten Ausleger (als Pausenterrasse) in seinem grossen Schwebebalkon mitzitiert, aber ohne Kraftakte nötig zu haben, denn die Schrägstützen unter dem Balkon werden gezeigt. Auf Le Corbusier und dessen Untersicht oder 'sechste Fläche', aber so, dass nicht *eine* Untersicht,

33 In dem begleitenden Bande *The International Style, Architecture since 1922* zur gleichnamigen Ausstellung im Museum of Modern Art in New York, 1932, setzen sich Philip Johnson und Henry-Russell Hitchcock auch mit dem Verhältnis der «neuen Europäer» zu F.L. Wright auseinander. Hitchcock anerkennt zwar die «brillante» Leistung Wrights als Fortsetzer der ersten Schule von Chicago und feiert ihn als Pionier des «open planning»: «Wagner, Behrens and Perret lightened the solid massiveness of traditional architecture: Wright dynamited it.» Dennoch sieht er «a definite breach between Wright and the younger architects [...]. Wright belongs to the international style no more than Behrens or Perret or Van de Velde». Die Gründe: Wright bleibt Romantiker, verkörpere «romantic individualism», habe fast allein (nach Sullivan) in Amerika eine gehobene Architekturleistung tragen müssen – «while in Europe [...] an increasingly large group of architects work successfully [...]». Mehr als dreissig Jahre später, für die *Neuedition* von 1966, schreibt dann Hitchcock ein *Vorwort*, das den einst erklärten «endgültigen Bruch» zwischen Wright und den Modernen zurücknimmt. Was 1932 nicht vorausgesehen werden konnte: nach beinahe einem Jahrzehnt nachlassender Kraft (desuetude) sei mit «Falling Water» und den Johnson Wax Offices eine eigentliche Erneuerung eingetreten, «a renewal that actually began with his first project (1932) for the Wiley house [...], though it was generally recognized only with the construction of «Falling Water» and the Johnson Wax Offices both begun in 1936».

sondern eine ganze Staffel von 'sechsten Flächen', in unterschiedlicher Grösse, übereinander und nebeneinander auftritt. Die Mirage oder Levitation der «boîte en l'air» wird so zurückgeholt in eine rational einsehbare Staffelung von Auskragungen.

Das Ergebnis ist ein Balkonschweben über Wassersturz, ein ganz einfaches romantisches Bild, wie Wolkenschweben über dem Alltag der Gravitation. Wie bei jedem echt romantischen Bild ist die Ausweitung in kosmische Metaphern offen, wird aber nicht forciert.

Nun war ja, in vielen Phasen der Geschichte der Architektur, die Bezogenheit auf den Kosmos mehr als nur Metapher, sie war ein Anspruch auf Analogie. Der letzte markante Vertreter der *Kosmos-Analogie*, nun einmal abgesehen von Ikonologien des Barock, war Palladio. Wenn ein Le Corbusier, zum Beispiel, seine «Savoye» demonstrativ in die Nachfolge Palladios stellt und sogar, wie wir weiter vorne bemerkten, Palladios Kommentar zur Villa Rotonda wörtlich übernimmt, dann weiss er auch, dass Palladio gefordert hat, dass «die kleinen Tempel, die wir bauen, zu entsprechen haben [in der Form] jenem allergrößten Tempel, den Gott in seiner unermesslichen Güte errichtet hat».[34]

Diese Entsprechung als traditionelle Kosmos-Analogie eines der vornehmsten Ziele der Architektur, ist spätestens seit der mathematischen Analyse des Kosmos durch Newton suspekt geworden. Denn spätestens seit der Gravitationslehre ist der Kosmos kaum mehr statisch-bildhaft, nur mehr dynamisch erfassbar. Also treten statische Künste (wie das Bild und der Bau) bei der Frage der Veranschaulichung zurück und müssen anderen Medien (wie dem bewegten Modell, wie dem Film) den Platz überlassen.[35]

Diese Reduktion der Möglichkeit zur Veranschaulichung, als massiver *Anschauungs-Entzug*, hat beispielsweise nicht nur Goethe schwer betroffen und ihn zu seinen Schriften gegen Newton provoziert – er hat, unter allen bildenden Künsten, die Architektur am empfindlichsten getroffen. Und die Architektur scheint diese Schmälerung, diesen Kompetenzentzug schlecht genug verarbeitet zu haben, nämlich nur als Demütigung, von der man nicht spricht oder höchstens in ironisch-sarkastischem Ton. Die Folgen dieser Verdrängung scheinen sich bis in unser Jahrhundert hinein zu zeigen. Frank Lloyd Wright spürt das Phänomen und schlägt eine entwaffnend einfache Lösung vor: Sein notgedrungen statisches Architekturgebilde tritt zusammen auf mit einem dynamischen Element, mit Wasser, mit dem Wasserfall.

Keine Kunstgattung kann darauf verzichten, ihre eigenen Vorbedingungen, das heisst ihre Materialien und ihre Arbeitsprozesse zu reflektieren. Sie tut dies keineswegs nur verbal in der begleitenden Theorie, als Diskussion – sie tut es primär im Umgang mit den Materialien selbst, wodurch sie dem Produkt eingeprägt werden als Artikulation.

Für die Architektur heisst das: Erörterung der eigenen 'Physik', als Materialwahl, als Kräfterechnung, als Formungsprozess. Diese Art von 'Physik' bezeichnen Wölfflin und seine Zeitgenossen als 'Grundthema' der Architektur. Die hier besprochenen Konzepte, von 1919 bis 1936, von Tatlin bis Wright, sind Konzepte mit dominierendem 'Grundthema'. Das Aufspüren und Wahrnehmen eines 'Grundthemas' geschieht nicht nur und vor allem nicht ausschliesslich mit dem Auge, sondern ebenso sehr mit anderen Sinnen, die in der Lage sind, eine Wechselwirkung zwischen der eigenen Körpererfahrung und dem Artefakt herzustellen.

34   Palladio, *Quarto Libri*, S. 3: «[…] non possiamo dubitare, che dovendo esser simili i piccoli Tempij, che noi facciamo; à questo grandissimo dalla sua immensa bontà con una sua parola perfettamente compiuto, […]»; vgl. hierzu A. M. Vogt, *Boullées Newton-Denkmal*, *op. cit.*, Kapitel 10.
35   Im Gebiete der Erläuterungs- und Erklärungsillustration in wissenschaftlichen Werken lässt sich zeigen, dass spätestens von Newtons *Philosophiae Naturalis Principia Mathematica* (London 1687) an eine zunehmende Krise der Veranschaulichungsmöglichkeiten auftritt. Da die zu erklärenden Vorgänge dynamischer Art sind, muss die an statische Darstellungsmöglichkeiten gebundene Zeichnung und Graphik stets versuchen, suggestiv über ihre eigenen Grenzen hinauszuweisen.

Schräge Architektur und aufrechter Gang

Was hat sich nach vier Jahren «Dekonstruktion» in der Architektur verdeutlicht?[1]

These: Die Moderne war in der Architektur ab etwa 1750 durch Gravitationsfragen bewegt und hat sie im 19. und 20. Jahrhundert als Fortschritt auf das Leichtgewichtige und Leichtwirkende hin verstanden. 'Leichte' Ingenieurkonstruktionen (mit der Kulmination im Eiffelturm, 1889) und leicht wirkende Architekturstrukturen (kulminierend in der Villa Savoye, 1927) bildeten die Faszination.

«Les mots et les choses», die Wörter und die Dinge, das ist das Problem der Denker und Dichter; und immer dann, wenn sie erneut der Ansicht verfallen, die Dinge würden überhaupt *nur*, oder erst *dann* real existieren, wenn sie im Netz der Wörter, dem Text, aufleuchten und benannt werden, beginnt sich die Gegenseite über 'Sprachimperialismus' zu beklagen, den es in Schranken zu weisen gelte.[2]

Wer ist, wer bildet dieses Gegenlager? Neben der Musik beispielsweise sind es die bildenden Künste, die nicht, wie die sprechenden Künste, in der Linguistik verankert sind, stumm statt beredt, ihre Sache schweigend vollziehen und logischerweise eher mit der Physik verbunden sind. Es ist bezeichnend, dass ein Architekt, Maler und Bildhauer wie Le Corbusier in einem Rückblick, betitelt *Mise au Point*[3] (niedergeschrieben wenige Wochen vor seinem Tode im Sommer 1965), nicht von «les mots et les choses» spricht, sondern von «le poids des choses», vom «Gewicht der Dinge»: «Dès ma jeunesse, j'ai eu le sec contact avec le poids des choses. La lourdeur des matériaux et la résistance des matériaux. Puis les hommes: les qualités des hommes et la résistance des hommes, et la résistance aux hommes.» – «Seit meiner frühesten Kindheit habe ich trockene (d.h. unmittelbare) Berührung gehabt mit dem Gewicht der Dinge. Die Schwere der Stoffe und der Widerstand der Stoffe. Dann die Menschen: die verschiedenen menschlichen Eigenschaften einerseits als Widerstand von Menschen, andererseits als Widerstand gegenüber Menschen.»

Kann es sein, dass das Gewicht der Dinge ebenso wichtig ist wie das Benennen und der Name der Dinge? Dass es eine mindestens so archaische Welt mitheranruft wie das Benennen der Dinge? «Le poids des choses» als ebenbürtige Grundfrage neben «le nom des choses»?

Ich schlage hier vor, die Frage von Moderne und Postmoderne (und die der postmodernen Antenne, genannt 'Dekonstruktion') für einmal nicht vom Wort und Text, sondern vom Gewicht der Dinge her anzugehen.

117

117   El Lissitzky, Komposition 1922 (Gert Kähler (Hg.), Schräge Architektur und aufrechter Gang. Dekonstruktion. Bauen in einer Welt ohne Sinn?, Braunschweig 1993, S. 14)

118   Le Corbusier, Villa Savoye, Poissy, 1929 (Kähler, Schräge Architektur und aufrechter Gang, op. cit., S. 14)

118

Es ist ein seltener Fall, dass ein Dichter physikalische Dinge wie «leicht» und «schwer» als Grundfragen überhaupt gelten lässt – doch Milan Kundera hat es getan. Sein Buchtitel *Die unerträgliche Leichtigkeit des Seins* (1984) hat erstaunlich viele Leser – vielleicht unwillkürlich – irritiert und zugleich angesprochen. Gleich am Anfang seines Romans zitiert Kundera die Oppositionspaare des Parmenides aus frühgriechischer Zeit und fragt: «Welches ist positiv, das Schwere oder das

Erstmals erschienen in: *Schräge Architektur und aufrechter Gang. Dekonstruktion. Bauen in einer Welt ohne Sinn?*, Gert Kähler (Hg.), Braunschweig: Vieweg 1993.

1 Erweiterte Fassung eines Vortrages an der TU München vom 28. November 1991.
2 Für seine «Archéologie des sciences humaines» hat Michel Foucault den Titel *Les mots et les choses: une archéologie des sciences humaines* gewählt, Paris: Gallimard 1966.

Leichte? Parmenides antwortet: Leichtigkeit ist positiv, Gewicht negativ. War er korrekt oder nicht? Das ist die offene Frage. Die einzige Gewissheit ist: der Gegensatz Leichtigkeit/Schwere ist von allen Gegensätzen der am meisten mysteriöse und doppelsinnige.»

Ich gehe nun einen Schritt über Kundera hinaus und stelle zunächst die These auf, Kunderas Titel sei typisch postmodern und führe ein Paradox vor («unerträgliche Leichtigkeit»), das *erst jetzt* annehmbar sei, in den Jahren der zu Ende gehenden Moderne aber noch durchaus auf taube Ohren hätte stossen müssen. Und zwar deshalb, weil die Moderne ab rund 1750 durch Gravitationsfragen bewegt war – den 'Newtonischen' Kosmos insbesondere – und diese auch nie aufgab, sondern sie im 19. und 20. Jahrhundert als Fortschritt auf das Leichte hin verstand. Leichte Ingenieurkonstruktionen (mit der Kulmination im Eiffelturm, 1889) und leicht wirkende Architekturstrukturen (kulminierend in der Villa Savoye von Le Corbusier, 1927) waren die Faszination.

Eine überfällige Dekonstruktion am Werke Le Corbusiers

Es ist durchaus möglich, dass die besondere Qualität des Schwebens, die El Lissitzky in «Composition» (1922) erreicht, damit zusammenhängt, dass er immer auch dreidimensional gearbeitet hat. Jener allzu leichten, geradezu gratis offerierten Möglichkeit, auf der zweidimensionalen Leinwand ein räumliches Schweben zu suggerieren (die beispielsweise einen Teil von Kandinskys Spätwerk problematisch macht), setzt Lissitzky eine echt architektonische Sensibilität entgegen, die den Raum nicht einfach als Projektionsmaschinerie auftischt, sondern voll und sorgsam auskundschaftet. Lissitzkys Bild, fünf Jahre vor Le Corbusiers Villa Savoye geschaffen, wirkt wie eine Vorwegnahme oder wie ein Idealentwurf für das, was Le Corbusier dann architektonisch einzuholen sucht und sogar einigermassen bewohnbar zu machen verstand. Für beide Künstler, für den Russen wie für den Westeuropäer, gilt: Zelebrieren der Leichtigkeit, und zwar bis zu jenem feinsten Grade des Austarierens, wo das physikalische Schweben suggerierbar wird – als Gleichgewicht zwischen (Schwebe-) Körper und Luft (-Umgebung).

Diese beinahe schon magisch geladene Harmonievorstellung eines ballonartigen Schwebens, eines universalen «Gleichschwer», erfüllte die Gestaltungsträume der zwanziger Jahre,[4] noch gesteigert dadurch, dass über derartige Ambitionen kaum je in direkten Worten geschrieben wurde: ein verbales Tabu. Dies gilt speziell für Le Corbusier, der in sprödem protestantischem Pragmatismus für sein Abheben der Baukörper vom Boden durch Pilotis meist nur praktische Gründe angibt: Verzicht auf feuchte Keller, Parkmöglichkeit für Automobile, Erleichterung direkter Fusswege usw.[5]

119/120   Ritsuko Taho: «Geo-Luminiscence», Carpenter Center for Visual Arts, Harvard, 1991
(Kähler, Schräge Architektur und aufrechter Gang, op. cit., S. 17)

Le Corbusiers abgehobene Baukörper brachten in der Tat eine empfindliche Kehrseite mit sich, nämlich dunkle, unwirtliche Schattenräume zwischen den Pilotis: im doppelten Sinne 'verlorener Raum', der höchstens an heissen Sommertagen einen erfreulich kühlen Aufenthalt bieten konnte, sonst aber ebenso unansehnlich wie unbenutzbar blieb, ohne Grasnarbe, immer wieder auf frischen Kieswurf angewiesen. Obwohl diese Kehrseite in der Bodenzone klar ersichtlich war, dauerte es etwas mehr als ein Vierteljahrhundert über den Tod Le Corbusiers hinaus, bis eine künstlerische Dekonstruktion an einem seiner Werke artikuliert wurde.

Im verlorenen Raum des Carpenter Centers, Le Corbusiers einzigem Bau in Nordamerika, der als kleine Kunstschule zu den Institutionen Harvards gehört, installierte die Japanerin Ritsuko Taho im April 1991 einen grossen holzgeflochtenen Korb, den sie später mit gipsernen Eiformen füllen liess, schräg geneigt zwischen den Pilotis, von der Künstlerin als *Geo-Luminescence* bezeichnet. Dieses «Erd-Aufleuchten [...] verwandelt den kalten Zement in einen Wärmespender».[6]

Auch wenn Ritsuko Taho Derridas Begriff nie gehört haben sollte, vollzieht sie hier eine perfekte Dekonstruktion «mit Le Corbusier gegen Le Corbusier» – das heisst, sie deckt durch ihr Vorgehen «einen verborgenen oder verdeckten Inhalt» des Gebäudes auf und macht damit «einen blinden Fleck im Auge des Autors» erkennbar, «einen Punkt, von dem aus dieser sieht und den er deshalb

3   Le Corbusier, *Mise au Point*, Paris 1966, S. 9.
4   Vgl. hierzu A. M. Vogt, «Das Schwebe-Syndrom in der Architektur der zwanziger Jahre», in: *Das architektonische Urteil*, ETH Zürich: Institut für Geschichte und Theorie der Architektur (Hg.), Basel 1989; vgl. Aufsatz in dieser Publikation.
5   Hinzuzufügen ist allerdings: In seltenen Fällen äussert Le Corbusier ein geradezu romantisches sozialmoralisches Argument betreffend die «doppelte Rücker-

stattung» des Bodens durch die moderne Architektur, erstens durch Abheben des Baukörpers, zweitens durch Dachgärten auf dem Flachdach, vgl. *Œuvre complète*, vol. 1910–1929, S. 129, 132.
6   Ann Wilson Lloyd, Kommentar zu: *Geo-Luminescence a sculptural Installation by Ritsuko Taho*, Carpenter Center Cambridge Mass. 1991: «Geo-Luminescence [...] turning the cold cement into a glowing incubator [...]».

selbst nicht sieht».[7] Denn es leuchtet ein, dass es gerade Le Corbusiers Schwebe-faszination war, die ihn blind werden liess für die Kehrseite des verlorenen Raumes – und blind für das, was Taho spielerisch mit ihrem Korb beschwört: wärmende Erde, fruchtbare Erde, die im Carpenter Center nicht nur vom «kalten Zement» sprachlos gemacht wird, sondern erst recht vom virilen Konstrukt des Abhebens, das den Schwebeeffekt sicherstellen soll.

Nach dem Scheitern der 'perfekten' Utopie: die Null-Koordinate als Neuanfang

Die Debatte über Postmoderne mag längst zum Kulturgeschwätz verkommen sein – dass es indessen die Architektur war, die Anstoss gab zu einer Markierung und Bezeichnung für das Ende der Moderne, bleibt dennoch wahr. Moderne und Uto-pie sind unlösbar verbunden. Und ein Zufall ist es nicht, dass der Begriff der Utopie gerade im Städtebau seine Schwächen am deutlichsten verriet. Städtebau ist rund-um öffentlich und rundum sichtbar. Seine Mängel können nicht nur benannt, son-dern auch geortet werden.

Der Begriff Utopie, der immer schon ausgespannt war zwischen legitimer Erwartung und unerträglicher Leichtigkeit des Plänemachens, scheint deshalb vor-derhand nur noch negativ brauchbar. Dennoch – und hier beginnen die falschen Verkürzungen – kann der Mensch aufs Hoffen nicht verzichten. Das Prinzip Hoff-nung bleibt ein Prinzip, aber nun mit geschärfter Unterscheidung zwischen offe-nem Horizont und punkthaft verengtem, starr fixiertem, daher illusorischem Hori-zont. Sogar Ernst Bloch (nicht zufällig ein enger Generationsgenosse Le Corbu-siers) wird mit einem Teil seines *Prinzips Hoffnung* überleben, aber nur dann, wenn auch er seine Dekonstruktion erfährt und relativiert wird.

In meinem Beitrag zu Gert Kählers erstem Bande zu unserem Thema, beti-telt *Dekonstruktion? Dekonstruktivismus? Aufbruch ins Chaos oder neues Bild der Welt?*, habe ich einen Umweg über die französische Revolutionsphase und den deutschen Sturm und Drang genommen, weil ich ein Methoden-Stichwort wie «Dekon-struktion» auf baukünstlerischer Ebene erproben wollte. Es erwies sich, dass die erste Moderne (der Aufklärungszeit im 18. Jahrhundert) mit der zweiten Moderne (der zehner und sechziger Jahre im 20. Jahrhundert) durch auffällig viele Entspre-chungen und Spiegelungen verbunden ist.

Nun aber die Frage: Was hat sich verdeutlicht in den wenigen Jahren seit der Ausstellung «Deconstruction» (New York, Museum of Modern Art, 23. Juni bis 30. August 1988)? Das Erstaunliche an der Entfaltung der Aufspürarbeit von Archi-tekten in diesen kurzen vier Jahren ist nicht die Begriffsdebatte, sondern die Art und Weise, wie der *Sechste Sinn*, der Sinn des *Vestibularapparates* im Ohr mit den

Gravirezeptoren als dem *Sinneswerkzeug für Architektur, Bildhauerei und Ingenieurkunst* neu zur Debatte gestellt wird. Diese Debatte kann mit '*Schräge Architektur und aufrechter Gang*' überschrieben werden und ist weit mehr als nur eine Revision dessen, was Le Corbusier mit seinem *Poême de l'angle droit (Gedicht vom Rechten Winkel)* gemeint haben kann. Wenn 'schräg' und 'aufrecht' zur Diskussion stehen, dann ist damit so etwas wie der 'Degré Zéro' ('Stufe Null'), aber nun ins Räumliche übersetzt als die *Null-Koordinate des Aufrechtstehens*, zur Diskussion gestellt. Und jede, auch nur die geringste Abweichung von der Lotrechten bringt eine Reihe von Empfindlichkeiten zur Artikulation, die das heutige Existenz- und Orientierungsgefühl wesentlich mitbestimmen und deshalb zum *Neuland der Postmoderne* gehören. Die anatomische Feinstruktur des Gleichgewichts im Aufrechtstehen gehört zu diesen neuen Themen oder Explorationsbereichen, aber auch die Geschichte des aufrechten Gangs mit ihrem Darwinschen Hintergrund. Ein drittes Thema wird die Dekonstruktion jener vielen Vertigo-Provokationen sein (das Schwindelgefühl auf extrem herausragenden Balkonen, auf Plattformen im Leeren, vor schräg ragenden Rednertribünen, vor kopflastigen Quadern ohne sichtbare Stütze). Diese Provokationen der Gravitationsregeln haben den Kitzel der frühen und der klassischen Stufe der zweiten Moderne ausgemacht.[8]

Bernard Tschumi kann beanspruchen, den Impuls zu dekonstruktiver Architektur vermittelt zu haben, und seine Parkgestaltung im Arbeiterviertel von La Villette in Paris bleibt ein erster, massgebender Vorschlag, wie ein Stück Land, ein Stück Vorortwelt oder Schlachthofwelt (was Villette früher war) in eine Erholungszone umgewandelt werden kann – unter postmodernen Bedingungen eben. Neuartig ist, dass er es nicht bei einer Collage aus Erinnerungen an italienische, französische, englische und chinesische Gärten bewenden lässt, was seit Olmsted die Regel gewesen ist, sondern die Anlage dreischichtig sieht, als Überlagerung einer Punkt-, einer Linien- und einer Flächenebene, wobei ein abstrakter Punktraster, den er über das Ganze breitet, tatsächlich mit jener Null-Koordinate oder jenem Nullpunkt im Raum zu tun hat, von dem eben die Rede war. Jeder Punkt des Rasters

7   Mit diesen Worten habe ich, Alois M. Müller zitierend, den Begriff «Dekonstruktion» umschrieben, so wie er vor 20 Jahren für Derrida verbindlich war: «Mit Dekonstruktion gegen Dekonstruktion», in: Gert Kähler (Hg.), *Dekonstruktion? Dekonstruktivismus? Aufbruch ins Chaos oder neues Bild der Welt?*, Braunschweig/Wiesbaden 1990, S. 51ff; vgl. Aufsatz in dieser Publikation.

8   Oft genug erscheinen uns diese Anti-Gravitations-Protzereien heute als bemüht und unnötig angestrengt. Doch sie sind direkte Reflexe auf die zivilisatorische Entwicklung in ihrem Doppelprofil: die Jahre der Flugträume und erfolgreichen Flugwagnisse einerseits, die ersten Luftkämpfe und Bombardierungen aus der Luft 1914 andererseits. Die verschärfte und risikoreiche Exposition im Leeren hat selbstverständlich Vorstufen. In meiner Darstellung von Karl Friedrich Schinkels Architekturgemälde «Blick in Griechenlands Blüte» (Frankfurt am Main 1985) habe ich mit dem Untertitel «*Vertigo*» anzuzeigen versucht, wie sehr sich die Raumauffassung dadurch verändert. Jeannot Simmen hat das Stichwort aufgenommen in seinem Buch *Vertigo, Schwindel der modernen Kunst*, München 1990, wo er die Wirkung und Verarbeitung der Gravitation vor allem in der Malerei untersucht.

 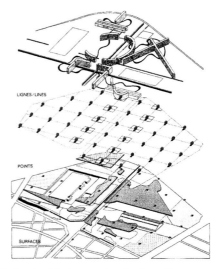

121   Entwicklung des Menschen nach Darwin (Kähler, Schräge Architektur und aufrechter Gang, op. cit., S. 20)

122   Bernard Tschumi, Parc de la Villette, Paris, Überlagerung von Punkten, Linien und Flächen, 1986 (Alain Orlandini, Le Parc de la Villette de Bernard Tschumi, Paris 2001, S. 75)

wird mit einem pavillonartigen, beinahe bewohnbaren, sicherlich aber bespielbaren roten Würfelhaus besetzt (siehe dazu den Beitrag von Gert Kähler, *op. cit.*).

Soll man Dekonstruktion im engeren Sinne von derjenigen im weiteren Sinne unterscheiden? Wenn Derrida einen Text von Jean-Jacques Rousseau dekonstruiert, wenn Ritsuko Taho mit nonverbalen Mitteln einen Bau von Le Corbusier dekonstruiert, dann ist das Explorationsfeld beidemal klar abgesteckt und begrenzt. Kann aber einer ins Grüne bauen, wie Tschumi in La Villette, so scheint sein Feld so gross wie die Freiheit selbst – zunächst. Dann meldet sich Geschichte, Geschichte des Kanalbaus, des Proletariats, des Schlachthofviertels – also doch keine Freiheit im weitesten Sinne, sondern «le sec contact avec le poids des choses»?

Was kaum schon zu erwarten war in den ersten paar Jahren der Lot-Exploration der Dekonstruktiven, ist in einem Wettbewerb von San Sebastian, Spanien, zustande gekommen: eine erste Bilanz dekonstruktiver Konzepte, nicht als Summe, sondern als Verdichtung auf einen einfachen Nenner. Die beiden Kursaalbauten aus Glas, die Rafael Moneo an die Flussmündung der Antlantikfront dieser Stadt setzen will, lassen alle kompositorischen Überlagerungen und Verquickungen weg, erst recht jeden Verdacht auf angelsächsische Dekorationswut. Die asketisch einfache, aber ungemein subtile Schrägneigung beider Bauten ist das einzige durchgehende Motiv und vermag der wilden Arena aus Meeresbrandung und Steilküste mühelos standzuhalten. Moneo kennt die aufgeknallte Fröhlichkeit speziell der

Londoner Szene (die Charles Jencks als «Triumph der Postmoderne» bezeichnet) und hält ihr etwas ganz anderes entgegen, eben eine Verdichtung im Sinne von Mies van der Rohes 'Weniger ist mehr'.

Selbstverständlich sind mit dem Neuen sogleich auch das Banausische, der grobe Missverstand und die plumpe Nachäffung zur Stelle. Und da es bei Dekonstruktion um die mögliche Abweichung vom Lot und um die Ermittlung des blinden Flecks geht, beginnen die Gefahren des Wildwuchses und der Willkür gleich um die Hausecke. Werden sie schlimmer sein, als es am Gegenpol der Moderne die tödlich starren und brutalen Rasterbauten der fünfziger und sechziger Jahre waren?

123

124

125

123   Rafael Moneo, Die Bucht von San Sebastian, Skizze, Wettbewerb zur Stadtentwicklung, 1991 (Rafael Moneo, Bauen für die Stadt, Peter Nigst (Hg.), Stuttgart 1993, S. 101)

124   Rafael Moneo, Kursaalgebäude an der Mündung des Urumea-Flusses, Wettbewerb zur Stadtentwicklung von San Sebastian, Modell, 1991 (P. Nigst, Moneo, op. cit., S. 100)

125   Roland Castro, Fachhochschule Sévenans, Frankreich (Kähler, Schräge Architektur und aufrechter Gang, op. cit., 1993, S. 23)

126　Makoto Sei Watanabe, Technische Fachhochschule, Schibuya-ku, Tokyo (Makoto Sei Watanabe, Makoto Sei Watanabe: Conceiving the City, Bergamo 1998, S. 45)

Niemand wird hier eine beckmesserische Anklageliste von Missratenem erwarten. Zwei Beispiele aber, die auf der Grenzlinie sitzen zwischen Willkür und Exploration, seien immerhin erwähnt. Wenn Roland Castro für die Fachhochschule Sévenans (Frankreich) 1989 einen reflektierenden schrägen Turm baut, heisst die Frage sogleich: Welcher Neigungswinkel und weshalb? Und wo liegt der Unterschied zu Moneo? Gibt es bereits Kriterien, welche Castros Labilität von Moneos Subtilität klar unterscheiden lassen? Dieselbe Aufgabe, eine technische Fachhochschule für Shibaya (Japan) hat Toyokazu Watanabe dadurch gelöst, dass er auf den banalen Unterbau seines Schulhauses einen wildgewordenen Überbau setzt, die Dachregion als Techno-Kollisions-Theater. Für den täglichen Umgang oder gar die tägliche Benutzung kaum erträglich – aber aus der geographischen Distanz mindestens amüsant, weil die Abrechnung mit der überhitzten Industrialisierung Japans derart hysterisch und kalkuliert zugleich erfolgt.

　　　Die Hauptfrage indessen ist die Frage der Gattungsgrenze. Watanabe ist hier nur der erste unter einigen Architekten, deren Gattungsinstinkt zu Bruch gegangen scheint oder bewusst zu Bruch gefahren wird. Kann Architektur solche Aufgaben der Anklage oder Ironisierung übernehmen? Oder geschieht eine Verwechslung mit dem, was allenfalls Skulptur und Malerei, sicher aber Bühnenbild und Film an Kollisionspotential zu übernehmen vermöchten?

Doch wozu soll ein Watanabe zuhören? War nicht dies gerade sein kalkulierter Effekt: das falsche Motiv in der falschen Gattung daherkommen zu lassen, damit die ersehnte Provokation endlich stattfindet und sich mit seinem Namen verknüpft?

Die schräge Achse der frühen russischen Revolutionsarchitektur

Massstäbe allerdings, auch für Derartiges, sind doch vorhanden, denn neu ist nie ganz neu. Ein Parameter für «schräge Architektur und aufrechten Gang» ist tatsächlich geschaffen worden, vor genau 75 Jahren, in der frühen Phase der russischen Revolutionsarchitektur ab 1917. An der New Yorker Ausstellung vom Sommer 1988 waren im Vorraum einige Beispiele russischer Revolutionsmalerei zu sehen. Eine Verknüpfung, seither vergessen, schien somit damals den Veranstaltern auf unbestimmte Art bewusst. Doch diese Verknüpfung lässt sich präzisieren. Ausgangspunkt ist der berühmte Tatlinsche Turm der III. Internationale von 1917, über dessen Neigungswinkel ich mich vor Jahren zu verwundern begann,[9] weil mir aufgefallen war, dass beispielsweise das Rednerpodium für Lenin von El Lissitzky, aber auch viele politische Plakate der Zeit und sogar ein Gemälde von der Malerin Liubov Popova, ebenfalls 1917 geschaffen, diesen selben Neigungswinkel von $23^1/2°$ zelebrierten – also den Neigungswinkel des Planeten Erde auf seiner Umlaufbahn. Soweit ich zu sehen vermag, ist Tatlin selbst der Urheber dieser Analogie zur Erdachse (die bis um 1930 immer wieder in Kunst und Gebrauchsgraphik auftaucht), aber ich konnte nachweisen, dass er sich dabei auf die Ideen von Alexander Bogdanow stützt, speziell auf dessen Thesen in *Die Wissenschaft und die Arbeiterklasse*.[10]

Kein Zweifel, dass die Symbolik des Neigungswinkels eine – künstlerisch gesehen – hervorragend instinktsichere Umsetzung einiger wichtiger Revolutionsgehalte war. «*Schräg*» steht einerseits für «Aufstand», «Widerborstigkeit», «Querstellen» andererseits aber auch für «legitimiert durch die kosmischen Verhältnisse unseres Erdballs». Man mag heute über die naive Treffsicherheit in der Verklammerung einer Doppelbedeutung lächeln – aber man sollte über dem Lächeln den Neid nicht vergessen auf die Prägnanz des Bogdanow-Tatlinschen Leitmotivs.

9   Vgl. A. M. Vogt, *Russische und französische Revolutionsarchitektur 1917/1789*, Braunschweig 1990, Reprint der 1. Auflage, Köln 1974, S. 108ff.

10   Id., S. 213ff.

127 El Lissitzky,
Entwurf einer Redner-
tribüne für Lenin 1920–
1924 (J. Christoph
Bürkle, El Lissitzky.
Der Traum vom
Wolkenbügel, Zürich
1991, S. 61)

Auch wenn, von heute aus, die Faszinationen von 1917 um mehr als 75 Jahre zurückzuliegen scheint: Ein hilfreicher Parameter im Umgang mit dem Sechsten Sinn sind diese Zeugnisse aus einer gleichsam naiven Frühzeit der Hoffnung allemal.

Wenn ich mich umsehe, wo Tatlins Erbe bei den Dekonstruktiven Spuren und antwortende Gegenbilder erweckt haben könnte, dann fällt mir Günter Behnischs Postmuseum in Frankfurt am Main auf. Gerade weil sich Behnisch überhaupt nicht an die 23 1/2° hält, sondern eine nur halb so steile Richtung (45°) zulässt, vermag er das Motiv souverän zu variieren. Da eine heutige Postverwaltung mit ihrer Telekom-Technologie sehr wohl mit kosmischen Räumen zu tun hat, fühlt er sich legitimiert, Tatlins Thema wiederaufzunehmen und zu erweitern. Erdachse, Fernrohrachse, Satellit, Fernsehen mögen die Stichworte etwa heissen, die er in Sichtworte und Gleichgewichtsereignisse umsetzt: Sein Kommentar zu der hier ausgewählten Aufnahme heisst: «Neubau und (alte) Villa liegen am Villen-

128 Ljubow Popowa, Komposition, 1917
(Magdalena Dabrowski (Hg.), Ljubow Popowa
1889–1924, München 1991, Abb. 59)

Garten. Die Hauptausstellungsfläche unter der Gartenebene wird erhellt durch
Oberlichtbänder entlang der Wurzelballen der alten Bäume.»[11] Der Fotograf
Kandzia aus dem Büro selbst mag oder mag nicht einem Hinweis von Behnisch
gefolgt sein, als er festhielt, dass der Böschungskreis aus Glas rund um das Wur-
zelwerk des (über der Halle schwebenden) Baums ein Sinnspiel ergibt, das antwortet auf das Auftauchen des «kosmisch» mächtigen Glaszylinders aus der Erde.

129 Günter Behnisch & Partner,
Deutsches Postmuseum, Frankfurt, 1990
(Kähler, Schräge Architektur und auf-
rechter Gang, op. cit., S. 27)

11 Günter Behnisch/Thomas Werner, *Das
Deutsche Postmuseum*, Heidelberg 1990, S. 42.

Drei exemplarische Möglichkeiten: Tschumi, Eisenman, Behnisch

Tschumi, der, ähnlich wie Peter Eisenman, den Impuls gab zum sogenannten Dialog mit den Philosophen und damit offensichtlich etwas versuchte, was in der Luft lag – Tschumi hat doch wohl Kontakt gesucht, um einen Austausch zwischen dem Spezialisten (fürs Räumliche) und dem Generalisten (für beide, für Raum wie Zeit) zu erreichen. Aber, so würde sich wohl aus den Äusserungen Tschumis belegen lassen, seine Erwartung lag dabei im Rahmen einer vorausgesetzten Simultaneität. Damit ist gemeint: Er hielt ein echt präsentes, also gegenseitig offenes Gespräch für möglich, weil er die Kompetenz der beiden Partner, um ein altmodisches Wort zu verwenden, für «gleichursprünglich» hielt. Ein Gespräch über den Erholungspark La Villette, das nicht nur die Überlagerung älterer Gartenkonzepte mit dem Koordinatenkonzept hätte betreffen sollen, sondern auch den «dromologischen» Aspekt, das heisst, die Einbeziehung von Bewegung, Bewegtheit, Geschwindigkeit als einer kinetischen Optik in die Landschaftsarchitektur.

Erhielt er ein Echo, eine Antwort vom Generalisten Derrida? Da kann man mindestens geteilter Meinung sein. Begnügen wir uns damit, festzuhalten, dass Tschumi die Kompetenz der beiden Partner für gleichursprünglich hielt.

Anders Peter Eisenman. Wenn er sein Haus Guardiola, vorgesehen für eine Küstenlandschaft in Spanien, präsentiert, dann muss man *vorher* seinen Begleittext dazu lesen.

Denn Wort und Gebilde treffen sich bei ihm *nicht* gleichursprünglich. Das Wort (in gewissen Fällen auch die mathematische Überlegungssequenz) geht bei ihm *voran* und *setzt*, was die Architektur dann umzusetzen oder nachzusetzen hat. So war es, als er den Linguisten Noam Chomsky als Autorität markierte und dessen algorithmische Auslegung der Sprachstruktur für verbindlich hielt; so war es, als er später einem mathematisch kompetenten Hochschulpräsidenten als Bauherrn oder einem Philosophen wie Derrida vorübergehend eine ähnliche Autorität zusprach.

Am Beispiel des bisher nicht gebauten Hauses Guardiola (1988) spielt sich das wie folgt ab: Da Eisenmans Zeichnungen ebenso gekonnt wie hermetisch sind und den Betrachter vor Orientierungs- und Einfühlungsrätsel stellen, wird der Kommentar nicht einfach zur nachträglichen Erläuterung, sondern zur Vorgabe, die das Tor zum visuellen Verstehen überhaupt erst öffnet. In dieser Vorgabe tauchen zuerst archäologische Fachbegriffe auf, dann wird auf Platos *Timaios* hingewiesen, der den Begriff «Chora» eingeführt habe, was ein Mittelding sei «zwischen dem Enthaltenden und dem Enthaltenen».[12] Man bemerkt, dass hier Derrida, allerdings ohne genannt zu werden, abgekürzt zitiert wird, und man begreift, dass der Gegensatz «enthaltend/enthalten» abgeleitet ist aus semiotischen Gegensatzpaaren wie sie durch de Saussure und Roland Barthes prominent geworden sind.

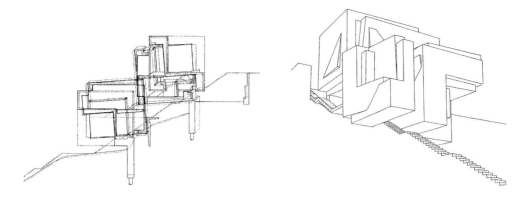

130 Peter Eisenman, Haus Guardiola, Schnitt, Spanien, 1990 (Kähler, Schräge Architektur und aufrechter Gang, op. cit., S. 27)
131 Peter Eisenman, Haus Guardiola, Perspektive, Spanien, 1990 (Kähler, Schräge Architektur und
aufrechter Gang, op. cit., S. 27)

Kurz: Es handelt sich, wie es Ullrich Schwarz sehr zutreffend gekennzeichnet hat,
bei Eisenmans Präsentationen um *«Architektur für den Leser».*[13] Nun gehören bildende Künstler nur bedingt zu dem, was «Leser» meint. Sie sind weniger und mehr
als «Leser». Sie fühlen sich vor Begriffen wie «chora» ähnlich unsicher, wie sich
«Leser» umgekehrt vor mathematischen Stichwörtern und Formeln unsicher fühlen.

Und, was Guardiola betrifft, wer könnte dieses Haus bewohnen? Falls niemand das will – liegt die Schwäche bei ihm oder beim Architekten? Wir kommen
damit ein zweites Mal, wie schon bei Watanabe, in die Nähe des Problems der Gattungsgrenzen. In diesem Fall: Soll der Bewohner ein Problem bewohnen oder ein
Haus? Oder direkter: Ist es Eisenman mit dem «Chora»-Problem ernst genug, um
seinetwegen die Gattung zu wechseln, so wie es El Lissitzky mit seinen «Proun»-
Innenräumen tat (die eben *keine Wohnzimmer* sein sollen) oder wie es Kurt Schwit-
ters mit seinem «Merz»-Bau tat (der nie in Konflikt kam mit dem Wohnproblem)?
Ist Eisenman so ängstlich-konventionell, dass er sich ein frei entfaltetes Merz-
Gebilde ohne Wohnprätention an der spanischen Meeresküste nicht zu denken und
nicht zu fordern wagt? Oder sucht er, ähnlich wie Watanabe, ganz einfach die Provokation, die bei näherem Hinsehen weiter nichts darstellt als eine vorweg berech-
nete, im Feuilleton für eine Weile erfolgreiche Kollision der Gattungsbereiche?

Völlig überraschend ist, dass Günter Behnisch mit einigen wenigen Sätzen in
der Lage ist, neben Tschumis und Eisenmans Positionen eine *dritte Möglichkeit* im
Kräftespiel zwischen Philosophie und Architektur auszumachen.

12 Peter Eisenman, «Das Guardiola-Haus, Überlegungen des Architekten», aus dem Englischen von
Simon Huber, in: *Archithese* 1 (1989), S. 21–25.

13 Ullrich Schwarz, «Architektur für den Leser, Peter
Eisenmans Recherchen über die 'condition moderne'
der Architektur», in: *Werk, Bauen und Wohnen* 10
(1991), S. 48ff.

132 Günter Behnisch & Partner, Deutsches Postmuseum, Loggia der Villa und Glaskörper des Neubaus, Frankfurt, 1990, (Günter Behnisch, Thomas Werner, Das Deutsche Postmuseum, Heidelberg, 1990, S. 53)

133 Günter Behnisch & Partner, Deutsches Postmuseum, Frankfurt, 1990, Villa durch den Glaskörper gesehen (Behnisch, Das Deutsche Postmuseum, op. cit., S. 52)

Bei Tschumi ist dieses Kräftespiel gleichursprünglich, bei Eisenman mit nachgeordneter Architektur. Behnisch plädiert nun für nachgeordnete Philosophie. Sein Argument lautet wie folgt: «Der Begriff Dekonstruktion mag aus dem Bereiche der Philosophie kommen. Die hinter einem solchen Begriff stehenden Tendenzen müssen jedoch in Kunst und Architektur *schon früher* wirksam gewesen sein; einfach infolge der Tatsache, daß in deren Metier zunächst Unbewußtes *leichter* und auch *früher* wirksam werden kann.»[14] Behnisch sieht also die Begriffsbildung der Philosophie als eine eher schwerfällige Maschinerie, in der neue Gesinnungen und Konzepte, noch halb unbewusst, ungleich mehr Widerstände finden als im Bereich der tastenden, wählenden und formenden Hand. Anschliessend plädiert er für dieses freie Vorwegnehmen, indem er den Architekten vor dem blossen Nachkonstruieren verbaler Thesen warnt: «Insofern beobachte ich mit einem gewissen Misstrauen, dass Architekten heute das inzwischen verbal Ausformulierte in Architektur ,*nachkonstruieren*': So entstehen Formalismen. Diesen fehlt die Kraft der ,echten' Erscheinungen. Ich meine, man kann das erkennen in der einen oder andern Arbeit, die eher nachgezeichneten Theorien ähnelt. Hier wirken denn auch Marktmechanismen mit; und die zunächst eher ,zerstörerische' Kraft des Dekonstruktivismus ist so eliminiert, die ,Richtung' wurde eingefangen, *domestiziert* (vielleicht auch *korrumpiert*), wurde handhabbar gemacht, gefahrlos für die Zustände, die eben so sind, wie sie sind.»[15]

Eine klare Absage gegenüber dem, was als «Architektur für den Leser» bezeichnet wurde. Dazu der Vorwurf, das blosse Nachbilden verbaler Theorien führe zu domestizierten, plastisch wirkungslosen Gebilden, die keinerlei Veränderungspotential mehr mit sich führen.

Meine eigene Option als Kunst- und Architekturbeobachter

Der Überblick über die wenigen Jahre seit 1988 zeigt, wie erstaunlich vollständig inzwischen die drei wichtigsten Positionen zwischen Wortwelt und Bildwelt markiert worden sind.

Meine eigene Option als Kritiker ergibt sich aus den Gegebenheiten meines Berufes. Was ich an nonverbalen Werken wahrnehme, beschreibe und reflektiere ich in Worten: die Funde und Befunde innerhalb der bildenden Künste erscheinen mir offenbar so primär, dass ich motiviert geblieben bin, darüber zu berichten. Würde zutreffen, was die «Architektur für den Leser» proklamiert: dass zwei- und

14 Günter Behnisch: «Dekonstruktivismus?», in: G. Kähler (Hg.), *Dekonstruktion? Dekonstruktivismus?*, *op. cit.*, Braunschweig 1990, S. 93ff., [Hervorhebungen durch A. M. Vogt].

15 Id., *op. cit.*, Fussnote 12, S. 93.

dreidimensionale Artefakte stets ein *Hernach* darstellen, aus Verbaltheorien abgeleitet und somit *sekundär* sind –, dann hätte ich mich längst vom Kunstkritiker zum Literaturkritiker mausern müssen.

Seit es eine bewusst und kritisch argumentierende Kunstgeschichte gibt, ist das Problem der Gleichursprünglichkeit oder der Nachordnung zur Diskussion gestellt. In der deutschsprachigen Diskussion, die seit der Goethezeit beinahe ohne Unterbrechung lebendig und intensiv geblieben ist, gibt es mindestens ebensoviele, wenn nicht mehr Stimmen als im französischen oder englischen Sprachkreis, die für Gleichursprünglichkeit des Nonverbalen plädieren.[16] Aus dieser Reihe, die von Baumgarten über Goethe, Troxler, Feuerbach, Conrad Fiedler in die Gegenwart reicht und hier bei Günter Behnisch ihre Bestätigung findet, möchte ich wenigstens einen Satz von Jacob Burckhardt zitieren. Er steht im Vorwort zum Cicerone und ist 1855 geschrieben worden: «Könnte man denselben [den tiefsten Gedanken, die Idee des Kunstwerkes] überhaupt in Worten vollständig geben, so wäre Kunst überflüssig und das betreffende Werk hätte ungebaut, ungemeißelt, ungemalt bleiben dürfen.»

Bei manchen Philosophen, die sich zur Gegenwartslage äussern, klingt ein überraschter Ton darüber an, dass es ausgerechnet die Architektur gewesen sein soll, die eine Revision des Begriffs der Moderne eingeleitet habe und dabei den Begriff 'Postmoderne' als brauchbar empfahl. Wie soll die Architektur, dieser unglückselige Maelström oder Malstrom oder Moskenstraumen, der sich zwischen den Klüften der Grossfinanz und denen der Grossbauunternehmen durchquält, nun plötzlich Signale geistiger Wandlungen vorwegnehmen können?

Architektur hat nicht nur die eben erwähnten heiklen bis desaströsen Beziehungen, sie hat eben auch eine besonders enge, weil öffentlich sichtbare, jederzeit ablesbare Beziehung zur Geschichte. Das Gelände, das sie betritt, ist beinahe immer zur Linken oder zur Rechten schon bebaut oder doch bebaut gewesen, und wenn nicht, so weist es doch Menschenwege oder Tierpfade auf – sichtbare Elemente der Geschichte, zu denen sie sich, ob sie will oder nicht, verhalten muss, ganz im Gegensatz zum Maler und seiner weissen Leinwand.

Der heutige (postmoderne) Architekt steht vor dem Problem, dass er den Geschichtsbezug seiner Väter und Vorgänger (d. h. der Modernen) nicht mehr gelten lassen kann. Denn dieser Bezug war hoffnungslos polarisiert. Die Moderne des 19. Jahrhunderts, ab etwa 1840, entwickelte das eine Extrem der wortwörtlichen Kopie, des Gipsabgusses und des Faksimile, somit der direkten Stilübernahme *(Historismus)*, was dann die Moderne des 20. Jahrhunderts in das andere Extrem getrieben hat, jeglichen Geschichtsbezug abzulehnen, eine Architektur ausserhalb von Stilen und Geschichtsstufen zu proklamieren *(Avantgarde)*. So klammerte etwa das 'Bauhaus' unter Gropius Geschichtsvergleiche und Geschichtsunterricht konsequent aus dem Lehrprogramm aus. Als die Spätmoderne dann begann, aus ihrem selbsterteilten Dispens von Geschichtsbezügen einen Freipass abzuleiten zur Baupolitik des geistlosen Affronts und des Prinzips 'Faust aufs Auge', wurde eine Neuorientierung unumgänglich.

Da die Erwartung gross war, wurden die kritischen Stimmen auch sorgfältig gehört. Ein italienischer und ein amerikanischer Architekt fanden am meisten Gehör: Aldo Rossi mit *L'Architettura della Città*, Robert Venturi mit *Complexity and Contradiction in Architecture*. Beide Arbeiten erschienen 1966.

Auf dem Gebiet der Architektur kann man deshalb die kritische Wende zur Postmoderne bereits auf dieses Jahr 1966 zurückführen, obgleich damals die Etiketten, die Benennungen oder ein Sammelbegriff verständlicherweise nicht zur Hand waren. Die Bezeichnung 'Postmoderne' ergab sich später wie von selbst – wer sich als 'nachher' folgend einstuft, als abgekoppelt von etwas Vorhergehendem, der kann es so am einfachsten sagen. Offen blieb die Nische für ein Altärchen des neuartigen, dritten Geschichtsbezugs, der nun Gestalt annehmen sollte als möglichst klare Unterscheidung vom Prinzip des Gipsabdruckes oder der Stilimitation einerseits, vom Prinzip der Geschichtsabsenz, der Ahistorie oder Antihistorie andererseits. Eine heikle Sache, eine Frage nach dem Wie, ein empfindliches Methodenproblem.

Als hätte man bewusst die Formel beachtet: «Je empfindlicher die Domäne – desto einfacher und offener soll der Rahmen der Etikettierung sein», begann sich nun zwanzig Jahre später eine geradezu simple Wort-Montage, eben «Dekonstruktion», durchzusetzen. In dieser Montage war der Grundwiderspruch des angestrebten dritten Geschichtsbezuges klar angegeben: nämlich sich sowohl *mit* dem bereits Vorhandenen als auch *gegen* dieses verhalten zu müssen, damit beides, das Eigene und das Alt-Andere, seinen Ort finden respektive behalten konnte.
Als sich herausstellte, dass der Begriff von einem französischen Literaturphilosophen stammte, der ihn in seinem Buch *De la Grammatologie* nur ein Jahr nach Aldo Rossi und Robert Venturi, also 1967, erstmals gebraucht hatte, klang das in Architektenohren wie eine kleine Bestätigung für Rossi und Venturi. Überdies war es auf angenehme Weise verkoppelt mit einem architekturnahen Begriff, nämlich 'Konstruktion'.

Allerdings war es der Wortmonteur Derrida selbst, der dann im Laufe der Jahre sein Kunstkürzel immer wieder neu und oft diffus genug revidierte. So kann

---

16 Interessant ist, dass Michael Podro unter dem Titel *The Critical Historians of Art*, New Haven 1982, eine chronologische Reihe von Forscherporträts vorlegt, die ausnahmslos aus den deutschsprachigen Ländern stammen. Gewiss ist das einseitig, und auch über die Auswahl der einzelnen Namen liesse sich streiten, doch das Buch als Ganzes bekräftigt, dass die deutschsprachige Diskussion zumindest von Rumohr bis Panofsky ohne Unterbrechung intensiv geblieben ist. Es ist aber nicht Podro, sondern es sind die beiden Philosophiehistoriker Hans Rudolf Schweizer und Armin Wildermuth, die unter dem Titel *Die Entdeckung der Phänomene, Dokumente einer Philosophie der sinnlichen Erkenntnis*, Basel 1981, dem hier diskutierten Problem der Bewertung der Kunstgattungen am nächsten kommen.

man die Unterhaltung mit Christopher Norris, die Gert Kähler in seinem Aufsatz hier wiedergibt (vgl. Kähler, *op. cit.*, S. 109), auf zwei Arten lesen, einerseits als (Selbst-)Mystifizierung, andererseits als Versuch, das Wortkonstrukt vor starrer oder sturer Anwendung zu bewahren. Wenn «Dekonstruktion» für den späteren Derrida nun «nicht ein System, nicht eine Methode», aber auch «keine Theorie […], auch kein einstimmiges Konzept» darstellt, sondern lediglich «something» – dann liest sich das wie eine Verhimmelung mit konturlosem Gewölk. Andererseits sagt Derrida jedoch, dieses Verfahren «beachte die Eigenständigkeit jedes Kontextes» und richte sich danach, wogegen schwerlich etwas einzuwenden ist.

Soll die Architekturwelt beginnen, sich mit dem Wortdenker und Wortspieler Derrida wegen Mystifizierungen anzulegen? Dafür fehlen ihr die Werkzeuge – auch wenn sie von ferne immerhin bemerkt, dass des Autors Neigung zu Doppelmeinungen inzwischen ungeahnte Grade erreicht hat. Zu alledem darf die Architektur auf Distanz bleiben und auf einer möglichst einfachen, dadurch auch offenen Version des Etiketts 'Dekonstruktion' beharren. Denn nur so kann sie die Freiheit behalten, mit ihren eigenen Mitteln zu arbeiten.

Dafür hat sie übrigens noch einen zweiten Grund, und der lässt sich am ehesten durch Baudelaires Begriff der 'modernité' erläutern. Dieser Begriff hat den Übergang zur Postmoderne völlig unbehelligt überstanden und gilt heute womöglich noch pointierter als zu den Zeiten von Édouard Manet oder später von Picasso und Le Corbusier. Der vielzitierte Satz lautet: «Die Modernität ist das Vorübergehende, das Entschwindende, das Zufällige, ist die Hälfte der Kunst, deren andere Hälfte das Ewige und Unabänderliche ist.» Diese beiden Hälften, das vorübergehend Modische und das bleibend Unabänderliche, haben sich seit der Aufklärung nicht nur entschieden angenähert, sondern miteinander verquickt, allerdings nicht in allen Gattungen im selben Grade. In der Malerei und in der Musik beispielsweise hat sich diese Verquickung seit Baudelaire unter Schmerzen und bitteren Gefechten tatsächlich vollzogen. Übrig bleiben die beiden monumentalen oder besser: monumentalistischen Gattungen, die Architektur hier, die Philosophie dort. Beide haben, trotz gegenteiliger Beteuerungen, den Anspruch auf Erhabenheit in Wahrheit noch lange nicht aufgegeben und tun sich darum mit ihrer Kehrseite, dem Lächerlichen, gegenwärtig besonders schwer.

Der Kunsthistoriker im Halbdunkel

Der Übergang von der Zeichnung zur Projektion in der Vorlesung

Jacob Burckhardt zügigen Schrittes, wie er mit grosser Mappe unter dem Arm in die Vorlesung an der Universität Basel marschiert (1878). (Abb. 134) – Was trägt er da? Die Zeichnungen, Lithographien und frühen Photographien, die er, mit erhobenen Armen hin und her gehend, den Studenten zeigen will. Im nahen Karlsruhe beginnt Professor Bruno Meyer in denselben Jahren den Hörsaal zu verdunkeln und «kleine Glasphotographien mittels eines Projektionsapparates an die Wand zu werfen». Dieser *Bilder-Wurf im Halbdunkel* begleitet den Kunsthistoriker seither rund um die Welt.

Ein Dutzend Jahre früher, 1865, als man ihm von Karlsruhe aus einen Ruf zukommen lässt, kommt folgende verblüffende Antwort in «unwirschem» Tone aus Basel: er könne «zum förmlichen Docieren von Kunstgeschichte nicht genug zeichnen».[1]

Der solchermassen zeichnende und vorzeigende Kunsthistoriker wurde indessen gerade in diesen Jahren, um rund 1880 herum, irritiert oder beglückt durch eine technische Erfindung – technisch eher harmlos, doch für unseren Beruf von enormer, weil unterschätzter Tragweite: das Lichtbild, das Diapositiv, the slide (was auf deutsch soviel heisst wie 'der Gleiter').

Klaus Lankheit, Heinrich Klotz und später vor allem Heinrich Dilly haben die Erfindung und Wirkung des Diapositivs, das Dilly als «Prothese der Bildbetrachtung» bezeichnet, erforscht. Es war ein Professor Bruno Meyer, Inhaber des kunstgeschichtlichen Lehrstuhls am Polytechnikum Karlsruhe von 1874 bis 1884, der zur Verwunderung des Publikums «eine grosse Anzahl kleiner Glasphotographien, theils anschaffte, theils selbst herstellte, um mittels eines Projektionsapparates grosse Lichtbilder an die Wand zu werfen».[2]

Das Werfen der Bilder an die Wand! Bruno Meyer hat seine neue Methode unter dem Titel «Glasphotogramme» beschrieben und 1883 als Broschüre veröffentlicht. (Abb. 135) Dabei taxiert er als brauchbarsten Projektionsapparat das Skioptikon (Abb. 136) und sagt zum Schluss: «So ist in Ernst und Scherz die Reihe der

---

Erstmals erschienen in: *Zeitschrift für Schweizerische Archäologie und Kunstgeschichte* 51 (1994), Heft 2, S. 100ff.

1 Adolf Max Vogt, «Das «interesselose Wohlgefallen» im Fach Kunstgeschichte», in: *125 Jahre Institut für Kunstgeschichte, Universität Stuttgart. Herwarth Röttgen zum 60. Geburtstag*, Johannes Zahlten (Hg.), (= Reden und Aufsätze der Universität Stuttgart, 41), Stuttgart 1991, S. 10, mit Verweis auf Klaus Lankheit.
2 Adolf Max Vogt, *op. cit.*, S. 9.

134　Jakob Burckhardt beim Basler Münster
auf dem Wege zur Vorlesung, 1878 (Reprofoto
A. M. Vogt)

Anwendungen des Projektionsapparates unabsehbar» – alles lasse sich demonstrieren: «nur durchsichtig oder wenigstens durchscheinend müssen die Gegenstände sein».[3]

Was wir in Ernst und Scherz von Bruno Meyer übernommen haben – eben: das Werfen der Bilder an die Wand – hat unser Fach vom Unterbau her massiv verändert. Gewiss ist, verglichen mit dem Originalgemälde im Museum, das Lichtbild an der Wand bloss Ersatz, also «Prothese», wie Dilly sagt, dazu aber eben auch 'a slide', nämlich ein Gleiter, eine unbestimmte, verschiebbare, damit nicht mehr fassbare Grösse. *Wie* die Venus gemalt ist, kann ich erkennen, wie *gross* sie ist, aber nicht. Winziges und Riesiges kann ich projizierend als gleich gross ausgeben auf dem Projektionsschirm.

Nicht nur das – Bruno Meyers Glasphotogramme haben mich als Dozenten offenbar endgültig ins Halbdunkel verbannt. Ich fühle mich wie ein Champignonzüchter, der im Halbdunkel zu züchten gewohnt ist und sich im vollen Licht peinlich ungeschützt fühlt. Seit der Zeichnungsstrich durch den Photowurf ersetzt wurde, vor rund 120 Jahren, sind mir als Kunsthistoriker die Hände abhanden gekommen. Meine Zeichen- oder Zeichnersprache und meine Körpersprache sind abgelegt, ich wirke nur noch als Stimme im Halbdunkel und durch Drücken des Fingers auf den Knopf.

Trotz dieser Angleichung ans Priesterhafte, nur noch mit dem Wort Wirkende, das so trefflich passt in die Domäne der Geisteswissenschaften, haben sich
die Universitäten erstaunlich lange erstaunlich spröde verhalten gegenüber dem
Fach Kunstgeschichte. Es war Wilhelm Lübke, der zweite Lehrstuhlinhaber nach
Jacob Burckhardt an der ETH Zürich, der einen Aufsatz «Die Kunstgeschichte
und die Universitäten» verfasste. Lübke zählt die stattliche Zahl bereits bestehender Lehrstühle an den Polytechniken auf. Und er mahnt die Universitäten, diesem
Muster zu folgen und endlich eigene Lehrstühle einzurichten. Nikolaus Meier
(Basel) ist diesen Fragen nachgegangen: Nicht zu glauben, aber die Universitäten
haben das Fach im Schnitt erst 20–40 Jahre nach den Polytechniken installiert.[4]

Einer fühlte sich besonders wohl mit den neuen Glasphotogrammen, und
doch war er ausgerechnet der Lieblingsschüler des mappenschleppenden Jacob
Burckhardt: Heinrich Wölfflin. Er fühlte sich unter den summenden Bildwurfma-
schinen so wohl, dass er sich bei technischen Defekten jeweils weigerte weiterzu-
sprechen und den Saal verliess. Ohne Halbdunkel keine Kunstgeschichte mehr.
Wölfflin muss in den Kontrasten zweier Gleitbilder so etwas wie eine Krönung seiner dialogisch differenzierenden Methode gesehen haben, sonst hätte er nicht als
alter, nunmehr berühmter Publizist im Vorwort zu *Gedanken zur Kunstgeschichte*
(1940) schreiben können: «Die Bücher – schon gut! aber den eigentlichen Wölfflin habe man doch nur im Hörsaal kennen lernen können. Ich weiss nicht, wie viele
es sind, die diese Meinung teilen – meinerseits hätte ich nichts dagegen einzuwenden.»

Wölfflin war ein Künstler des Zweiervergleichs, unter anderem deshalb, weil
er stets auf zureichende Grade an Gleichheit achtete, bevor er einen kontrastierenden Vergleich begann. In meiner Erinnerung an ihn gibt es den eigentümlich
irritierenden Fall, wo er die Bildgegenüberstellung ins Absurde führt, oder besser:
auf den Nullpegel absenkt. 'Degré zéro' der Vergleichskunst – ein Unikum in unserem Fach. Er vergleicht nämlich im Aufsatz «Über das Rechts und Links im Bilde»
in drei Anläufen je ein Bild lediglich mit sich selbst. Was zunächst wie angewandter Narzissmus oder wie Solipsismus aussieht, erweist sich als kluge Folgerung aus
dem Umgang mit dem Glasdiapositiv und dessen fataler Neigung, seitenverkehrt
in den Apparat zu geraten. Wölfflin macht aus dieser Not eine Tugend, indem er
eine Rembrandt-Radierung mit der seitenverkehrten Radierungsplatte vergleicht
(Abb. 137), dann aber auch Raphaels 'Sixtinische Madonna' und einen 'Holländer'
vorführt, die als Ölbilder keine seitenverkehrte Fassung haben können. Er experi-

3   Heinrich Dilly, «Lichtbildprojektion – Prothese der
Kunstbetrachtung», in: *Kunstwissenschaft und Kunstver-
mittlung*, Irene Below (Hg.), Giessen 1975, S. 160.
4   Adolf Max Vogt, *op. cit.*, S. 23 und 25, wo verwiesen
wird auf Nikolaus Meier, «W. Lübke, J. Burckhardt und

die Architektur der Renaissance», in: *Basler Zeitschrift
für Geschichte und Altertumskunde* 1985; ausserdem
Nikolaus Meier, «Bürgertum und Kunstwissenschaft.
Zum 100. Geburtstag Wilhelm Lübkes», in: *NZZ* vom
4. April 1993, Beilage Literatur und Kunst.

mentiert also mit dem, was erst durch das Glaspositiv einfach demonstrierbar geworden ist und kommt dabei zu hervorragenden Schlüssen über das Rechts und Links im Bild sowie über unsere Sehgewohnheiten.

Mit anderen Worten: Wölfflin bringt es fertig, Jahrzehnte vor Marshall MacLuhan diesen auch gleich zu 'überholen'. Denn er filtert nicht nur aus den Leistungen eines neuen Mediums die Botschaft (the message) – er weiss sie sogleich auch noch aus dessen Fehlleistungen zu gewinnen. Seit Wölfflin sieht es mit der Zweierprojektion in unserem Fach ähnlich aus wie mit dem Zweirad: Beide scheinen fertig erfunden.

Pikanterweise bringt dann ausgerechnet ein bewusster akademischer Aussenseiter, Le Corbusier, eine neue Anordnung in das, was man früher als Lehrkanzel bezeichnet hat – und er gestaltet sie als Rückruf zum Zeichnen. Er war und wollte nie sein: ein Professor, und doch hat er das Unterrichten so sehr genossen, am meisten wohl in den zehn Vorträgen von Buenos Aires (3.–19. Oktober 1929), dass er im nachfolgenden Buch *Précisions sur un état présent de l'architecture et de l'urbanisme* (1930) auch gleich zeigen wollte, wie er es gemacht hat (Abb. 138, 139).

Lesepult links, Leinwand schräg (!) rechts. Dazwischen eine Staffelei mit grossem Zeichenblock. Mit Kohle skizziert er, gleichzeitig spricht er. Doppelte Erläuterung, sowohl in der Skizze wie im Wort. Genau das ist die Doppelsprache

135 Bruno Meyer, Titelseite der Publikation «Glasphotogramme für den kunstwissenschaftlichen Unterricht», Karlsruhe, 1883 (Reprofoto A. M. Vogt)

136 Bruno Meyer, Das Skioptikon, aus «Glasphotogramme für den kunstwissenschaftlichen Unterricht», Karlsruhe, 1883 (Reprofoto A. M. Vogt)

137 Rembrandt Harmenszoon van Rijn, Landschaft mit den drei Bäumen, Radierung (Heinrich Wölfflin, Kunstgeschichtliche Grundbegriffe, München 1929, S. 191)

der Kunstgeschichte, ein stetes Verweben von Bild und Wort. Deutlich zu scheiden von reiner Wortsprache, wie sie die Dichter, die Geistlichen und die Rechtsanwälte brauchen. Vor die schwarze Wandtafel spannt Le Corbusier eine Wäscheleine «sur lequel je fais accrocher les feuilles à la suite l'une de l'autre, dès qu'elles sont couvertes de dessins». Zeichenparade an der Wäscheleine. Unter Le Corbusiers indirektem, aber inspirierendem Einfluss wird zumindest in der Kunstgeschichte für Architekten wieder häufig an die Wandtafel gezeichnet.

Damit sind wir wieder bei der Kunstgeschichte für Architekten, die mein Arbeitsfeld gewesen ist. Verständlich genug, dass es die Architekturschulen waren, welche das Fach Kunstgeschichte zuerst in das akademische Programm aufnahmen. Doch der Grund dafür war nicht etwa hochgeistig oder idealistisch oder «interesselos». Im Gegenteil: Weil der Historismus die zweite Hälfte des 19. Jahrhunderts beherrschte, standen die angehenden Architekten vor der Notwendigkeit, die wichtigsten Stilphasen bis ins Detail zu kennen, von Ägypten bis zum Rokoko – denn sie mussten reproduziert werden können, je nach Geschmack der Mode oder des Bauherrn.

Wie für alle bildenden Künstler heisst die Maxime auch für die Architekten: «Penser avec les mains» – mit den Händen denken (eine Prägung übrigens, die dem Genfer Kunstphilosophen Denis de Rougemont zu danken ist). Kunstge-schichte für Architekten muss dieser Maxime nahe kommen, sonst wird sie den Architekturstudenten gar nicht erreichen. Mit ein Grund dafür, dass der Dozent selber mehr zeichnet und den Studierenden darin fördert, möglichst viel zu zeich-nen, sogar im Examen sich mit Zeichnungen zu explizieren.

Und die Kunstgeschichte der Universitäten, was ist sie dann? Ein «Penser sans mains»? Ein Abhandengekommensein, eine diskrete Absenz scheint zugegen; fragt sich nur, wie man sie sich erklärt. Immanuel Kants Formel vom «interesselo-sen Wohlgefallen», das alles echt Ästhetische auslöse, könnte eine Erklärung bereitstellen für derartige Absenzen. Die Kunstgeschichte hat sich dieser Formel allzu gern bedient, da sie abhebt und niedrige Motive ausschliesst.[5] Ein Fach, das in der Sparte Malerei, Graphik und Bildhauerei auffällig viel Erotik und andere, offenbar noch «niedrigere Motive» zu verwalten hat, hat alles Interesse daran, sich mit der Schutzetikette vom «interesselosen Wohlgefallen» abzusichern.

Doch solche Erwägungen, die natürlich auch die immer entschiedener um sich greifende Gewaltenteilung zwischen den «reineren» Gattungen Malerei und Skulptur einerseits und der offensichtlich nicht ganz so «reinen» Gattung Archi-

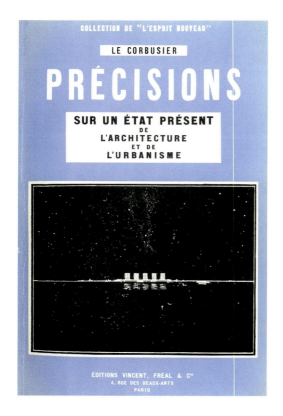

138   Titelblatt (Le Corbusier, Précisions sur
un état présent de l'architecture et de l'urbanisme,
Paris, 1960)

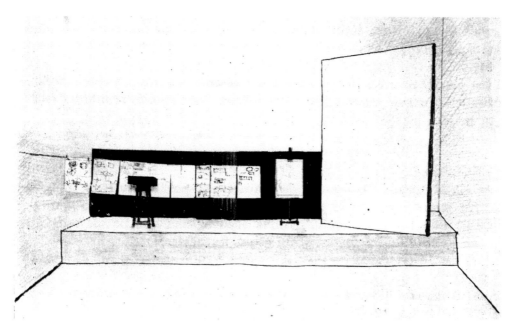

139   Le Corbusier, Die Einrichtung des Lehrpodiums in Buenos Aires (Le Corbusier, Précisions sur un état présent de l'architecture et de l'urbanisme, Paris, 1960, S. 20; © 2005, ProLitteris, Zürich)

tektur betreffen, stehen heute vor einem ganz anderen Bedrohungshorizont. Dieser verheisst ein ganz generelles Abhandenkommen der zeichnenden, formenden Hände durch den Einmarsch des dreidimensional agierenden Computers. Heutige westliche Architekturbüros haben ihr Aussehen unauffällig, aber durchgreifend geändert. Statt Zeichenpulten auf Böcken eine Reihe von Tischen mit denselben durchgehend grauen Computern. Scheint jener Künstler, der noch und weiterhin mit der vollen Hand denkt, eine Rarität zu werden? Vielleicht eine gut bezahlte Rarität, aber einer, der zu einem Reservat gehört, wie ein Indianer in den USA und in Kanada, dessen Arbeitsweise man aus kompensatorischen Gründen am Leben hält und ab und an aus Nostalgie feiert.

5   Adolf Max Vogt, *op. cit.*, S. 18ff.

Profile

Gottfried Semper und Joseph Paxton

Gottfried Semper und Joseph Paxton haben beide um die Mitte des 19. Jahrhunderts als reflektierende Architekten Bauwerke errichtet, die sie theoretisch zu fundieren suchten. Paxton entwarf seinen Kristallpalast (1851, London) nach dem Prinzip 'Bauen wie die Pflanze baut', wobei er sich die Victoria regia zum Vorbild nahm.

Gottfried Semper wurde bekannt als historisch beschlagener Architekt, der sonderbarerweise behauptete, das ursprüngliche Haus habe Wände nicht aus Mauern, sondern aus hängendem Tuch, aus Teppichen oder 'Matten'.

1. «Tischtuch und Tisch»
2. Paxton: Arbeits-Teilung und Funktionen-Teilung
3. Semper: Geschichte der funktionellen Entfaltung der Hand
4. Theorie und Praxis

1. «Tischtuch und Tisch»

Wenige Monate nach Schluss der Londoner Weltausstellung 1851 gab Joseph Paxton eine Erläuterung des Bauprinzips seines inzwischen berühmt gewordenen Ausstellungsgebäudes.[1] Er verglich das Bauprinzip seiner Glashalle – die von der Londoner Presse spontan zu einem «Palast» aufgewertet worden war, und zwar bekanntlich zu einem «Kristallpalast»[2] – mit dem Verhältnis von Tisch zu Tischtuch. Dieser einprägsame, einfache Vergleich, den er am 28. Januar 1852 vor der Royal Commission gebrauchte[3], bezieht sich auf das Verhältnis von Tragwerk zu Glashaut. Er wollte der Kommission deutlich machen, dass er das Neue an seiner Bauweise vor allem in der Vervollkommnung des «Tischtuches», das heisst der Hülle, der Glashaut sehe, was nun zur Folge habe, dass der «Tisch», das heisst das Tragwerk «weitgehend variiert» werden könne, «je nach wechselnden Bedingungen und wechselnden Nutzungsarten».[4]

Paxtons Selbstkommentar zeigt, dass er seine Glashülle in Verwandtschaft sah mit einem gewobenen Tuch. Und vom architektonischen Kräftehaushalt her gesehen existiert ja tatsächlich eine Verwandtschaft zwischen Glas und Tuch: Beide sind nicht massiv genug (wenigstens in den hier zur Diskussion stehenden Ausprägungen), um tragfähig zu sein. Beide können somit an einem Bau nur bei den 'lastenden' Teilen, nicht aber bei den 'tragenden' Teilen Verwendung finden. Oder, um es mit einem Fachausdruck des 20. Jahrhunderts zu bezeichnen: Beide Materialien können am Bau lediglich die Funktion des sogenannten Curtain wall übernehmen. (Eine paradoxe, aber sehr treffende Bezeichnung übrigens, weil ja Mauer nie Vorhang ist, Vorhang nie Mauer, beide auf verschiedene Art Raum trennen.) Kurz, Paxton hat mit seinem Vergleichsbild zum Zwecke des Selbstkommentars eine damals neuartige Auffassung vertreten, die sich am besten mit Jacob Burckhardts[5] ungefähr gleichzeitiger begrifflicher Unterscheidung zwischen «Tragen und Lasten» erläutern lässt und die schon ganz nahe an heutige Bautechniken mit Curtain walls herankommt.

Vermutlich hätte Paxtons Vergleich mit Tischtuch und Tisch niemanden mehr ergötzt als Gottfried Semper, der in den Jahren der Grossen Ausstellung übrigens ja selber auch in London lebte. Denn Semper war ja gerade in diesen Jahren wenigstens einem engeren deutschsprachigen Fachkreis bekannt geworden als der historisch beschlagene Architekt, der sonderbarerweise behauptete, das ursprüngliche Haus habe Wände nicht aus Mauern, sondern aus hängendem Tuch, aus Teppichen, aus «Matten» gehabt. Für diese Behauptung hatte Semper ausgerechnet in der Londoner Weltausstellung selber – also in Paxtons Kristallpalast – einen vorzüglichen Beleg gefunden. Er entdeckte nämlich unter dem Ausstellungsgut eine «Karaibische Hütte», die genau seiner Theorie der Textilwand entsprach. Diese Bambushütte hat Semper offensichtlich nachhaltig beeindruckt, denn er hat sie zuerst in der Londoner Vorlesung 1854 «Über architektonische Symbole» (abgedruckt in den 'Kleinen Schriften')[6] erörtert, dann im § 143 seines Hauptwerks *Der Stil* abgebildet und beschrieben, und zwar unter dem Titel «Die Urhütte». Er sieht in ihr «kein Phantasiebild, sondern ein höchst realistisches Exemplar aus der Ethnologie […] welches zu London auf der grossen Ausstellung von 1851 zu sehen war. An ihr treten alle Elemente der antiken Baukunst in höchst ursprünglicher Weise und unvermischt hervor: der Herd als Mittelpunkt, die durchs Pfahlwerk umschränkte Erderhöhung als Terrasse, das säulengetragene Dach und die Mattenumhegung als Raumabschluss oder Wand».[7]

Erstmals erschienen in: *Gottfried Semper und die Mitte des 19. Jahrhunderts.* Symposion, Zürich, 2.–6. Dezember 1974, Beiträge: Eva Börsch-Supan u.a., Adolf Max Vogt/Christina Reble/Martin Fröhlich (Gesamtredaktion), veranstaltet durch das Institut für Geschichte und Theorie der Architektur an der Eidgenössischen Technischen Hochschule Zürich, S. 175–197.

1   George F. Chadwick, *The Works of Sir Joseph Paxton*, London 1961, S. 76.
2   Zur Benennung «Kristallpalast» siehe: Nikolaus Pevsner, «High Victorian Design», in: Id., *Studies in art, architecture, and design*, London: Thames & Hudson 1968, Vol. II, S. 40.

3   G. F. Chadwick, *op. cit*, S. 74 und 76.
4   Id., S.76, «He had perfected the covering, and the structure supporting it could be greatly varied to suit changing conditions and changing uses.»
5   Eine Vorstufe zur Formel «Tragen und Lasten» findet sich in Jacob Burckhardt, *Der Cicerone, eine Anleitung zum Genuss der Kunstwerke Italiens*, 1. Auflage, Basel 1855, Basel/Stuttgart: Schwabe 1957–1959, anlässlich der Erörterung der Tempel von Paestum, S. 3: «In wunderbarer Ausgleichung wirken *strebende* Kräfte und getragene Lasten zu einem organischen Ganzen zusammen.»
6   Gottfried Semper, «Über architektonische Symbole», in: *Kleine Schriften*, Manfred und Hans Semper (Hg.), Berlin 1884, S. 292–303.

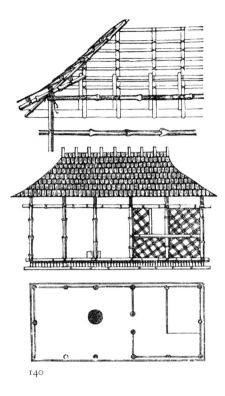

141

140 Gottfried Semper, Karaibische Bambus-
hütte, aus: Der Stil, Band 2, München 1863,
S. 272 (Heidrun Laudel, Gottfried Semper,
Dresden 1991, Abb. 25)

141 Joseph Paxton, Kristallpalast, Innenan-
sicht mit exotischen Pflanzen, London 1851,
(Institut für Geschichte und Theorie der Archi-
tektur an der ETH Zürich (Hg.), Gottfried
Semper und die Mitte des 19. Jahrhunderts,
Basel 1976, S. 177)

Eigenartig an dieser Beschreibung von Semper ist, dass er einerseits die
Erderhöhung oder Terrasse so stark hervorhebt, anderseits das Tragwerk selber
nicht näher erörtert. Denn der Hinweis auf das «säulengetragene Dach» gibt ja
keinerlei näheren Aufschluss über die Konstruktionsweise und Abmessungen des
Stützensystems, das immerhin die ganze Hütte überhaupt erst zum Stehen bringt.
Stellt man nun die Gegenfrage: wie hätte Paxton, im Unterschied zu Semper, dieses karaibische Bambusmodell in seiner Ausstellungshalle beschrieben? – so darf
die Vermutung lauten: er hätte mit ebensoviel Recht auch hier von «Table and
Tablecloth» sprechen können. Oder genauer gesagt: er hätte mindestens von
«Table» und «Cloth» sprechen können, denn die Dachkonstruktion ist ja nicht mit
gewobenem Stoff bespannt, nur die Wände sind es. Tatsächlich besteht, so gesehen, die karaibische Hütte aus einem tragenden «Tisch» und Raumabschlüssen aus
Tuch, oder wie Semper es bezeichnet, aus Raumabschlüssen durch «Mattenumhegung».

Wer dieser Übertragung oder Anwendung von Paxtons Selbstkommentar auf die karaibische Bambushütte folgen kann, der kommt damit zum Schluss, dass der Kristallpalast selber nichts anderes sei, als die vergrösserte, mit anderen, moderneren Materialien ausgeführte 'Urhütte'. Womit auch schon gesagt ist, dass die Keimform oder Urform, kurz: das Ei zum Kristallpalast in diesem selbst ausgestellt war.

Die Urhütte besteht aus Bambusrohren, Ziegeln und gewobenen (geflochtenen) Matten. Paxtons Glashalle ersetzt das Bambusrohr durch Eisenrohr, sie ersetzt die Matten durch Glas und sie verwendet Glas überdies auch dort, wo früher der Dachabschluss durch Ziegel bewerkstelligt wurde. Das heisst, das Glas ist bei Paxton sowohl Wandabschluss wie Dachabschluss, und gerade diese Doppelfunktion trifft er in seinem Vergleichsbild mit dem Tischtuch verblüffend genau. Paxton hätte also behaupten dürfen, er habe die Urhütte sowohl als «table» wie als «cloth» mit modernen Materialien nachgebildet, mit dem einzigen Unterschied, dass er das «cloth» zum «tablecloth» überführt, das heisst den Wandabschluss zugleich auch als Dachabschluss verwendet habe.

Biographisch gesehen ist es unwahrscheinlich, dass Papiere zum Vorschein kommen, die belegen würden, dass Paxton sich tatsächlich mit der karaibischen Bambushütte näher befasst hat. Auch wenn er sich rühmen darf, dass er mit dem Kristallpalast diesem Urbild, dieser Urhütte verblüffend nahegekommen sei (und das ist wohl einer der tieferen Gründe zum geradezu magisch gefärbten Ruhm seiner Ausstellungshalle) – so heisst das noch lange nicht, dass er sich bewusst mit diesem Urbild auseinandergesetzt habe. Seine Auseinandersetzung betraf zwar auch etwas Elementares, aber dieses Elementare war bei ihm nicht die frühe Menschenbehausung, sondern es betraf die Pflanzenwelt: Er versuchte, mit seinen Treibhäusern aus Glas exotische Pflanzen (die man damals gerne als elementare Pflanzen, mitunter geradezu als «Urpflanzen» im Goetheschen Sinne beurteilt und entsprechend bestaunt hat) von ihrem südlich-exuberanten Stammklima in den Norden herüber verpflanzen zu können. Er half es möglich machen, exotische Pflanzen ohne Schaden dem Nordklima zu exponieren, indem er eine künstliche Klimaglocke, genannt Treibhaus, unermüdlich und einfallsreich Schritt für Schritt vervollkommnete. Insofern war er tatsächlich – und so hat ihn ja auch die Zeitgenossenschaft eingestuft – nicht eigentlich ein Architekt, schon gar nicht ein klassisch gebildeter Architekt. Vielmehr hatte er einen damals neuartigen Beruf, er war ein Klimaingenieur, heute würde man sagen: ein Fachberater und Erfinder im Gebiete des Air-conditioning.

7   Zur «Urhütte» als Lieblingsvorstellung des 18. und 19. Jh. vgl. vor allem: Wolfgang Herrmann, *Laugier and eighteenth century French theory*, London 1962; und Joseph Rykwert, *On Adam's House in Paradise, The idea of the primitive hut in architectural history*, New York 1972.

Da die Londoner Weltausstellung von 1851 zu einem ganz wesentlichen, optisch sogar dominierenden Teil Ausstellung exotischer Pflanzen war, war es gar nicht so abwegig, das Ausstellungsgebäude primär als ein Treibhaus für kostbare Exotika zu verstehen und deshalb den berühmtesten Treibhausspezialisten des Landes mit dem Bau zu betrauen. Dies geschah bekanntlich allerdings erst, als sich die ursprünglich berufenen Architekten über dem geplanten Konglomerat verschiedener historischer Stile zerworfen hatten. Erst als es sich erwiesen hatte, dass die Stilarchitekten oder Historizisten die neuartige Bauaufgabe nicht überzeugend zu lösen vermochten und an ihr in eine Sackgasse gerieten, entschloss man sich in höchster Zeitnot, den Treibhausspezialisten zu Hilfe zu rufen.

Vorläufig lässt sich deshalb festhalten: Paxton kommt in seiner Glashalle verblüffend nahe an jenen Typ der Urhütte heran, den seine Generation für die «eigentliche» Urhütte hielt,[8] aber seine persönliche Ambition war nicht auf das Elementare der Urhütte, sondern auf etwas anderes Elementares, und zwar im Bereiche der Pflanzen, gerichtet.

Derjenige aber, dessen Ambition eindeutig die Verknüpfung der architektonischen Tradition mit der Urhütte betraf, heisst in dieser Generation Gottfried Semper. Für ihn war, wie gesagt, die Entdeckung des karaibischen Bambusmodells im Ausstellungsgut von 1851 ein wichtiges Ereignis, nämlich eine doch wohl unerwartete und zugleich grandiose Bestätigung der eigenen Theorie. Denn diese Theorie hatte er bereits vor dem Weltausstellungs-Jahr niedergeschrieben, aber – zufällig – im selben Jahr 1851 in Braunschweig veröffentlicht unter dem Titel *Die vier Elemente der Baukunst*.

In dieser Schrift sagt er selber, welches sein Kerngedanke ist. Denn er entschuldigt sich dafür, dass das, was er «eigentlich darzulegen beabsichtige», ihn nötige, «in die Urzustände der menschlichen Gesellschaft zurückzukehren». Doch verspricht er uns, «es so kurz wie möglich abzumachen».[9] Dieser «eigentliche» oder Kerngedanke wird nun wie folgt vorgetragen: «Das erste Zeichen menschlicher Niederlassung und Ruhe nach Jagd, Kampf und Wanderung in der Wüste ist heute wie damals, als für die ersten Menschen das Paradies verloren ging, die Einrichtung der Feuerstätte und die Erweckung der belebenden und erwärmenden speisebereitenden Flamme. Um den Herd versammelten sich die ersten Gruppen, an ihm knüpften sich die ersten Bündnisse, an ihm wurden die ersten rohen Religionsbegriffe zu Culturgebräuchen formuliert. Durch alle Entwickelungsphasen der Gesellschaft bildet er den heiligen Brennpunkt, um den sich das Ganze ordnet und gestaltet.»

«Er ist das erste und wichtigste, das moralische Element der Baukunst. Um ihn gruppieren sich drei andere Elemente, gleichsam die schützenden Negationen, die Abwehrer der dem Feuer des Herdes feindlichen drei Naturelemente; nämlich das Dach, die Umfriedigung und der Erdaufwurf.»

«Zugleich ordneten sich die verschiedenen technischen Geschicklichkeiten der Menschen nach ihnen: die keramischen und späteren metallurgischen Arbeiten und Künste um den Herd, die Wasserarbeiten und Maurerarbeiten um den Erdaufwurf, die Holzarbeiten um das Dach und dessen Zubehör.»

«Welche Urtechnik entwickelte sich aber an der Umfriedigung? Keine andere als die Kunst der Wandbereiter, das ist der Mattenflechter und Teppichwirker.»

«Diese vielleicht befremdlich erscheinende Behauptung muss näher motiviert werden.»[10]

Der Kerngedanke Sempers besteht also darin, die Urhütte als Gebilde aus vier Elementen zu lesen. Er unterscheidet Herd, Erdaufwurf, Dach und Umfriedigung (Wand). Diesen vier Elementen ordnet er vier «technische Geschicklichkeiten» zu: dem Erstellen des Herdes «die keramischen und späteren metallurgischen Arbeiten und Künste», dem Erdaufwurf die Wasser- und Maurerarbeiten, dem Dach die Holzarbeiten, der Umfriedigung oder Wand die Kunst der Mattenflechter und Teppichwirker. Die Verknüpfung mit der Gegenwart wird daraus deutlich, dass der Herd, die Einrichtung der Feuerstelle, für Semper «heute wie damals» das «erste Zeichen der Niederlassung» darstellt. Die Überraschung für den heutigen Leser der 'vier Elemente' besteht vor allem darin, dass die Wand nicht dem Holzbearbeiter oder Maurer zugeordnet wird, sondern dem Mattenflechter und Teppichwirker. Semper selber räumt ein, dass «diese Behauptung» «vielleicht befremdlich» wirken könne, und verspricht nähere Motivierung.

Diese Motivierung ist er uns in der Tat nicht schuldig geblieben. Er hat auf sie Jahre seines Lebens gewendet – sie umfasst nicht weniger als den ganzen I. Band seines zweibändigen Hauptwerks *Der Stil*. Offenbar ist sie für ihn zum entscheidenden Punkt seines Kerngedankens geworden, und wir werden auf sie noch zurückkommen müssen.

Der Vergleich zwischen Paxton und Semper hat bis hierher zum mindesten deutlich gemacht, dass beide zwar völlig verschieden reagieren, aber eigenartigerweise wiederum enge Berührungspunkte haben wie zum Beispiel den, dass in Paxtons Denken das «Tablecloth» eine prinzipielle Rolle spielt, in Sempers Denken «Mattenflechter und Teppichwirker» eine geradezu dominante Rolle einnehmen. Es wird bereits spürbar, dass Paxton dabei als der Einfachere, Semper als der Komplexere, Kompliziertere sich abzeichnen wird. Kein Zufall, dass Paxtons Selbstkommentar zum Kristallpalast mit bloss zwei «Elementen der Baukunst» auskommt, Semper aber sogar an der Urhütte, belegt durch das karaibische Bambusmodell, nicht weniger als vier Elemente unterscheidet.

8 vgl. Joseph Rykwert, *op. cit.*, S. 23, 26 und 38ff.   10 Id., S. 55, 56.
9 Gottfried Semper, *Die vier Elemente der Baukunst*, Braunschweig 1851, S. 54.

142   Joseph Paxton, Kristallpalast, Perspektive, London 1851 (John McKean, Crystal Palace, London 1994, Abb. 10)

Dennoch scheinen die beiden so verschiedenen Temperamente – die sich vermutlich nicht einmal über das Wort 'Baukunst' hätten einig werden können – eben gerade dies gemeinsam zu haben, dass sie das 'Element', das architektonische oder ingenieurmässige Element dauernd beschäftigt und dass es für ihre Theorie und Praxis gleicherweise wichtig bleibt. Obgleich es sich als möglich erwiesen hat, Paxtons Selbstkommentar («Tablecloth») versuchsweise auch auf die Urhütte anzuwenden, wurde dabei doch klar, dass beide wiederum unter 'Element' etwas beträchtlich Verschiedenes verstehen müssen.

Wo der Unterschied liegt, wie die Verschiedenheit heisst, sollte um ein Stück weit geklärt werden können, wenn wir uns zunächst (Kapitel 2) mit der Arbeitsauffassung und dem Berufsbegriff von Paxton näher befassen, nachher bei Semper (Kapitel 3) das heikle Verhältnis von Theorie und Praxis wenigstens in einigen Aspekten zu beleuchten suchen.

Hierbei kommt uns, was Semper betrifft, die Tatsache zugute, dass Semper mitten in der vollen Entwicklung seiner Theorie auch einen repräsentativen Bauauftrag erhielt: die Errichtung des Eidgenössischen Polytechnikums in Zürich, in dessen Aula Sie hier versammelt sind. So liegt es nahe, beim Vergleich zwischen Paxton und Semper das Gebäude der ETH Zürich (1858/64) als Vergleichspartner, als 'antwortendes Gegenbild' zum Kristallpalast (1850/51) einzusetzen.

Diese Konfrontation mag zunächst ebenfalls befremdlich wirken, und wäre es nur deshalb, weil das damalige London und das damalige Zürich ebensowenig derselben Grössenordnung zugehört haben wie heute. Dennoch hat mich die Gegenüberstellung der beiden Bauten stets gelockt, ich habe sie vor wenigen Jahren in einer Darstellung der Kunst und Architektur des 19. Jahrhunderts als signifikanten Kontrast für die Zeit der Jahrhundertmitte beschrieben[11] – und möchte nun versuchen, einige Belege für die Bedeutung dieser Konfrontation zu sammeln.

143 Gottfried Semper, Eidgenössisches Polytechnikum, 1858–1864, Hauptfassade (ETH Zürich, Archiv gta: 20-300-151, Nachlass Gottfried Semper)

2. Paxton: Arbeitsteilung und Funktionenteilung

Bei der Eröffnung der Ausstellungshalle von Paxton war Königin Victoria «von Andacht ergriffen». Diese Ergriffenheit oder Bereitschaft zum Weihevollen, die für uns zwar verständlich, aber nicht ganz ohne komischen Beiklang ist, spiegelt sich auch in der bereits erwähnten Nobilitierung durch Benennung. Der Benennungsvorschlag «Crystal-Palace» ging von der satirischen Zeitschrift *Punch* aus[12], die sich mit dieser Bewunderungsäusserung durchaus nicht satirisch verhielt und mit ihr, genau genommen, gleich eine doppelte Nobilitierung vollzog: Sie verwandelt das Treibhaus in einen Palast, und sie verwandelt überdies Glas in Kristall. Wie sehr aber der Journalist des *Punch* mitten im Gefühlsstrom der Epoche lag, beweist sein Erfolg. Der Name «Kristallpalast» wurde unversehens zur vermeintlich offiziellen Bezeichnung, er wurde in alle Sprachen übersetzt und ging um die Welt.

Joseph Paxton war wohl von der eigenen Nobilitierung zum Sir weniger überrascht als von der feierlich gestimmten, fast magisch überglänzten Bewunderung des Publikums. Sein Selbstkommentar, der uns im vorigen Kapitel beschäftigte, bleibt ja auch entsprechend sachlich trocken: statt von «Palast» sprach er selber von «Tisch», statt von «Kristall» von «Tuch».

Wie immer, wenn magisch aufgeladene Wertzumessungen erfolgen, ist es vor allem wichtig, so klar wie möglich zu unterscheiden, wer was beigetragen hat. Das Erstellen der Ausstellungshalle war einerseits ein Entwurfsproblem, andererseits ein Problem der Arbeitsorganisation am Bau. Beide, Entwurf wie Arbeitsorganisation, standen unter erhöhtem Zeitdruck, weil ja, wie bereits erwähnt, Paxton als Retter in der Not berufen worden war und nur wenige Monate zur Verfügung hatte. Der

11 A. M. Vogt, *Das 19. Jahrhundert*, Belser Stilgeschichte, Bd. X, Stuttgart 1971.

12 Nikolaus Pevsner, «High Victorian Design», in: *op. cit.*, S. 39 und S. 41.

144 Joseph Paxton, Maschine für
Holzbearbeitung (John McKean,
Crystal Palace, London 1994, Abb. 17)

145 Joseph Paxton, Vorgefertigte
Teile zusammenfügen (McKean, op.
cit., Abb. 20)

Zeitdruck hatte zur Folge, dass einerseits nur noch ein Entwerfer mit fertigem
Konzept in Frage kam – Paxton war dieser Mann, denn sein Konzept war ausdrücklich und ausschliesslich das Treibhauskonzept. Anderseits war die Arbeitsorganisation am Bau ungemein wichtig, denn es ging um die Ausnützung jedes einzelnen Tages.

   Paxton ist keineswegs der «Erfinder» des Treibhauses,[13] aber er hat es, wie zu
zeigen sein wird, mit einigen entscheidenden Verbesserungen vervollkommnet.
Noch weniger ist Paxton der «Erfinder» der industriellen Arbeitsteilung am Bau.
Aber er war bereits fünfzehn Jahre vor der Weltausstellung, 1836, damit beschäftigt, die Dampfkraft zu nützen und eine Maschine zu entwickeln und zu installie-
ren, die Holz zu bearbeiten vermochte. Zwischen 1836 und 1838 gelang es ihm,
verbunden mit mancherlei Rückschlägen, diese Maschine zum Zuschneiden der
Holzrippen oder Holzrahmen (sash bars) für die Glaseinheiten des Treibhauses
zum vollen Funktionieren zu bringen. Für das Great Conservatory in Chatsworth
benötigte er insgesamt nicht weniger als vierzig Meilen solcher Holzrippen. Da er
sie nun mit der Maschine zuschneiden konnte, sparte er seinem Bauherrn, nach seiner eigenen Abrechnung, nicht weniger als £ 1200.- an Handwerkslohn ein.[14]

Paxton hat die technische Entwicklung damals mit grosser Aufmerksamkeit verfolgt und ständig auf ihre Anwendbarkeit auf seinem Spezialgebiet des Treibhausbaus überprüft. Wahrscheinlich war er in diesem engen Spezialgebiet der erste, der die Serienproduktion von Bauelementen erprobte und zu einem profitablen Ende zu führen mochte. Derartige Erfahrungen gaben ihm dann anderthalb Jahrzehnte später das Selbstvertrauen, beim Kampf um den Bauauftrag für 1851 öffentlich (in den *Illustrated London News* vom 6. Juli 1850) zu erklären, dass sein Glashallen-Entwurf nicht nur «light, airy, and suitable» wirken würde,[15] sondern in jeder Beziehung auch oekonomisch wäre. Diese Stelle lautet wie folgt: «The extreme simplicity of this structure in all its details will, Mr Paxton considers, make this a far more economical building than that proposed in the *Illustrated London News* of the 22nd of June. One great feature in its erection is, that not a vestige of stone, brick or mortar is necessary. All the roofing and upright sashes would be made by machinery, and fitted together and glazed with great rapidity, most of them being finished previous to being brought to the place, so that little else would be required on the spot than to fit the finished materials together. The whole of the structure is supported on cast-iron columns, and the extensive roof is sustained without the necessity of interior walls: hence the saving internally of interior division-walls for this purpose. If removed after the Exhibition, the materials might be sold far more advantageously than a structure filled with brick and mortar, and some of the materials would bring in full half of the original outlay.»

Er kündigt damit an, dass er die Maschine verwenden und überdies vorgefertigte Teile auf die Baustelle bringen werde, kurz: dass er die industrielle Arbeitsteilung sinngemäss auf diesen Grossbauplatz zu übertragen gedenke. Dies übrigens ganz im Sinne des Prinzen Albert, der ja der eigentliche Anreger der «Exhibition of the Industry of All Nations in 1851» war, und der 1850 in einer Rede «das grosse Prinzip der Teilung der Arbeit» nicht nur gelobt, sondern geradezu als «die bewegende Kraft der Zivilisation» bezeichnet hat.[16]

Die Zeitgenossen waren durchaus in der Lage, den Bau des Kristallpalastes von Etappe zu Etappe zu verfolgen, und zwar vor allem in den vorzüglichen grafischen Darstellungen der *Illustrated London News*. Dabei konnten sie beobachten, wie der Bauplatz im traditionellen Sinne sich unter der industriellen Arbeitsteilung verwandelte in so etwas wie einen Montageplatz. Abbildung 144 orientiert darüber, wie die Maschinen für Holzbearbeitung ausgesehen haben; Abbildung 145 gibt ein einprägsames Bild davon, wie die vorgefertigten Teile am Montageplatz zusammengefügt und gehisst werden, wobei – das scheint für einen Gärtner wie Paxton selbstverständlich – auf die bestehenden Bäume des Hyde Park voll Rücksicht

13 vgl. G. F. Chadwick, *op. cit.*, S 72ff.
14 Id., S. 77.
15 Id., S. 108.

16 Nikolaus Pevsner, «High Victorian Design», in: *op. cit.*, S. 42.

146 Joseph Paxton, 'Glazing wagon' zum Eindecken des Glasdachs (McKean, op. cit., Abb. 16)

genommen wird. Eine Gruppe dieser an Ort gewachsenen Bäume ist übrigens mit Bedacht in die Klimaglocke der Glashalle einbezogen worden, was ein heikles Geschäft der Abstimmung der Abmessungen zwischen Baumkrone und Glaswölbung voraussetzte. Wie bewusst sich Paxton selber als Klimaingenieur verstand, belegt übrigens ein weiterer Passus aus der bereits zitierten Publikation der *Illustrated London News*. Zu dem, was wir heute Vorstufe zum Air-conditioning nennen würden, bemerkt er: «Complete ventilation has been provided by filling in every third upright compartment with luffer boarding, which would be made to be open and shut by machinery: the whole of the basement will be filled in after the same manner. The current of air may be modified by the use of coarse open canvas, which by being kept wet in hot weather, would render the interior of the building much cooler than the external atmosphere.» Selbstverständlich sind nicht alle Neuerungen durch industrielle Arbeitsteilung am Bau respektive Überführung des Massivbaus in einen teilweise maschinell vorgefertigten Montagebau die persönliche Erfindung Paxtons gewesen. Das Building Committee war aktiv mitbeteiligt. Wie weit Persönlichkeiten wie Henry Cole, die beiden Generalunternehmer (Contractors) Fox und Henderson sowie der Glasfabrikant R. L. Chance technische und arbeitsorganisatorische Vorschläge einbrachten, kann hier nicht erörtert und muss den Paxton-Spezialisten überlassen werden.[17]

Eine der originellsten arbeitsorganisatorischen Neuerungen, der Glazing wagon zum Eindecken des Glasdaches, scheint indessen Paxtons eigener Vorstellungskraft entsprungen zu sein. In der Publikation in der *Illustrated London News* stand ja das bereits zitierte Versprechen «All the roofing [...] would be made by machinery, and filled together and glazed with great rapidity». Paxton hätte dies schwerlich so selbstsicher angekündigt, wenn er nicht schon eine neue Eindeckungsart ersonnen, vielleicht auch bereits erprobt gehabt hätte. Der Glazing wagon ist ein rollender Tisch, auf dem vier Arbeiter in luftiger Höhe Platz finden, überwölbt von einem Gerüst zum Schutz vor Regen. Zwei von ihnen fügen die Glasplatten ein, die anderen bedienen sie und bewegen das Gefährt. Eine bestechend einfache Erfindung. Sie besteht darin, dass die parallelen Dachbalken

147 Kevin Roche,
Ford Foundation
Gebäude, New York
(Global Architecture
4/1981, S. 22)

gewissermassen als Eisenbahnschienen gelesen werden. Derartige Kombinatorik zweier Lesarten scheint durchaus zu den Gaben Paxtons gehört zu haben.

Die Einführung der Maschine ins Bauwesen, die an Paxtons Glashalle geradezu exemplarisch demonstriert worden ist, brachte auch den Bauarbeiter in Berührung mit dem Problem der Arbeitsteilung. Die neue Arbeitsmethode lässt ihn keine vollen Arbeitsprozesse mehr vollziehen. Er bedient entweder die Maschine oder er montiert die vorgefertigten Teile, wobei er bei beiden Verrichtungen bestimmte Handgriffe endlos wiederholt.

17 G. F. Chadwick, *op. cit.*, S. 109ff.

Selbstverständlich steckt in dieser Reduktion vom vollen Arbeitsprozess auf den Teilgriff eine gravierende Problematik – nämlich das, was Karl Marx als «industrielle Pathologie» bezeichnet hat.[18] Es ist nicht anzunehmen, dass Paxton und seine Mitarbeiter über diese Veränderung der Arbeitswürde sich allzu viele Gedanken gemacht haben. Sie leiteten das viel beachtete Unternehmen ohne Zweifel in der Stimmung naiver Affirmation, das heisst, sie waren sich vermutlich fast nur der Vorteile ihrer neuen Arbeitsorganisation bewusst, nahmen sich schwerlich die Zeit, über allfällige Nachteile und Gefahren nachzudenken. Zu ihren Gunsten muss allerdings angemerkt werden, dass der «Stumpfsinn» und die «Verkrüppelung» des Teilarbeiters, wie sie Marx so drastisch beschrieben hat, damals schon (und übrigens heute noch) den Fabrikarbeiter ungleich schwerer betroffen haben als den Bauarbeiter.

Marx erlebte diese hektischen Jahre der Ausstellungs- und Industriebegeisterung seinerseits auch in London, arbeitete zumeist in der Bibliothek des British Museum an der Vorbereitung seines Hauptwerks. Unter seinen kritischen Stellen zur Arbeitsteilung gibt es eine, die das «Treibhausmässige» hervorhebt – vielleicht ein Echo auf den Treibhauskult, der durch Paxton so nachhaltig gefördert wurde: «Sie [die Manufaktur] verkrüppelt den Arbeiter in eine Abnormität, indem sie sein Detailgeschick treibhausmässig fördert durch Unterdrückung einer Welt von produktiven Trieben und Anlagen.»[19]

Bis hierher hat sich gezeigt, dass Paxton in seinem Ausstellungsbau an der neuartigen Arbeitsorganisation zwar persönlich beteiligt ist, dabei aber doch – mit andern zusammen – lediglich eine Übertragung vornimmt aus anderen Industriebereichen. Seine unverwechselbar persönliche Leistung liegt anderswo, im Entwurf, in der Konzeption der verfeinert funktionsgetrennten Gebäudekonstruktion. Dass diese aus der jahrzehntelangen Arbeit am Treibhaus hervorging, braucht nicht mehr betont zu werden.

Aus dem historischen Zusammenhang her gesehen, liegt Paxtons persönliche Leistung in zwei Initiativen. Erstens war er schöpferisch mitbeteiligt – aber erst in der letzten Phase – an der Überführung der «Artificial Mother», der «Mère artificielle», das heisst des Brutkastens in das eigentliche Treibhaus. Zweitens machte er den Vorschlag, das Treibhaus als Grossform auszugestalten, in dem nun nicht nur exotische Pflanzen, sondern auch industrielles Ausstellungsgut exponiert werden konnten und das überdies grosse Besuchermassen aufzunehmen vermochte.

In dieser Entwicklungskette sind die Brutkästen für Kleintiere, wie sie Réaumur 1747 erstmals der Pariser Académie präsentiert hat, das Anfangsglied.[20] Im zweiten Glied wird dann die kleine Klimaglocke ausgeweitet und mit der traditionellen «Orangerie» verschwistert, zur «Serre», zum «Hothouse» aus Glas, das Pflanzen, sogar Bäume beherbergen kann. Im dritten Glied dieser Entwicklung beherbergt Paxton in der Glasglocke neben Pflanzen auch Maschinen und beliebiges Ausstellungsgut zusammen mit Menschenmassen. Im vierten Glied im 20. Jahrhundert schliesslich werden dann Hochhäuser als luftkonditionierte, klimageregelte Glasgebirge geschaffen – Chicago, Manhattan –, die mitunter ihre Herkunft und Ableitung aus dem Treibhaus noch spürbar werden lassen. Ein einprägsames Beispiel hierfür ist Kevin Roches Gebäude der Ford Foundation in New York (1967), ein Quader aus Beton und Glas, der ungefähr zu einem Drittel als Treibhausgarten mit mächtig emporragenden Bäumen ausgebildet ist.

Diese Verknüpfung zwischen Brutkasten, Treibhaus und heutigem klimakonditioniertem Glashaus der Grossstadt soll es erleichtern, Paxtons Beitrag im Zusammenhang zu erkennen.

Von den Entwicklungsschritten, die er selber zurückzulegen hatte, um das klassische gläserne Treibhaus reif zu machen zur Konversion in andere Aufgabenbereiche, oder besser: zur Aufnahme zusätzlicher Funktionen, sei hier nur ein einziger Schritt erörtert, die Entwicklung des so genannten «Ridge-and-Furrow-Roofs». Dieses «Ackerfurchendach», kurz auch «Paxton-Roof» genannt, besteht aus einer Wechselfolge von schräggeneigten Glasebenen, die er bereits 1830–1831 entworfen hat. Diese geböschte Anordnung der druckempfindlichen Glasscheiben ergibt einen besseren statischen Kräftehaushalt und sie vermindert zudem die Druckbelastung durch Regen und Schnee. Vor allem aber reguliert sie die Sonneneinstrahlung, denn sie vermittelt den beherbergten Pflanzen weniger vom allzu heissen Mittagslicht, dafür um so mehr vom Morgen- und Abendlicht.[21] Der Hinweis darauf, dass diese Form des Glasdachs schon mehr als ein Dutzend Jahre früher, 1817, vom englischen Gartenarchitekten Loudon entworfen (aber nicht ausgeführt) worden ist,[22] verdeutlicht nur, was wir früher schon angemerkt haben: Paxton war nicht in erster Linie ein Urheber völlig neuer Konzeptionen, dafür aber um so entschiedener ein hartnäckiger Vervollkommner bereits bestehender Ansätze. In dieser Hartnäckigkeit verliess er sich allerdings keineswegs nur auf gute Einfälle, sondern er war ein vorzüglicher Beobachter der Pflanzen selbst, von denen er sich den Weg weisen liess, wie nun noch gezeigt werden soll.

Die spektakuläre Bewährung des «Ackerfurchendachs» stellte sich erst ein, als Paxton sich 1849 mit der Victoria regia zu befassen begann. Diese besonders lichtbedürftige exotische Majestät aus der Familie der Nympheaceen war zwar bekannt seit 1801, aber noch 1846 hatte man in den Kew Gardens kein Exemplar zum Prosperieren zu bringen vermocht. Durch die regulierte Belichtung des «Ackerfurchendachs» und durch genau überwachte Luftbefeuchtung vermochte nun Paxton, bis Oktober 1849 ein Exemplar von ursprünglich 4 Inches Blatt-

18 Karl Marx, «Das Kapital I», in: *Gesamtausgabe*, Berlin (Ost) 1972, Band 23, S. 384.
19 Id., S. 381.
20 Sigfried Giedion, *Mechanization takes command*, 1. Aufl. 1948, New York 1969, S. 248ff.

21 G. F. Chadwick, *op. cit.*, S. 74.
22 Ibid.

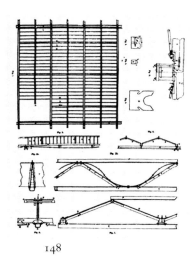

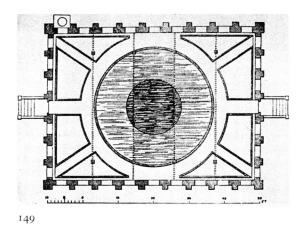

148

149

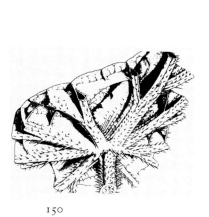

150

151

148 Joseph Paxton, 'Ridge-and-furrow-Roof', genannt 'Paxton-Roof' (Gottfried Semper und die Mitte des 19. Jahrhunderts, op. cit., S. 178)

149 Joseph Paxton, 'Victoria regia lily house', Chatsworth, Grundriss (Gottfried Semper und die Mitte des 19. Jahrhunderts, op. cit, S. 179)

150 «Victoria regia», Unterseite des Blattes (McKean, op. cit., Abb. 14)

151 Joseph Paxtons Tochter Anne auf dem Blatt einer 'Victoria regia' (McKean, op. cit., Abb. 13)

durchmesser auf 4 Fuss anwachsen zu lassen, und im November erreichte er sogar das erste Entfalten der Blüte. Diese Leistung wurde bei Hofe vermerkt, Königin Victoria geruhte, in Windsor ein Blatt und eine Blüte der Victoria regia aus den Händen Paxtons entgegenzunehmen.

Dieser Erfolg zog es nach sich, dass er sogleich ein «Victoria regia lily house» für Chatsworth erstellen konnte, wobei er sich, wie er selber bezeugt, bei der Ausgestaltung des Dachsystems *vom Bau der Pflanze selbst* inspirieren liess.[23] An einem Vortrag vor der Royal Society of Arts im November 1850 erklärte er, er habe sich bei der Glasbedeckung des neuen Lilien-Hauses in Chatsworth leiten lassen durch das «Struktursystem» der Pflanze selbst, die zu beherbergen war.[24] Er wies darauf hin, dass die Unterseite des Blattes der Victoria regia gestützt sei «von einer Serie von Querhäuten (webs)», die ausgebildet seien «wie kleine Aussteifungen (cantilevers)», die das Blatt selber «nur in regelmässigen Abständen (intermittently)» berühren. Er kam zum Schluss, dass gerade diese intermittierenden Verbindungen des Schwimmblattes mit der Stützstruktur (die in der Zeichnung am oberen Bildrand klar erkannt werden kann) die Riesenlilie besonders belastungsfähig mache – und überprüfte das auf seine Art. Er stellte nämlich seine siebenjährige Tochter Anne auf eines der Blätter und vollzog damit einen jedermann einleuchtenden Belastungstest.

Vergleicht man nun die Unterseite des Lilienblattes mit der Dachgestaltung des Lilienhauses, das im Frühling 1850 fertiggestellt war, und dieses wiederum mit der Dachgestaltung des Kristallpalastes 1850–1851, so wird deutlich, dass Paxton sein Bauprinzip tatsächlich aus dem Vorbild des Pflanzenbaus abgeleitet hat. Die horizontalen röhrenförmigen Unterzüge der beiden Dächer berühren die geböschten Glasebenen genau so punkthaft intermittierend, wie die 'Unterzüge' des Lilienblattes dieses selbst berühren. Die nämliche Art von Anregung durch Pflanzenbeobachtung zeigt sich auch im halbkreisförmigen Abschluss der Glasfronten am Kristallpalast. Ihre radialen Rippen sind ausgebildet wie die rohrförmigen Rippen auf der Unterseite des Lilienblattes.

Der Ruhm des Kristallpalastes hat seine eigentliche Wurzel somit in einer ebenso unbefangenen wie intelligenten Pflanzenbeobachtung. Die klare dreifache *Funktionentrennung* des Lilienblattes:
- Schirm der Hohlrohre als Tragskelett,
- 'Unterzüge' mit intermittierender 'Verschweissung' als sekundäre, elastische Auffangstützung,
- flaches eigentliches Schwimmblatt,

konnten den Beobachter Paxton nur ermuntern und bestätigen in seiner Tendenz, Glasbau bis in die letzte Verfeinerung hinein mit dem Prinzip der Funktionentren-

---

23 G. F. Chadwick, *op. cit.*, S. 101 und Bildlegende   24 Id., S. 101.
S. 37 unten.

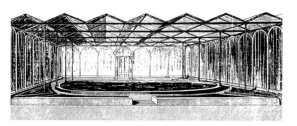 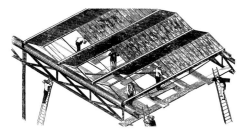

152 Joseph Paxton, 'Victoria regia lily house', Chatsworth, Schnitt, Dachgestaltung (McKean, op. cit., Abb. 15)

153 Joseph Paxton, Kristallpalast, Dachgestaltung, London, 1851 (Patrick Beaver, The Crystal Palace, London 1970, S. 27)

nung zu betreiben. Er lernte von dem, was er zu beherbergen, zur Blüte zu bringen vorhatte. Hätte man ihn deshalb, im Sinne Sempers, nach seinen «Elementen der Baukunst» gefragt, hätte er lediglich auf den Bau des Lilienblattes verwiesen. Seine Theorie, die er mit bewunderungswürdiger Folgerichtigkeit in die Praxis umzusetzen vermochte, besteht aus einem einzigen Satz: *Bauen, wie die Pflanze baut.*

3. Semper: Geschichte der funktionellen Entfaltung der Hand

Sempers Kerngedanke der *Vier Elemente der Baukunst* (1851) besteht, wie sich im 1. Kapitel gezeigt hat, einerseits aus einer bestimmten Lesart der Urhütte (1. Herd, 2. Erdaufwurf, 3. Dach, 4. Umfriedigung oder Wand), anderseits aber auch in der Verkoppelung dieser vier Haus-Elemente mit vier fundamentalen «technischen Geschicklichkeiten» des Menschen (1. keramische Künste, das heisst Formen in Ton, 2. Wasser- und Maurerarbeiten, 3. Holzarbeiten, 4. «Kunst der Mattenflechter und Teppichwirker»).

Diese zwar zunächst «vielleicht befremdliche» viergliedrige Kette aus Zuordnungen (Hauselement und entsprechende Bearbeitungstechnik eines bestimmten Materials) war nicht nur der Kerngedanke einer architekturtheoretischen Abhandlung, sondern geradezu der Kerngedanke eines Lebens, der sich selbst nach krisenhaften Erfahrungen nur mühsam abbauen oder einschränken liess.

Semper hat diese viergliedrige Zuordnung vermutlich selber als die Hauptidee seiner Theoretikerexistenz empfunden, und es war ihm auch bewusst, dass diese sich im Laufe der Jahre – vor allem unter dem Eindruck der Londoner Grossen Ausstellung 1851 – verändert hat. Bevor wir hier den Veränderungen nachgehen, soll kurz ein Blick auf Herkunft oder Herleitung des Kerngedankens geworfen werden.

Er ist tatsächlich verknüpft mit oder sogar hervorgegangen aus der Polychromie-These (*Vorläufige Bemerkungen über bemalte Architectur und Plastik bei den Alten*, 1834).[25] In dieser Studie hatte Semper, wie andere vor und neben ihm, gegen eine ausschliesslich «weisse» Antike im Sinne von Winckelmann gekämpft und Belege für die Vielfarbigkeit zusammengetragen. Zwischen der These einer farbigen Antike und der Behauptung, das ursprüngliche Haus habe Wände aus Teppichen gehabt, besteht nun der einfache Zusammenhang, dass der Teppich ein Farbträger erster Ordnung ist, ja, in Sempers Augen geradezu der primäre Farbträger überhaupt. Heinz Quitzsch beschreibt den Zusammenhang wie folgt: «Die Wurzeln für die Betonung der textilen Kunst sind tief in Sempers Gesamtanschauung zu finden. Sie ergeben sich [...] aus seinen frühen Untersuchungen über die Polychromie, aus deren technisch-formeller Begründung und aus der theoretischen Ableitung dieser Erscheinung aus den antiken Bauwerken. Auf den engen Zusammenhang zwischen diesen Gedanken hat Ettlinger in seiner Dissertation in überzeugender Weise hingewiesen.»[26]

Was nun die viergliedrige Zuordnung betrifft: sie wird in den neun respektive zwölf Jahren vom Erscheinen der 'Vier Elemente' (1851) bis zum Erscheinen des 'Stil' (I. Bd. 1860, II. Bd. 1863) nicht nur in der Reihenfolge auf den Kopf gestellt, sondern auch noch in den vier einzelnen Gliedern je umgekehrt. Von den 'Vier Elementen' ausgehend, müsste man nämlich erwarten, dass im 'Stil' folgende Dispositionen eingehalten würden:

1. Der Herd und die zugehörigen keramischen Künste,
2. Der Erdaufwurf / Wasser- und Maurerarbeiten,
3. Das Dach / Holzarbeiten,
4. Die Wand / Textilkunst.

Die wirkliche Disposition der zwei Bände des 'Stil' ist aber erstens umgestellt in der Reihenfolge, zweitens auf die Hälfte reduziert, denn es werden in den Titeln nur noch die Techniken erwähnt, die Hauselemente aber nicht mehr. Sie lautet wie folgt:

1. Textile Kunst: rund 480 Seiten
2. Keramik (Töpferkunst): rund 200 Seiten
3. Tektonik (Zimmerei): rund 135 Seiten
4. Stereotomie (Steinkonstruktion): rund 120 Seiten

Ausserdem wird auch noch ein weiteres Kapitel zugefügt, das in der viergliedrigen Zuordnung überhaupt noch nicht als Motiv auftaucht:

5. Metallotechnik (Metallarbeiten): rund 100 Seiten.[27]

25 Gottfried Semper, *Vorläufige Bemerkungen über bemalte Architectur und Plastik bei den Alten*, Altona: bei Johann Friedrich Hammerich 1834.
26 Heinz Quitzsch, *Die ästhetischen Anschauungen Gottfried Sempers*, Berlin (Ost) 1962, S. 66.

27 vgl. Inhaltsangabe für beide Bände von: G. Semper, *Der Stil in den technischen und tektonischen Künsten, oder Praktische Aesthetik. Ein Handbuch für Techniker, Künstler und Kunstfreunde*, Frankfurt am Main: Verlag für Kunst und Wissenschaft 1860–1863, am Anfang von Band II.

Das ursprünglich Letzte (Wand/Textilkunst) ist also im Laufe von einem Dutzend Jahren zum Ersten geworden. Ausserdem fällt uns auf, dass das Hauptwerk *Der Stil* ausgesprochen kopflastig angelegt ist, denn die «Textile Kunst» nimmt mit 480 Seiten den ganzen I. Band ein, ist viermal so breit behandelt wie die Steinkonstruktion, fast fünfmal so breit wie die Metallokunst. Beinahe möchte man meinen, der Architekt Semper hätte sich zum Theoretiker der Schneidermeister und Teppichwirker durchgemausert.

Der Umbau oder die Umkehrung der vier Zuordnungen in der Zeit zwischen 1851 und 1860–1863 lässt sich näher beobachten in zwei Publikationen von 1852 und 1853, die sich beide auf den Kerngedanken wiederum beziehen. In *Wissenschaft, Industrie und Kunst* (1852) vergleicht er die Kategorien, die für die Grosse Ausstellung von den Head Juries als Einteilungsprinzip verwendet wurden (1. Rohe Materialien, 2. Maschinerie, 3. Manufaktur, 4. Schöne Künste) mit seinen eigenen Einteilungsgedanken. Er sagt: «Der gefasst Plan [d. h. der Korrekturvorschlag von Semper selbst] war ein architektonischer, basiert auf den Elementen der häuslichen Niederlassung: Herd, Wand, Terrasse, Dach [...]. Doch der meditierte kritische Feldzug unterblieb, zum Teil wegen äusserer Verhinderungen, aber auch wegen inzwischen eingetretener Zweifel».[28] Die Reihenfolge der 'Vier Elemente' hat sich hier unvermerkt verändert: Die Wand ist von der letzten auf die zweite Stelle vorgerückt – doch es bestehen überdies «Zweifel», die offensichtlich die Tauglichkeit des Kerngedankens selber betreffen.

Ein Jahr später, 1853, hält Semper dann in London einen Vortrag über den «Entwurf eines Systemes der vergleichenden Stillehre».[29] Die viergliedrige Zuordnung wird hier – erstmals, so weit ich sehe – in zwei Reihen gespalten, wobei die Übereinstimmung der Reihenfolge gegenseitig nicht mehr gewahrt wird. Er unterscheidet jetzt «Klasse» von «Element», wobei die Klasse die «technische Geschicklichkeit» bezeichnet, das Element «einen der Teile der häuslichen Niederlassung».

Klassen[30]	*Elemente*[31]
I. Bekleidung	1. der Feuerplatz als Mittelpunkt
II. keramische Kunst	2. das schützende Dach
III. Holzkonstruktion	3. die Umzäunung
IV. Steinkonstruktion	4. die Substruktion

Wie gesagt: Semper achtet jetzt nicht mehr auf die Entsprechung. Denn es würden doch, nach dem ursprünglichen Konzept, I und 3 zusammengehören, so auch II und 1, III und 2. Einzig IV und 4 erscheinen in gleicher Position. Sempers Gedanke ist durcheinander geraten, Risslinien laufen durch sein Konzept. Was sagt er selbst zu dieser neuen Lage? Tatsächlich ist sie ihm bewusst, denn er sagt im selben Vortrag, dass er mit den *Vier Elementen der Baukunst* sich bemüht habe, «einiges Material für einen zukünftigen Cuvier der Kunstwissenschaft zu sammeln».

Fügt jedoch hinzu: «Seitdem aber haben sich meine Verhältnisse geändert und mit ihnen der Standpunkt, von welchem aus ich dieselbe Frage jetzt betrachte.» Sein früherer Standpunkt hatte, wie er jetzt erkennt, den Mangel, dass er «den Beziehungen zwischen der Architektur und den übrigen Zweigen der praktischen Kunst zu wenig Aufmerksamkeit» schenkte.[32] Sein neuer Standpunkt: «[...] dass die Geschichte der Architektur mit der Geschichte der Kunstindustrie beginnt und dass die Schönheits- und Stilgesetze der Architektur ihr Urbild in demjenigen der Kunstindustrie haben.»[33]

Es gibt also immer noch ein Urbild – wenn auch nicht mehr so eindeutig ein Urhaus und dieses Urbild ist zu finden in der «Kunstindustrie». Nun muss man sich vergegenwärtigen, dass das Wort 'Industrie' im 19. Jahrhundert ein anderes Bedeutungsfeld hat als heute, es lag nahe bei Bezeichnungen wie 'Gewerbefleiss' und 'technisches Geschick'. Die 'Veränderung' Sempers um 1851–1853 scheint also darin zu liegen, dass er dem Mythos des Urhauses selber nicht mehr ganz über den Weg traut, hingegen das Urbild allen Bildens und Bauens in der «Kunstindustrie» erkennen kann, das heisst in den ursprünglichen Verrichtungen des Gewerbefleisses – oder einfacher gesagt: in den ursprünglichen Verrichtungen der Menschenhand.

Genau das bestätigt sich im Hauptwerk *Der Stil*. Im § 4, «Weshalb die textilen Künste vorauszuschicken sind», sagt er, dass «der textilen Kunst der unbedingte Vorrang» gebühre, «weil sie sich dadurch gleichsam als Urkunst zu erkennen gibt, dass alle andern Künste, die Keramik nicht ausgenommen, ihre Typen und Symbole aus der textilen Kunst entlehnten».[34] Bekanntlich beschreibt er nun diese «Urkunst» mit grosser Sorgfalt und Ausführlichkeit im I. Band, indem er nacheinander Die Reihung – Das Band – Die Decke – Die Naht erörtert, dann die Rohstoffe beschreibt, dann die Bearbeitungsweisen diskutiert: Bänder und Fäden – Knoten – Masche – Geflecht – Gewebe – Stickerei Färberei.

Der Gesamtplan des 'Stil' beruht aber nicht nur darauf, dass die textile Kunst mit ihren geflochtenen und gewobenen Mustern Grundformen der elementaren Ornamentik geschaffen hat. Im § 3 unterscheidet er «vier Kategorien der Rohstoffe» – und sie machen die eigentliche Disposition des Hauptwerkes aus. Diese Kategorien sind «1) biegsam [...], 2) weich [...], 3) von [...] relativer Festigkeit, 4) fest [...] von rückwirkender Festigkeit». Dementsprechend sind «die vier Hauptbetäti-

28 G. Semper, *Wissenschaft, Industrie und Kunst: und andere Schriften über Architektur, Kunsthandwerk und Kunstunterricht*, Wiederabdruck Mainz/Berlin: Kupferberg 1966, S. 29, 30.
29 Abgedruckt in: G. Semper, *Kleine Schriften*, Manfred und Hans Semper (Hg.), Berlin 1884, S. 259–291.
30 Id., verkürzt bezeichnet nach der Beschreibung S. 283–284.
31 Wörtlich zitiert nach G. Semper, *Kleine Schriften*, Manfed und Hans Semper (Hg.), Berlin 1884, S. 285.
32 Id., S. 263.
33 Ibid.
34 G. Semper, *Der Stil, op. cit.*, Bd. I, 1878, S. 12.

gungen des Kunstfleisses [...] 1) textile Kunst, 2) keramische Kunst, 3) Tektonik (Zimmerei), 4) Stereotomie (Maurerei etc.)».[35]

Er verfolgt also im 'Stil' *die Entfaltung der menschlichen Hand von der Bearbeitung des Biegsamen und Weichen bis zur Bearbeitung des Festen und Harten*, und zwar im Sinne eines *Evolutionsprozesses* des «technischen Geschicks». Er schreibt damit eine Entwicklungsgeschichte der menschlichen Hand, selbstverständlich nicht im anatomischen Sinne, dafür aber im *funktionellen* Sinne, das heisst er erörtert nacheinander die Funktionen, welche die Hand im Bearbeiten immer härterer Materialwiderstände im Laufe der Geschichte zu entwickeln und zu übernehmen vermag.

Will man sich die Veränderung von Sempers Zielsetzung vor und nach 1851–1853 schematisch vergegenwärtigen, so ergeben sich folgende Skizzen:

Das Konzept A mit den «Vier Elementen» bestand darin, dass der Herd, die Feuerstelle das «moralische Element» ausmachte, während die andern drei (Dach, Wand, Erdaufwurf) «gleichsam die schützenden Negationen, die Abwehrer der dem Feuer des Herdes feindlichen drei Naturelemente» waren.[36] Mit andern Worten: Der Architekt beschützt mit seinem Bau das Feuer, indem er Wasser, Erde und Luft 'abwehrt'.

Das Konzept B, das um 1851–1853 in London entstanden sein muss und dann im 'Stil' bis 1860–1863 verwirklicht wurde, beschreibt hingegen den Evolutionsprozess der menschlichen Hand in der Bearbeitung immer härterer Materialien.

Diese einschneidende Wandlung in Sempers Konzept wird nun aber umfasst von einem grösseren Rahmen, der sich nicht wandelt, sondern gleich bleibt. Darüber gibt er wiederum im selben Londoner Vortrag klare Auskunft. «Als ich in Paris studierte, war mein gewöhnlicher Spaziergang in den jardin des plantes, und dort fühlte ich mich stets aus dem sonnigen Garten wie durch magische Gewalt in jene Räume gezogen, in denen die fossilen Überreste des Tierreiches der Vorwelt in langen Reihen [...] aufgestellt sind. In dieser herrlichen Sammlung, dem Werke des Baron Cuvier, findet man die Typen für alle noch so komplizierten Formen des Tierreiches [...].»[37] Diese «herrliche Sammlung» von Cuvier war es nun, die ihm – offenbar ein für allemal – den Rahmen seines theoretischen Wirkens vorgab. Sie löste die Frage aus: «Sollten wir bei Betrachtung [...] der Natur [...] nicht durch *Analogie* schliessen dürfen, dass es sich mit den Schöpfungen unserer *Hände*, mit den Werken der Kunst ungefähr ebenso verhalten möge?»[38] Er fasst also bereits in seinen Pariser Studienjahren den Plan, einen 'Cuvier der Kunstwissenschaft' zu schreiben, wobei er eine «Methode, ähnlich derjenigen, welche Baron Cuvier befolgte, auf die Kunst und speciell auf die Architectur» anwenden oder übertragen möchte.[39]

Aus diesen Zitaten dürfte hinreichend klar werden, dass Semper nicht nur ein ähnliches, sondern dasselbe Bezugsfeld wählt für seine Architekturprobleme wie

Paxton: bei beiden ist es der jardin des plantes. Nur haben sie auf dieses Bezugsfeld ganz verschieden reagiert, haben andere Folgerungen gezogen und sich andere Ziele gesetzt: Paxton vollzog empirische Beobachtungen und wandte sie praktisch an, im Sinne einer Übersetzung oder Umsetzung; Semper verhielt sich dagegen als Systematiker und begann eine theoretische Klassifikation oder Gesamtordnung aufzubauen.

Die Faszination des Studenten Semper in Paris für den jardin des plantes und für Cuviers Sammlung impliziert bereits drei Vorentscheide, die, so weit ich sehe, durch sein ganzes Leben verbindlich bleiben: Erstens anerkannte er mit seiner Bewunderung für Cuvier die naturwissenschaftliche Forschung seiner Zeit als Vorbild; zweitens traute er sich zu, eine Methode für die Klassifizierung der Kunst zu entwickeln, die in Analogie zur Methode der Naturwissenschaften stehen sollte; drittens war ihm bereits klar, dass es bei dieser Klassifizierung um «ursprüngliche Formen und Typen» gehen musste, also um eine Typenlehre.

Diese Typenlehre hat er zuerst mit den ʻVier Elementenʼ zu erreichen versucht. Die Emigration nach London und das gründliche Studium der Grossen Ausstellung 1851 müssen in ihm dann nicht nur ʻZweifelʼ, sondern den Entschluss zu so etwas wie teilweiser *Entmythologisierung* ausgelöst haben. Völlig hat er sich allerdings nie abgelöst von seinem Lieblings- und Jugendgedanken des Architekten als Errichter des Herdes und Beschützer des Feuers. Die ʻVier Elementeʼ tauchen auch später, nach 1851–1853, wieder auf in seinen Schriften, werden nie ganz verabschiedet – aber sie sind nun nicht mehr Prinzip der Klassifikation. Offenbar hat er das mythisch Aufgeladene seiner ʻVier Elementeʼ des Urhauses nun selbst erkannt, sich aus dieser Krise heraus nach einfacheren, pragmatischen Kategorien umgesehen und sich bereits 1853 für ʻKlassenʼ entschieden, das heisst für Härteklassen des Materials, vom Weichen bis zum Harten.

Er fragt sich im selben Vortrag von 1853 auch gleich, ob eine taugliche Typenlehre für die Architektur bereits geschaffen worden sei. Dabei erscheint ihm einzig Durand als erwähnenswert. «Der Franzose Durand ist in seinen Parallèles und anderen Werken über Architektur der Sache vielleicht am nächsten gekommen. Allein auch er verlor sein Ziel aus den Augen [...].»[40]

Wie er selbst das Ziel – in diesem zweiten Anlauf – nun ins Auge fassen will, veranschaulicht er anschliessend im Vergleich zweier Wasserkrüge, dem ägyptischen Nileimer (Situla) und der griechischen Hydria. Er vergleicht sie im Hinblick darauf, wie sie «den selben Zweck», nämlich «fliessendes Wasser aufzufangen», erfüllen.[41] Das heisst, er zieht einen Vergleich der *Funktionstüchtigkeit* oder *Funk-*

35 Id., Bd. I, S. 8, 9.
36 G. Semper, *Die vier Elemente der Baukunst, op. cit.*, S. 55.
37 G. Semper, *Kleine Schriften, op. cit.*, S. 260.
38 Id., S. 261, [Hervorhebungen durch A. M. V.].
39 Id., S. 263 und 261.
40 Id., S. 262.
41 Id., S. 264.

tionserfüllung. Wenige Seiten später versucht er sogar, die Rolle der Funktion in der Kunstindustrie mit einer mathematischen Formel zu fassen.[42] – Womit einigermassen deutlich werden dürfte, wie sehr seine Methode sich seit den Dresdener Jahren gewandelt hat.

Diese Veränderungen haben ihn tatsächlich befähigt, näher an das Ziel heranzukommen, eine Analogie zur Methode Cuviers zu erreichen. Georges Cuvier (1768–1833), dessen Werk 'Das Tierreich, geordnet nach seiner Organisation' schon 1831 in einer deutschen Übersetzung durch F. S. Voigt vorlag, hat ein System der vier Typen aufgestellt: Wirbeltiere – Weichtiere – Articulaten – radiäre Tiere.[43]

Man ist versucht zu vermuten, dass diese vier Typen Cuviers Semper dazu führten, seinerseits zunächst auch «Vier Elemente der Baukunst» zu unterscheiden. Selbst dann, als er die vier Elemente als bestimmendes Prinzip hinter sich lässt und vier (Material-)Klassen unterscheidet, fällt es ihm auffällig schwer, über die Zahl vier hinauszugehen und als fünfte Klasse die Metalle gelten zu lassen.[44] Überdies stellt sich die andere Vermutung ein, dass Semper auch in seinem Fortgang vom Weichen zum Harten durch Cuvier angeregt worden sei, denn Cuvier folgt ja, umgekehrt vorgehend, einer absteigenden Klassierung von hart zu weich, von den Wirbeltieren über die Weichtiere zu den Articulaten und Zoophyten.

Schliesslich meldet sich eine dritte Vermutung: Cuviers Beschreibung der menschlichen Hand, wie er sie im Kapitel über die *Bimana*, die Zweihänder (Thierreich, I. Bd.) vorlegt, könnte Semper sehr wohl nachhaltig beeindruckt haben, vielleicht sogar in dem Sinne, dass sie ihn ermutigt hat, eine Geschichte der funktionellen Fähigkeiten der Hand ins Auge zu fassen. In der Übersetzung von F. S. Voigt heisst diese Stelle: «Der Mensch soll sich daher bloss auf seinen zwei Füssen halten. Er bewahrt die ganze Freiheit seiner Hände für die Künste, und seine Sinneswerkzeuge sind für die Beobachtung an der günstigsten Stelle angebracht. Diese Hände, welche schon so grossen Vorteil von ihrer Freiheit ziehen, verdanken diesen auch nicht weniger ihrem Bau. Ihr Daumen, nach Verhältnis länger als bei den Affen, gibt dem Greifen der kleinsten Gegenstände mehr Leichtigkeit. Alle Finger, ausser dem Ringfinger, haben eine freie Bewegung für sich, was bei den anderen Thieren, selbst den Affen, nicht so der Fall ist. Da die Nägel nur die eine Seite des Fingerendes bedecken, so geben sie auch für das Tasten einen Stützpunkt ab, ohne im mindesten der Feinheit desselben hinderlich zu sein. Die Arme, welche diese Hände tragen, besitzen durch ihr breites Schulterblatt und ihr starkes Schlüsselbein eine solide Anheftung.»[45]

Sempers Versuch, eine Analogie zur naturwissenschaftlichen Typenlehre für die Künste zu erstellen, erweist sich als ein äusserst hartnäckig durchgeführter, über zwei Stufen gleitender Versuch. Er gelangte durch ihn, im Gegensatz zu Paxton, keineswegs direkt in die Praxis, sondern auf einen der grössten Umwege, die in der Theorie des 19. Jahrhunderts eingeschlagen worden sind. Doch dieser

Umweg liess ihn eine einzigartige Geschichte der funktionellen Entfaltung der menschlichen Hand zusammentragen und sinnvoll nach evolutionistischem Schema ordnen – ein Unternehmen, das auch dann seinen theoretischen Wert und Rang behalten hätte, wenn Semper nicht mehr zu weiterer Baupraxis gelangt wäre.

4. Theorie und Praxis

Der jardin des plantes war, wie gesagt, die Faszination und die Lehrstätte für Semper wie für Paxton. Der Engländer reagiert rein pragmatisch. Der Deutsche bildet eine Theorie, die zunächst mit Elementen, dann mit Materialklassen (Härteklassen) eine Analogie herzustellen sucht zur funktionalistischen Betrachtungsweise der Naturwissenschaftler. Der Engländer hat die Begabung zur intensiven und zugleich einfachen, spontanen Beobachtung. Der Deutsche kann nur beobachten und schliessen, wenn er sich auf den Rahmen eines Gesamtsystems beziehen kann. Für Paxtons Arbeitsweise war es uns deshalb leicht möglich, eine Art Formel für sein Verhalten zwischen Theorie und Praxis aufzustellen. Wir haben im 2. Kapitel als Kennzeichnung seines Entwurfsprozesses vorgeschlagen: *Bauen, wie die Pflanze baut*. In der Tat hat ja Paxton speziell aus dem Blattaufbau der Victoria regia bestimmte Schlüsse gezogen und sie in die Glashallenkonstruktion zunächst des Lily house, dann des Kristallpalastes übertragen.

Für Semper wird man nicht so leicht eine entsprechende Formel finden, vor allem nicht eine, die für beide theoretischen Phasen gilt. Für die erste Phase, bis 1851/53, mag zur Not gelten: *Bauen, wie das Urhaus gebaut ist*. Doch der Vergleich mit der damaligen Baupraxis, zum Beispiel mit dem ersten Dresdener Hoftheater, führt da eher vor verlegene Fragen. Wo, wie wird die Evidenz eines Zusammenhanges zwischen Theorie und Praxis geliefert?

Für die zweite Phase, nach 1853, in der das «Urhaus» zurücktritt hinter das «Urbild», das nun in der «Kunstindustrie» erkannt werden kann, wird eine Zusammenfassung in wenigen Worten darauf verweisen, dass es um eine *Geschichte des technischen Geschicks der Hand* geht. Heute noch wird beim Lesen spürbar, dass einer solchen Darstellung damals eine eigentümliche Aktualität zukam. Erstens, weil sie ein Anwendungsversuch des um die Jahrhundertmitte so heftig diskutier-

---

42   Id., S. 267.
43   vgl. das Kapitel über Cuvier in: Walter Zimmermann, *Evolution, Geschichte ihrer Probleme und Erkenntnisse*, Freiburg 1953, S. 245ff.
44   Im Vortrag «Vergleichende Stillehre», London 1853 sagt er: «Es hat den Anschein, als ob dieser Rahmen [der vier Material-Klassen] keinen Platz für die Metallarbeiten liesse. Die Ursache hierfür liegt auf der Hand; Metall ist kein primäres Material, die Typen

standen fest, ehe Metall für ihre Ausführung zur Verwendung kam.», in: *Kleine Schriften, op. cit.*, S. 284.
45   Georges de Cuvier, *Das Thierreich: geordnet nach seiner Organisation als Grundlage der Naturgeschichte der Thiere und Einleitung in die vergleichende Anatomie*, nach der 2. verm. Ausgabe übersetzt & durch Zusätze vermehrt von F. S. Voigt, Leipzig: Brockhaus 1831–1843, S. 46.

154 Gottfried Semper, Eidgenössisches Polytechnikum, 1858–1864, Nordfassade, Ausschnitt aus der Sgraffito-Wand (Gottfried Semper und die Mitte des 19. Jahrhunderts, op. cit., S. 179)

ten Evolutionsdenkens der Naturwissenschaften war. Zweitens, weil sie bereits schon in die sich anbahnende Diskussion um 'Kopf und Hand' gehört – eine Diskussion, die durch das Aufkommen der Maschine dringlich geworden war. Es ist, als hätte Semper seine gross angelegte Geschichte der Entfaltung der Hand *genau in dem Augenblick* verfasst, in der die Hand ein für allemal ihre Möglichkeiten an die Maschine abtrat.

Semper hatte das Engagement für solche Grundsatzfragen, die beträchtlich über das spezifisch Architektonische hinausgingen, dadurch zu bezahlen, dass sein Weg zur Praxis *weit* wurde. Das wird beispielsweise spürbar in dem ersten repräsentativen Bau, den er nach den Londoner Jahren in Auftrag bekommt: das Polytechnikum in Zürich (1858–1864), das heisst das Hauptgebäude der heutigen Eidgenössischen Technischen Hochschule. Hat dieses Gebäude, fragen wir uns abschliessend, einen aufweisbaren Zusammenhang mit dem, was ihn gleichzeitig theoretisch beschäftigt, eben die Niederschrift des 'Stil' (bis 1860/63)? Konnte er, wollte er am Polytechnikum etwas sichtbar machen von der evolutionsgeschichtlichen Stufenleiter vom Weichen zum Harten? Die Nordfassade des Polytechnikums ist als Sgraffito-Wand ausgestaltet. Die Sgraffiti sind zwar nicht farbig, wie das die Polychromie-These erwarten liesse, sondern nur schwarz-weiß. Immerhin ist diese Wand optisch – aber nur optisch – eine hängende Wand, eine Bilder und Schmuckwand, die mit der Theorie der Mattenflechter und Teppichwirker über gehörige Distanz hinweg in Verbindung gebracht werden kann. (Dass unter den Medaillons der Sgraffito-Wand auch ein Bildnis von Cuvier zu finden ist, bestätigt nur, dass Semper mindestens an dieser Stelle des Gebäudes eine explizite Verbindung zwischen Theorie und Praxis zu erstellen suchte.)

Die Hauptfassade präsentiert sich als streng bilaterale Anlage mit zweierlei Oberflächen, oder, mit Sempers Ausdruck, zweierlei 'Bekleidung'. In den unteren Zonen betont rauh zubehauene Rustikablöcke, in der oberen Zone glatte Wand. Im Mittelrisalit wird dieser Kontrast in Stufen aufgelöst, es vollzieht sich sichtbar eine 'Evolution' vom Rauhen zum Glatten. Unten wird uns eine zyklopische Welt suggeriert, in der sogar die Pfeiler als wilde Brockengefüge aufgetürmt sind, im zweiten Geschoss wird die Rustika feiner, im dritten Geschoss stehen glatte Säulen auf glatten Sockeln. Der Betrachter erlebt einen Wandel von unten nach oben, das ungestüm Ausladende beruhigt sich zur ebenen, ungestörten Fläche. Das zyklopisch Rauhe der Terrassen oder 'Erdaufschüttungen' links und rechts wird aufsteigend überführt in eine gemässigt rauhe Rustika (vergleichsweise der Stufe des Palazzo Pitti entsprechend) und weicht dann einer wenig unterteilten, betont hellen Wandfläche.

Dieses 'Schauspiel', diese Bekleidungsregie der Hauptfassade – die mit Organisation und Ausgestaltung der Innenräume wenig oder gar nichts zu tun hat – ist so etwas wie eine geraffte Spiegelung dessen, was im 9. Hauptstücke des 'Stil', betreffend die «Stereotomie», zur Sprache kommt. Wenn auch der Fortgang vom zyklopisch Rauhen zum flächig Glatten genau besehen nicht wie eine Parallele, sondern wie eine Umkehrung wirkt zum Fortgang vom Weichen zum Harten, so ist es doch keine Frage, dass der Praktiker dem Theoretiker Semper treu zu bleiben sucht. Nur ist es für ihn ein Ding der Unmöglichkeit – und er mag das selber bitter genug empfunden haben –, mehr als diese bescheidene Andeutung von Evolutionsgeschehen an seinem Bau zu vollziehen. Seine Theorie war wirklich zu einem 'weiten Feld' gediehen, die Baupraxis konnte nur Stücke und schmale Ausschnitte daraus vom Wort in die Form umsetzen, und auch dies war blosses Fassadenschauspiel, konnte seinem ganzen Wesen nach nichts mit der wirklichen Bauorganisation zu tun haben.

Die schmerzliche Einsicht in die weite Distanz zwischen Theorie und Praxis, also zwischen «Urbild der Kunstindustrie» einerseits und Begrenztheit der repräsentativen Baupraxis der Jahrhundertmitte anderseits mag für Semper ein Grund gewesen sein, sich am Ende des I. Bandes des 'Stil' so deutlich zur Renaissance zu bekennen. Im § 89 preist er die Renaissance mit den beiden Argumenten, sie sei «von einem wunderbaren eigenen Schönheitsgeiste beseelt» gewesen und habe «Neues, Nieerreichtes» zu schaffen vermocht, und zwar obwohl sie «nur wieder-herzustellen glaubte».[46]

Gerade weil sich seine theoretische Arbeit so sehr auf zeitlich fern liegende Anfänge und Urformen konzentrierte, konnte er für das praktische Verhalten in der Gegenwart nicht leicht Rezepte anbieten. Sein Bekenntnis zur Renaissance wirkt deshalb wie ein *Stabilisator*, der verhindern sollte, dass aus der Darlegung des Anfänglichen allzu beliebige Folgerungen für die Gegenwart abgeleitet werden konnten.

Paxton kannte solche Probleme nicht. Für ihn war der jardin des plantes ein Fundort ohnegleichen für 'Konstruktionslösungen' der Natur – wogegen er für Semper das Zeugnis einer gewaltigen Evolutionsgeschichte war, der man nur durch Klassifikation, durch funktionalistische Typenlehre beikommen konnte.

46   Vgl. zu dieser Stelle Sempers auch die Bemerkungen von Nikolaus Pevsner in: *Some architectural writers
in the 19th Century*, Oxford 1972, S. 266.

Ein Nachwort auf Georg Schmidt

Georg Schmidt (1896–1965) ist 22 Jahre lang Direktor der Öffentlichen Kunstsammlung Basel – und damit des bedeutendsten Museums der Schweiz. Als Student jedoch fühlte er sich vor dem Fach Kunstgeschichte als «Abgedrängter», weil er den Kult des Ästhetisch-Esoterischen nicht zu teilen vermochte. Er fragt deshalb konsequent zuerst nach den wirtschaftlichen und soziologischen Voraussetzungen, die das Kunstwerk überhaupt möglich gemacht haben. Womit er der landläufigen Kunstgeschichte «von oben» eine Kunstgeschichte «von unten» entgegensetzt.

Dieses Buch ist nicht der Nachtrag zu einem bedeutenden Leben, als Sammlung von mancherlei Gelegenheitsarbeit, sondern es ist der Grundriss, Aufriss und Schnitt eines Lebensgebäudes – nachträglich veröffentlicht.[1] Was Georg Schmidt wollte, wollen musste, und warum er es so musste, wird sich nirgends besser erkennen lassen als in der ersten Aufsatzgruppe dieses Buches, betitelt «Zur kunstgeschichtlichen Begriffsbildung».

Unter der Titelfrage des ersten Stückes, «Soziologische Kunstgeschichte?», versteckt sich die Darlegung und Begründung des eigenen Lebenslaufs. «1917», heisst es da, «hat J. J. Bachofen, auf den ich schon Jahre vorher durch Münchner Freunde und jetzt durch Peter Von der Mühll gewiesen wurde, mir die Kunstgeschichte ins Nebenfach gedrängt. Im Herbst 1918 hat der Generalstreik mir auch Bachofen zum Nebenfach gemacht.» – Also: vom Fach aus, von der Kunst und Kunstgeschichte aus gesehen, ein «Abgedrängter»? So ist es, und bleibt es für das ganze spätere Leben Georg Schmidts wichtig. «Der in den Basler Altstadtstraßen erlebte Zusammenstoß von Bürgertum [in der Gestalt von Soldaten mit gefälltem Bajonett] und Arbeiterschaft hat mir und einigen Studienfreunden die Geschichte als Klassenkampf dargeboten.» Unter dieser Lektion erschien dem Studenten die formale Kunstgeschichte als «wirklichkeitsfremd». Was blieb denn in diesem Fall als wirklichkeitsnah bestehen? «Wirtschaft, Horatio!, rufen die frühen dreißiger Jahre […]», heisst die eine Antwort, und die zweite: «Sehr viel realer dünkte mich da die klassische Fragestellung des Werkbundes nach Werkzeug, Material, Konstruktion und Gebrauchsfunktion als den die Gestalt von Haus und Gerät bedingenden Faktoren.»

Erstmals erschienen in: Georg Schmidt, *Umgang mit Kunst. Ausgewählte Schriften 1940–1963*, mit einem Nachwort von Adolf Max Vogt, Olten: Walter-Verlag 1966.

1 Georg Schmidt, *Umgang mit Kunst. Ausgewählte Schriften 1940–1963*, mit einem Nachwort von Adolf Max Vogt, 2. unveränderte Auflage, Basel: Werner & Bischoff AG 1976, (1. Auflage, Olten: Walter-Verlag 1966).

Der «Abgedrängte», von der Übermacht seines Generationserlebnisses um 1918 bewegt, bestimmt, geprägt, sieht sich in zwei «Nebenfächern» – und damit hoffnungslos weit von dem entfernt, was damals als «reine Kunst» und als Kunstgeschichte betrachtet wurde. Und nun zeigt sich zum erstenmal Georg Schmidt. Darin nämlich, dass er über dieser Distanziertheit nicht erschlafft, sie aber auch nicht zu leugnen versucht, sondern auf ihr beharrt und sie als seine Aufgabe erkennt. Der Kunst dienen, die Kunst leben, Kunst erkennen, nicht aus der esoterischen Nähe, nicht als «Eingeweihter», nicht im ästhetischen Kreis, sondern aus der Distanz, von der wirtschaftlichen, soziologischen Bedingtheit aus, von «unten» her.

«Aus Traugott Geerings Basler Wirtschaftsgeschichte des 5. und 6. Jahrhunderts[2] glaube ich für das Verständnis der Zeit des Basler Konzils [Konrad Witz!] und der Zeit der Basler Reformation [Hans Holbein d. J.] mehr gelernt zu haben als von irgendeinem Kunsthistoriker. Seitdem fahnde ich zum Beispiel nach einer Berner Wirtschaftsgeschichte für das Verständnis Niklaus Manuels, nach einer Nürnberger Wirtschaftsgeschichte für das Verständnis Dürers, nach einer Regensburger Wirtschaftsgeschichte für das Verständnis Altdorfers.» Wonach er fahndet, sind die «außerkünstlerischen Antriebskräfte». Sie möchte er zuerst erkennen, bevor er das Werk selber anspricht. «Die Frage nach dem gesellschaftlichen Träger – Auftraggeber und Empfänger – der Kunst wurde für mich fortan zur jeweils ersten [doch nie auch letzten!] Frage […].»

Das ist Kunstbetrachtung von «unten» her, einsam versucht und erkämpft in einer Zeit, die, nicht nur in Basel, durchaus beherrscht und überglänzt war durch Kunstbetrachtung von «oben» her – durch die Lehre Heinrich Wölfflins. Darum wird, und eigentlich für die ganze Lebenszeit, Wölfflin zu einer Art von Gegenstern für den «Abgedrängten». Kein Gespräch ohne Erwähnung seines Namens, noch am Krankenbett. Und mit einer fast zärtlichen Insistenz jeweils der Name des andern, der doch auf Georg Schmidts Seite gehört, als Verbündeter gelten darf, denn er war «immer zuerst Historiker und dann erst Kunsthistoriker»: Jacob Burckhardt.

Die internationale Kunstwelt der Nachkriegsjahre, die Georg Schmidt anerkannt hat als einen der ersten Experten beispielsweise für Paul Klee oder für Piet Mondrian, sie konnte kaum wissen, dass Georg Schmidt mit derselben Treue über das Doppelbild von Burckhardt und Wölfflin gebeugt blieb.

Es ging dabei bei weitem nicht um eine Lokalreverenz vor dem Geisteserbe der eigenen Stadt, in der ja beide, der eine stets, der andere kurz, gewirkt hatten. Es ging darum, ob nicht neue, andere Begriffe fällig werden mussten als neues Werkzeug für ein seither [das heisst seit Wölfflins Buch, 1915][3] ganz anders ausgeweitetes Weltbild der Kunst. Die neuen Begriffe werden exemplarisch erprobt im zweiten Aufsatz, über Konrad Witz. Und sie werden gesamthaft vorgelegt, entwickelt, begründet – in der Art einer gerafften Skizze – im dritten Aufsatz, «Naturalismus und Realismus».

Niemand wird Georg Schmidt die Naivität zutrauen, dass er sich mit Wölfflins Talar drapiert hätte. «Unter großen Bäumen wächst kein Gras», das wusste er so gut wie Brancusi, der diesen Satz als Absage an Rodin gebraucht hat. Er wusste also, dass nur der etwas wirklich fortsetzen kann in Geistessachen, der anderswoher kommt. Und es fügte sich, dass Wölfflin von «oben», er aber von «unten» kam! Um den Unterschied gehörig zu betonen, bezeichne ich das neue Einteilungswerkzeug von Georg Schmidt gar nicht als 'Grundbegriff', sondern als *Ordnungsbegriff*. Wobei ich nicht einmal sicher bin, ob Wölfflins magische, elektrisch geladene Polarisierung in zwei Seharten, zwei Produktionsarten, ihrerseits die Bezeichnung 'Grundbegriff' mit vollem Recht trägt – das bleibe offen.

Basis sind wieder die beiden «außerkünstlerischen Bedingtheiten», erstens die Soziologie, zweitens die Psychologie. Den Kunstbereich selber aber spaltet er zunächst auf zwischen Naturalismus und Realismus. «Der Maßstab des Naturalismus ist die äußere Richtigkeit – der Maßstab des Realismus die innere Wahrheit.»[4] Diese Unterscheidung muss man sich merken, denn sie deckt sich nicht mit dem landläufigen Sprachgebrauch (wo zugespitzter, krasser Realismus = Naturalismus). Als Schwesterbegriff zu Naturalismus wird Anti-Naturalismus zugefügt (der Verzicht auf äussere Richtigkeit), als Schwesterbegriff zu Realismus: Idealismus. «Idealistische Malerei ist eine Malerei, der es nicht um Erkenntnis, sondern um Erhöhung der Wirklichkeit geht.»[5] Diese vier Begriffe (äussere Richtigkeit / Verzicht auf sie / innere Wahrheit / Erhöhung) werden nun übers Kreuz versetzt, so wie in der Konkreten Malerei die Farbenquadrate gegeneinander versetzt werden. Realistischer Naturalismus: zum Beispiel Dürer oder Raffael; realistischer Anti-Naturalismus: zum Beispiel Rembrandt, Cézanne, Klee, Mondrian (innere Wahrheit bei Verzicht auf äussere Richtigkeit); idealistischer Anti-Naturalismus: zum Beispiel Ägypten, Mexiko, aber auch Greco, Delacroix (Erhöhung ohne äussere Kopie); idealistischer Naturalismus: zum Beispiel Grünewald (Erhöhung bei exakter äusserer Kopie).

Und? Wer alle Beispiele durchdenkt, ist zunächst überrascht, dann beeindruckt davon, dass die vier «Quadrate» grosse Zonen der Kunst zu beherbergen, zu ordnen vermögen. Der eigentliche Widersacherbegriff, offensichtlich über viele Jahre Georg Schmidts eigener Stachel, bleibt dabei «Naturalismus». Er wird

2 Traugott Geering, *Handel und Industrie der Stadt Basel. Zunftwesen und Wirtschaftsgeschichte bis zum Ende des XVII. Jahrhunderts*, aus den Archiven dargest. von Id., Basel: Schneider 1886.
3 Heinrich Wölfflin, *Kunstgeschichtliche Grundbegriffe. Das Problem der Stilentwicklung in der neueren Kunst*, München: F. Bruckmann 1915.

4 Georg Schmidt, «Naturalismus und Realismus», [1959], in: *op. cit.*, S.27–36, S. 30.
5 Id., S. 29.

unterteilt in sechs Elemente: drei «Illusionen» (Räumlichkeit, Körperlichkeit, Stofflichkeit) und drei «Richtigkeiten» (zeichnerische, anatomische, farbige Richtigkeit). Damit hat er nun, besonders was die europäische Malerei betrifft, geschmeidige Werkzeuge. «Mit diesem konkreten Instrumentarium können wir die künstlerischen Darstellungsmittel und damit den geschichtlichen Ort, zum Beispiel Giottos oder Rembrandts oder Daumiers, ganz genau bezeichnen.»[6]

Glaubt Georg Schmidt daran, dass man Kunstgeschichte geometrisch-messend verarbeiten könne? Er zieht mit seinen Ordnungsbegriffen gleichsam Abszissen und Ordinaten, und in diesem Netz setzt er Orte, «geschichtliche Orte» einzelner Meister. Selbst wenn er diese Orte grossartig setzt (mit höchster Treffkraft in der «Kleinen Geschichte der Modernen Malerei», wo Daumier, Sisley, van Gogh, Gauguin, Matisse, Kandinsky, Cézanne, Braque, Klee, Chagall je als «Ort» fixiert werden) – verrät er damit nicht doch die Kunstgeschichte an ein Schachspiel? Verrät er damit nicht doch das künstlerisch Irrationale an ein Übermass von rechnerischer Rationalität? Und überdies: Befindet er sich mit diesen Einteilungen, Einstufungen und harten Bestimmungen nicht ganz einfach in einem Gefühlsstreik, Emotionsstreik, Einfühlungsstreik?

Ich denke in der Tat, dass Georg Schmidt für eine gute, exakte Liste, eine genaue chronologische Stufenleiter (wie die über den Kubismus, die er an den Anfang seines «Robert Delaunay» stellt) nicht nur drei, sondern dreissig Maximen und Reflexionen über Kunst drangegeben hätte. Er glaubte nicht an die Einfühlung – weil er sie für selbstverständlich hielt. Er setzte sie voraus, also konnte er sie nicht gerne gelten lassen als «Nachvollzug». Nachvollzug des Kunsterlebnisses durch den Kunstschriftsteller, der in Worten, in Sätzen «nachfühlt», was der Maler oder Bildhauer in Farben oder in Stein vollzogen hat, daran glaubte er nicht. Oder genauer: er hielt davon wenig, er hielt dies nicht für dringlich, er hatte eine Scheu davor. Er muss auch eine Scheu oder ängstliche Beklommenheit gehabt haben vor jenen Interpreten, die sich auf dem Werk niederlassen wie die Hummel auf der Blüte und dabei mit ihren Flügeln ein Schwirren erzeugen. Ich glaube, er meinte dieses Schwirren, wenn er von «geistigen Obertönen» sprach.

Denn für ihn war ja durchaus nur der Weg von unten der redliche, und was ihn zum Scheine als Rationalisten und Geometer stempelt, das ist sein fast zwanghafter Wille, die *Währschaftsprobe* der Kunst zu heischen. Die Erfahrung von 1918, die ihn in die «Nebenfächer» abdrängte, konnte eine Befassung mit Kunst nur noch dann erlauben, wenn diese Kunst nachweisbar und deutlich zu tun hatte mit Leben und Existenz, auf Leben antwortete, in Leben eingriff. Er konnte Kunst nicht gelten lassen, solang sie nur esoterisch, nur abgehoben, nur «ästhetisch» war. Nichts war ihm so verdächtig wie der voreilig Verzückte, der stetsfort Überhöhte. Ihnen, ihrem leichtfertigen Irrationalismus musste er entgegentreten. Musste zeigen, dass Kunst eine viel zu ernste, viel zu sachliche Sache ist, als dass man sie hätte mit dem Schwirren der Obertöne umgeben dürfen.

So arbeitete er in ruhiger Folgerichtigkeit seine Ordnungsbegriffe aus, als eine Bastion der Rationalität. Und der Rest blieb Scheu, blieb Verehrungsbezeugung durch Aussparen. Ich weiss nicht, ob er den 'Traktat' des Ludwig Wittgenstein (1921)[7] gekannt hat, dessen letzter Satz lautet: «Wovon man nicht sprechen kann, darüber muß man schweigen.» Vielleicht hätte er ihm so sehr zugestimmt, dass er auch noch den zweitletzten Satz derselben Abhandlung angenommen hätte, immer angewendet auf seine eigenen Ordnungsbegriffe: «Meine Sätze erläutern dadurch, daß sie der, welcher mich versteht, am Ende als unsinnig erkennt, wenn er durch sie – auf ihnen – über sie hinausgestiegen ist [er muss sozusagen die Leiter wegwerfen, nachdem er auf ihr hinaufgestiegen ist]. Er muss diese Sätze überwinden, dann sieht er die Welt richtig.» So ungefähr, scheint mir, wollte Georg Schmidt seine «jeweils erste [doch nie auch letzte!] Frage» verstanden wissen.

Und wie sehr hat er, nachdem er die Leiter angestellt, erklommen und weggeworfen, die Welt – die Kunstwelt – richtig gesehen! Das bezeugen die zweite, die dritte und die vierte Aufsatzgruppe dieses Bandes, die das Gebäude nun aufführen, das zuerst in Grundriss und Schnitten präzisiert worden ist. Zu den lautersten Zeugnissen gehört, ungefähr in der Mitte des Buches, die Grabrede auf Paul Klee (1940).[8] Woraus denn, wenn nicht aus Aussparen und Schweigen, konnte sie zustande kommen? Ein Vierteljahrhundert und ein Jahr dazu sind seitdem vergangen, sie war in der schlimmsten Zeit des Krieges geschrieben worden, in völliger Verworrenheit der Werte, in völliger Ungewissheit der Meinungen über einen verfemten stillen Mann. Und doch gilt jeder Satz, muss kein Wort zurückgenommen, nicht einmal ein Tonfall geändert werden, auch über Picasso nicht, über Mondrian nicht. So sehr hat sich der Weg des Abgedrängten, von weit her und von unten heran, der doch ein Plebejerweg zu sein schien, als ein Königsweg erwiesen!

Doch zurück zu Wölfflin. Einmal wird seine «unverlierbare Leistung» mit Cézanne verglichen.[9] Er habe in der Kunstgeschichtsschreibung etwa jenen geschichtlichen Ort, den Cézanne in der Kunst hat. Wer diese Analogie gelten lässt, kann vielleicht auch ihre Ausweitung anerkennen. Diese lautet: Heinrich Wölfflin verhält sich so zu Cézanne wie Georg Schmidt zu Mondrian. Drei Wesenszüge zum mindesten sind es, die Mondrian und Schmidt parallel setzen: der Wille zur Rationalität; die Kraft zum Ordnungsbegriff; die Askese als Fähigkeit

---

6   Id., S. 32.
7   Ludwig Wittgenstein, *Tractatus logico-philosophicus*, with an introduction by Bertrand Russell, New York: Harcourt, Brace & company, inc./London: K. Paul, Trench, Trubner & co., ltd. 1922, erstmals erschienen in *Ostwalds Annalen der Naturphilosophie* 14 (1921).

8   Georg Schmidt, «Paul Klee zum Gedächtnis», [1940], in: *op. cit.*, S. 211–216.
9   Id., «Soziologische Kunstgeschichte», [1962], in: *op. cit.*, S. 16.

zum Aussparen und Schweigen. Es wird nicht Zufall sein, dass der mehrfach erwähnte Aufsatz über «Naturalismus und Realismus» in ein Lob Piet Mondrians ausmündet.[10] Seine Kunst sei «im allersublimsten Sinne 'sachlich'». Das gilt auch für Georg Schmidt. Sein Handeln, Denken und Urteilen in künstlerischen Dingen, sie waren «im allersublimsten Sinne 'sachlich'».

10   Id., «Naturalismus und Realismus», in: *op. cit.*,
S. 27–36.

Architektur der langen Schatten
Louis Kahn und Aldo Rossi

Im Jahre 1966 sind zwei Schriften erschienen, die eine in New York, die andere in Padua, die sich der Herrschaft des sogenannten Funktionalismus in der Architektur widersetzten: Robert Venturis *Complexity and Contradiction in Architecture*[1] und Aldo Rossis *L'Architettura della Città*.[2] Beide fanden viel Aufmerksamkeit bei der jungen Generation. Denn sie wagten – und das war damals in Intellektuellenkreisen noch tabu – das Konzept des 'neuen Bauens' in Zweifel zu ziehen.

Beide beobachteten, wenn auch von gänzlich verschiedenen Standorten aus, dass die damals bald schon fünfzig Jahre alte Bewegung der Avantgarde einer roboterhaften Erstarrung und Scheinlebendigkeit ausgesetzt war, die man wohl am einfachsten als 'Verdinglichung' des ursprünglichen Konzepts bezeichnen kann. Allein schon der Einspruch von Venturi und Rossi genügte, um dieser Generation erneut klarzumachen, dass ein Haus zwar ein Ding ist, doch eben nie nur ein Ding. Dass ein Haus Bedeutungen mitführen muss – nicht nur kann, sondern muss –, weil nämlich bei Absenz von Bedeutung gerade diese Absenz bedeutend wird. (Klagen über 'Betonwüsten' und 'Eierkisten' belegen es hinlänglich.)

Den beiden Traktaten von 1966 war ein Bau vorangegangen, 1964 fertiggestellt, der denselben Einspruch nun bereits leibhafte Gestalt hatte werden lassen: Louis Kahns Türme für ein medizinisches Laboratorium in Philadelphia, die Richards Research Buildings. Die Labortürme plauderten wenig aus über ihren Zweck, waren überhaupt ungewohnt schweigsam, entzogen sich der üblichen techno-konstruktiven Zurschaustellung und enthielten einen ersten Versuch zur Wiederherstellung bedeutungstragender Form. Sie stammten von einem Architekten, der die Sechzig schon überschritten hatte und erst jetzt das auszusprechen wagte, was ihn im Gegensatz zur Zeitgenossenschaft innerlich bewegte: der Anspruch auf Geschichtlichkeit, der in der Architektur steckt und bestehen bleibt, und zwar trotz dem Missbrauch, der damit betrieben worden ist und betrieben werden kann.

Für den Rest seines Lebens befasste sich Louis Kahn mit diesem Anspruch und setzte sich willentlich auch dessen Gefahr aus. Die Geschichte, bis hinab zur 'Grösse der antiken Trümmer', wurde zum bewussten Gegenüber. Er rief sie an als Bettler, aus der Armut der Zeit, aus enormer Distanz.

Erstmals erschienen in: *NZZ* vom 5.1.1983.

1 Robert Venruri, *Complexity and Contradiction in Architecture*, with an introduction by Vincent Scully, Garden City – N.Y.: Doubleday 1966.
2 Aldo Rossi, *L'Architettura della Città*, Padova: Marsilio 1966.

155   Aldo Rossi, Casa a Borgo Ticino, 1973 (Peter Arnell, Ted Bickford (Hg.), Aldo Rossi. Buildings and Projects, New York 1985, S. 128)

Im Gegensatz zu Louis Kahn war für Aldo Rossi die 'Grösse der antiken Trümmer' nicht ein fernes Vergleichsbild, das mit distanziertem Respekt zu behandeln ist. Als Italiener lebt er im verwitterten Glanz und Alltag dieser Trümmer und fordert in seinem Traktat von 1966 die Auferstehung der monumentalen Stadt. Denn die Stadt ist für ihn zuerst und zuletzt ein «kollektives Kunstwerk». Ihr Sinn liegt nicht etwa darin, Lebensformen zu verdichten, sondern darin, qualitativ hochstehende Architektur zu produzieren. Er deklariert deshalb: «Die Qualität der Architektur – als Qualität der menschlichen Schöpferkraft – ist die Bedeutung (der Sinngehalt) der Stadt.» Aus dieser Extremposition von 1966 wagt Rossi eine ganz andere Nähe zur Geschichtlichkeit, als Kahn sie je berührt oder betreten hätte – und schon geschieht ihm das, was man versuchsweise als die 'Todeskoppelung der Architektur' bezeichnen könnte. Die Entwürfe des jungen Rossi sind allesamt Architektur der langen Schatten, das heisst Vergänglichkeitsbeschwörungen, offensichtlich nachempfunden jener höchst suggestiven Malerei der langen Schatten, die Giorgio de Chirico zwischen 1912 und 1922 geschaffen hatte.

Kann nun aber ein Architekt im selben Sinn Herr über die Schatten sein wollen, wie es der Maler ohne Zweifel ist? Das heisst: Kann er seinen Entwurf einer bestimmten Tageszeit und Beleuchtung, einer bestimmten Stimmung exklusiv überantworten, zum Beispiel der Stimmung der Todesnähe? Was das Bild darf und kann, braucht nicht auch möglich oder sinnvoll zu sein für den Entwurf zu Architekturen.

Da der junge Rossi so betont das Monumentale beschwört, ist ihm wiederholt (zuerst von Joseph Rykwert) der Vorwurf faschistischer Gesinnung gemacht worden. Er selbst taxierte diesen Vorwurf als widersinnig. Durfte das Pathos der langen Schatten zu solchen Vorwürfen verleiten – nur deshalb, weil Diktaturen tatsächlich dazu neigen, ihre Machtansprüche auf ihre Weise mit Todespathetik zu verbinden?

Ein neues Buch von Aldo Rossi, vorderhand noch nicht in Italienisch, sondern nur in der englischen Übersetzung erschienen, mit dem irritierenden Titel *A Scientific Autobiography*[3] versehen, nimmt nun Distanz zu diesen Problemen.

Zunächst zum politischen Vorwurf: zweimal erwähnt er nun in diesen Werkstattnotizen, wie sehr er die russische Architektur zur Stalin-Zeit schätzen gelernt hat (was einem Kompliment für Architekten wie Rudnew, Jofan und Scholtovsky gleichkommt) und wie fatal ihm der Übergang (unter Chruschtschew) zu einer funktionalistischen Architektur erscheint. Ein längerer Aufenthalt in Moskau als Student muss ihn stark beeindruckt haben: Hier war damals eine Staatsmacht zu beobachten, die ihre Städte als Monumentalgebilde verstand und dem Architekten Vollmachten gab, die ungleich grösser waren als in den westlichen Ländern.

Das ergibt die Antwort auf die rätselhaften, aber doch nicht ganz wegzudisputierenden Faschismus-Vorwürfe von Rykwert bis Scully. Nicht Faschist war Rossi, sondern er war ein naiver Bewunderer des nachrevolutionären, bereits diktatorischen Russland: damals ein Paradies für (konforme) Architekten und Städteplaner. Gewiss hat er nicht jene Diktatur bewundert, dafür aber um so mehr den *Rang des Architekten* in ihr. Das Naive daran ist, dass er nicht das Ganze sah, sondern nur die Chance der Architektur in diesem Ganzen. Der verwunderliche Titel *A Scientific Autobiography* kann als nachträgliche Abrechnung mit der einstigen Naivität verstanden werden. Vordergründig wird er auf einen gleichlautenden Titel des Physikers Max Planck bezogen.[4] Hintergründig möchte man ihn verstehen als selbstironischen Abschied von jenem 'wissenschaftlichen' Sozialismus, der den jungen Rossi geprägt hatte.

Die 16 Jahre zwischen der 'L'Architettura della Città' und der 'Autobiography' sind deshalb notwendigerweise eine Strecke der Enttäuschung, der Resignation und der buchstäblichen Redimensionierung der Hoffnungen. Nicht zufällig lauten die Leitsätze, die der 'Autobiography' vorangestellt sind: «Worauf eigentlich konnte ich gehofft haben in meinem Handwerk? Sicherlich auf kleine Dinge, nachdem ich eingesehen, dass die Möglichkeit von grossen historisch ausgeschlossen war.»

Enttäuschung und Resignation betreffen allerdings nur die jugendliche Hoffnung auf die monumentale Stadt – er selbst hat den Ausweg aus dem Dilemma

3 Aldo Rossi, *A scientific autobiography*, postscript by Vincent Scully, transl. from the Italian by Lawrence Venuti, Cambridge-Mass./London: MIT Press 1981.

4 Max Planck, *Wissenschaftliche Selbstbiographie*, Leipzig: Barth 1948.

gefunden, indem er, in seinem reiferen Schaffen, «Geschichte» (History) mit «Erinnerung» (Memory) vertauscht. Wie stehen diese zwei Begriffe zueinander, die in der 'Autobiography' stets wieder auftauchen und sie wie ein roter Faden durchziehen? Der Historiker geht von einer zurückliegenden Epoche – beispielsweise einem mittelalterlichen Borgo – aus und beobachtet die Entfaltung in der aufsteigenden Zeit. Das war die Haltung des frühen Rossi. Der Erinnernde lässt sich jetzt, umgekehrt, weiter absinken durch die Zeitenschichten und gelangt zu Archetypen. Diese Neigung war immer schon in Rossi angelegt, wird aber jetzt dominant. Was er dabei vorfindet, ist der einfache und lapidare Gegensatz zwischen dem Haus der Toten und dem Haus des Lebens. Der Sarg als Haus des Todes, die Fischerhütte am Po oder die Badehütte am Strand als Haus des Lebens. Sie variiert er in Zeichnung, Graphik und Malerei durch alle denkbaren geometrischen Formen. Was dabei entsteht, ist oft genug einfach ein *Bild* – lange nicht immer ein *Entwurf* (als Anweisung zur Realisierung im Bau).

Wie sehen die «kleinen Dinge» aus, die Rossi heute für möglich hält – nachdem «die grossen historisch ausgeschlossen»? Die Perspektive zu einem Ferienhaus in Borgo Ticino (1973) am Lago Maggiore, unweit der Schweizer Grenze, gibt einen Begriff davon. Die Fischerhütte auf Pfählen steht Gevatter; viermal wird dieses Lieblingsmotiv gereiht; als Querriegel am Ufer die Aufenthaltsräume mit Küche. Ein Grundriss, der für den praktischen Gebrauch seine Tücken hat, dafür um so eindrucksvoller ist als Bild. Dieses Dilemma ist nicht neu. Auf seiner Italienischen Reise hat es Goethe beobachtet an Palladios Villa Rotonda und mit einem Minimum an Worten fixiert: dieses «Prachthaus» sei, notiert er, zwar «wohnbar, aber nicht wöhnlich».[5] Bis hierher der Entwurf. Nun aber das Bild, das heisst das Bildhafte im Entwurf: Ist dies wirklich ein Ufer oder nur abschüssiger Rasen? Gleiten die Stelzenschatten über Gras oder über Kies und Algen? Ist das Wasser, als Zeit und Vergänglichkeit, absichtlich weggelassen und durch Absenz doppelt intensiv suggeriert? Soll das Baumgewölk und Hügelspiel im Hintergrund an einen oberitalienischen Nachbarn erinnern, die Villa Rotonda? Ist das Konzept als Hommage an Palladio gedacht, die vier Kreuzarme der 'Rotonda' anders gereiht, die vier Treppen in die vier Himmelsrichtungen umgesetzt in absteigende Pfahlreihen, die einem Wasser zustreben? Man sieht: das Bild ist sich selbst genug, der Architekt zum Maler geworden. Wir müssen den Bau nicht aufsuchen, denn wir 'haben' ihn schon, nämlich im Kopf (und bisher ist er ohnehin nicht ausgeführt).

5   Johann Wolfgang von Goethe, «Den 21. September [1786], abends», in: *Italienische Reise*, kommentiert von Herbert von Einem (Hg.), Hamburg 1951, S. 586.

Er hat die klassische Moderne lehrbar gemacht

Zum Tod des Architekturlehrers Bernhard Hoesli

Bernhard Hoesli, Professor für Architekturentwurf an der ETH Zürich, hat in diesen Tagen, am Anfang einer Ferienreise nach Asien auf dem Flughafen Bangkok, eine Herzschwäche erlitten und ist gestorben. Knapp über sechzig, stand er in der vollen Entfaltung seines Wirkens. Noch eben hat er mir geschrieben, er habe die Übersetzungsarbeit am englischen Buch fertiggestellt, das Gut zum Druck sei abgegangen. Sein letzter Satz: «Sende Dir das, wie einen Papierflieger.» Mein Gegenfalter ging zurück an ihn, doch nun kommt er nicht mehr an – wie bitter ist das.

Die Übersetzung, sein letztes grösseres Vorhaben, was war das? Um dies zu erläutern, muss ich seinen Lebensgang zu skizzieren versuchen. Denn bei Hoesli hing immer alles mit allem zusammen, da gab es keine zufälligen Akquisitionen und keine zufällige Themenwahl.

Geboren als Glarner in Zürich, durchlief er die Oberrealschule (nicht das Gymnasium – was eine für ihn zeitlebens wichtige Differenz ausmacht), dann die Architekturschule der ETH. Le Corbusier nimmt ihn an als Mitarbeiter im Atelier in Paris. Es sind die Jahre des 'Modulor', der Proportionenlehre – der Schweizer erweist sich als kluger und sensibler Kopf, obendrein mit guter mathematischer Grundlage. So weit er nicht einfach am Hof des Meisters, sondern wird dessen realer Arbeitspartner. «Hoesli, celui-là de Zürich, eh bien oui!» Le Corbusier malt am Morgen, erscheint im Atelier erst gegen Mittag. Hoesli, umgekehrt, geht, nachdem er seine Fibonacci-Reihen durchgerechnet, die Fassade dementsprechend gezeichnet hat, erst gegen Abend an die Malerei. Und diese wird, zunächst unter dem Einfluss von Fernand Léger, dann der Kubisten, zur Collage.

Nach Frankreich locken ihn die Vereinigten Staaten, er gerät, ich weiss nicht genau wie, nach Texas und bleibt dort beinahe ein Jahrzehnt. Wahrscheinlich deshalb so lange, weil er ungewöhnliche Partner im Lehren findet, nämlich Robert Slutzky und Colin Rowe. Und das Buch nun, *Collage City*,[1] das er in seinen letzten Monaten übersetzt, stammt von Colin Rowe, der inzwischen so etwas wie das Gewissen der nordamerikanischen Architektur geworden ist.

Zurückgekehrt, wird Hoesli Assistent bei Prof. Werner Moser an der ETH, bekommt 1960 einen eigenen Lehrstuhl, wird 1987 Ordinarius. Er hat in Amerika vereinzelt gebaut, er hat in der Schweiz vereinzelt gebaut, im Kanton Glarus, am Vierwaldstättersee, vor allem aber in St. Gallen. Doch er muss, sicherlich schon in

Erstmals erschienen in: *Tages-Anzeiger* vom 11.9.1984.

1   Colin Rowe, Fred Koetter, *Collage city*, Übersetzung von Bernhard Hoesli u.a., Basel: Birkhäuser Verlag 1992.

Texas, inzwischen das Lehren und das theoretische Forschen als seine eigentliche Berufung erkannt haben. Und zwar das Lehren im sogenannten Grundkurs. Das ist, wenn ich es etwas salzig formulieren darf, der Versuch von Gropius und Mitarbeitern wie Paul Klee am Bauhaus, den durch das Abitur zum Eierkopf gewordenen jungen Menschen auf und in seine eigenen Hände zurückzuleiten. Es wird nicht nur gezeichnet und gemalt, es wird geschnitzt, geschnitten, geklebt und gefalzt im Grundkurs, das Material wird ernstgenommen, die Stofflichkeit gilt. Hoeslis Wirkung war in vielen Fällen die eines befreienden elektrischen Schlags: Der Student entdeckte durch ihn, was er kann, wer er ist, was er künstlerisch vermag. Nicht alle wurden von diesem heftigen Impuls günstig betroffen. Der junge Hoesli konnte auch rüde sein. Es gab Zeiten, da konnte man nur mit ihm oder gegen ihn durch diese Schule kommen – beides hat, mit ganz wenigen Ausnahmen, gestärkt. Das bezeugen mir auch die, die damals gelitten haben: Seine Strenge kam aus der Forderung des Gewissens. Architektur als moralische Institution.

Historisch genommen war 'Hoeslis Grundkurs' – so wie er über Europa hinaus bekannt ist – scheinbar weiter nichts als eine dritte Auflage. Nämlich der Rücktransport dessen, was Gropius als Emigrant von Weimar aus an die Ostküste Amerikas gebracht hat. Doch wieviel an Verfeinerung, Weitläufigkeit und Urbanität war inzwischen in dieses Konzept von 1919 eingebracht worden! Wenn man so will, kann man vereinfachend sagen: Leute wie Gropius und Giedion haben die Moderne klassisch gemacht, Leute wie Rowe und Hoesli haben diese klassische Moderne lehrbar gemacht.

Ich sehe ihn vor mir, wie er im Grossen Auditorium Louis Kahn begrüsst, den spät zu Ehren gelangten Architekten aus Philadelphia. Die Hörer bis an die Fenster hinauf gedrängt. Die Stille, die sich ausbreitet, wenn er spricht, wenn er den Gast willkommen heisst. Die Qualität des Zuhörens, die er allemal zu erzeugen weiss. Hoeslis weisse Haarkappe, Kahns pockennarbiges Gesicht.

Ich sehe ihn vor mir, wie er in Yesilköy aus dem Flugzeug steigt, um Istanbul kennenzulernen. Seine Werkzeugtasche in der Hand, voll mit Blöcken, Stiften, Farbkreiden, Messband, Klebstreifen, Messern, Schraubenziehern, Fotogerät. Denn Reisen ist für ihn eine wichtige Art von Arbeit. Arbeit als Aneignen von Fremdem. Ein reisender Zimmermann. Es wird uns gestattet, mit einem türkischen Denkmalpfleger die Hagia Sophia von aussen zu besteigen. Architektonischer Alpinismus. Hoesli oben, am Kuppelkranz, auf dem Bauch liegend, Blick in die Tiefe, die einst eine weihrauchgoldene Tiefe der Mosaiken war. Wie er sich das aneignet durch die Überbleibsel hindurch. Wie er im Anblick versinkt, dann das Auge zurückholt, zu spähen beginnt.

Mein Sohn, der mir sagt, Hoesli hätte ihn mit seiner Tochter Regina zusammen wieder in Istanbul besucht. Über Neujahr, wenn keine Touristen in der Stadt sind. Wie er die kleinen türkischen Beizen kennenlernen will; wie er zeichnet, stän-

156   Bernhard Hoesli
(Foto Heinrich Helfenstein)

dig zeichnet. Wie er junge Menschen in ihrer Fülle zu ehren weiss, gerade nicht durch Redefluss, sondern durch Wortkargheit. Hierin, in diesem Paradox, verwandt mit Karl Schmid.

Ich höre ihn, wie er mir neulich sagt: «Das war ein langer Tag. Um vier bin ich erwacht im Gedanken, die Lichtbilder seien nicht gut genug für die Vorlesung. Um fünf war ich oben, in der Schule, um die Reihe zu bereinigen, diese Bilderpaare.» Das war eines seiner Geheimnisse: kaum ein Wort zuviel, kaum ein Bild zuviel. Ein Asket mitten in der törichten Bilderschwemme. Seine Bilderpaare stets so gewählt, dass hinreichend Gleiches unterlegt ist zum Vergleich. Selbst noch für simple Schemata sucht er Kreiden und Papiere von exquisiter Wahl. Die Studenten fühlen sich geehrt durch so viel nonverbale Sorgsamkeit.

Ich höre und ich sehe ihn, wie er am 30. Juni dieses Jahres vor dem Zürcher Werkbund spricht. «Zur Objektfixierung der Moderne», ein scheinbar papierener Titel. Doch er braucht nur zwanzig Minuten, um eindringlich zu sagen und zu zeigen, was er damit meint. Das eine nie ohne das andere, zeigen und sagen, 'show and tell', das amerikanische Unterrichtsprinzip, dort herausgewachsen aus dem Zwang zur Sprachverständigung. Für ihn, hier, ein Brückenschlagen zwischen Bild und Wort, Bau und Argument. Sein Thema 'Objektfixierung' war die Stellung-nahme zu dem, was man als Übergang zur Postmoderne bezeichnet. Ihm lief die Zeit nicht davon. Er sah gute und schlechte Architektur, gewissenhafte und gewissenlose. Sein moralischer Anspruch blieb derselbe, so wie seine Würde dieselbe blieb.

Nun nochmals zu 'Hoeslis Grundkurs': Anleitung zum eigenen Tun? Gewiss war es das. Aber es war mehr. Es war Anleitung zum ästhetischen und moralischen Verstehen. Verstehenlernen als eine grundsätzliche Chance des Menschen zur Genugtuung.

Heinz Ronner

Nachruf auf den Lehrer der Baukonstruktion
an der Architekturabteilung ETH Zürich

Im Spätsommer des vorigen Jahres gab Heinz Ronners Familie ein Abschiedsfest für die Getreuen. Rücktritt vom Lehramt nach dreissig Jahren. Einer der alten, grossen, weissen, würdigen Raddampfer der Zürichsee-Flotte, vertäut im Hafen Wollishofen, war als Szenerie gewählt worden – was in allem und jedem und bis in die Einzelformen des mächtigen Maschinengestänges unten im Schiffsbauch den Vorlieben des Gefeierten entsprach.

Zu diesem Anlass, an dem es keine falsche Feierlichkeit und keine pathetischen Töne gab, dagegen von Witz und schlagfertiger, kritischer Gegenrede es nur so schwirrte, hatten die Assistenten ein fünfteiliges Textpaket bereitgemacht, das man als Anti-Festgabe bezeichnen kann, eine Art Samisdat in fünfgeschossiger Broschürenform, die den Leser zuerst verwirrt und eher verlegen macht, bis er dahinterkommt und eine pfiffig verschleierte, indessen völlig durchdachte Disposition erkennt.

Damals, im Herbst 1991, hätte niemand auch nur geahnt, dass Heinz Ronner nur noch sieben Monate vorbehalten sein würden. Mitten in lebhafter Redaktionstätigkeit (es ging darum, die Reihe der aus dem Unterricht hervorgegangenen *Kontext*-Hefte[1] druckreif zu machen) traf ihn eine Hirnblutung, der er nach vier Tagen im Spital erlag (24. Februar 1992).

Heinz Ronner war nicht ein Entwurfslehrer, sondern ein Lehrer für Baukonstruktion – für Fachleute eine klare, für Laien eine eher pingelige Unterscheidung (heisst denn Bauen nicht Häuser konstruieren?). Doch genau auf diesem Unterschied beruhte zum mindesten ein Teil seiner Chance als Lehrer, und er wusste diese Chance voll wahrzunehmen. Mit anderen Worten: Von den dreissig Jahren seines Unterrichts betrachtete Ronner die letzten zehn Jahre als die glücklichsten. Er mag sie mit vollem Recht als Erntezeit taxiert und dazu auch nicht geleugnet haben, dass sein Talent zur Vaterrolle (sofern verschmitzt-tolerant aufgefasst) in dieser glücklichsten Zeit erst recht zum Zuge kam. Aber ein drittes Element war eben auch noch dabei. Die simple Tatsache, dass in diesen dreissig Jahren der langsame Übergang von der Moderne zur Nachmoderne stattfand, und dabei der sogenannte 'Stilist' oder 'Entwerfer' an Gewicht (und zugehörigem Geniekult) zusehends verlor, während der Konstrukteur an Prestige eher wieder gewann.

Erstmals erschienen in:
Werk, Bauen + Wohnen 7/8 (1992).

1   Heinz Ronner, Reihe: *Baukonstruktion im Kontext des architektonischen Entwerfens*, Basel: Birkhäuser 1991–.

Heinz Ronner ist so das Glück widerfahren, übrigens nach manchen Fährnissen und Ärgernissen mit der Schulleitung (die ihm ungeschickte Finanzplanung in der Ausstellungsorganisation vorwarf, dabei aber vergass, die Erstklassigkeit und Originalität seiner Ausstellungskonzepte zu erkennen und anzuerkennen), das volle Wiederaufblühen seines Faches zu erleben, und, was wichtiger für ihn war: die volle Zuwendung seiner Studenten. Um dieses gegenseitig so grosszügig und so humorvoll-zärtlich entfaltete Geben und Nehmen darf man ihn von Herzen beneiden.

Begegnete der glückliche Lehrer auch einem freundlichen Tod? Fast sieht es so aus. Wenn auch die Bitternis seines plötzlichen, relativ frühen Weggehens immer noch heftig schmerzt und für seine Nächsten einem andauernden Schock gleichkommt.

In seiner Grabrede hat Herbert Kramel, sein engster Kollege im gleichen Fach, das berufliche Werk von Heinz Ronner auf eine bemerkenswerte Art gekennzeichnet. Ich zitiere:

«Heinz Ronner war eng mit Bernhard Hoesli verbunden. Vom Einfluss Hoeslis auf Ronner wurde gesprochen. Der Einfluss von Ronner auf Hoesli wurde bisher kaum erwähnt. Damit wurde aber auch die Rolle von Ronner als 'Erfinder einer eigenen Konstruktionslehre' bisher zuwenig gewürdigt.

Zwar wurde erwähnt, dass seine Mitarbeiter das von ihm Geschaffene weitertragen werden. Dies ist aber nicht genug. Wir werden in den kommenden Jahren einen Heinz Ronner entdecken, der uns bisher verborgen blieb. Versuchen wir doch, in Europa einen zweiten Konstruktionslehrer zu finden, der zwischen 1960 und 1990 ähnlich Grundsätzliches gedacht hat!

Versuchen wir, in Europa einen Lehrer zu finden, welcher gerade auf den Konstruktionsunterricht bezogen auch nur ähnlich erfinderisch gewesen wäre!

Wie gesagt, es gilt zu erinnern. Nicht nur aus Freundschaft oder Kollegialität, sondern auch im Interesse unserer Schule. Ronner wurde gewählt, um einen Auftrag der Lehre zu übernehmen. Damit verbunden war aber auch, in der Urkunde festgehalten, der Auftrag, diese Lehre forschend zu vertiefen und zu erweitern.

Beiden Aufträgen hat Heinz Ronner bestens nachgelebt. Mehr als wir dies bisher wahrgenommen haben [...].

Wie wohl wenige unserer Abteilung in den vergangenen dreissig Jahren hat Ronner Architekturpolitik betrieben. (Wir sahen es und haben es trotzdem nicht gemerkt.)

Seine Louis-Kahn-Arbeiten waren weit mehr als nur eine Ausstellung. Die von ihm provozierten Begegnungen von Hejduk und Aldo Rossi oder Stirling und Ungers waren Auslöser von weitreichenden Entwicklungen. Hier wurden Prozesse vorweggenommen, welche später die internationalisierte Situation bestimmten [...].

157 Heinz Ronner
(Werk, Bauen + Wohnen,
7/8 (1992), S. 62)

Das farbige Bild der Person wird unter dem Licht verblassen, und darunter werden die Konturen eines Wirkens sichtbar werden, welche wir zuvor sahen, aber bisher nicht begriffen haben [...].

Er ist daran, einmal mehr zu überraschen.»

Ich habe Herbert Kramel um Beispiele gebeten, die Ronners «Erfindung einer eigenen Konstruktionslehre» belegen können. Kramel verwies, neben einer Raumanalyse von Le Corbusiers 'Pavillon Suisse', auf die Art und Weise, wie Ronner die Unterscheidung der drei wichtigsten Konstruktionstypen (Massivbau, Schottenbau, Skelettbau) an die Hand nimmt.

Ronner unterscheidet eine tragende Kategorie (den Rohbau) von einer trennenden Kategorie (dem Ausbau) und kann damit «ein ganzheitlicheres Verständnis des Bauwerks» in die Wege leiten. Wenn ich mich, als Nichtkonstrukteur und Nichtarchitekt, nicht nachhaltig täusche, ist Ronners Unterscheidung von «Tragen» und «Trennen» eine jener scheinbar beiläufigen Aufdeckungen, die sein Suchen und Finden so sehr kennzeichnen. Als Historiker fällt mir selbstverständlich Jacob Burckhardts 'Cicerone' ein, in dem gleich am Anfang die Tempel von Paestum beschrieben werden – und zwar als ein Ereignis von «Tragen und Lasten». Diese berühmt gewordene Formel basiert auf Burckhardts Satz: «In wunderbarer Ausgleichung wirken strebende Kräfte und getragene Lasten zu einem organischen Ganzen zusammen.»[2] War es Heinz Ronner bewusst, wie nahe er an

2 Jacob Burckhardt, *Der Cicerone, eine Anleitung zum Genuss der Kunstwerke Italiens*, 1. Auflage Basel 1855, Basel/Stuttgart: Schwabe 1957–1959, anlässlich der Erörterung der Tempel von Paestum, S. 3.

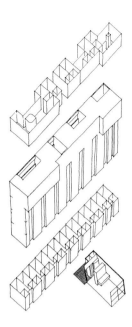 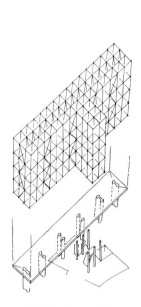 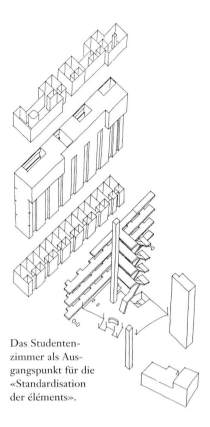

Die Sekundär-
elemente, die
einen separaten
Baukörper bilden.

Die Tragkonstruktion
aus Stahl und die
«pilotis» im Erdge-
schoss.

Das Studenten-
zimmer als Aus-
gangspunkt für die
«Standardisation
der éléments».

158   Le Corbusier, Pavillon Suisse, 1930–1932, Paris, Strukturanalyse von H. Ronner (Werk, Bauen
+ Wohnen 7/8 (1992), S. 63; Zeichnungen Heinz Ronner)

Burckhardts Denken herankommt und wie sicher und vielversprechend zugleich er
sich von dessen Formel unterscheidet? Jetzt müsste ich ihn darüber befragen können und wäre gewiss, eine glänzend improvisierte Antwort über «Tragen und
Lasten» hier, «Tragen und Trennen» dort zu bekommen. Die Antwort bleibt nun
aus, die Trauer darüber bedrückt mich. Doch denke ich an Herbert Kramels Grabrede und deren letzten Satz: «Er ist daran, einmal mehr zu überraschen.» Heinz
Ronners Funde, seine Denkreformen im Räumlichen, seine begeisterten Wagnisse
im dreidimensionalen Vorstellen und Systematisieren liegen vor, sie sind da, sie
sind skizziert und ansatzweise formuliert. An seinen Schülern und Freunden liegt
es nun, auch diese letzten 'Überraschungen' zu gruppieren und dem bereits Publizierten zuzufügen. Die Aussicht darauf ist ein Trost, der nicht wenig bedeutet.

Avantgarde als Kindertraum

Die «Architektur der Unschuld» von Gerrit Thomas Rietveld

Unter den ersten Pionieren der Moderne ist einer – nämlich der allererste – lautlos vergessen gegangen. Gerrit Thomas Rietveld (1888–1964), auf je ein Jahr gleich alt wie Le Corbusier (1887–1965). Rietveld erhält erst jetzt seinen Gesamtkatalog[1] und eine damit verbundene international ausstrahlende Ausstellung (zuerst im Centraal Museum Utrecht, gegenwärtig im Centre Pompidou Paris zu sehen, anschliessend im Guggenheim Museum in New York).

Wenn ein kluges Kind mich fragen würde, was denn das gewesen sei, die moderne Architektur – wie würde ich mich anstellen? Gewiss hätte ich bald einmal Gerrit Thomas Rietveld vor Augen, denn er ist doch weit und breit der einzige, der auf 'Kinderweise' unter die Avantgardisten gelangt ist. Durch das Schreinern von Kindersesseln, durch ein neuartig bemaltes Kinderwägelchen und schliesslich durch ein ebenso neuartiges farbiges Haus für Kinder – das berühmte Schröder-Haus – hat er sich einen fröhlichen Platz in der todernsten Gemeinde der Kunstpioniere freigemacht.

Das Kartenhaus von Utrecht

Und dieser Platz ist nicht etwa ein Verlegenheitsplatz, den man ihm aus Toleranz zubilligt. Denn das Schröder-Haus (1924/25) ist nicht einfach eines der Vorsignale zur Wandlung, wie frühe Wohnbauten von Gropius oder Loos sie darstellen. Sondern es ist der erste Durchbruch: das früheste komplette Wohnhaus, das ganz am andern Ufer steht. Ein Fanfarenstoss also, weiterum beachtet? Gewiss ja, nur ist das Bild von der Fanfare falsch. Man muss den Zusammenklang dieser Scheiben und Stangen und Röhren eher wie ein Glockenspiel hören, ein Klangbrocken aus der 'Zauberflöte', um der Kindernähe gerecht zu werden von Rietvelds weissem Haus, das angeklebt ist an die braune Backsteinwand eines 'erwachsenen' Mietgebäudes.

Erstmals erschienen in: *NZZ* vom 4./5. 9.1993.

1 Marijke Küper, Ida van Zijl, *Gerrit Th. Rietveld. L'Œuvre complète*, Centraal Museum Utrecht 1992,

Catalogue publié dans le cadre de l'exposition «Gerrit Rietveld 1888–1964», Centraal Museum, Utrecht du 28 novembre 1992 au 21 février 1993 etc.; [holländische, englische und französische Fassung, hier zitiert nach der französischen Version].

159   Gerrit Thomas Rietveld, Rot-Blau-Stuhl,
1918 (Marijke Küper/Ida van Zijl, Gerrit
Th. Rietveld L'Œuvre complète, Utrecht 1992,
S. 74)

Was jedes Kind verstehen kann, ist zugleich eine ernste, sogar streng
kohärente Sache: drei Bauformen, bemalt mit drei Farben und drei Nichtfarben.
Die traditionelle Backsteinmauer ist ersetzt durch die dünne, steife, zementgegos-
sene Platte oder Scheibe, die senkrecht oder waagrecht – und nur so – eingesetzt
wird, unterbrochen von Fenstern und verklammert von Stangen. Ein luftiges Haus,
eine Art Kartenhaus. Bemalt mit den drei Nichtfarben Weiss, Grau, Schwarz, aber
so, dass das Weiss die Hauptstimme hält; und akzentuiert oder konturiert von den
drei Grundfarben, Rot, Blau, Gelb, die knappe, aber markante Oberstimmen
erklingen lassen.

Das Kartenhaus von Utrecht – ein Erstling, von dem man sagen darf: er setzte neue Massstäbe, und zwar für die Avantgardisten selbst. So meine ich, dass das
Schröder-Haus für viele zur Herausforderung wurde, beispielsweise für Le Corbusier, der 1927/28 mit der Villa Savoye auf Rietveld geantwortet hat. Den springen-
den Punkt dabei werden wir später zu fassen suchen. Doch gleich jetzt muss ich
unterstreichen, wie verschieden, wie beinahe komisch verschieden die beiden
Quasi-Jahrgänger reagieren, und dies, obwohl sie fast wie siamesische Zwillinge
durch die Jugendjahre gingen: Beide besuchen die Schulen relativ kurz, denn beide
sind vom respektiven Vater her, der ein kleines Handwerksunternehmen besitzt,
für die Übernahme des Betriebs vorgesehen; beide befolgen zunächst die Berufs-
tradition der Familie (der Holländer wird Schreiner, der Schweizer wird Emaillist

160 Gerrit Thomas
Rietveld, Kinderspiel-
karren, 1922 (Daniel
Baroni, Ursprung des
modernen Möbels – das
Werk Rietvelds, Stutt-
gart 1979, S. 51)

für Taschenuhrgehäuse); beide zeichnen sich aus in der Lehre, befreunden sich mit
Lehrern (Rietveld mit dem Architekturdozenten P. J. C. Klaarhamer, Le Corbusier
mit dem Kunstdozenten und Maler L'Eplattenier). Und diese Lehrer sind es dann,
die ihnen einen Sprung in die Architektur vorschlagen. Ich sage 'Sprung' und
meine damit, dass sie beide die üblichen technischen oder akademischen Kurse
nicht absolvieren können, schon deshalb nicht, weil ihre Grundschulung zu kurz
gewesen war. Damit sind sie von den feineren Tischen ferngehalten – was den
einen, enorm Erfolgreichen ein Leben lang brennt, den andern, zuerst sehr, aber
dann nicht mehr so ganz Erfolgreichen kaum zu behelligen scheint.

Bis hierher geradezu ein Parallelprofil – doch kaum sitzen beide im Sattel,
zeigt sich, wie völlig verschieden jeder die Leine führt. Als Beispiel diene das Jahr
1923: In ihm erscheint das doch wohl grossartigste und knappste Buch von Le Corbusier, betitelt *Vers une architecture*. Bekanntlich wird in ihm die «Ästhetik des Ingenieurs» als Muster und Vorbild hingestellt und gefordert, der Architekt habe in
erster Linie vom perfekten, eben 'ingeniösen' Kalkül des damaligen Meerdampfers,
des damaligen Flugzeugs und Automobils zu lernen.

Und wovon lernt, im Jahre 1923, der Zwillingsbruder Rietveld? Er lernt vom
hölzernen Kinderwägelchen! Und entwirft ein Jahr darauf das, was Le Corbusier
damals so folgerichtig noch gar nicht hätte durchdenken können: das makellose
Kartenhaus, «la boîte».

Passion für Kindermöbel

In der Tat wimmelt es im nun glücklicherweise endlich vorliegenden Katalog[2] Rietveld in diesen Jahren von Kinderschreinerei: vor 1914 eine erste «Charrette d'enfant» (Kat. 19), ein Kinderbett (Kat. 31), ein Laufgitter (Kat. 33) – bis dann die
«Chaise haute» von 1918 (Kat. 34), ein Mehrzweckstuhl für Kleinkinder mit neuartiger Gitterbildung, als erster Beitrag von Rietveld in der Zeitschrift *De Stijl*
erscheint, und zwar gleich mit drei photographischen Ansichten.

Rietveld heiratet 1911 Vrouwgien Hadders, und sie werden sechs Kinder
grossziehen, was wiederum Verbindungen bringt zu anderen kinderreichen Familien, die auch zu Kunden werden. Doch das allein erklärt das Beharren auf dem
Kinderthema nicht. Überzeugender scheint mir, die Passion für Kindermöbel als
Ausweichmöglichkeit vor den Forderungen des Vaters zu verstehen. Dieser nämlich hatte sich einen Namen gemacht als gewiefter Stilmöbellieferant, der alle Epochen abdeckte – was für Gerrit Thomas Kummer, Ablehnung, Widerstand und
schliesslich geschäftliche Loslösung vom Betrieb des Vaters bedeutete. Beim Kindermöbel konnte ihm niemand von Stilprätentionen sprechen, da ging es um
Hygiene, Funktion und vor allem um neue erzieherische Horizonte. Unerwarteter
Weg, nicht ein Umweg zwar, aber eine Schlaufe oder sogar ein Kreisen, das sich als
nächster Weg zur eigenen Möglichkeit entpuppte.

So gelangte Rietveld mit seiner Reise durch die Kinderlandschaft mitten ins
Kerngebiet der anspruchsvollsten Avantgarde. Denn sie, diese Landschaft, hatte
gerade jene Poesie, die Le Corbusier unentwegt forderte und beschwor, ganz
natürlich und selbstverständlich bei sich. Eine Spur, die mit keiner andern aus derselben Gruppe verglichen werden kann und die erst heute, bald dreissig Jahre nach
seinem Tod, durch den Gesamtkatalog von Marijke Küper und Ida van Zijl freige-
legt worden ist.

Was durch den Gesamtkatalog offenkundig wird, ist zunächst die kontinuier-
liche und rastlose Fortsetzung der Arbeit. Die jahrelange und ohne Zweifel gewissenhafte Ortserkundung und Archivarbeit der beiden Autorinnen gelangt zu
immerhin 681 Katalogeinträgen. – Der letzte Eintrag betrifft das Rijksmuseum
Vincent van Gogh, das Rietveld vor seinem Tode intensiv beschäftigte, das aber
von seinen Partnern van Dillen und van Tricht fertiggeführt worden ist. Die Palet-
te der Aufträge bleibt reich, sie umfasst bis zum Schluss das Möbel für den Innenraum und das Haus, als Möbel für den Aussenraum. Aber der Anteil der Architektur ist viel grösser, als zum mindesten ich vermutet hatte: Da gibt es Entdeckungen
(für den Nichtholländer), da gibt es Funde, die jeder andere Kleinstaat, etwa die
Finnen oder die Schweizer, längst an die grosse Glocke gehängt und ausgiebig
publik gemacht hätte.

161 Gerrit Thomas Rietveld, Schröder-Haus, Ansicht auf die Südwest-/Südostfassade, Utrecht, 1924 (Paul Overy/Lenneke Büller/Frank den Oudsten/Bertus Mulder, The Rietveld Schröder House, Naarden 1988, S. 51)

Mehr als ein Stuhl und ein Haus

Denn Rietveld blieb bei seiner Sache, zwar nicht beirrt, mitunter aber schwer bela-stet – zunächst von der Feindseligkeit der Pseudotraditionalisten ab spätestens 1933, dann vom Ausbruch des Zweiten Weltkriegs und von den grausamen Folgen der deutschen Besetzung. Er brachte sich mit seiner Familie durch, war er doch gottlob immer auch 'der kleine Schreiner' geblieben, wenn Bauaufträge ausblieben. Was er aber nicht akzeptierte und in seiner würdigen, wortkargen Art deutlich von sich wies, waren eine Simplifikation und eine Verdächtigung. Die Simplifikation: er sei (lediglich) der Mann *eines* Stuhles und eines Hauses. Die Verdächtigung: er sei (nicht viel anderes als) ein «kleiner Schreiner, 'entdeckt' von van Doesburg».

2   Ibid.

Zwar trifft zu, dass Doesburg 1919 vom Rot-Blau-Stuhl begeistert war und Riet-veld sogleich in die De-Stijl-Gruppe holte. Dass dieser aber fünf Jahre später das Schröder-Haus werde konzipieren können und damit innerhalb der genannten Gruppe – im Sprung wiederum – nur noch mit Mondrian vergleichbar blieb, das ging doch wohl deutlich genug über den Vorstellungshorizont Doesburgs hinaus.

Man kann sich übrigens fragen, ob nicht gerade der Schreiner der 'fällige' Vorbereitungsberuf war für die Anforderungen der neuen Bautechnologie um 1910–1920. In diesem Jahrzehnt wurde die Einführung des Eisenbetons herüber-geholt aus dem Industriebau, für den Wohnbau eine Provokation. Gefordert war ein Umdenken, weg von der schweren gemörtelten Mauer, hin zur dünnen steifen Platte oder Schale. Nun hat keiner der hergebrachten Handwerksberufe eine der-art alte Tradition wie der Schreiner, aus schweren Blöcken zunächst dünne Platten zu verfertigen: Tischplatten, Schrankplatten, Sitzplatten. Kein Wunder deshalb, dass Rietveld, sofern ich recht berichtet bin, ungleich weniger Fehler beim Bauen unterliefen als seinem Kollegen, dem Emailleur aus dem Schweizer Jura.

Auch wenn man sich auf Bauten beschränkt, wird die Liste der köstlichen Funde oder Wiederentdeckungen lang, und sie steigert sich erst recht im letzten Jahrzehnt – dem einzigen übrigens, in dem Rietveld und seine beiden Partner regelrecht überflutet wurden von Aufträgen. Wir müssen uns hier mit Hinweisen begnügen:

– das Haus Lommen (Kat. 104) und das Intérieur Harrenstein (Kat. 107) sind unmittelbar nach dem Schröder-Haus entstanden – als ruhige Fortsetzung des gewonnenen Konzepts, jedoch mit einer deutlicheren Prise Alltag im hel-len Raum;

– die Serie der makellosen Reihenhäuser (meist für vier Familien) beginnt mit Kat. 163 (1931);

– den Beginn der politischen Bedrohung (1933) und das Elend des Kriegs (1940) markiert Rietveld mit zwei Ausnahmebauten: mit einem apart gewölb-ten Giebelbau für einen Musiker (Kat. 205) und mit einem geradezu dekon-struktivistischen Pfahlbau, der sich auf ein Binnengewässer zurückzieht (Kat. 325) und nur über eine federnde Brücke erreichbar ist;

– für viele Kunstfreunde ist der Holländische Pavillon auf dem Gelände der Biennale in Venedig (Kat. 463, 1953) der zweite Bau des Meisters, der unter die Haut ging. Er hält bis heute die anderen Ländervertretungen in Schach – eben darum, weil er selbstgewiss wirkt und deshalb keine Provokation suchen muss;

– schliesslich zwei der grosszügigsten Wohnhäuser aus den späten Jahren: Haus Van den Doel (Kat. 548) und Haus Van Slobbe (Kat. 633).

Warum machten die Holländer so lange so wenig Aufheben mit diesen glücklichen Gebilden? Vielleicht weil sie real und bequem bewohnbar und nicht bloss «wöhnlich» sind (wie das der junge Goethe von der Villa Rotonda bei Vicenza zu Recht kritisch vermerkte)?[3] Doch es gibt noch zwei weitere Gründe, weshalb Rietveld «im Stande der Unschuld» zu bleiben vermochte. Er hat erstens das einmal entdeckte und freigelegte Neue nicht stetsfort von anderer Seite her wieder und nochmals zu übertreffen versucht. Und er hat zweitens den Diskurs mit den Echo-Medien (Presse, Photographen, Radio) weder gehätschelt noch vermisst. Mit anderen Worten: Er würde heute nicht unter die Kategorie 'Stararchitekt' fallen und würde diesen neuartigen 'Set' nachhaltig irritieren.

Le Corbusiers Antwort

Doch zurück zur Wirkung des Schröder-Hauses auf Le Corbusier. Rietvelds strenge Konsequenz, ausschliesslich steife Platten zu verwenden, muss damals viel bedeutet haben – aber nicht alles. Das künstlerische Geheimnis sehe ich darin, dass Rietveld diese Platten ebenso konsequent (aber nun ohne rationale Begründung) auskragen lässt. Sie gleiten über die Kanten hinweg. Sie schliessen sich nicht bündig. Dieser 'Überschuss' ist am deutlichsten spürbar in der weissen Betonplatte auf der Hauptfront. Sie benimmt sich wie eine Wolke. Das versetzt das Kartenhaus in eine gleitende Bewegtheit. Für Kinderaugen ist das eine sanfte, freundliche Bewegtheit, die aus dem Boden aufzufahren scheint, aus einer Unterwelt in eine obere Welt, wie in Bergmans Film der Stockholmer 'Zauberflöte'.

Einer mit der Nase eines Corbusier merkt das, schiesst darauf zu. Er trägt seither dieses bisher unerhörte Rietveldsche Gleiten wie ein Musikmotiv mit sich herum, vier Jahre lang. Bis ihm die Villa Savoye gelingt, die aus dem Gleiten ein Emporheben macht, mittels Pilotis, das heisst ein Abheben des Kartenhauses vom Grasboden. Seine Antwort an den Zwilling in Holland.

Doch es kommt noch schöner: Bisweilen leistet sich die Architekturgeschichte ein Märchen, als winzige Insel in einem Meer von Sinnfreiheit, Sinnlosigkeit, Brutalität und gewinnbringendem Stumpfsinn.

Drüben, jenseits des Atlantiks, beobachtet ein alter Mann das Treiben der beiden Zwillinge. Er spürt, dass ihre Botschaft wichtig ist, er möchte beiden kritisch antworten. 1936 bekommt er die Gelegenheit: Frank Lloyd Wright baut das Falling-Water-Haus, er ist damals 67, die Zwillinge, mit denen er dabei 'spricht', sind merklich jünger, 39 und 38 Jahre alt: transatlantisches Gespräch über 'le poids des choses'.

3   Johann Wolfgang von Goethe, «Den 21. September [1786], abends», in: *Italienische Reise*, herausgegeben und kommentiert von Herbert von Einem, Hamburg 1951, S. 586.

Interpretation im 20. Jahrhundert

Sigfried Giedion: Inszenierung der Avantgarde

Auf dem Weg hinauf durchs Wolfbach-Tobel zum Doldertal, wo wir als junge Familie die kleinste Wohnung im oberen 'modellhaus des neuen bauens' bewohnten, fragte ich meinen Hausherrn Sigfried Giedion, wo er das Hauptmotiv für den ungewöhnlichen und langdauernden Erfolg seines Buches *Raum, Zeit und Architektur*[1] sehe. «Sie werden überrascht sein», sagte er, aber er glaube, in der speziellen Formulierungsart der Bildlegenden liege das Geheimnis. «Der Freund der Architektur und bildenden Künste ist nur ein mässig temperierter Leser. Wenn ich aber zum gut ausgewählten Bild zwei aufgeweckte Beobachtungen setze und so das Bild sorgsam mit dem Wort verknüpfe, dann folgt er mir.»

Kämpfer für eine neue Umwelt

Diese Auskunft bestärkte mich in der Überzeugung, Giedion sei in erster Linie ein begabter Wahrnehmer. Ein Interpret von Gebilden und Bildern, der sich Fragen stellt, Thesen formuliert – vorab jedoch besticht durch die Frische und Präzision seiner Wahrnehmung. Daraus folgt, dass ich mir bis heute nicht sicher bin, ob er wirklich die Absicht hatte zum «Versuch einer ästhetischen Theorie der Moderne», wie es Sokratis Georgiadis für gegeben hält. Weit eher sehe ich Giedion als den unermüdlichen – und übrigens auch weitgehend selbstlosen – Kämpfer für eine neue Wohnwelt und Kunstwelt und Umwelt, die den damaligen kriegsverstümmelten Europäer, diesen unglücklichen Erben des 19. Jahrhunderts, neu und besser formen sollte. Ein 'System', scheint mir, hat er dabei nicht beansprucht. Dazu hatte er zu viele spontane Fragen und zuwenig abgeklärte Antworten. Auch wenn seine Thesen oft sehr bestimmt vorgetragen wurden und mit einem zunehmend deutlichen Hang zur 'Verkündigung' einhergingen. Immerhin: 'gepredigt' hat er nicht, wie das Frank Lloyd Wright jeweils am Sonntag morgen nicht lassen konnte. Indessen 'verkündet' schon.

 Zum Beispiel an jenen drei festlichen Vorträgen an der ETH Zürich, die der aus Amerika ins Doldertal Heimgekehrte vor überfülltem Auditorium gab. Spät an Jahren, aber voll applaudiert, bei seinem Einzug flankiert von seiner Gattin Carola Giedion-Welcker und von Prof. Wilhelm Löffler, dem Chef des damaligen Kantonsspitals. Der kleine betagte Mann mit der immerwährend schwarzen Krawatte («das Leben ist zu hart, fügt einem zu grosse Verluste zu, Farbigkeit lohnt sich nicht», hatte er mir diesbezüglich zu meiner Verwunderung gesagt) betrat das

Podium zaudernd, denn seine Augen hatten Schwierigkeiten mit Treppen und Schwellen. Da er auch dickere Gläser zu tragen hatte als in der Jugend, bekam sein Blick etwas Visionäres. Doch da war nicht auszumachen, ob dieser vergrösserte Blick nur die Folge der Brille war oder vielleicht doch mit dem kaum mehr geleugneten seherischen Zug des alten Forschers zu tun hatte. Womöglich hätte es ihn sogar amüsiert, wenn ich ihm diese Frage gestellt hätte. Doch so weit konnte meine Keckheit nicht gehen, das mit der schwarzen Krawatte genügte. Er war schliesslich mein Hausherr und Vermieter (und hatte uns bei meinem bescheidenen Lohn die Heizkosten erlassen, obgleich ein halbes Dutzend weitere Bewerber anstanden). – Beim Sprechen am Pult der ETH gingen seine Hände lebhaft mit oder senkten sich mit gespreizten Fingern auf die Tischfläche. Eine kraftvolle Hand mit lebensvollem Zugriff. Hier spricht einer, der mit Ohren, Haut und Händen 'sieht'. Kurz: der Mann, der seiner Epoche den Vorwurf der 'Spaltung zwischen Denken und Fühlen' keinesfalls ersparen wollte, arbeitet unmittelbar aus der sinnlichen Beobachtung. Er beobachtet die gemalte, modellierte und gebaute Wahrheit der bildenden Künste und der Gebrauchsgeräte, bevor er allenfalls auch die wortformulierte philosophische Erkenntnis oder die naturwissenschaftliche Wahrheit konsultiert. Diese Priorität muss beachtet bleiben, wenn man auf Giedion zugehen möchte.

Von den neun Teilen des Buches *Space, Time and Architecture* ist der Teil VI so etwas wie das pulsierende Zentrum des Ganzen. Da geht es nicht nur um die Raum-Zeit-Konzeption, wie der Titel es sagt, sondern auch um den inneren Kreis der Personen, den Giedion selektioniert hat. Können sechs Personen – es handelt sich um Frank Lloyd Wright, den Ingenieur und Brückenbauer Robert Maillard, Walter Gropius, Le Corbusier, Mies van der Rohe und schliesslich um Alvar Aalto – als auserwählte Sippe ein Jahrhundert darstellen? (Denn dieser Anspruch ist unausgesprochen spürbar.) Man denkt an Pirandellos Schauspiel «Sei personaggi in cerca d'autore» (1921) und fragt sich, ob der Interpret Giedion nicht doch zum 'Autor' mutiert habe, ohne dessen Regie das hohe und exklusive Profil der Sechsergruppe nie erreicht worden wäre.

Achtet man auf die Lebensdaten, dann ergibt sich, dass Wright (geboren 1869) die Vaterrolle zufällt, flankiert vom Konstrukteur Maillard (1872) – einem Ingenieur also, wie er seit Le Corbusiers Buch *Vers une architecture*[2] zum Vorbildberuf und Schutzpatron für den orientierungslos gewordenen Architekten deklariert worden war. Folgt die Dreiergruppe der 'Söhne': Gropius (1883) – Le Corbusier (1887) – Mies (1886). Auf sie kommt es an, und Giedion (1888) versteht sie

Erstmals erschienen in: *NZZ* vom 20. 2.1996.

1 Sigfried Giedion, *Space, time and architecture; the growth of a new tradition*, Cambridge: The Harvard University Press/London: H. Milford, Oxford University Press 1941.

2 Le Corbusier-Saugnier, *Vers une architecture*, Paris: Crès 1923.

162 Sigfried Giedion, Ende
der dreissiger Jahre (ETH Zürich,
Archiv gta: Nr. 43-F-P-1:22,
Giedion-Archiv)

aus brüderlicher Nähe, wenn auch stets mit dem gebotenen Respekt. Der sechste
schliesslich ist ein 'Enkel' – Alvar Aalto (1898), eine Dekade jünger und von fern-
her kommend, ein Finne vom Rand der Tundra und des Eises, also ein nordlän-
disch-östlicher Exot. Statt König, Dame, Bauer: gewiss noch keine Dame am Horizont, dafür aber Vater, Triumvirat und Exot.

Als Studenten haben wir diese Auswahl, die sich durch die Wirren des Zweiten Weltkriegs wie eine Wandertruppe über die halbe Welt verteilt hat, naiv als
'gegeben' angenommen. Kenner von Giedions Werk und Wirken geben uns indessen zu bedenken, dass diese Selektion viele ausgeblendete Namen voraussetzte und
unter ihnen zwei Architekten als eigentliche Opfer forderte. Stanislaus von Moos
(in seinem Nachwort zum zweiten grossen Buch Giedions: *Mechanization takes command*[3]) führt eine ganze Liste der «Vergessenen» oder «Abgewehrten» auf, doch
als eigentlich «Verdrängten» erkennt er den Wiener Adolf Loos, der nach heutiger
Auffassung für die Väter-Generation genau so unentbehrlich ist wie Wright.
Sokratis Georgiadis (in seiner 'intellektuellen Biographie' Giedions, 1989)[4] hält
sich darüber auf, dass Erich Mendelsohn (1887) schlicht nicht vorkommt: der
Mann, der 1921 das Potsdamer Observatorium, den sogenannten Einstein-Turm,
erbaut hat und dessen Amerika-Entdeckung derjenigen von Giedion voranging.
Als Mendelsohn seine völlige Absenz im Buche Giedions entdeckte, soll er wütend
jene Seiten herausgerissen haben, «auf denen Relativität und Kubismus zueinander
in Beziehung gebracht wurden», und sie Albert Einstein persönlich zugesandt
haben. Worauf der Physiker in Reimen antwortete: «Nicht schwer ist's Neues aus-

zusagen / Wenn jeden Blödsinn man will wagen / Denn seltner füget sich dabei / Dass Neues auch vernünftig sei.»

Das ist zumindest eine muntere Umkehrung der Prestigeverhältnisse, wie sie in Giedions Generation vorherrschten. Für einmal dient sich nicht die Kunstwelt ehrfürchtig dem sublimierten (das heisst nur vage verstandenen) Wahrheitsträger der Naturwissenschaften an, sondern dieser kanzelt jene ab. Der Physiker spricht über Kunst. Und zwar in holperigen Versen der biederen Art, die dem Kunstkenner flugs erlauben, Einsteins Kompetenz in Sachen Kubismus erheblich in Zweifel zu ziehen.

Der Physiker und Mathematiker drückt sich in Zeichen und Ziffern aus; der Historiker in Worten; der Maler, Bildhauer und Architekt in Bildern und Gebilden. Deshalb wird in der Einstein-Debatte eine Vorfrage unerlässlich, nämlich: Was kann jede dieser drei Sprachen ihrerseits aussagen, was aber nicht? Wo ist Parallelität bewusst, wo unbewusst, wo bloss ein voreiliges Missverständnis?

Solange diese Vorfrage nicht angesprochen ist, lasse ich gerne gelten, dass Giedion gute Gründe hatte, eine ambitiöse Raum-Zeit-Verflechtung als Leitmotiv des (frühen) 20. Jahrhunderts einzustufen; dass er ebenfalls gute Gründe hatte für seinen einigermassen pathetischen Buchtitel. Denn kosmische Ansprüche hatte die Architekturtradition insgesamt immer schon.

Die mechanisierte neue Gewöhnlichkeit

Giedion war klug genug, für sein zweites grosses Vorhaben (*Mechanization takes command*[5], 1948) nicht im selben, naturgemäss kontroversen Gelände zu bleiben. War 'Space-Time' für manche zu 'hoch' oder zu riskiert – einerseits in der Parallelismusthese, andererseits im Grade der offenen Parteilichkeit –, so ging er nun für nicht wenige zu tief ins Banale des 'blossen' Alltags.

Das, was er zu erforschen begann, hat er sonderbarerweise schon in 'Space-Time' beschrieben als Unternehmen von Adolf Loos – dem er im übrigen, wie vermerkt, keine eigene Würdigung zubilligt: «Dieser Wiener Architekt hatte lange in England und Amerika gelebt und die Bedeutung der anonymen Produktion dieser Länder von Gegenständen des täglichen Gebrauchs erfasst, von der Kleidung bis zur Badewanne.» Genau das unternimmt nun Giedion selber, und auch er ist dabei

---

3 Sigfried Giedion, *Mechanization takes command. A contribution to anonymous history*, New York: Oxford University Press 1948 (erste deutsche Fassung: *Die Herrschaft der Mechanisierung. Ein Beitrag zur anonymen Geschichte*, mit einem Nachwort von Stanislaus von Moos, Frankfurt am Main: Europäische Verlagsanstalt 1982)

4 Sokratis Georgiadis, Sigfried Giedion, *Eine intellektuelle Biographie*, Zürich ETH: gta Institut für Geschichte und Theorie der Architektur 1989.

5 Sigfried Giedion, *Mechanization, op. cit..*

auf Nordamerika angewiesen, denn dort besteht kein Tabu gegenüber der Maschine, und die Distanzen im riesigen Land erzwingen neuartige Lösungen. Es geht um «die grossen Konstanten der menschlichen Entwicklung», um die Bearbeitung des Bodens, um das Wachstum von Pflanze und Tier, kurz: «Brot, Fleisch».

Schon um 1850 bestehen in Amerikas Marktangebot ungleich mehr Sensentypen für den Schnitt von Gras, als sie Europa offeriert. Mit dem Traktor, mit der Mähmaschine treten dramatische Wandlungen auf, die für Giedion gar nicht leicht zu rekonstruieren waren, denn die Firmen und selbst die Ingenieure sind nicht interessiert an Geschichte, halten kein Archiv. Der eindrucksvollste Teil betrifft das Schlachten der Tiere am Laufband – Fords Assembly line für Automobile wird als Prinzip sogleich auf die Schlachthöfe übertragen. Wer die trockenen technischen Zeichnungen der Erfinder dieser Reihenschlachtung (die Giedion auf dem Patentamt ausfindig machte) gesehen hat, vergisst sie nicht mehr. Denn: Giedion beobachtet genau.

Sigfried Giedion
Am 14. April 1888 geboren als Sohn eines Unternehmers. Der Vater ist Miteigentümer der Spinnerei an der Lorze in Baar, Kanton Zug. Giedion schliesst in Wien das Studium eines Maschineningenieurs mit dem Diplom ab. («Ursprünglich hätte ich wahrscheinlich mein Leben in einer Weberei am Zugersee zubringen sollen. Ich hatte daher Ingenieur zu werden, was für mich keineswegs leicht war.») In München studiert Giedion anschliessend Kunstgeschichte bei Heinrich Wölfflin. Abschluss als Dr. phil. 1922. Als «entscheidende Eindrücke» nennt er die Bauhauswoche in Weimar 1923 sowie den ersten Kontakt mit Le Corbusier 1925. Von 1928 bis 1956 amtiert er als Generalsekretär des Internationalen Kongresses für Neues Bauen (CIAM). Walter Gropius als Dekan der Architekturfakultät holt Giedion 1938 an die Universität Harvard in Cambridge, Mass. Giedions wichtigste Publikationen sind: *Space, Time and Architecture* (1941), *Mechanization takes Command* (1948), *The Eternal Present – The Beginnings of Art* (1962) sowie *The Eternal Present – The Beginnings of Architecture* (1964).[6] Sigfried Giedion stirbt am 9. April 1968 im Alter von 80 Jahren in Zürich. Das Giedion-Archiv befindet sich im Institut für Geschichte und Theorie der Architektur an der ETH Zürich.

6 Sigfried Giedion, *The eternal present. A contribution on constancy and change*, New York: Pantheon Books 1962–1964: *The beginnings of art*, vol. 1, 1962; *The beginnings of architecture*, vol. 2, 1964.

Am Ende des «Hundertjährigen Krieges»

Die Bedeutung der Schweizer Architektur nach 1945

Als Peter Meyer im Dezember 1942 die Gesamtredaktion der Zeitschrift Werk unter turbulenten Umständen abgeben musste, traten Alfred Roth für die Architektur und Gotthard Jedlicka für die bildende Kunst an seine Stelle. Beim Blättern in diesen jetzt mehr als fünfzigjährigen Heften: keine Spur von Verstaubtheit, keine Spur von der Mangelwirtschaft der Kriegsjahre. Das Papier satt und kräftig, die Typographie gepflegt und klar, die Photographien besser als das allermeiste, was der heutige Dauertumult der Belichtungskünstler noch herzugeben vermag.

Bereits im Januar 1944 – also fünf viertel Jahre vor dem wirklichen Kriegsende am 9. Mai 1945 – gestaltet Alfred Roth ein Sonderheft zum Thema «Planen und Bauen nach dem Kriege». Der erste Beitrag lautet «La guerre de cent ans» und ist ein geradezu raffiniert ausgewählter Abschnitt aus dem damals neuesten Buch von Le Corbusier, betitelt *Sur les 4 Routes* (1941)[1]. Roth selber äussert sich anschliessend über den Wiederaufbau «von der Schweiz aus gesehen».

Alfred Roth als Leitfigur

Mit der eben beschriebenen Redaktionsanordnung hat er bereits drei Karten auf den Tisch gelegt. Und dabei wird es bleiben, ein langes Leben lang. Denn der Hochbetagte, der heute im Zürcher Doldertal wohnt, würde auch jetzt mit Bestimmtheit wieder dieselben Karten ziehen. Erstens: er fordert bewusste Gegenwärtigkeit und bewusste Voraussicht, diskutiert demgemäss die Nachkriegs-Verpflichtung und Nachkriegs-Chance der Schweiz bereits entschieden vor Kriegsende. Zweitens: er gibt den Vortritt einem Meister, dem er zeitlebens folgen wird, 'unserem Landsmann Le Corbusier', wie er ihn zu nennen pflegt. Drittens ist damit für Roth gleich auch die heftig umstrittene Ambivalenzfrage unter den Modernen der dreissiger Jahre entschieden. Sie lautete: 'organisch bauen' wie Frank Lloyd Wright – oder aber 'geometrisch bauen' wie Gropius, Mies, vor allem jedoch Le Corbusier. Und Roth wusste sehr genau, wofür und wogegen er sich da entschied. Denn er hatte ja die Bauführung innegehabt beim Erstellen der beiden

Erstmals erschienen in: *NZZ* vom 25./26. 5. 1996.

1   Le Corbusier, *Sur les 4 routes*, Paris: Gallimard 1941.

Weissenhof-Häuser von Le Corbusier in Stuttgart. Wusste also bis ins Detail, was der 'Landsmann' wollte.

Und dennoch war er selber, einmal zumindest, von dieser Spur abgewichen. Im Haus de Mandrot am Zürichberg nämlich hatte er ein dreieckiges Holzgebilde über einem Sechseckraster errichtet, ganz im Sinne von Wright, mit weit vorkragendem Flachdach. Und kam so mit einem einzigen Sprung offenbar mühelos ganz nahe an Wright heran – ungefähr gleich nahe wie der ebenfalls hochbegabte Werner Moser, der aber seinerseits diese Ambivalenz nie aufgab, nie entschied, sondern als Spannung beharrlich austrug (was ihm, vermute ich, in wenigen Jahren eine Wiederentdeckung einbringen wird).

Meine These in diesem kleinen Stück Erinnerungsarbeit, das sich, unter Verzicht auf die Romandie und das Tessin, nur mit den Deutschschweizer Vorgängen befassen kann, lautet: Die Leitfigur der Deutschschweizer Nachkriegsarchitektur heisst Alfred Roth. Denn er ist es, der die Gattung erkannt hat, in der die hiesige Bauwelt damals sich selber zu definieren vermochte und dadurch den kriegsversehrten Nachbarländern tatsächlich brauchbare Muster vorlegen konnte. Diese Gattung ist der *Schulbau*. Über Dekaden hat Roth ihn gepflegt, erforscht, für ihn geworben, die Resultate verglichen. Ohne ihn, so lautet meine zweite These, wäre jene Blüte des Schulbaus nicht denkbar, wie sie die Schweizer Architektur ab 1950 und bis über 1970 hinaus bekannt gemacht hat.

Doch kurz zurück zu Le Corbusier, der uns mit dem «Hundertjährigen Krieg» verblüfft. Dieser habe begonnen mit der ersten Lokomotive, sei ein Krieg für oder gegen die Maschine und die mit der Maschine eintretende Arbeitslosigkeit. Erst die richtig eingesetzte Maschine werde den Frieden bringen; erst die richtig verstandene Kurzarbeit werde den Frieden erhalten. Denn: der Arbeiter sollte Kurzarbeit als Chance erkennen für «les loisirs», die Musse, als «travail d'initiative personnelle, d'imagination, de création, un travail entièrement désintéressé qui ne se vend pas et ne rapporte pas d'argent».

Für Alfred Roth ist diese «progressive Optik» von Le Corbusier wichtig. Denn ein weltweiter Wiederaufbau ohne Maschine ist nicht denkbar. Was nun das kleine Land selber betrifft, diese Insel, die «verschont blieb», so vertraut Roth dem «Schweizer Techniker» wie auch dem Ingenieur. «Man spricht von einer eigentlichen Schweizer Architektur vom Zeitpunkt an, da wir die in verschiedenen Ländern erwachten Neuerungsbestrebungen übernommen und zu den unsrigen gemacht haben.»

Drei Jahre später, im Sonderheft «Schulbau-Probleme» vom November 1947[2], hat Roth sein Thema gefunden. Er wird es nicht mehr lassen. Was bewegt ihn so sehr an dieser Aufgabe? Selbstverständlich erwähnt er Pestalozzi, selbstverständlich ist ihm bewusst, dass seit dem «Émile» von Jean-Jacques Rousseau die Schweiz eine spezifisch «pädagogische Provinz» geworden ist – doch man wird den

Kämpfer für modernes Bauen gewiss nicht als Erfüllungsgehilfen von helvetischen Prestigeforderungen missverstehen wollen. Wahrscheinlich träumt Alfred Roth bis heute davon, dass eine Kindheitserfahrung in differenzierten Schulräumen im späteren Erwachsenen die Forderung nach guter Architektur und menschenwürdiger Umwelt wachhalten müsse oder werde.

«Das neue Schulhaus»

1950 erscheint der dreisprachige Band *Das Neue Schulhaus*[3] in der ersten Auflage; zwei Dutzend, in späteren Auflagen drei Dutzend wegweisende Realisierungen aus aller Welt sind zusammengetragen. Erst am Schluss des Bandes ist auf wenigen Seiten das ästhetisch-moralische Bekenntnis des Autors zu finden. Seine beiden Leitsätze: «Hauptziel der Erziehung ist der moralische Mensch. Moralische Erziehung hat ästhetische Erziehung zur Voraussetzung.»[4] Hinweise und Abstützungen bei Plato, Rousseau, Pestalozzi, Friedrich Fröbel, Maria Montessori führen Roth schliesslich zu Herbert Reads Buch *Education Through Art*[5], und aus ihm hebt er den Satz hervor: «Kind und Künstler sind sich engstens verwandt [...] durch entsprechende Erziehung soll der Künstler im Kinde erhalten und entwickelt werden.» Wenn das nur so einfach wäre, wie Sir Herbert sich das vor fünfzig Jahren gedacht hat (!), wird sich der heutige Leser halb amüsiert, halb wehmütig denken und erstaunt auf das kurze Wort «soll» starren, dem so lange Beine zugetraut werden.

Doch damit ist Alfred Roths brillante internationale Sammlung bedeutender und neuartiger Schulbauten überhaupt nicht in Frage gestellt. Im Gegenteil: seine Auswahl bewährt sich weitgehend bis heute. Wenige Jahre später, 1961–1963, konnte er selber im Schulbau Riedhof in Zürich-Höngg die Probe aufs Exempel machen. Und wer sie kennt, der vergisst nicht mehr das Heitere, Menschenfreundliche dieser Anlage, die er bis in die Komposition der farbigen Glasscheiben am Pausenplatz selber betreut hat. Denn es gibt in Alfred Roths Bauten eine Kunst der leichten Hand (die so schwer und schwierig zu erreichen ist), die eine feine Art von Beschwingtheit auslöst, die ihm niemand vormachen konnte – auch der 'Landsmann' nicht – und die nur ihm selbst gehört.

Spätere Aufträge haben Alfred Roth nach Jugoslawien, nach Kuwait und andere arabische Staaten geführt. Wieder war es der Schulbau, der auch dort das Leitmotiv blieb. Denn Roth erkannte sogleich zwei neue, ortsgebundene Gefahren:

2   *Werk* 11 (1947).
3   Alfred Roth, *The new school* = *Das neue Schulhaus* = *La nouvelle école*, Zürich: Girsberger 1950.
4   Id., *op. cit.*, S. 215.
5   Sir Herbert Read, *Education through art*, [Reprinted], London: Faber and Faber 1947.

Bedrohung durch Erdbeben, Lähmung durch extreme Hitze. Er ging sie an, fand Lösungen, fand Anerkennung – so sehr, dass er mir einmal sagte, er sei in jenen Ländern ungefragt reihenweise kopiert worden. Mit diesen Etappen nahm die pädagogische Woge der Schweizer Architektur ihren Anfang – wäre nicht zeitlich früher bereits ein Meisterwerk vom Himmel auf die Böschung der Aare gefallen, nämlich Hans Brechbühlers Gewerbeschule in Bern (1937–1939). Ein Werk, das manche Zugreisende auch heute noch erstaunt wahrnehmen: Es ist, als wäre es Brechbühler in diesem Bau gelungen, Le Corbusier zu überholen und ihm einen Wink zu geben, wo es langgehen müsste und sollte. Max Bill ist der nächste mit seiner Hochschule für Gestaltung in Ulm (1950–1955); es folgt Jacques Schader mit dem Freudenberg in Zürich (1954–1960); hierauf Eduard Neuenschwander mit dem Rämibühl in Zürich, Dolf Schnebli mit dem Gymnasium in Locarno, Walter M. Foerderer mit der Handelshochschule St. Gallen.

Aus dieser Reihe, die ohne grosse Konzessionen erheblich ergänzt werden kann, sind 'Ulm' und 'Freudenberg' gegenwärtig wieder am meisten in der Diskussion. Und sie verdienen es.

Windradgrundriss und Zentralsymmetrie

Jacques Schader, dem Architekten, zum Achtzigsten

Als Jacques Schader, der am 24. März seinen achtzigsten Geburtstag feiert, die Lateinmatur am Gymnasium Basel absolviert hatte, tat er einen unerwarteten Schritt: Er ging nicht einfach an die Hochschule, wie das mit oder ohne eigenen Entschluss in solchen Klassen selbstverständlich war, sondern er begann, Möbel zu bauen. An der Fachklasse für Innenausbau der Kunstgewerbeschule Basel holte er sich das Rüstzeug, bei August Baur war er zwei Jahre an der Arbeit. Erst dann folgte die Architekturausbildung an der ETH Zürich. Wo und wann aber wird, auf dem Weg von Stuhl, Tisch und Gestell zum Haus, aus Jacques Schader jene Persönlichkeit, die seine Generation seither so entschieden geprägt hat? Ist das Bücherregal für einen Verleger (1943) bereits eine Vorwegnahme jener späteren, sorgsamst ausgewogenen Fassaden, die einem die beiden scheinbar widersprüchlichen Wörter 'klassisch' einerseits, 'modern' andererseits auf die Zunge legen? Ist das Ferienhaus in Gandria, am Steilhang über dem Luganersee (1945–1946), mehr als nur ein grosses Atemholen nach Kriegsende, nämlich auch eine Reverenz an Le Corbusier in der grossen, doppelgeschossigen Raumöffnung auf die Seefläche hin? 1951–1953 wird der Einfluss von Mies van der Rohe mindestens so deutlich: im Projekt für das Stadttheater Basel, und erst recht im realisierten Verkehrspavillon mit Kiosk am Bucheggplatz Zürich.

In denselben Jahren indessen taucht erstmals ein Windradgrundriss auf (Quadrat mit vier 'Dreharmen', Projekt kirchliche Bauten 'im Gut'), wobei zugleich eine Freude an der Zentralsymmetrie manifest wird, die nicht bilateral auf eine Achse zu drängt, sondern von den vier Quadratseiten her auf den Mittelpunkt hin, und diesen auch zu zeigen wagt. Da überholt Schader die beiden Vorbildsgestalten – und er wird, in der ihm eigenen Beharrlichkeit, unter stetiger, bedächtiger Weiterentwicklung dabei bleiben.

Man kann schon den ersten grossen Wurf Schaders, die Kantonsschule Freudenberg in Zürich, unter diesen beiden Stichworten sehen: Windradgrundriss und Hang zur Zentralsymmetrie. Der 37jährige erlangt den 1. Preis für den Freudenberg 1954. In sechs Jahren wird er den Moränenhügel über dem Bahnhof Enge so überbauen, dass der Unterbau (für Naturwissenschaften und Turnhallen) selber zum Hügel aus Architektur wird, auf dem dann die beiden Überbauten – das Wirtschaftsgymnasium und das Literargymnasium – ungemein leichtfüssig und hell auf schlanken Stelzen sich abheben. Eine Schwebe-Szene, von ungewöhnlicher Gross-

Erstmals erschienen in: *NZZ* vom 22./23.3.1997.

163 Jacques Schader, 1992
(Fotostiftung Schweiz; Foto
Doris Quarella)

zügigkeit, die bald europäischen Ruhm erlangen wird. Und im Rasen zwischen den beiden weissen Überbauten findet sich das Muster des Windrades wieder (das ebenso für die Gesamtanlage verbindlich ist). Der zentrale Punkt wird, als Wasserquelle, sichtbar gemacht. Topographie des künstlichen Hügels, der von bedeutenden Bildhauern der Epoche, wie Hans Aeschbacher und Otto Müller, damals als 'Akropolis' bezeichnet wurde.

Von nun an wird Schader verwöhnt mit grossen Aufträgen: Die IBM will ihren Schweizer Hauptsitz von ihm erstellt haben, was er 1967 bis 1973 einlöst. Die Eidgenossenschaft übergibt ihm den Entwurf zur Botschaft in London (1964) und zur Botschaft in Bonn (1966) – dass beide Projekt so nicht verwirklicht wurden, hat im einen Fall mit widerlichen, im anderen Fall mit widrigen Umständen zu tun, für die der Architekt nichts kann.

Diese Enttäuschungen lenken Schader nicht von seiner Spur ab. Das zentrierte Quadrat wandelt sich zunächst in ein zentriertes Vieleck (im Altersheim Langgrüt 1970, in der Wohnüberbauung Gerhalde 1982), schliesslich in den Kreis, oft als Zylinder, eingeschrieben in den Würfel (Ergänzungsbau Hochschule St. Gallen 1982, PTT-Areal Lenzburg 1984, Regierungsviertel Vaduz 1986, Asea Brown Boveri Baden 1987). Als Kontrapunkt zu dieser stetigen Entfaltung entsteht zwischen 1987 und 1991 eine Überbauung für 70 Wohnungen in Spreitenbach für die Eisenbahner-Baugenossenschaft, die den Typus der Reihenhaussiedlung neuartig auffasst.

Anlässlich der Ausstellung «Freudenberg», die Claude Lichtenstein im Museum für Gestaltung 1992 veranstaltet hat (und zu der auch eine Werkmonographie[1] erschien), sagte mir ein nicht mehr junger, aber alerter Freund: «Die heutige Generation wird das Entscheidende, was uns am Freudenberg so fasziniert hatte und weiter fasziniert, nicht mehr verstehen.» Nämlich die Kunst der Auskragung. Die Sensibilität, die Schader hatte für dieses Herauskragen über die Stützen hinaus, so dass die Illusion des ballonleichten Schwebens entstand. Das hatte mit dem Prinzip Hoffnung zu tun und ist mit ihm erloschen. «Hoffen kann nicht per Dekret abgeschafft werden», entgegnete ich, «ist übrigens biblisch verankert. Und der Ballon, mit seiner ganz speziellen Art der 'Fahrt' (die von Fachleuten nie als 'Flug' bezeichnet wird), beeindruckt meine Enkel genau so stark wie einst mich».

1 Marianne Burkhalter u.a., *Freudenberg. Der Architekt Jacques Schader und die Kantonsschule in Zürich-Enge, eine Baumonografie mit einem Verzeichnis ausgewählter Werke*, Museum für Gestaltung Zürich & Schweizerischer Werkbund (Hg.), Zürich: Museum für Gestaltung 1992.

Die «Schwarze Moderne»

Der Architekt Rudolf Schwarz in einer Kölner Ausstellung[1]

Rudolf Maria Schwarz wurde am 15. Mai 1897 in Strassburg als Sohn eines Gymnasialrektors geboren und ist bereits 1961 in Köln gestorben. Wieso mussten volle 36 Jahre ins Land gehen, bis nun endlich der Nachlass voll ausgebreitet zu Ehren kommt? Es gibt hartnäckige Gründe für diese Verzögerung. Doch der Hochbegabte und nahezu Verfemte hat im nachhinein beträchtliches Glück: Seine Witwe, die Architektin Maria Schwarz, geborene Lang, konnte als Bearbeiter zwei aussergewöhnlich kompetente Kenner gewinnen. Hilde Strohl, selber einst Mitarbeiterin im Büro Schwarz, verfasste das treffliche Werkverzeichnis; Wolfgang Pehnt beschreibt Leben, Arbeit, Ungnaden und Gnaden des Enfant terrible der Bauhaus-Generation so, als gäbe es beim Sichten von tausend Dokumenten nichts als fröhliche Neugier und gelassene Barmherzigkeit. Dabei lässt Pehnt nichts aus. Jeder Fettnapf, den Schwarz nicht auslassen konnte, wird genannt – aber immer unter dreifachem Spiegel: dem der Gegner, dem der Freunde und vor allem dem der eigenen Triebfedern, Hemmungen und Impulse.

Mehr als eine «katholische Raumkunst»

So fährt das Trio der Ausstellungsmacher munter voran, zwar windebang, aber doch zuversichtlich, durch die düstersten Landschaften des Jahres Null und der Nachkriegszeit, die Augen stets am Spiegel links, am Spiegel rechts und am Rückspiegel. Und man weiss sogleich: diesmal kann es nicht mehr schiefgehen, der Zeitpunkt ist da. Offensichtlich haben das auch die Museumsautoritäten grosser Städte so eingeschätzt, denn die Kölner Ausstellung geht anschliessend nach Berlin, nach München, Frankfurt und Wien und ist so bereits bis zum Januar 1999 ausgebucht.

Trifft indessen die Bezeichnung Enfant terrible hinreichend ins Schwarze? Ich fürchte, sie ist denn doch zu simpel – wiewohl der Baumeister, wenn der grosse Zorn über ihn kam, das Simple und auch das Plumpe kaum je zu begrenzen und zu zügeln vermochte. Vielleicht war er so heiligmässig erzogen worden, dass er der eigenen Wut und dem eigenen Neid wehrloser als andere gegenüberstand.

Schwarz hat eine katholische Berufskarriere im Auge gehabt und eine katholische Raumkunst angestrebt, aber seine besten Kirchen – und es sind viele, vor allem im reifen und späten Werk – erreichen eine derartige Raumintensität, dass man sie nicht mehr bloss konfessionell etikettieren mag. Über Jahrzehnte hin eignet seiner Inspiration etwas Quellendes, Sprudelndes, ein ungestümer Variationenreichtum kommt zum Zug – so dass einem paradoxerweise der Name von Johann Sebastian Bach einfallen mag, wiewohl der doch dem Protestantismus verpflichtet blieb.

Wer das zu Ende gehende Jahrhundert auf Raumintensitäten prüfen will, wird – seit dieser Ausstellung in Köln – an Schwarz nicht mehr vorbeikommen. Es sind Mies van der Rohe und Schwarz, der eine ein bewusster, der andere ein unfreiwilliger Avantgardist, welche mit den neuen Materialien Stahl und Glas eine neue Qualität der souveränen Dehnung zu formulieren vermochten. Die Grosszügigkeit von Mies geht in die Horizontale, die von Schwarz in Richtung «Stufenberg», also in die ansteigende Schräge. Und je nüchterner, je 'technischer' die gewählten Bauelemente werden im Alter, desto heftiger werden die Raumintensitäten (beispielsweise in St. Theresia in Linz, 1956–1963). Das allerdings wirkt auch wieder wie ein Paradox, über das man zunächst den Kopf schütteln mag – das aber auch zugleich erklärt, weshalb es Mies war unter den berühmt gewordenen deutschen Emigranten, der Rudolf Schwarz in Freundschaft verbunden blieb. Mies wusste, was Schwarz mit dem «Stufenberg» meinte, und er ahnte auch, dass Schwarz den späten, grossen, nüchternen schlackenfreien Innenraum erreichen werde. Bei allen Gemütsturbulenzen lässt Schwarz nichts aus. Er studiert makellos Architektur bis zum Diplom, promoviert auch noch zum Dr. ing. in Berlin, mit einer Dissertation über «Rheinische Kleinkirchen», und wird anschliessend Meisterschüler bei Hans Poelzig (dessen Bedeutung und Zornesausfälle Wolfgang Pehnt prachtvoll beschreibt, wobei er mit zwei Spiegeln auskommt, dem ersten für die Urteile von Aussenstehenden über Poelzig, dem zweiten für die ganz anderen, warmherzigen Urteile der Schüler).

Vorher aber, schon 1919/20, hatte Schwarz in Bonn zwei Semester katholische Theologie, Geschichte und Philosophie studiert. Nach einer Studienreise nach Italien und Griechenland schloss er sich 1924 der katholischen Jugendbewegung «Quickborn» an und trat in Kontakt mit Romano Guardini, der als Priester, Theologe und Liturgiereformer eine zunehmend wichtige, geradezu charismatische Rolle spielte. Guardini verfügte über künstlerische Sensibilität und vermoch-

Erstmals erschienen in: *NZZ* vom 2. 6. 1997.

1   Die Ausstellung Rudolf Schwarz findet in Köln statt im ehemaligen Wallraff-Richartz-Museum, heute Museum für angewandte Kunst. Sie hat somit den «Heimvorteil», dass sie in einem von Schwarz selbst errichteten Bau gezeigt werden kann. Dauer: bis 3. August 1997. Anschliessend in Berlin, München, Frankfurt, Wien.
Wolfgang Pehnt/Hilde Strohl, *Rudolf Schwarz 1897–1961. Architekt einer anderen Moderne*, Ostfildern-Ruit:

Hatje 1997; Katalog erschienen anlässlich der Ausstellung «Rudolf Schwarz – Architekt einer anderen Moderne»: Museum für Angewandte Kunst, Köln, 16.5.–3.8.1997; Akademie der Künste, Berlin, 14.11. 1997–4.1.1998; Bayerische Akademie der Schönen Künste, München, 10.2.–19.4.1998; Deutsches Architektur-Museum, Frankfurt, Ausstellung in der Galerie im Karmeliterkloster, Frankfurt am Main, 27.6.–9.8.1998; Architektur Zentrum Wien, 1.12.1998–10.1. 1999.

164   Rudolf Schwarz, St. Bonifatius, Raumdynamik im «Stufenberg», Blick in den Trägerrost der Gadenzone, Aachen-Forst, 1959–1964 (Wolfgang Pehnt/Hilde Strohl, Rudolf Schwarz 1897–1961. Architekt einer anderen Moderne, Ostfildern-Ruit: Hatje 1997, S. 158)

te die Gestaltungsfähigkeiten von Schwarz einzuschätzen: Sicher ist er nicht unbeteiligt daran, dass das Wortspiel von der «Schwarzen Moderne» zu kursieren begann.

Als Hitler an die Macht kam, verlor Schwarz seine Stelle als Leiter der Kunstgewerbeschule Aachen. Er hielt sich über Wasser durch Aufträge von alten Freunden aus der genannten Jugendbewegung und erstellte namentlich eine ganze Reihe von Arzthäusern mit Praxis. Im letzten Kriegsjahr wurde er noch zum Militärdienst eingezogen und wurde Kriegsgefangener in der Bretagne. Unmittelbar nachher ernannte ihn Köln zum Generalplaner der Stadt.

Gegner eines strikten Formalismus

Erst am II. Darmstädter Gespräch (1951) konnte er seine Bitternis loswerden über den schlechten Einfluss des strikten Funktionalismus auf die Qualität des Wiederaufbaus. Er warf Walter Gropius, inzwischen Dean der Architekturabteilung von Harvard, den Fehdehandschuh hin und steigerte sich bis zu schwersten Bezichtigungen: Er, Gropius, gehöre, mit den Bauhäuslern zusammen, zu den «vorlauten und aufgeregten Terroristen» (!) und trage insgesamt mehr Schuld am «Bruch der abendländischen Überlieferung» als die Nazis (!) … Damit war die Anpöbelei bis ins Unerträgliche überzogen. Schwarz selber schien das nie ganz zu realisieren. Aber sein Name war fortan wie eingefroren oder anonymisiert.

Auch diese elendesten Stunden in Schwarzens Berufsleben beschreibt Wolfgang Pehnt voll dokumentiert und unbestechlich. Aber die Aufarbeitung des Nachlasses vermag auch ein Gegengewicht zu setzen: neue Materialien zur Freundschaft mit Mies. Dieser blieb Schwarz treu, sandte ihm nicht nur Care-Pakete von Chicago nach Köln, sondern auch diesen Satz: «Schwarz, Sie haben eine wunderbare Fähigkeit, die Dinge klarzumachen. Aber etwas: ich meine, man sollte immer nur für etwas kämpfen, nie gegen etwas.»

Den schönsten Beweis dieser Freundschaft sieht Pehnt in der Art, wie der eine dem andern baulich antwortet. Viele wissen, dass Mies auf dem Campus des Illinois Institute of Technology eine kleine Kapelle, St. Savior, errichtet hat (1949–1952). Nur wenige wissen, dass Rudolf Schwarz gerade anschliessend (1954–1959) eine Antwort gab, die Mies brüderlich nahe kommt und doch in rauherem Klang klingt: St. Christophorus in Köln. Dazu Pehnt: «Mies ist abstrakter, edler, kühler, Schwarz ruppiger, gröber, taktiler, wärmer.»

«Die Hunde bellen – die Karawane zieht weiter»

Die Unbeirrbarkeit der Zürcher Konkreten

Auch wenn es anders aussieht: Piet Mondrian hat seine Werke intuitiv, also ohne Massstab, komponiert. Als Jünger Mondrians gerieten die Zürcher Konkreten unter Zwang, die Reduktionen der Holländer weiter fortzusetzen. Richard Paul Lohse trat dafür ein, den «mondrianschen Rest an Eingebung gänzlich durch Reflexion zu ersetzen». Max Bill indes warnte davor, alles Intuitive aus der Arbeit am Bild zu entlassen.

Hundegebell und Karawane, das war die Abwehrformel oder auch der Schlachtruf von Richard Paul Lohse. Er hatte sie stets zur Hand oder besser: auf der Zunge, denn er sah oder wähnte Gefahr allenthalben. Doch er gehörte zu den glücklichen Naturen, die unter Konfrontation erst recht in Fahrt kommen. – Was denn hat die Zürcher Konkreten, diese Schweizer Jünger des Holländers Mondrian, derart unbeirrbar gemacht? Die Strenge, die Folgerichtigkeit, die Beweisbarkeit der Geometrie? Die Würde dessen, was der Basler Professor Andreas Speiser 1932 als «Die mathematische Denkweise»[1] (in ihrer Wirkung auf und Verbundenheit mit Kunst) beschrieben hat?

Die immense Spur der Karawane

Max Bill jedenfalls hat anderthalb Jahrzehnte später (1949) den Titel Speisers übernommen und in einem Essay erklärt: «ich bin der auffassung, es sei möglich, eine kunst weitgehend aufgrund einer mathematischen denkweise zu entwickeln, gegen eine solche auffassung erheben sich sofort scharfe einwände, es wird nämlich behauptet, dass kunst mit mathematik nichts zu tun habe, mathematik sei eine 'trockene', unkünstlerische angelegenheit, eine angelegenheit des denkens, und dieses sei der kunst abhold, für die kunst sei einzig das gefühl von Wichtigkeit, und das denken sei schädlich.» – Gegen diese Einwände weiss Bill nun zwei exquisite Kronzeugen zu nennen. Er fährt fort: «weder die eine noch die andere auffassung stimmt, denn kunst braucht gefühl *und* denken, als altes beispiel kann man immer wieder *Johann Sebastian Bach* anführen, der doch gerade die materie 'klang' mit mathematischen mitteln zu vollkommenen gebilden geformt hat, und in dessen bibliothek sich tatsächlich, neben den theologischen, auch die mathematischen Schriften befanden [...] auch auf die rolle von *paul klee* darf hingewiesen werden, dessen 'bildnerisches denken' einer bildnerischen logik entspringt, die alle elemente einer lehre aufweist, in der die gesetzmässigkeiten der fläche mit imagination gehandhabt werden.» Zusammenfassend: «das denken ermöglicht es auch, gefühlswerte in einer weise zu ordnen, dass daraus kunstwerke entstehen, das urelement jeden bildwerks aber ist die geometrie, die beziehung der lagen auf der fläche oder im raum.»

Die Karawane der Geometer oder Geodäten, die auch Landvermesser geheissen werden, geht mindestens bis in das frühe Ägypten zurück. Und wer nach dem Ursprung der Geometrie fragt, sollte sich nie nur auf Philosophen – heissen sie nun Husserl oder Derrida – verlassen, sondern stets im Sinn behalten, wie weit sich der Spannungsbogen in diesem Fach vom reinsten Denkanspruch zur praktischen Anwendung im Alltag wölbt. Darum hat Werner Oechslin gute Gründe, wenn er im *du* Heft über die «Liebe zur Geometrie [...]»[2] (1988, noch unter Federführung von Dieter Bachmann entstanden) die Nil-Legende der Landvermessung an den Anfang setzt – genau so, wie es etwa Herodot und auch die 'Encyclopédie'[3] von Diderot getan haben: Nach ihnen hätte «die jährliche Überschwemmung des Nils Landmarken und Grenzen stets unkenntlich gemacht und eine Vermessung des kultivierten Landes durch Geometrie notwendig erscheinen lassen».[4]

Da leuchtet ein, dass ein Konzipieren *more geometrico* immer und immer wieder aktuell werden muss, quer durch die Epochen. Denn die «urstiftende» Geometrie erheischt, aus der Optik Husserls[5] gesehen, «unbedingte Allgemeingültigkeit». Im Blick auf die Künste des 19. und 20. Jahrhunderts allerdings ist dieses «Erheischen» erstaunlich selten gehört oder gar befolgt worden – wahrscheinlich deshalb, weil es mit dem grenzenlosen Freiheitsbegriff des Individuums und seinen Wertepyramiden in Kollision geriet. Eine dieser Wertepyramiden fordert, dass reine Kunst strikte abzuheben sei von angewandter Kunst- oder Handwerks-Übung. Und ausgerechnet diese Elite-Isolierung stösst bei den Geometristen oder Geodäten auf taube Ohren.

Bildende und angewandte Kunst

Elisabeth Grossmann beschreibt, wie einer der prominentesten Zürcher Konkreten zu dieser überhaupt nicht selbstverständlichen Gleichwertigkeit von bildender und angewandter Kunst gelangt: «Lohse ergreift den Beruf des Grafikers vorerst

Erstmals erschienen in: *NZZ* vom 2.11.2002.

1 Andreas Speiser, *Die mathematische Denkweise*, Zürich: Rascher 1932.
2 Werner Oechslin, «Die Liebe zur Geometrie – von Plato bis le Corbusier», in: *du* 10 (1988), S. 14–23.
3 Denis Diderot, *Encyclopédie, ou Dictionnaire raisonné des sciences, des arts et des métiers / par une Société de gens de lettres*, mis en ordre & publié par M. Diderot, & quant à la partie mathématique, par M. D'Alembert, Paris: chez Briasson/David l'aîné/Le Breton/Durand 1751–1780, Vol. VII, 1757.
4 Werner Oechslin, *op. cit.*, S. 14.
5 Edmund Husserl, «Die Frage nach dem Ursprung der Geometrie als intentional-historisches Problem.», in: *Revue internationale de philosophie* 1 (1939), Bruxelles, S. 203–225.

aus finanziellen Erwägungen; die ersehnte künstlerische Ausbildung scheitert an den ärmlichen Verhältnissen nach dem Tod des Vaters. Bald jedoch wird die grafische Tätigkeit mit dem *gleichen* 'feu sacré' wie die künstlerische ausgeübt, anerkennt doch Lohse die bildende und die angewandte Kunst konsequent als gleichwertige Instrumente der ethisch-ästhetischen Erziehung.»[6]

Dass Max Bill das Prinzip der Gleichwertigkeit ebenfalls anerkennt und befolgt, habe ich anlässlich einer Ausstellung im Helmhaus (September 1957) beobachtet: «Bill hat stets eine ehrliche Reverenz gehabt vor dem praktischen Zweck, das heisst, er hat das Plakat, die Möbel- und Gerätegestaltung, die Typographie nie verschmäht um einer reineren Gattung willen – vielmehr hat er sowohl zweckgebundene wie zweckfreie Stufen mit dem gleichen Respekt gepflegt.» Christoph Bignens zeigt, in seinem Beitrag zum 100. Geburtstag Lohses[7], die Fruchtbarkeit der Gleichsetzung: «Lohse führte als Gebrauchsgrafiker *und* Maler während Jahrzehnten vor, wie das konstruktive Entwurfsverfahren die freien und die angewandten Künste zusammenführen kann.» – Abgesehen von dieser gravierenden Forderung nach Verzicht auf Standesunterschied und Standesdünkel sieht sich der 'Orden' der Geometer einem zweiten Verzicht ausgesetzt: dem auf eine ganze Reihe von altgewohnten Ausdrucksmitteln der Malerei, von der Perspektive (zur Raumbeschreibung) über die Schattenanwendung (zur Beschwörung der Ähnlichkeit) bis zu all den Kompositionstechniken, die das Bild als Bühne gekennzeichnet haben.

Die geometrienahe Kunst verneint das Bild als Bühne! Sie reduziert folgerichtig ihre Ausdrucksmittel. Am bekanntesten ist jene Reduktion, die Piet Mondrian von sich und der holländischen De-Stijl-Gruppe verlangt hat. Zugelassen blieben horizontale und vertikale schwarze Balken (keine Diagonalen!), schwarze, weisse und graue Flächen, ausserdem die Grundfarbenflächen (Rot, Blau, Gelb).

165   Richard Paul Lohse erläutert 1951 in seiner Zürcher Wohnung, wie das konstruktive Entwurfsverfahren freie und angewandte Künste zusammenführt. Intuitiv kam da nur die Katze ins Bild. (Richard Paul Lohse-Stiftung (Hg.), Richard Paul Lohse: Konstruktive Gebrauchsgrafik, Ostfildern-Ruit 2000, S. 6; © 2005, ProLitteris, Zürich)

Kurz: drei Farben, drei Lichtstufen, zwei Balkenrichtungen – insgesamt acht Elemente. – Wer könnte leugnen, dass es genau diese Reduktion, genau dieser rigorose Verzicht war, der Mondrian selber die Möglichkeit gab, ein Meditationsbild zu schaffen, das Ruhe zum Klingen und eine einfache Einteilung zum Leuchten bringt? – Doch gerade weil die Schweizer, die Zürcher Konkreten, Jünger Mondrians waren und blieben, gerieten sie unter Zwang, die Reduktionen der Holländer eine Generation danach weiter fortzusetzen. Die treibende Kraft war Lohse, der (wie Bignens im erwähnten NZZ-Artikel festhält) «1960 erklärte, was ihn veranlasst hatte, den mondrianschen Rest an Eingebung gänzlich durch Reflexion zu ersetzen». Man war sich unter Malern seit langem klar darüber, dass Mondrian – ganz gegen die allgemeine Erwartung – seine Meisterwerke *intuitiv* komponierte, also ohne Millimeter-Massstab und «ohne dabei ein Rechner zu sein», wie Max Bill einmal bemerkte. Genau das, diese Tilgungsabsicht, hält Bill für gefährlich und schreibt 1965, fünf Jahre nach Lohses Deklaration, einen Warnruf unter dem Titel «struktur als kunst? kunst als struktur?». Ein kurzer Essay von bloss zwei Druckseiten, zuerst im Band «Vision and Values»[8] von Gyorgy Kepes in New York publiziert. Weshalb es denkbar ist, dass die darin artikulierte Grundsatz-Differenz gegenüber Lohse nicht allzu vielen aufgefallen ist und seither bloss wie ein feiner Haarriss mitten durch die Gruppe der Zürcher Konkreten quer läuft.

Bills Argument geht wie folgt: Erstens «kann man annehmen, kunst sei im wesentlichen als *erfindung* identifizierbar». Wenn das zutrifft, dann «setzt kunst *neuheit* voraus». Zweitens: «weil durch den versuch eines radikalen Verzichts auf individuelle ausdrucksmittel (seit mondrian) *keine reduktion mehr weit genug gehen kann*», beginnt sich «die ästhetische qualität in die *äussersten reduktionen zurückzuziehen […] bis zur aufhebung der novität und der erfindung*».

Sogleich dürfte klar werden, dass Lohse nie einverstanden wäre, Kunst aus den beiden Begriffen *Erfindung* und *Novität* abzuleiten. Vermutlich würde er von Begriffen wie *System*, *Serie* und *modulare Ordnung* ausgehen und den Spiess umkehren. Anders gesagt: ist Mondrians Intuitions-Anteil für spätere Generationen unantastbar, solange es um Kunst geht – oder darf und soll dieser Anteil getilgt werden, wie Lohse es will? – Da wir im Jahr 2002 stehen, haben zum Hundertsten von Lohse verständlicherweise seine Adepten den Stimmenvorrang. In sechs Jahren, 2008, wenn Bills Hundertster ansteht, dürfte Bills Verteidigung der Intuition im Vordergrund stehen. So oder so – die Karawane zieht weiter.

6   Elisabeth Grossmann, aus der Wegleitung des Hauses Konstruktiv, Zürich, anlässlich der Ausstellung *Richard Paul Lohse zum 100. Geburtstag*, 15.9.2002–12.1.2003, [der Text wurde nicht publiziert].
7   Christoph Bignens, «Die Objektivierung der Mittel. Zum hundertsten Geburtstag von Richard Paul Lohse», in: *NZZ* vom 13.9.2002.

8   Max Bill, «structure as art? art as structure?», in: Gyorgy Kepes (Hg.), *Structure in Art and in Science*, New York 1965, Vision + values series; (dt.: «struktur als kunst? kunst als struktur?», in: G. Kepes (Hg.), *Struktur in Kunst und Wissenschaft*, Brüssel: La Connaissance 1967.)

Nachwort, Martin Steinmann

Martin Steinmann

Für Adolf Max Vogt

Die Schriften, die in diesem Buch versammelt sind, haben keine abschliessenden Bemerkungen notwendig. Ein Vorwort ist sinnvoll, um für die Schriften und die Gegenstände, die sie behandeln, einen Platz in der Auseinandersetzung mit Architektur vorzuschlagen. Aber ein Nachwort? – Ich habe eine Anzahl von gesammelten Schriften wie diese hier durchgeschaut: Am Schluss stehen Drucknachweise, biografische Angaben, Schriftenverzeichnisse, und nur selten ein Nachwort. Das habe ich aber erst realisiert, nachdem ich Adolf Max Vogt versprochen habe, ein solches zu schreiben.

Ich nehme die mangelnden Regeln als Gelegenheit, einige persönliche Gedanken zur Wirkung von Vogt zu notieren. Es sind notwendigerweise Gedanken zu dem, was von seinen Vorlesungen, von Gesprächen und natürlich von seinen Schriften in mir nachwirkt; für andere kann ich nicht sprechen. Eine Beziehung, die verschiedene Formen hatte – Herr Professor, Herr Vogt und schliesslich freundschaftlich: Dolf – wird in diesem Aufschreiben zu etwas, das sie noch nicht war: eine bewusste. Deswegen haftet meinem Nachwort ein «esprit de l'escalier» an: der Geist von Gedanken, die einem nach einer Unterredung einfallen, zu spät, auf der Treppe eben, wenn man am Gehen ist.

Vogts Schriften zu lesen, manche von ihnen nach langer Zeit wieder zu lesen, führt auch zu meinen ersten Wochen an der ETH zurück, 1961. Der älteste Text ist Vogts Antrittsvorlesung vom 4. November. Er war 1961, damals Redaktor für Kunst an der *Neuen Zürcher Zeitung*, zum Professor für Architekturgeschichte gewählt worden. Habe ich seine Antrittsvorlesung gehört? Nein, weil die Rekrutenschule erst am 17. November zu Ende war – dieser Tag bleibt in meiner Erinnerung eingraviert. Aber ich habe sie später in gedruckter Form gelesen, um mich auf meine Stelle als Vogts Assistent vorzubereiten, 'Mai '68' habe ich in dem kleinen Heft vermerkt.

Die erste Erinnerung ist mit dem Raum verbunden, in dem Vogt seine Vorlesungen 'Architekturgeschichte i – iv' hielt. Nachdem er mich wegen dieses Nachwortes angerufen hat, ist mir dieser Raum – hiess er nicht B4? – als Bild erschienen: die schweren Vorhänge gezogen und vorne am Pult Vogt: Das Licht, das auf das Manuskript fällt, erhellt sein Gesicht von unten, er spricht langsam in meiner Erinnerung, dehnt bestimmte Wörter, um ihnen Bedeutung zu geben. Das hat er wahrscheinlich am Seminar gelernt, an dem er sich zum Lehrer ausbilden liess, bevor er Kunstgeschichte studierte. Und da ist in meinem Bild auch das scharfe, zweimalige Klopfen mit dem Stift, wenn die nächsten Bilder in die Projektoren zu schieben waren.

Die Bilder an der Wand hinter Vogt führten, parallel zu seinen Sätzen, einen äusserst genauen Diskurs, Pläne und Fotografien von Dingen, nicht nur Architekturen, Bilder von gleichen und von auf bedeutungsvolle Weise nichtgleichen Dingen. Es gibt im vorliegenden Buch einen Text, der die Lage des mit Wörtern und Bildern hantierenden Lehrers reflektiert, «Der Kunsthistoriker im Halbdunkel». Der Text handelt in einer wichtigen Passage von Heinrich Wölfflin, den Vogt als «Künstler des Vergleichs» bezeichnet, «weil er stets auf zureichende Grade von Gleichheit achtete, bevor er einen kontrastierenden Vergleich begann». So habe auch ich Vogts Vorlesungen in Erinnerung.

Habe ich in diesen Vorlesungen das Vertrauen gewonnen, dass Bilder Dinge sagen, die sich nicht anders als mit ihren sinnlichen Mitteln sagen lassen? Auch wenn Bilder nicht genügen, Wörter genügen auch nicht. Eine Stärke von Vogt als Lehrer war es, die zwei zu verknüpfen, so dass sie sich gegenseitig erhellten. Auch heute kann ich kein frühchristliches Kapitell sehen, ohne sein «wie geklöppelt» zu hören, nein, ohne das Kapitell als geklöppelt zu sehen. Mit Vergnügen bin ich in den Schriften wieder auf diesen Vergleich gestossen, in der Antrittsvorlesung. In der stofflichen Verwandlung, die er ins Spiel bringt, wird das Verhältnis jener Zeit zur Materie auf einer täglich-gewöhnlichen Ebene verständlich.

In einem hier erstmals abgedruckten Text hat Vogt, ausgehend von einer Äusserung Jacob Burckhardts, über das Verhältnis von Bild – oder allgemeiner Erscheinung – und Wort nachgedacht. Er ist für mich ein grundlegender Text, so kurz er ist, oder ein Text über eine grundlegende Frage: dass Kunst, könnte man sie mit Worten ausreichend beschreiben, überflüssig wäre. Statt mit Worten auf sie zu antworten, fährt Vogt weiter, vorsichtshalber in Klammern, wäre es naheliegender, das mit Gesten zu tun: mit ihnen die Gesten der Werke zu wiederholen. Während ich das lese, fallen mir ungerufen die Linien ein, die Vogt in seiner ersten, grösseren Arbeit – über Grünewald – in die Tafeln des Isenheimer Altars eingeschrieben hat. Sie nahmen etwas voraus, was mir in meiner eigenen Arbeit von grosser Bedeutung geworden ist.

Das erste, was ich von Vogt kannte, waren diese Linien. Sein Buch, das 1957 erschien, wurde im Haus meiner Eltern besprochen. Ich sehe sie als eben solche Gesten, die den Ausdruck der Bilder oder allgemeiner der Dinge erfassen. Oder das, was an ihnen als Ausdruck verstanden wird, «augenblicklich», um einen eigenen Text zu dieser Frage ins Spiel zu bringen. Färbe ich hier die Schriften von Vogt um, um sie meiner eigenen Arbeit anzunähern? Ich kann es nicht ausschliessen. Aber ich frage mich doch, warum es in ihnen keine Verweisung auf Rudolf Arnheim gibt, darauf, dass alles Ausdruck habe, dass «eine einfache Linie ebensoviel Ausdruck wie der menschliche Körper» hat.

Eine der Vogtschen Kurven 'beschreibt' die Auferstehung des genannten Altars: als Bewegung, die in sich selber zur Ruhe kommt, als Schweben. Viel später wird Vogt das Wort-Bild-Thema auf Grund eines Textes von Erwin Panofsky behandeln, in dem eben diese Auferstehung eine grosse Rolle spielt. Es geht dabei um die drei Sinnebenen eines Kunstwerkes: als erste, gewissermassen unterste der Erscheinungssinn, als zweite der Bedeutungssinn und als dritte der Wesenssinn. Wenn wir den 'schwebenden' Mann als auferstehenden Christus sehen, können wir das nur, weil wir die Bedeutung des Geschehens kennen: Wir fügen dem, was wir sehen, etwas hinzu, was wir nicht sehen, aber wissen.

In einer späteren Fassung hat Panofsky die Grünewaldsche Auferstehung durch ein anderes Bild ersetzt, dem aber die Spannung einer suspendierten Bewegung fehlt: als sein Ausdruck. Aber es geht mir nicht um Panofsky, es geht mir um Vogt, der immer wieder auf 'sein' Thema stösst, und das ist, denke ich, das Schweben als ein – körperliches – Verhalten, in dem das passive Liegen und das aktive Stehen, die gegensätzlichen Kategorien von Wölfflins 'Prolegomena', aufgehoben sind. Kann man sagen, die zwei uns vertrauten Verhalten seien im Schweben, das uns nicht möglich ist, ausgesöhnt?

Vogt holt in der Folge Beispiele auf die Bühne, die Hagia Sophia oder die Villa Savoye, von denen er schreibt, die Auseinandersetzung mit Panofskys Thesen hätte ihn zu Beispielen des Schwebens in der Architektur geführt. Ich frage mich: Ist es nicht gerade anders herum, dass nämlich das Schweben als sein Thema ihn erst auf diesen Text stossen liess, auch wenn er eine für die Kunst grundlegende Frage, eben die drei Sinnesebenen, behandelt?

Diese Beispiele einer schwebenden Architektur bzw. einer Architektur, die wir auf Grund des 'Musters anschaulicher Kräfte', das sie mit einem Wort von Arnheim bilden, als schwebend wahrnehmen, haben in vielen Vogtschen Schriften ihre grossen oder kleinen Auftritte, manchmal auch ungerufen. Zu ihnen zählen selbstverständlich das Newton-Denkmal von Étienne-Louis Boullée, das Lenin-Institut von Iwan Leonidow, auch es eine Kugel, oder die Petersschule von Hannes Meyer und Hans Wittwer... Als Assoziation kommt mir der Ball am Ende von 'Gattopardo' in den Sinn: die grossartige Folge von Bildern oder 'tableaux vivants' in den Räumen eines ausgedehnten Palastes in Palermo, wo wir unter den vielen Gesichtern, immer wieder die vertrauten erkennen, die diese Bilder zu einer Handlung verbinden.

Das gilt auch für die bestimmten Gedanken, die in den Schriften aufscheinen, manchmal auf Worte oder Namen reduziert. Beipiele? In einem Text über Albert Speer beschäftigt sich Vogt, was nahe liegt, auch mit Boullée, von dem er schreibt, sein Werk sei – «vergleichbar dem des Malers [...] Grünewald – lange Zeit verschollen» gewesen. Hier werden für die Zeit eines – seien wir ehrlich: an dieser Stelle eigenartigen – Satzes die Fäden sichtbar, die die vielfältigen Beschäftigungen

Vogts verbinden, unter der Erde, wie die Fäden eines Myzels. Im Grünewald-Buch aber steht unvermittelt unter «gegenklassischen» Malern der Name Ledoux, nicht mehr als der Name.

In meiner Erinnerung kehre ich noch einmal zurück in den Raum, wo ich, als Assistent, meinen Platz zwischen den Projektoren hatte. Deren Lüftung machte das Hören schwer, so dass die Bilder streckenweise ohne Ausführungen auskommen mussten. Sie lehrten mich, unbeabsichtigt 'zu den Dingen selber' zurückzugehen. – Was aber soll eine solche Erinnerung an Vogt, die mit den Gegenständen seiner Arbeit nichts zu tun hat? Was sind die wissenschaftlichen Wirkungen? Nun, Le Corbusier beispielsweise ist für mich aus anderen Gründen wichtig als für Vogt. Seine Schriften von seinen Gegenständen her zu reflektieren, ist nicht die Aufgabe dieser Notizen. Andererseits weiss ich auch, dass es Wirkungen gibt, die tiefer liegen als wissenschaftliche Ergebnisse. Ich meine damit eine Weise, die Dinge zu sehen.

Wenn ich Vogts Sicht mit einem Satz bestimmen soll, so lautet er etwa so: Sie hält das Gleichgewicht zwischen Bild und Wort, zwischen Erscheinungssinn und Bedeutungssinn, im Bewusstsein ihres «Tauschverhältnisses», wie Vogt an einer Stelle schreibt, nicht von sich, sondern von Burckhardt. Auf dieses Verhältnis ist meine eigene Auseinandersetzung mit Form und Zeichen gerichtet. Ist das der Grund, dass mich die Schriften im vorliegenden Buch besonders anziehen, die sich mit der Wort-Bild-Debatte beschäftigen? Ich muss mich deswegen fragen, ob das, was ich von meiner eigenen Arbeit aus in den Schriften zu erkennen meine, wirklich Vogts Sicht ist.

Halbwachs hat eine gültige Antwort gegeben, als er von der Erinnerung sagte: «Wenn sich das, was wir heute sehen, in unsere Erinnerung einfügt, so fügt sich umgekehrt die Erinnerung in das, was wir heute sehen.» So geht es mir beim Lesen dieser Schriften. So geht es, meine ich, mit allem, was wir lesen, wenn wir es nicht nur registrieren, sondern es uns im Lesen zu Eigen machen.

Trotz der vielen Gegenstände, die sie aufgreifen, kreisen die Schriften im Grund um ein grosses Thema: die 'Harmonisierung' gegensätzlicher Kräfte. Ich habe es im Zusammenhang mit dem Schweben schon angesprochen, das Stehen und Liegen und in gesteigerter Form Steigen und Fallen wörtlich suspendiert. In seiner Antrittsvorlesung bespricht Vogt die beharrliche Suche der Architektur nach der Newtonschen Wende als – geschichtlich gesehen zweite – Suche nach einem solchen Gleichgewicht, das sich im Schweben, im Ausdruck von Schweben, verwirklicht. Damit beschreibt er auch seine eigene Arbeit, meine ich, oder wenigstens das, was mir daran exemplarisch geworden ist: die Suche nach einem Gleichgewicht der rationalen und emotialen Gründe, die unsere Beziehung zu den Dingen bestimmen.

Es steht mir nicht zu, diese Ahnung psychologisch zu vertiefen. Stattdessen schliesse ich mit einem Bild, das Vogt gerne anführt: Ledoux' Radierung, die das Schweben der Planeten anschaulich macht. Sie werden vom Licht gewissermassen getragen, das von unten kommt – wie das Licht während Vogts Vorlesungen im B 4... So ist es auch ein Bild im anderen Sinn des Wortes.

166   Claude-Nicolas Ledoux, Elévation du Cimetière de la Ville de Chaux, das sog. Planetenblatt, wahrscheinlich Entwurf für ein Wandbild, Radierung (Adolf Max Vogt Boullées Newton-Denkmal, Basel/Stuttgart 1969, S. 77)

Anhang

Bibliografie von Adolf Max Vogt

Bücher

1956–1959

Grünewalds Darstellungen der Kreuzigung, Dissertation an der Phil. I Fakultät der Universität Zürich bei Prof. Dr. Gotthard Jedlicka, Bern: Buchdruckerei Benteli AG 1956.

Grünewald, Mathis Gothart Nithart. Meister gegenklassischer Malerei, Zürich: Artemis-Verlag 1957.

1960–1969

Matthias Grünewald. Der Isenheimer Altar, Stuttgart: Philipp Reclam jun. 1966.

Boullées Newton-Denkmal, Sakralbau und Kugelidee, Basel/Stuttgart: Birkhäuser Verlag 1969 (Schriftenreihe des Instituts für Geschichte und Theorie der Architektur ETHZ, gta, Bd. 3).

1970–1979

Das 19. Jahrhundert, Belser Stilgeschichte, Band X, Stuttgart: Chr. Belser-Verlag 1971 (später übernommen durch Ex Libris-Verlag Zürich und dtv-Verlag München).

Art of the nineteenth Century, London: Weidenfeld and Nicolson 1973.

Art of the nineteenth Century, New York: Universe Books 1973.

Russische und französische Revolutions-Architektur 1917/1789. Zur Einwirkung des Marxismus und des Newtonismus auf die Bauweise, Köln: Verlag DuMont Schauberg 1974.

1980–1989

Architektur 1940–1980. Ein kritisches Inventar, mit Ulrike Jehle-Schulte Strathaus/Bruno Reichlin, Frankfurt am Main: Propyläen-Verlag 1980.

Karl Friedrich Schinkel, 'Blick in Griechenlands Blüte'. Ein Hoffnungsbild für 'Spree-Athen', Frankfurt am Main: Fischer-Verlag 1985.

The nineteenth Century, New York: Universe Books 1989.

1990–2000

Le Corbusier, der edle Wilde. Zur Archäologie der Moderne, Wiesbaden: Vieweg 1996.

Le Corbusier, the noble savage. Toward an archeology of modernism, Cambridge, Mass.: MIT Press 1998.

Fünfziger Jahre. Trümmer, Krater, Hunger, Schuld. Was hatte Kunst damals zu suchen?, Kunstkritische Aufsätze aus den Jahren 1950–1960 publiziert in der NZZ, Annemarie Monteil/Nedim Peter Vogt (Hg.), Basel/Genf/München: Helbing & Lichtenhahn 2000.

Aufsätze allgemein

1950–1959

«Vorwort zu einem bibliophilen Katalog Max Gubler», in: *Max Gubler*, Neuchâtel: Edition du Griffon 1952.

«Das Problem, Zeitgenosse zu sein», in: *Werk* 8 (1955), S. 257–261.

«New Literature on Raphael», in: *Swiss Review of World Affairs* (April 1956).

«Paul Cézanne in Zürich», in: *Swiss Review of World Affairs* (Oktober 1956).

«Grünewalds Sebastianstafel und das Sebastiansthema in der Renaissance», in: *Zeitschrift für Schweizer Archäologie und Kunstgeschichte* 18 (1958), Heft 4, S. 172–176.

1960–1969

«Vorwort» zum Ausstellungskatalog *Varlin, Tschumi, Müller*, in: *30e Biennale de Venise*, Suisse 1960.

«Albrecht Dürer: die vier Apostel», in: *Festschrift für Kurt Badt zum 70. Geburtstag*, Martin Gosebruch (Hg.), Berlin: Walter de Gruyter 1961, S. 121–134.

«Polarisierte Kunst des 19. Jahrhunderts», in: *Merkur, Deutsche Zeitschrift für europäisches Denken* 1962, Heft 5, S. 490–493.

«Der Kugelbau um 1800 und die heutige Architektur», Antrittsrede an der ETH, in: *ETH-Heft* 118, Bern: Polygraphischer Verlag 1962.

«Brief an Hans Aeschbacher», in: *Zeitschrift Galerie Charles Lienhard* (Sept./Okt. 1963), Zürich.

«Auslegung von Kunstwerken mit oder ohne historischen Rückhalt», in: *Das Problem der Interpretation. Mainzer Universitätsgespräche*, Henning Müller/Peter Schneider (Hg.), Mainz 1964, S. 30–36.

«Zum Kirchenbau im 19. und 20. Jahrhundert», in: *Schweizer Journal (Bau, Verwaltung, Industrie)* 3 (1965), S. 40–42.

«Louis Soutter», in: *Kunstnachrichten* (Juli 1966), Heft 10.

«Nachwort», in: Georg Schmidt, *Umgang mit Kunst. Ausgewählte Schriften 1940–1963*, Anita Moppert-Schmidt (Hg.), Olten: Walter-Verlag 1966.

«Salines Royales de Chaux, Ein Hauptwerk von Claude-Nicolas Ledoux», in: *Du* (Februar 1967), S. 91–107.

«Die französische Revolutionsarchitektur und der Newtonismus», in: *Stil und Überlieferung in der Kunst des Abendlandes. Akten des 21. Internationalen Kongresses für Kunstgeschichte in Bonn 1964, Epochen europäischer Kunst*, Bd. 1, Berlin: Verlag Gebr. Mann 1967, S. 229–232.

«Das Institut, seine Aufgabe, seine Verpflichtung», in: Jakob Burckhardt/Adolf Max Vogt/Paul Hofer, *Institut für Geschichte und Theorie der Architektur. Reden und Vortrag zur Eröffnung*, Basel: Birkhäuser 1968.

«Über Max Bill», in: *Max Bill. Malerei und Plastik 1928–1968*, Ausstellungs-Katalog Kunsthalle Bern 1968, S. 4–9.

«Sakralbau und Kugelidee», in: *NZZ* vom 23. Februar 1969.

«Ein Wohnhaus am Bodensee von Le Corbusier», in: *Unsere Kunstdenkmäler* 1969, S. 316–325.

1970–1979

«Revolutions-Architektur und Nazi-Klassizismus», in: *Festschrift für Kurt Badt zum 80. Geburtstag*, Martin Gosebruch/Lorenz Dittmann (Hg.), Köln: Verlag DuMont Schauberg 1970, S. 354–363.

«Albrecht Dürers Kunst für Leser, zum 500. Geburtstag des deutschen Malers», in: *Tages-Anzeiger* vom 21. Mai 1971.

«Hans Aeschbacher, der Zeichner», in: *Hans Aeschbacher, Zeichnungen 1924–1971*, Zürich, Verlag Hans-Rudolf Lutz 1971, S. 4–7.

«Le Fasi Storiche dell'Architettura Neoclassica», in: *Bollettino del Centro Internazionale di Studi di Architettura Andrea Palladio* 1971, S. 75–91.

«Das architektonische Denkmal, seine dritte Kulmination im 18. Jahrhundert», in: Hans-Ernst Mittig/Volker Plagemann (Hg.), *Denkmäler im 19. Jahrhundert: Deutung und Kritik*, München: Prestel Verlag 1972, S. 27–47.

«Sozial-Utopie und Architektur-Utopie. Bemerkungen zur russischen und französischen Revolutionsarchitektur (1917 und 1789)», in: Wolfgang Hartmann (Hg.), *Festschrift für Klaus Lankheit*, Köln: DuMont Schauberg 1973, S. 60–66.

«Le Corbusier, Paul Klee und der Islam», in: Eduard Hüttinger/Hans A. Lüthy (Hg.), *Gedenkschrift für Gotthard Jedlicka. Beiträge zur Kunstgeschichte des 19. und 20. Jahrhunderts*, Zürich: Orell Füssli Verlag 1974, S. 135–138.

«Gottfried Semper und Joseph Paxton», in: *Gottfried Semper und die Mitte des 19. Jahrhunderts*, Schriftenreihe gta, Bd. 18, Basel und Stuttgart: Birkhäuser Verlag 1976, S. 180–197.

«Wiederholung, Monotonie und die Produktionsverhältnisse», in: *werk·architese* 17–18 (1978).

1980–1989

«Zur Architektur seit 1945», in: *NZZ* vom 1. März 1980.

«Zur Werkdarstellung 'Albert Speer, Architektur' und zum Stand der Diskussion um faschistische Bauten», in: *Kunstchronik* 1980, Heft 9, S. 355–363.

«Rezension zu Peter Gay, *Art and Act. On causes in history. Manet–Gropius–Mondrian*», in: *Kunstchronik* 1981, Heft 4, S. 169–172.

«Mutmassungen über Aldo van Eyck», in: *Archithese* 5 (1981).

«Wann und wo hat das moderne Zeitalter begonnen? Joseph Rykwert und Wolfgang Herrmann zur 'Battle of Neo-Classicism'», in: *NZZ* vom 21. November 1981.

«Das 'Ärgernis' meiner Architekturdarstellung 1940–1980. Adolf Max Vogt antwortet auf G. Fehl», in: *Bauwelt* 36 (1981).

«Panofskys Hut. Ein Kommentar zur Bild-Wort-Debatte mit Exkurs in die Architektur», in: Carlpeter Braegger (Hg.), *Architektur und Sprache. Gedenkschrift für Richard Zürcher*, München: Prestel-Verlag 1982, S. 279–296.

«Architektur unter der Macht des 'linguistischen Imperialismus'», in: *CRITICA* 2 (1982).

«Narziss als Architekt. Zur neu gegründeten Zeitschrift *Daidalos*», in: *NZZ* vom 24. Mai 1982.

«Kubismus und exakte Wissenschaften. Überprüfung eines Wunschtraumes», in: *NZZ* vom 28./29. August 1982.

«Architektur der langen Schatten. Louis Kahn und Aldo Rossi», in: *NZZ* vom 5. Januar 1983.

«Der Architekt als Bildermacher», in: *Tages-Anzeiger* vom 10. Februar 1983.

«Aldo Rossi. Die Russen und die Amerikaner», in: *Werk, Bauen und Wohnen* 3 (1983), S. 16–18.

«H-59-Haus: Alfred Roths Einfamilienhaus für Mme de Mandrot», in: *Werk, Bauen und Wohnen* 5 (1983), S. 30–31.

«Sigfried Giedion und Walter Gropius», in: *3. Internationales Bauhaus-Kolloquium, Wissenschaftliche Zeitschrift* 1983, Heft 5/6, S. 422–423.

«Orwell's Nineteen Eighty-Four and E.L. Boullées Drafts of 1784», in: *Journal of the Society of Architectural Historians* (März 1984), Vol. XLIII, S. 60–64.

«Trotzköpfe Überlebens-Figuren», in: *Tages-Anzeiger* vom 15. Juni 1984.

«Schweizer Kunst und Avantgarde», in: *Schweizer Monatshefte* (Juli/August 1984), Heft 7/8, S. 637–641.

«C.-N. Ledoux. Rezension des Werkes von M. Gallet», in: *Kunstchronik* 1984, Heft 9, S. 385–389.

«Zum Tod des Architekturlehrers Bernhard Hoesli. Er hat die klassische Moderne lehrbar gemacht», in: *Tages-Anzeiger* vom 11. September 1984.

«Die Newtonischen 'Opticks' und die Optik des Panoramas», in: *Zeitschrift für Schweizerische Archäologie und Kunstgeschichte* 42 (1985).

«'Blick in Griechenlands Blüte'. Ein Gemälde des Architekten Karl Friedrich Schinkel», in: *NZZ* vom 21./22. September 1985.

«Rotunde und Panorama. Steigerung der Symmetrie-Ansprüche seit Palladio», in: *NZZ* vom 25. Oktober 1986.

«The Doric Revival in Italy», in: *Paestum and the Doric Revival*, Florenz: Centro Di della Edifimi srl. 1986.

«Remarks on the 'Reversed' Grand Tour of Le Corbusier and Auguste Klipstein», in: *assemblage* 4 (1987).

«Einführung und Kommentar» zu: Etienne-Louis Boullée, *Abhandlung über die Kunst*, Beat Wyss (Hg.), übers. aus dem Franz. Hanna Böck, Zürich: Artemis Verlag für Architektur 1987.

«Das Baumodell als Vorbild und Nachgebilde. Die Doppelfaszination des Modells in der Aufklärungszeit und in der Romantik», in: *Carl May (1747–1822), Korkmodelle des Architekturmuseums Basel*, Architekturmuseum Basel 1988.

«Stan Anderson and Heinrich Klotz and the terms of the recent postmodern debate», in: *assemblage* 7 (1988).

«Der Haussegen hängt schräg ('Deconstructivist Architecture' in New York)», in: *Hochparterre* 1 (Oktober 1988), S. 70ff.

«Das Schwebe-Syndrom in der Architektur der zwanziger Jahre», in: *Das architektonische Urteil. Annäherungen und Interpretationen von Architektur und Kunst*, gta-Reihe, Bd. 23, Basel/Stuttgart: Birkhäuser Verlag 1989.

1990–1999

«Nachwort zur Zweitauflage» von *Russische und Französische Revolutionsarchitektur 1917/1789*, Braunschweig/Wiesbaden: Friedrich Vieweg & Sohn 1990.

«The Ultimate Palladianist. Outliving Revolution and the Stalin Period», in: Hans Günther (Hg.), *The Culture of the Stalin period*, London: The Macmillan Press 1990.

«Auftrieb und Antrieb des jungen Le Corbusier: aus dem Gegenlicht gezeichnet», Einleitung zu *Le Corbusier Comic by Sambal Oelek*, Zürich: Hochparterre Verlag 1990.

«Mit Dekonstruktion gegen Dekonstruktion», in: Gert Kähler (Hg.), *Dekonstruktion? Dekonstruktivismus? Aufbruch ins Chaos oder ein neues Bild der Welt?*, Braunschweig/Wiesbaden: Friedrich Vieweg & Sohn 1990.

«Die französische Revolutionsarchitektur und der Newtonismus», in: Klaus Jan Philiipp (Hg.), *Revolutionsarchitektur. Klassische Beiträge zu einer unklassischen Architektur*, Braunschweig/Wiesbaden: Friedrich Vieweg & Sohn 1990.

«Le Corbusiers Schachtel in der Luft – schwerelos – zurückgeführt auf eine Jugenderfahrung», in: Jeannot Simmen, *Schwerelos. Der Traum vom Fliegen der Kunst der Moderne*, Ausstellungskatalog, Stuttgart: Ed. Cantz 1991.

«Das Skandalon der gleitenden Skala. Mit Goethe in Vicenza und Rom», in: André Corboz (Hg.), *Die Stadt mit Eigenschaften, Eine Hommage an Paul Hofer*, Zürich: gta-Verlag 1991.

«GSK – Le Corbusier – Der zornerfüllte Abschied von La Chaux-de-Fonds, 1917», in: *Unsere Kunstdenkmäler* 431 (1992).

«Heinz Ronner. Nachruf auf den Lehrer der Baukonstruktion an der Architekturabteilung ETH Zürich», in: *Werk, Bauen + Wohnen* 7/8 (1992).

«Avantgarde als Kindertraum. Die 'Architektur der Unschuld' von Gerrit Thomas Rietveld», in: *NZZ* vom 4./5. September 1993.

«Schräge Architektur und aufrechter Gang. Was hat sich nach vier Jahren 'Dekonstruktion' in der Architektur verdeutlicht?», in: *Schräge Architektur und aufrechter Gang. Dekonstruktion: Bauen in einer Welt ohne Sinn?*, Gert Kähler (Hg.), Braunschweig: Vieweg 1993.

«Bauen in den Alpen - neu gesehen. Hans Leuzinger im Kunsthaus Glarus», in: *NZZ* vom 29. September 1993.

«Zwiespalt zwischen Einzelbau und Stadtutopie. La Chaux-de-Fonds' Annäherung an Le Corbusier», Rezension zu *La Ville et l'Urbanisme après Le Corbusier (le Colloque de 1987 à La Chaux-de-Fonds)*, E. Tripet/J. A. Humair (ed.), La Chaux-de-Fonds: Editions d'En Haut 1993, in: *NZZ* vom 10. November 1993.

«Das Kunsthaus Glarus: eine Alternative zu le Corbusier», in: *Hans Leuzinger (1887–1971) – pragmatisch modern*, Annette Schindler/Christof Kuebler/Annemarie Bucher, in Zusammenarbeit mit der ETH Zürich (Institut für Geschichte und Theorie der Architektur, gta), Kunsthaus Glarus 1993.

«Der Kunsthistoriker im Halbdunkel. Der Übergang von der Zeichnung zur Projektion in der Vorlesung», in: *Zeitschrift für Schweizerische Archäologie und Kunstgeschichte* 51 (1994), Heft 2, Zürich: Verlag Karl Schwegler.

«Le Corbusier and Swiss Lake-Dwellings of the Neolithic Age, or, Pile-Work versus Column», in: Wolfgang Böhm (Hg.), *Das Bauwerk und die Stadt – The Builiding and the Town. Festschrift für Eduard Sekler*, Wien/Köln/Weimar: Böhlau Verlag 1994.

«'Les crannoges d'Irlande'. Le Corbusier als Archäologe», in: *NZZ* vom 13. Mai 1995.

«Interpretation im 20. Jahrhundert. Sigfried Giedion, Inszenierung der Avantgarde», in: *NZZ* 20. Februar 1996.

«Am Ende des 'Hundertjährigen Krieges'. Die Bedeutung der Schweizer Architektur nach 1945», in: *NZZ* vom 25./26. Mai 1996.

«Windradgrundriss und Zentralsymmetrie. Jacques Schader, dem Architekten zum Achtzigsten», in: *NZZ* vom 22./23. März 1997.

«Die Kunst des Bauingenieurs. Die Geschichte des technischen Bauens als Augenweide», (Rezension: Tom F. Peters, *Building the Nineteenth Century*, Cambridge, Mass.: The MIT Press 1997), in: *NZZ* vom 24./25. Mai 1997, S. 67f.

«Die 'Schwarze Moderne'. Der Architekt Rudolf Schwarz in einer Kölner Ausstellung», in: *NZZ* vom 2. Juni 1997.

«Neubau der Hamburger Kunsthalle. Der weiße Kubus und der 'seltsam überanstrengte' Platz», in: *Architektur in Hamburg*, Hamburgische Architektenkammer (Hg.), Jahrbuch 1997, S. 8.

«Der Maler-Architekt. Le Corbusiers Genfersee-Album und die Farbenklaviaturen», (Rezension: 1. *Le Corbusier. Album La Roche*. Stanislaus von Moos (Hg.), Mailand / Paris: Electa / Fondation Le Corbusier: 1997, Deutsche Ausgabe: München: Bangert-Verlag 1997; 2. Arthur Rüegg, *Polychromie architecturale. Le Corbusiers*

Farbenklaviaturen von 1931 und 1959, 3 Bände, Basel: Birkhäuser-Verlag, 1997), in: *NZZ* vom 18. April 1998, S. 68.

«Das Bleistiftgebiet und der Malbezirk. Hanny Fries zum 80. Geburtstag», in: *NZZ* vom 27. November 1998, S. 46.

«Der Mann, der aus der Randzone kam», in: *Swiss, made: die Schweiz im Austausch mit der Welt*, erschien zur gleichnamigen Ausstellung im Musée d'Art et d'Histoire, Genf: 20. Feb. bis 17. Mai 1998, im Museum Strauhof und im Helmhaus: Zürich, 6. Juni bis 23. Aug., in der Naxos-Halle: Frankfurt und im Museo Vela: in Ligornetto, Beat Schläpfer (Hg.), Zürich: Scheidegger & Spiess 1998.

«Von den Rändern – und von Europa: Klee, Le Corbusier, Giacometti als Beispiel», in: Martin Meyer/ Georg Kohler (Hg.), *Die Schweiz – für Europa?* München: Hanser Verlag 1998.

«Ein Revolutionsarchitekt mit lädiertem Ansehen. Zum 200. Todestag von Etienne-Louis Boullée», in: *NZZ* vom 30. Januar 1999.

«Hiob drangsaliert die westlichen Architekten. Architekturtheorie seit 1968», in: *NZZ* vom 30. Oktober 1999.

2000–2005

«'Almost alright'. Das Gesamtwerk von Venturi und Scott Brown», in: *NZZ* vom 31. März 2001.

«Täuschend echt. Ein Kolloquium zum Klassizismus in Zürich», in: *NZZ* vom 13. Juni 2001.

«Augenzeuge», in: *Nachkriegsmoderne Schweiz. Architektur von Werner Frey, Franz Füeg, Jacques Schader, Jakob Zweifel*, Walter Zschokke (Hg.), Basel: Birkhäuser 2001.

«Die Poesie des Einfachen. Schweizer Nachkriegsmoderne – eine Ausstellung in Wien», in: *NZZ* vom 24. Oktober 2001.

«Pictor doctus und Originalgenie. Füssli als 'Darsteller der Leidenschaft'», in: *NZZ* vom 24. November 2001.

«Das Erbe der klassischen Moderne. Eine Ausstellung über Schweizer Nachkriegsarchitektur», in: *NZZ* vom 30. April 2002.

«In leuchtendem Blau. Toggenburger Volkskunst aus dem 18. Jahrhundert», in: *NZZ* vom 29. Mai 2002.

«'Die Hunde bellen – die Karawane zieht weiter', Die Unbeirrbarkeit der Zürcher Konkreten», in: *NZZ* vom 2. November 2002.

«Pierre Zoelly 80-jährig», in: *NZZ* vom 11. Februar 2003.

«'Capitale ex nihilo'. St. Petersburg – wie eine Stadtvision Wirklichkeit wurde», in: *NZZ* vom 17. Mai 2003.

«Vergängliches – spontan erfasst. Emanuel Handmann – ein Basler Porträtist in Bern», in: *NZZ* vom 31. Dezember 2003.

«Der Aufschrei der Puristen. Barnett Newmans 'Lema Sabachthani'», in: *NZZ* vom 7. Februar 2004.

«Obsession mit Architektur. Baukünstlerische Aspekte im Oeuvre von Giorgio de Chirico», in: *NZZ* vom 5. Juni 2004.

«Hauptstädte vom Reissbrett. Wolfgang Sonnes Monographie zur Repräsentation im Städtebau», Rezension von: Wolfgang Sonne, *Representing the State. Capital City Planning in the Early Twentieth Century*, Prestel-Verlag: München 2003, in: *NZZ* vom 8. März 2005.

Als Kunstredaktor bei der Neuen Zürcher Zeitung

1950–1960

«Arnold Böcklin-Feier», in: *NZZ* vom 6. März 1951.

«Altdeutsche Malerei», in: *NZZ* vom 25. Oktober 1951.

«'Maler des Ewigen'. Zum neuen Buch von Walter Nigg», in: *NZZ* vom 15. Dezember 1951.

«Stein und Licht», in: *NZZ* vom 11. Januar 1952.

«Paradigmen der Baukunst», in: *NZZ* vom 23. Januar 1952.

«Frank Lloyd Wright und Le Corbusier», in: *NZZ* vom 21. Februar 1952.

«Die drei Anschauungsweisen Leonardos», in: *NZZ* vom 13. April 1952.

«Jugendstil I. Flora und Fauna», in: *NZZ* vom 24. Juli 1952.

«Jugendstil II. Das fragende Ergriffensein», in: *NZZ* vom 4. August 1952.

«Hodler und Munch», in: *NZZ* vom 21. August 1952.

«'Gotik ohne Gott'», in: *NZZ* vom 21. November 1952.

«Horn, Dorn und Sporn. Graham Sutherland im Zürcher Kunsthaus», in: *NZZ* vom 3. März 1953.

«Hodler und Van Gogh», in: *NZZ* vom 15. März 1953.

«Stein und Schlaf bei Michelangelo», in: *NZZ* vom 26. Juli 1953.

«Pablo Picasso in Mailand», in: *NZZ* vom 7. Oktober 1953.

«Ein Weg zum kastalischen Quell: Fritz Lobeck», in: *NZZ* vom 24. März 1954.

«Der Strich als Stich. Pablo Picasso im Kunsthaus Zürich», in: *NZZ* vom 12. Mai 1954.

«'La Peinture byzantine'», in: *NZZ* vom 5. Juli 1954.

«XXVII. Biennale. Kunst aller Breitengrade in Venedig», in: *NZZ* vom 6./7. Juli 1954.

«Der Baumeister als Maler. Le Corbusier in der Kunsthalle Bern», in: *NZZ* vom 6. August 1954.

«Le Corbusier: 'Une petite maison'», in: *NZZ* vom 5. Oktober 1954.

«Maurice Barraud», in: *NZZ* vom 12. November 1954.

«Auf Messers Schneide. Begründer der modernen Plastik im Kunsthaus Zürich», in: *NZZ* vom 29. November 1954.

«Das Gottesbild bei Michelangelo», in: *NZZ* vom 30. Januar 1955.

«Der Apfel und der Tisch. Acht junge Künstler im Helmhaus», in: *NZZ* vom 3. Februar 1955.

«Wassily Kandinsky. Gesamtausstellung in der Kunsthalle Bern», in: *NZZ* vom 25. März 1955.

«Kreuz und Kreuzigung im formengeschichtlichen Aspekt», in: *NZZ* vom 27. April 1955, Morgenausgabe, zur Karwoche.

«Heinrich Wölfflin als Mitarbeiter in der Neuen Zürcher Zeitung», in: *NZZ* vom 17. Juli 1955.

«Fernand Léger: Die Keimkeile der Aloë. Wahrnehmungen an Légers Werk», in: *NZZ* vom 4. September 1955.

«Giorgio de Chirico – 'Tragödie der Heiterkeit'», in: *NZZ* vom 20. Januar 1956.

«Raffael: Sixtinische Madonna», in: *NZZ* vom 18. Mai 1956.

«Notizen vor Pontormos Werk», in: *NZZ* vom 13. Juli 1956.

«Zur Grösse und Gänze von Paul Klees Werk», in: *NZZ* vom 14. August 1956.

«Grecos Toledaner Landschaften», in: *NZZ* vom 12. Oktober 1956.

«Constantin Brancusi», in: *NZZ* vom 7. April 1957.

«Ernst Morgenthaler», in: *NZZ* vom 24. April 1957.

«Piet Mondrian. Ausstellung im Rahmen der Junifestwochen Kunsthaus Zürich», in: *NZZ* vom 23. Mai 1957.

«Pinakothek wieder eröffnet – das Versteckte oder Geraubte und endgültig verloren Geglaubte taucht auf», in: *NZZ* vom 28. Juni 1957.

«Dachau, ein Pfingstbesuch», in: *NZZ* vom 3. Juli 1957.

«Münchner Klassizismus, beglaubigte Unschuld», in: *NZZ* vom 5. Juli 1957.

«Paul Klee – Tagebücher 1898–1918», in: *NZZ* vom 3. September 1957.

«Max Bill. Zur Darstellung seines Werks im Helmhaus», in: *NZZ* vom 26. September 1957.

«Rembrandt und Spinoza», in: *NZZ* vom 21. März 1958.

«Punkt, Kreis, Kalotte und Kugel. Architekteneindrücke», in: *NZZ* vom 20. Mai 1958.

«1869. Zur Münchner Jahrhundertskizze», in: *NZZ* vom 23. Oktober 1958.

«Das Grundmotiv in der Kunst Paul Klees», in: *NZZ* vom 2. April 1959.

«Emanuel Jacob/Robert Müller. Ausstellung im Helmhaus Zürich», in: *NZZ* vom 8. Juni 1959.

«Wilhelm Gimmi. Ausstellung im 'Wolfsberg'», in: *NZZ* vom 7. September 1959.

«Varlin. Ausstellung im Kunsthaus Zürich», in: *NZZ* vom 11. März 1960.

«Marcel Duchamp – 'Philosophie der Flusspferde'», in: *NZZ* vom 4. Juli 1960.

«Aeschbacher, Fischer, Koch: drei Steinbildhauer», in: *NZZ* vom 31. Oktober 1960.

«'Ce que tu fais, fais-le!'. Le Corbusier 1910–1960», in: *NZZ* vom 1. Dezember 1960.

Herausgebertätigkeit

1970–1989

Martin Fröhlich, *Gottfried Semper. Zeichnerischer Nachlass an der ETH Zürich*, Schriftenreihe gta, Bd. 14, Basel/Stuttgart: Birkhäuser Verlag 1974.

Gottfried Semper und die Mitte des 19. Jahrhunderts. Semper-Symposion, ETH Zürich, Schriftenreihe gta, Bd. 18, Basel/Stuttgart: Birkhäuser Verlag 1976.

Wolfgang Herrmann, *Deutsche Baukunst des 19. und 20. Jahrhunderts. Von 1770 bis 1840; von 1840 bis zur Gegenwart*, Schriftenreihe gta, Bd. 17, Basel/Stuttgart: Birkhäuser Verlag 1977.

Wolfgang Herrmann, *Gottfried Semper im Exil. Paris, London 1849–1855; Zur Entstehung des 'Stil' 1840–1877*, Schriftenreihe gta, Bd. 19, Basel/Stuttgart: Birkhäuser Verlag 1978.

Kunst der Gegenwart, Propyläen-Kunstgeschichte, Adolf Max Vogt/Edward Lucie-Smith/Sam Hunter (Hg.), Frankfurt am Main: Propyläen-Verlag 1978.

Martin Steinmann, *CIAM (Internationale Kongresse für Neues Bauen). Dokumente 1928–1939*, Schriftenreihe gta, Bd. 11, Basel/Boston/Stuttgart: Birkhäuser Verlag 1979.

Wolfgang Herrmann, *Gottfried Semper. Theoretischer Nachlass an der ETH Zürich*, Katalog und Kommentare, Schriftenreihe gta, Bd. 15, Basel/Boston/Stuttgart, Birkhäuser Verlag 1981.

Wolfgang Herrmann, *Gottfried Semper. In Search of Architecture*, (consists of material orig. publ. in Gottfried Semper im Exil, *op.cit.*, and Gottfried Semper: Theoretischer Nachlass an der ETH Zürich, *op.cit.*), Cambridge, Mass.: MIT-Press 1984.

Vom Klassizismus bis zur Gegenwart, Adolf Max Vogt/Maurice Besset/Christoph Wetzel (Hg.), Stuttgart: Belser 1989.

Register

Biografie Adolf Max Vogt

1920
Geboren in Zürich.

1942–1950
Studium der Kunstgeschichte, klassischen Archäologie und Germanistik
an der Universität Zürich, Lausanne und Glasgow. Unterricht als Lehrer.
Aktivdienst im Zweiten Weltkrieg.

1948–1950
Assistent von Erwin Gradmann an der Graphischen Sammlung der ETHZ.

1950
Dissertation bei Prof. Dr. Gotthard Jedlicka über Matthias Grünewald
an der Universität Zürich: Grünewalds Darstellungen der Kreuzigung.

1951–1955
Im Redaktionsstab der Neuen Zürcher Zeitung.

1955–1960
Verantwortlicher Redaktor für das Kunstressort der Neuen Zürcher Zeitung.

1958
Auszeichnung des Regierungsrates des Kantons Zürich «für geistreiche
und tiefgründige Tätigkeit von literarischem Rang».

1961
Berufung als Nachfolger von Linus Birchler an den Lehrstuhl für Kunstgeschichte
an der Architekturabteilung der ETH Zürich, zuerst als ausserordentlicher
und ab 1967 als ordentlicher Professor.

1967
Gründung des Instituts für Geschichte und Theorie der Architektur
an der ETH Zürich.

1967–1974 und 1981–1982
Vorsteher des Instituts für Geschichte und Theorie der Architektur
an der ETH Zürich.

1979–1982
Präsident des Kuratoriums der Graphischen Sammlung, ETH Zürich.
Forschungsaufenthalte u.a. in Istanbul, Rom, London, Cambridge Mass., Moskau
und Ostberlin.

1985–1986
Gastprofessur am M.I.T. in Cambridge Mass., USA.

1996
Auszeichnung mit der Heinrich-Wölfflin-Medaille der Stadt Zürich.

Studien und Texte zur Geschichte der Architekturtheorie,
herausgegeben von Werner Oechslin

Eidgenössische Technische
Hochschule Zürich

DARCH

Departement Architektur

Institut für Geschichte und Theorie der Architektur

Institutsleitung
Werner Oechslin (Vorsteher)
Vittorio Magnago Lampugnani
Andreas Tönnesmann

Lektorat
Philipp Tscholl, Zürich

Gestaltungskonzept
Philippe Mouthon, Zürich

Satz, Layout und Bildbearbeitung
Atelier Urs & Thomas Dillier, Basel

Scans und Druck
Merkur Druck AG, Langenthal

Abbildungsrecherchen
Daniela Zacheo, Zürich

2006 © Adolf Max Vogt und
gta Verlag, ETH Hönggerberg, 8093 Zürich
http://books.gta.arch.ethz.ch/

ISBN-10 3-85676-166-7
ISBN-13 978-3-85676-166-0